技术转移专业
核心教材

技术转移绩效管理

Jishu Zhuanyi Jixiao Guanli

张晓凌　张　玢　庞鹏沙◎著

知识产权出版社
全国百佳图书出版单位

图书在版编目（CIP）数据

技术转移绩效管理/张晓凌，张玢，庞鹏沙著 . —北京：知识产权出版社，2014.10

ISBN 978-7-5130-3044-1

Ⅰ.①技… Ⅱ.①张… ②张… ③庞… Ⅲ.①企业管理－技术转移－研究

Ⅳ.①F273.1

中国版本图书馆 CIP 数据核字（2014）第 228773 号

内容提要

本书以全新的绩效管理理念，基于技术创新与技术研发、技术集成与技术成果产品化、技术交易与技术成果商品化、技术成果产业化的技术转移全球化供应链和技术转移公共管理、技术转移专业服务的全过程价值链，构筑技术转移立体绩效管理体系。以中微观的多环节与多部门业务指标群支撑宏观指向指标，以定量与定性交互的数学模型保障管理方法的科学性，以战略规划与资源配置为主的管理循环提升绩效的整体价值。

读者对象：技术转移、绩效管理、信息服务等专业的高等院校师生，科技管理、技术市场管理、科技研发及高新技术产业化等技术转移管理与服务机构的管理工作者。

责任编辑：黄清明	责任校对：董志英
装帧设计：张　冀	责任出版：刘译文

技术转移绩效管理

张晓凌　张　玢　庞鹏沙　著

出版发行：知识产权出版社 有限责任公司	网　　址：http://www.ipph.cn
社　　址：北京市海淀区马甸南村 1 号	邮　　编：100088
责编电话：010-82000860-8117	责编邮箱：hqm@cnipr.com
发行电话：010-82000860 转 8101/8102	发行传真：010-82000893/82005070/82000270
印　　刷：北京科信印刷有限公司	经　　销：各大网上书店、新华书店及相关专业书店
开　　本：720mm×960mm　1/16	印　　张：25.25
版　　次：2014 年 10 月第 1 版	印　　次：2014 年 10 月第 1 次印刷
字　　数：494 千字	定　　价：66.00 元

ISBN 978-7-5130-3044-1

技术转移专业核心教材编委会

名誉主任： 段瑞春（中国科学技术法学会会长，国际知识产权保护协会中国分会副会长，北京大学、清华大学、国防大学兼职教授）

主　　任： 杨跃承（科技部火炬中心副主任）

编　　委： 马彦民（原科技部火炬中心副主任）
　　　　　张　玢（科技部火炬中心技术市场管理处处长）
　　　　　陈　晴（科技部火炬中心孵化器处处长）
　　　　　刘　军（北京技术市场协会秘书长）
　　　　　林　耕（北京工业大学特聘教授）
　　　　　丛　巍（北京市技术市场管理办公室发展科科长，北京技术市场协会副秘书长）
　　　　　刘海波（中国科学院研究员，北京工业大学特聘教授）
　　　　　张玉杰（中共中央党校教授，清华大学 21 世纪发展研究院特聘研究员）
　　　　　张晓凌（北京工业大学技术转移人才培养基地主任，科技部火炬中心咨询专家）

本丛书的编写得到北京市
科学技术委员会的大力支持

序　言

技术转移是商品经济发展到一定阶段而产生的特定概念，是伴随工业、服务业高度的产业集中而不断完善的系统知识的流动过程。在现代，技术转移又是发达国家寡头竞争驱动下的一种创新模式，是全球化过程中强势公司无限扩张的一种经济行为。

工欲善其事，必先利其器。技术是人类在生产和生活过程中经验和知识的积累。广义的技术转移是指技术的自然流动与扩散。作为技术转移的典型形态，即将技术作为一种商品进行交易，至少可上溯到 1474 年，以威尼斯共和国颁布世界史上第一部专利法，从法律上明确技术可以作为商品进行交易为标志。20 世纪 60 年代起，技术转移研究逐渐成为一个独立的学科。1964 年，联合国贸易发展会议首次提出并讨论了技术转移问题，会议把国家之间的技术输入与输出统称为技术转移。联合国《国际技术转移行动守则》中，把"技术转移"定义为"为制造产品、应用工艺流程或提供服务而进行的系统知识的转移，但不包括货物的单纯买卖或租赁"。

由于政治经济体制的不同，资源占有失衡，以及竞争实力的差距，在不同国家、不同地区、不同企业间，技术转移不仅概念与形式存有歧异，其转移方向和效果亦迥然不同。

20 世纪 70 年代后，西方发达国家在过剩资本的刺激下，利用技术优势，快速完成了产业结构的调整，完成了产业的升级换代，并形成了全新的产业群体。新的巨型公司以每年 10% 的增速投入巨额研发资金，新兴产业的规模效应和超额利润反过来成为控制全球消费市场的资本。世界排名前 1 400 家公司 2007 年研发投入经费高达 6 000 亿美元，而其中的 100 家即投资近 4 000 亿美元。巨额的研发投入成为市场需求的主要驱动力量并决定着全球化时代技术进步的方向，一方面通过创新技术这一特殊生产要素发挥着"第一生产力"的作用，即通过降低成本、提高效率、增加功能等技术贡献扩大市场占有率；另一方面是目的性非常明确地"制造"最终消费，进而驾驭市场，从跑车、游艇、种马，到网络游戏、电信标准、衍生金融……层出不穷的创新技术引导着人才、资本、物资在世界范围内的流动路径，最终将不确定的消费需求带入预先确定的消费市场。

我国技术发展与技术进步的水平近年虽呈现出跨越式提升趋势，但受产业结构、价值观念、科技管理体制等多种因素的影响，与世界先进水平相比仍有较大差距。技术转移的速率与方向也表现出严重的不对称和不对等。

改革开放前 30 年，以重工业机器设备为载体的技术引进、企业内部的工业技术革新和政府主导的农业技术推广是我国技术进步的三大举措。技术进步的方向主要是服务于工农两大产业的生产活动。

技术革新也称技术改革，是在技术发明或已有的成熟技术的基础上，对生产技术如工艺规程、机器部件等的改进，以适应新的生产需求。1954 年 4 月全国总工会《关于在全国范围内开展技术革新运动的决定》的发布，标志着日后持续数十年之久的工业企业群众性技术运动的开始。

技术推广几乎是改革开放前中国农业技术发展的专用词汇。人民公社化后的中国农业，为确保粮食产量，普及新的种植养殖技术，政府成立了自上而下的农业技术推广机构。在全国范围内，根据不同的耕作地区先后设立了农林、土肥、种子、植保、经济作物（园艺、果茶、蔬菜等）、水务等农业技术推广站（中心），从政策法规、管理机构、技术队伍等方面形成较为完善的技术推广体系。

改革开放后的 30 年，以 1978 年 22 项重大引进项目的陆续建设为标志，至 20 世纪 80 年代中后期以轻工、纺织、电子等行业的外商投资热为高潮，我国的技术转移活动产生了由量变到质变的飞跃，开始真正步入全球化的轨道。尽管很多夕阳产业技术和重复引进项目付出了沉痛代价，但大量的项目引进还是大大缩短了国内外悬殊日久的技术差距。在开放政策的吸引下，外商急功近利的技术输入，客观上起到了调整中国产业结构的作用，改变了中国几十年重"重工"、轻"轻工"的产业格局，扭转了日用工业品匮乏的窘境，人民群众过上了穿"的确良"、用洗衣机、看彩色电视机的"发达"生活。同时，由科技体制改革催生的技术市场在 20 世纪 80 年代中期蓬勃兴起，从根本上改变了以政府计划主导的技术转移模式，大大推进了中国技术转移的理论研究与实践。随着技术流动的商品化和贸易形式的规范化，很多与技术转移混淆的概念有了明确的释义和区分：如，将技术的时空传播称为技术扩散；实验室的科技成果向生产部门的应用过渡称为技术转化；技术所有人将使用权授予他人的行为称为技术转让。技术转移则指带有特定目的和具有交易性质的技术扩散过程，它有着比较规范的转移形式，如体现在商品交易的先进技术转移，通过技术合同和许可证交易实现的技术转移，等等。

进入 21 世纪，技术进步一日千里，发达国家在大规模集成电路、智能化家用电器、数字化机床、生物、核能等众多高端技术领域遥遥领先，在新一轮的技术转移过程占尽先机。

发达国家取得技术转移主动地位的关键缘由不外乎两点：一是企业技术的创

新动力和技术进步的需求，二是受益于完备的知识产权制度。创新技术是现代产业的发展基础，是市场竞争中最重要的资源。企业以创新技术形成高新技术产业，以产业规模控制市场，以垄断市场获取超额利润。充裕的流动资本和资本的逐利特性使大量的投入又进入技术研发循环。从表面上看，发达国家没有垄断企业存在的条件和理由，但实际上，企业所有者和实际控制者分离背后，掩盖着真正的垄断集团，它们凭借强大的经济实力和技术垄断最具"反垄断"的话语权。

以航天飞船和汽车为例，制造飞船或汽车的法人公司通常只有几千人或几万人，如果把产品分解成若干子系统，会顺序找到上万家供应商或者连法人公司都数不清的代理商。高新技术产品集合资源的规模令人震惊。企业处于自身生存发展的需要和利益追求的需要，推动了技术的快速发展，政府则从国家战略的角度，支持保护企业技术创新积极性，制定了完备的技术转移政策法规和知识产权保护制度。

创新技术能够重创甚至淘汰一个行业或产业，很多传统工艺正在消失，很多产品如磁带录音机和录像机、胶片照相机、胶木唱片、白炽灯等已经走向消亡或正在走向消亡。掌握技术转移主动权的企业，当新技术出现后，次新技术便会向其他国家或地区扩散。在知识产权制度的保护下，技术所有权人不受时空因素影响，只要该技术还有最后一块市场，这项技术就绝不会成为他人的"免费午餐"。

正是基于发达国家技术转移的成功经验和运作模式，在加入世界贸易组织短短的几年中，我国的技术转移工作取得世人瞩目的成绩。法律法规建设、运行机制完善等配套工作也取得突破性进展。当然，差距是客观存在的，我国的技术转移欲与西方国家取得对等地位，仍需假以时日。目前的紧迫问题是认清方向，抓住体制模式层面的主要矛盾。

一、产学研联盟的机制探索

推进产学研联盟是我国现行科技体制下技术创新的必由之路，是打破制约技术转移瓶颈的有效举措。我国与西方国家在科技管理制度上的最大差异之一是研发人员分布问题，我国几十年形成的科研格局是大部分从事科学研究和技术研究的高科技人才都集中在大学和科研院所，而研究机构与企业之间又缺乏高效和科学的互动机制，缺乏技术转移的有效渠道。全国仅专利成果即达 500 万份，真正实现转化的不足总量的 5%。体制之外的另一主要矛盾是高新技术产品的复杂性明显增加，批量产品的技术突破需要跨学科、多专业的协同，这对于技术环节薄弱的中国企业更是雪上加霜。获得共识的解决办法是强强联合，成立不同专业的全国性产学研联盟。产学研联盟是一个优势互补、资源共享的新型联合体。以利益为连接纽带，形成新的组织形式和运行机制，有望打破传统体制下技术转移的制约瓶颈。

二、中国特色的"适用技术"选择

技术从发明（发现）到应用，受到消费观念、生产工艺、材料、成本等综合因素的影响。即使是成熟技术，在不同历史时期和不同地域，其应用也具有很大的局限性。

中国古代的四大发明中，公元前 1 世纪就有了纸张，全国推广的时间为东汉的中后期；战国时期就有以天然磁石磨成勺形的"司南"，汩没日久，明清时期航海技术的进步才使"司南"普及了"指南"作用；8～9 世纪，唐已有成型配比的黑色火药，应用于"爆竹"娱乐数百年之久，真正的武器作用，是晚清时期西方列强对中国的征服。报载：80 位科学家在计算机网页上选出 11 项超级发明，结果排序为：眼镜、原子弹、印刷术、时钟、水管设备、马镫、阿拉伯数字、橡皮和涂改液、计算机、古典音乐、避孕药。而人们熟知的纺纱机、发电机、显微镜、青霉素等引起技术革命的重大发明（发现）却不在其列，这从某种意义上印证了选取适用技术的重要意义。

最尖端的技术不一定会有最广阔的市场，甲地的技术不一定完全适用于乙地，落后技术不等同于淘汰技术。我国技术转移的方向一定要体现消费观念、应用环境、性价比率综合平衡下的中国特色。中国特色的技术转移首先要满足大多数人的民生需求，尊重大多数人的基本就业权利。适用技术就是最好的技术。

三、服务体系的完善与建设

完善与建设技术转移服务体系包括建立健全直接为技术转移业务提供帮助的各类服务组织；包括政府及相关机构为技术转移工作制定相应的方针政策、法律法规；理顺间接为技术转移活动提供便利支持的社会团体之间的利益机制；疏通技术转移的流通渠道，等等。在西方发达国家，仅为技术转移业务提供直接服务的组织就有十几种专业分类，且行业齐全，从业人员众多，服务内容和服务模式多种多样。如：技术交易服务、技术经纪服务、孵化器组织、技术集成服务、技术经营服务，等等。

1997 年后，中国确定了面向 21 世纪的发展目标和战略，1999 年全国技术创新大会召开，2006 年《国家中长期科学和技术发展规划纲要（2006－2020 年）》发布，2007 年科技部、教育部、中国科学院联合启动了国家技术转移促进行动。

这一时期中国技术转移步入成熟阶段。其标志特点是：①技术转移理论逐步走向成熟，法律法规也陆续出台，并有效指导、规范技术转移的实践活动；②技术转移规模进一步扩大，转移方式日益多样化；③企业成为技术转移的主体力量，技术输出规模空前；④部分区域性、行业性的技术转移联盟成立。

为总结近年来技术转移理论研究的成果和实践工作经验，以推动产学研技术转移联盟工作的进展，加速高校和科研院所技术、人才及信息资源向重点行业和企业的流动，并满足全国各地技术转移管理机构和企业技术中心对专业理论和建设经验的强烈需求，知识产权出版社组织出版了《技术转移联盟导论》、《技术转移业务运营实务》、《技术转移信息服务平台建设》、《技术评估方法与实践》、《技术转移绩效评估研究》一套五本丛书。

丛书作者通过多年的工作实践，在完成先进制造北京市技术转移中心的全面建设基础上，组织业内部分专家学者，历时两年，共同调研，数易其稿。这部丛书涵盖了技术转移全过程的业务内容（政策法规研究另行出版）。《技术转移联盟导论》、《技术转移绩效评估研究》两书偏重理论研究，概括了技术转移最新的研究成果，总结了最近的业务经验。《技术转移业务运营实务》、《技术转移信息服务平台建设》、《技术评估方法与实践》则几乎是业务操作的范本，是技术转移机构和执业人员必备的业务指导用书。

愿这套丛书能够填补技术转移研究中的诸多空白，发挥出众所期待的作用。

是为序。

马彦民

2009 年 7 月 20 日

目　　录

绪　　论

技术转移是科技服务业最重要的服务对象和服务内容。技术转移服务是为科技成果提供市场化、产业化"转化"的新兴产业，服务于技术研发、集成、转化直至技术成果商业化、规模化的全过程，主要包括研究开发、创业孵化、知识产权、技术咨询、技术评估、技术推广、交易经纪、检验检测、科技金融等专业性服务。技术转移绩效取决于技术创新与技术研发成果化、技术集成与技术成果产品化、技术交易与技术产品商业化、技术商品产业化完整过程中，技术转移公共管理部门和服务机构的职能水平。

技术转移绩效管理是管理学的学科延伸和专业细化。人类的进步，知识的积累，在满足了衣食等基本生存需求后，有形资产在社会竞争中的作用日渐削弱，技术与管理成为绩效产出的主要动力源泉，随着绩效概念的扩展，绩效管理纵向深化到行业（产业）的所有部门和全体成员，绩效管理横向由企业的经营范围扩展到了公共管理领域。

绩效管理的研究最早起源于西方发达国家对企业的管理实践，历经两个世纪的发展，已形成了比较成熟和完备的理论与方法体系。从科学管理方法的应用到管理科学的形成，科学管理的动作分析把生产效率提到了极致、古典组织理论以体制研究开拓绩效视野、行为科学因应工业心理学的传统绩效要素研究、案例学派强调标准绩效下的协调与控制、人力资源学科从岗位设计与薪酬匹配挖掘绩效源泉。绩效管理是管理科学的主要内容和重要的分支学科，不同管理学派研究的中心和重点无一不是落地于效率和效益，只是效率和效益的着眼点有所差异而已。从这个角度讲，管理科学的发展历史就是绩效管理学科的历史。

技术转移绩效管理是国内外管理学界高度关注的一个重要课题。缜密地梳理绩效管理的发展历程、科学地甄别不同阶段各种绩效管理和评价方法的优劣，能够扎实地奠定《技术转移绩效管理》的学科体系和结构特点。

一、绩效管理的发展历程

绩效管理的理论研究与实践，其历程大致可分为 4 个阶段，即 19 世纪初至 20 世纪初的成本评价阶段；20 世纪初至 90 年代前的财务评价阶段；20 世纪 80

年代开始的经济增加值评价阶段；20 世纪 90 年代后以战略为导向的全面绩效管理阶段。

（一）19 世纪初至 20 世纪初的成本评价阶段

15～18 世纪西方发达国家的工业活动组织形式以家庭小作坊和互有联系、位置分散的工场为主体，虽然已有日趋增多的将劳动力集中在通用厂房内进行分工劳作的"集中的制造厂"和拥有机器设备以及用水和蒸汽为动力的工厂，但低水平的生产技术及其社会分工与所有权资本化程度无法提供巨大的生产量和交易量。业主制、小规模的企业形式，其内部结构、外部关系都比较简单，生产过程易于控制，对成本与产出的计算和控制尚未形成一个系统的框架，企业一般"都是通过将投入资源转化为完工产品或销售收入来计量经营效率"的。因此，这时的企业绩效主要是以观察考核和经验评价为手段。

企业绩效评价系统框架及其指标的形成始于 19 世纪初。18 世纪 60 年代英国工业革命肇端初现，进入 19 世纪，欧洲国家新兴工商企业如雨后春笋般快速发展。为使企业能够获得更多的盈利，经营过程的成本计算和控制受到的重视与日俱增。于是，一种带有统计性质的早期成本思想，也就是简单的将本求利思想应运而生。这一成本思想指导下的企业成本核算，就是统计分析企业生产经营中的付出成本与经营收益的关系，而绩效管理的重点则是计算和控制企业的直接材料、直接人工消耗等成本支出，用简单的成本指标如每千克产品的生产费用、每公里的产品运输费用等考核与评价企业的经营绩效。

19 世纪 40 年代后，工业革命完成，工厂化生产取代工场手工业，合伙制、公司制成为企业形式的主流，技术进步以及多样化的产品生产，使企业的成本结构出现重大变化，间接费用增大，简单的成本管理已无法满足企业对绩效管理的实际要求。人们逐渐认识到包括企业间接费用支出在内的实际全部成本才是企业唯一真实的成本（True cost）。于是，一种较为复杂的成本计算与绩效评价方法出现于管理实践。企业的成本核算及其绩效评价由依据实际发生的材料及人工费用而不包括间接制造费用的主要成本（Actual primary cost）逐渐过渡到"实际完全成本"，之后再进一步由"正常成本核算"（Normal cost accounting）所取代，而其超额分配费用（Over applied expense）和不足分配费用（Under applied expense）则另行处理。

19 世纪后期，德、法等西方国家纷纷颁布公司法，初步建立起现代企业制度，公司制企业成为最主要形式。与之相伴，现代企业制度四大重要组成要素之一的科学管理思想随之问世。1911 年，美国会计协会哈瑞（Harry）设计出了最早的标准成本制度。标准成本制度以预先制定的标准成本为依据，将实际发生的成本与标准成本进行比较，核算和分析其差异，将被动的事后系统反映分析转变为积极主动的事前预算和事中控制。标准成本制度的建立，体现了成本控制由被动的事后系统反映分析转变为积极、主动的事前预算和事中控制的进步，达到了对成本进行目标管理的目的，并为以后的绩效管理奠定了基础。

（二）20 世纪初至 90 年代前的财务评价阶段

20 世纪初，西方发达国家的经济进入从自由竞争过渡到垄断竞争的稳步发展阶段。科学管理的创始人弗雷德里克·泰勒从"车床前的工人"开始，通过工厂的实地试验，系统地研究和分析工人的操作方法和动作所花费的时间，研究重点落实到企业内部生产的效率，逐渐形成其管理体系——科学管理。泰勒在他的主要著作《科学管理原理》中阐述了科学管理理论，以生产效率为中心的管理成为一门建立在法规、制度和原则之上的科学。泰勒认为科学管理的根本目的是谋求最高劳动生产率，最高的工作效率是雇主和雇员达到共同富裕的基础，要达到最高的工作效率的重要手段是用科学化的、标准化的管理方法代替经验管理。

为加强资本所有权控制和公司内部控制，1903 年，美国杜邦公司设计出了以投资回报率为核心内含多个经营与预算指标的杜邦财务分析体系；1933 年，梅奥第一次把企业中的人际关系问题提到首要地位，以人为本的管理思想逐渐得到重视。在这一理论的指导下，企业责任中心如"成本中心"、"利润中心"等成为这一时期企业管理的重要特点。与之相对应，企业逐渐形成了以经营利润为中心的财务评价指标体系，销售利润率、税前利润和剩余收益等指标得到广泛应用。之后，由于企业所有权与其经营权相分离的经营制度的发展，企业由生产管理逐步转向经营管理，企业的绩效评价主体也由企业的管理者扩大到企业的所有者，企业绩效评价逐渐形成以投资报酬率和预算比较为核心，包括每股收益率（EPS）、内部报酬率（IRR）、现金流量及其他各种财务比率共存的综合财务评价指标体系。到 20 世纪 80 年代，西方发达国家的许多企业开始更多转向企业长期竞争优势的追求。由此，非财务指标在企业绩效管理中的作用受到重视，企业绩效评价进入以财务指标为主、非财务指标补充的重要阶段，产品生命周期、客户满意度等非财务指标被引入企业绩效评价体系。

（三）20 世纪 80 年代开始的经济增加值评价阶段

20 世纪后半期，西方发达国家经济发展与企业经营的内外部环境发生巨大变化，企业开始在全球范围内寻求低成本的劳动力、资源和资本。此时，企业的单纯财务利润指标或产量成本指标都难以满足资本市场和企业股东的要求。于是，自 20 世纪 80 年代后期开始，西方发达国家的企业绩效评价出现一些新的方法，其中最具有代表性的是 1991 年由美国思腾斯特咨询公司提出的经济增加值评价法即 EVA（Economic Value Added）评价法和 1997 年由 Jeffery 等人在对 EVA 进行修正基础上提出的 REVA 评价法。

EVA 评价法优于以往净利润、投资报酬率、每股盈余等传统利润指标的地方，是充分考虑到了企业股东投入资本的机会成本，即权益资本的成本，在处理会计信息时可进行适当调整从而尽可能地消除会计失真，使得 EVA 指标更加真实、准确。EVA 评价法的不足之处在于对会计报表进行调整的工作量往往太过复杂而实施困难，因此影响了 EVA 评价法的推广应用。REVA 评价法用市场价值代替公司资产价值作为企业创造利润的资本价值总额，在一定程度上简化了 EVA 的计算。总的说来，作为综合性财务绩效评价指标方法的 EVA 和 REVA，具有传统会计指标所无法比拟的优势，但由于计算过程复杂而且缺乏对非财务指标的关注，使其仍然存在明显缺陷。

（四）20 世纪 90 年代后以战略为导向的全面绩效管理阶段

20 世纪 90 年代后，伴随信息与知识经济的崛起与发展和企业形式及其环境的巨大变化，企业经营越来越受到客户需求、企业内部管理、员工态度及外部环境等因素的制约与影响，以传统利润指标等为核心的财务指标评价体系已难以全面、准确地反映企业经营绩效的实际情况和企业的资源及经济实力，更难以反映企业竞争力的增长。在此背景下，西方发达国家的企业绩效评价开始由事后评价转向为企业战略目标服务，逐渐将企业战略与财务指标和市场指标、非财务指标等联系起来进行研究，开发利益相关者战略绩效评价体系。以战略为导向的全面绩效管理最大的突破是将西方 200 年的企业绩效管理理论与实践引入公共管理领域。

利益相关者战略绩效管理：一是在单纯以财务指标进行评价的基础上补充了非财务指标，强调财务指标与非财务指标的密切结合和企业各部门的协调统一，全面考虑企业现在及未来的价值和企业股东、职员、客户、供应商、社区、政府等利益相关者的价值等多方主体的利益；二是以创新为内核，以竞争优势的形成和保持为关键，促进企业经营的可持续发展；三是尊重生态发展规律，重视"3R"原则在企业经营活动中的应用和体现，强调以生态化创新为内核的竞争优势的形成与保持，实现人与自然的和谐生存与发展。以战略为导向的全面绩效管理扩充了应用领域，突出了国际化的战略目标管理，在全面保障战略目标的前提下，综合评价质量体系、客户关系、风险管理、绩效审计、组织文化、职员素质、社会责任等方面的绩效内涵。

二、绩效管理的主要方法及模型

绩效管理应用的评价方法，主要有沃尔评分法与杜邦财务分析系统、经济增加值评价法，以及由凯文·克罗斯（Kelvin Cross）和理查德·林奇（Richard Lynch）于 1990 年提出的绩效金字塔（Performance Pyramid），由罗伯特·卡普兰（Robert S. Kaplan）和大卫·诺顿（David P. Norton）于 1996 年共同开发的平衡记分卡，由阿特金森于 1998 年提出的利益相关者的战略绩效评价系统，以及在平衡记分卡基础上发展起来的动态平衡记分卡、由 Kanji 教授提出的 KBS（Kanji's Business Scorecard）评价法，等等。

（一）经济增加值（EVA）评价法

经济增加值（EVA）评价法的基本原理是将资本的机会成本纳入投资成本的范畴，促使企业经营者积极谋求企业的投资收益超过其资本成本以获得增量收益，以实现股东价值的最大化；否则，投入的资本就应当转移到其他方面去。

EVA 评价法的突出优点：一是有助于企业财务管理体系及评价的协调统一。EVA 是一个综合的财务管理系统，它使企业的生产、采购、营销等各项活动始终贯彻 EVA 指标，使整个企业的活动都围绕着如何提高 EVA 来展开，避免了传统财务评价由于多种指标引起的管理混乱状况的出现。二是用作经理人员业绩考评指标与奖惩依据，能够有效促使各部门经理努力提高本部门经济增加值，进而提高企业总的经济增加值与整体绩效。三是正确引导企业经营行为。EVA 促使管理者关注企业的长远利益，鼓励经营者作出能为企业带来长期利益的决策，防止绩效行为被短期利益所左右。

EVA 评价法的主要缺陷：一是由于 EVA 评价的数据来自财务报表，这些数据只是片面反映企业经营结果量的不同变化，不能从根本上反映所比较企业经济效益的高低和清楚地分析问题究竟出在何处。二是基于股东的角度来评价企业业绩，易造成对其他利益相关者的忽略，使绩效评价难以达到全面、准确与真实。三是面对动荡的经济环境和为消除会计信息失真而对有关会计信息进行的必要调整，极大地增加了 EVA 的计算难度与复杂性，从而使 EVA 的广泛应用受到制约和影响。

（二）平衡记分卡

平衡记分卡法将影响企业绩效的长期和短期、内部和外部等多方面的因素结合在一起，从财务、客户、内部流程、学习与成长 4 个维度出发，从每个维度选取 3～7 个代表性指标，赋以标准值和权重，再根据实际数值情况对企业的经营绩效进行考核与评价。平衡记分卡体现了财务与非财务指标间的平衡，短期与长期目标间的平衡，经营结果与经营过程的平衡，管理业绩与经营业绩的平衡。平衡记分卡通过将战略逐一细化为一系列评价指标，实现了战略的可操作性。平衡记分卡问世后，受到各国企业的高度重视，并逐渐发展成为一个描述、衡量、管控企业战略的系统工具，是目前使用较为广泛的一种绩效评价方法，也是近七八十年来世界上最重要的一种管理方法。平衡记分卡的突出优点：一是以战略作为核心，将战略逐一细化为一系列具体目标与评价指标，这些评价指标能够把全体员工引向企业发展的总体愿景与规划，并与实现战略的行动方案和企业的薪酬系统相联系，使战略成为所有员工都为之努力的焦点，有效确保战略的顺利实施与如期实现。二是促使并实现财务与非财务评价、长期与近短期目标的有机结合与统一，有助于企业利益的最大化。三是从绩效驱动因素入手，有效寻找问题及其解决的症结所在，对需要改进的方面与问题依据轻重缓急及其时序要求进行顺序的合理安排。平衡记分卡的主要缺陷或不足：一是平衡计分卡只是为绩效评价提供了一个基本的框架，而不是具体的指标体系。二是平衡记分卡引入非财务性指标进行评价时，缺少系统理论的有效支撑。

（三）绩效金字塔

由凯文·克罗斯和理查德·林奇于 1990 年提出的一个把财务和非财务信息与企业总体战略结合起来的业绩评价系统，是最具代表性的一种绩效金字塔模型。绩效金字塔将企业的总体战略与绩效指标紧密地结合在一起，总体战略位于最高层，战略目标自上而下逐级分解，直到最基层的作业中心；而经营目标则自下而上从最基层的作业中心逐级上传至企业高层作为企业制定未来战略目标的基础。

克罗斯和林奇绩效金字塔一方面凸显了总体战略与组织战略的密切联系，强调组织战略在确定绩效指标中所扮演的重要角色，反映了战略目标与绩效指标的相关性与互赢性；另一方面又注意了绩效动因与结果之间的关系，揭示了战略目标自上而下层层分解和行动计划自下而上逐级质询的循环运动过程和由此而形成的企业持续发展的能力，为有效评价经营绩效作出了意义深远的重要贡献。绩效金字塔的主要缺陷，一是未能将组织的学习和创新能力纳入体系范畴，二是该模型虽然在理论上成型，但却未能形成相应的执行规程，故实际中应用不多。

（四）关键绩效指标

关键绩效指标（Key Performance Indicators，KPI）通过对组织内部流程输入及输出端的关键参数进行设计、取样、计算、分析，以达到从组织流程角度衡量企业经营与管理绩效的目的。KPI 是把企业战略目标分解为可操作的工作流程与目标的工具，是受到普遍重视的一种企业绩效管理及评价的方法。KPI 可使企业部门主管明确其部门的主要责任，并以此为基础明确部门人员的业绩衡量指标，从而建立起明确、切实可行的绩效考核与评价指标体系。KPI 利用意大利经济学家帕累托（Vilfredo pareto）提出的无所不在的 80/20 效率法则，即在企业的价值创造过程中，80% 的收获来自 20% 的努力，其他 80% 的活动只带来 20% 的结果，因此，只要抓住了每个部门和每位员工 20% 的关键行为，就抓住了绩效的关键过程及其结果。

KPI 使用的指标具有以下突出特点：以企业战略为中心，来自组织战略目标的分解；是对重点经营活动和绩效构成中可控部分的衡量，而不是对所有作业流程与活动及其结果的全面反映；是组织中上级与员工共同参与制定并上下认同的，不是由上级强行确定下发的或是由下级职位自行制定的。KPI 指标的这些特点，决定了 KPI 评价法在绩效管理中的举足轻重意义。

（五）沃尔评分法与杜邦财务分析

沃尔评分法是亚历山大·沃尔（Alexander Wole）在其《信用晴雨表研究》和《财务报表比率分析》著述中提出的一个把若干个财务比率用线性关系结合起来以此评价企业财务状况的能力指数。沃尔评分法的基本原理是将选定的 7 个财务比率即流动比率、产权比率、固定资产比率、存货周转率、应收账款周转率、固定资产周转率和自有资金周转率用线性关系结合起来，并分别给定各指标的分数权重，然后确定标准比率（以行业平均数为基础），将实际比率与标准比率相比，得到相对比率，相对比率与各指标权重相乘确定出各项指标的得分和总体指标的累计得分，以此来评价企业的经营绩效情况。沃尔评分法是一个理论上尚待证明、技术上也并不完善的绩效评价方法，但它还是在长时期的管理实践中被广为应用。

杜邦财务分析（DuPont Analysis）是从企业赢利能力和股东权益回报水平角度评价经营绩效的一种经典的方法。杜邦财务分析将若干个用以评价企业经营效率和财务状况的比率按其内在联系有机结合形成一个完整的指标体系，并最终通过所有者权益收益率来加以综合反映。所有者权益收益率，也称所有者权益净利率，是一个综合性极强的财务分析指标，处于杜邦财务分析体系中的最高层次，是杜邦分析系统的核心。

（六）利益相关者战略绩效系统与 FOM 评价法

阿特金森（J. W. Atkinson）于 1998 年提出的利益相关者战略绩效系统，是对传统评价体系的一次重大完善。利益相关者战略绩效系统通过对企业股东、员工、顾客、供应商、社区、政府等利益相关者的特征及其相互间关系的分析，确定出促进企业绩效的重要因素，用以评价企业经营的绩效状况和帮助经营者作出绩效管理的正确决策。

由英国经济学者安迪·尼利（A. Neely）等人于 2003 年提出的绩效棱柱模型（The Performance Prism），是一个颇具代表性的利益相关者战略绩效系统模型。该模型构筑起了一个全方位测量和评价企业经营绩效的多维结构，倡导企业在战略管理中将企业的所有利益相关者置于同等重要的位置，在要求各利益相关者为企业提供价值的同时也要关注各利益相关者的愿望和利得，使企业的所有利益相关者都能满意。绩效棱柱模型与只注重股东或股东与客户的传统绩效评价模型相比较具有视野更加广阔、指标设置更为合理，注重细节、过程控制和内容的有效选择等突出特点。绩效棱柱模型强调将创造价值的全部因素纳入评价体系，建立财务和非财务指标结合、逻辑性强的多维业绩指标体系，体现对企业的所有利益相关者、企业伦理、社会责任、环境保护的充分关注，因而能够为企业经营管理者提供一个清晰明了的管理框架，即雇用有合适能力与技术的员工，满足政府部门的要求，履行应尽的社会责任，与供应商形成良好的供应关系，赢得客户的信任，在不断密切和强化与每个利益相关者关系的同时提升股东价值。绩效棱柱模型的主要缺陷是未能对各利益相关者加以必要的主次区分，以便进行"分类治理"。

由托哈（Thor C.G.）于 1994 年提出的 FOM（Family of Measures）绩效评价体系，由 5 组评价指标组成，即企业的盈利能力、生产率、外部质量（顾客）、内部质量（效率、损耗）和其他质量（创新、安全、组织文化）。FOM 评价法强调组织层次的评价指标集成，企业中每个职能部门的指标均分为两类：即该部门自身特有的评价指标和集成为下一层次上的一个相关指标。FOM 评价法与早期的 Sind & Tuttle 模型相比，具有评价体系较为全面的突出特点，不仅弥补了杜邦财务分析和 EVA 方法片面强调财务评价的缺点，同时也克服了 Sind & Tuttle 模型未将公司战略绩效分层细化的不足。

（七）Campbell 行为绩效评价与 Borman & Motowidlo 关系绩效评价法

行为绩效论认为，绩效是员工在完成工作的过程中所表现出来的一系列行为特征。由行为绩效论派代表人物坎贝尔（Campbell）提出的行为绩效模型，对因特定作业而产生的组织成效的绩效行为和因其他方式而产生的组织成效的绩效行为进行了区分。在坎贝尔行为绩效模型里，特定作业的因素更多地渗透在组织所规定的角色行为里，其他因素则更多地渗透在组织公民性、亲社会行为和献身组织精神里。坎贝尔行为绩效模型将绩效划分为 8 个方面：职务特定作业绩效、职务非特定作业绩效、写作和口头交流、努力、遵守纪律、为团体和同事提供便利、监督与领导、管理，并用这些因素描述所有职务的绩效结构。

关系绩效评价法是一个将"关系绩效和任务绩效融为一体的二维模式"。关系绩效强调人际技能和与他人制造良好的工作关系以及帮助他人有效地完成作业的动机。由关系绩效说代表人物伯曼和摩托瓦德罗（Borman & Motowidlo）于 1993 年提出的关系绩效评价法，迄今仍在西方居于主流地位。

（八）Bernardin 绩效产出评价与 Libby 审计绩效评价法

伯纳丁（Bernardin）的绩效产出评价法认为绩效是员工最终行为的结果，是员工行为过程的产出，是在特定时间内由特定的工作职能或活动所创造的产出的记录。Bernardin 绩效产出评价强调产出结果的重要性，将绩效理解为任务的完成、目标的实现，员工个体在知识、技能和能力上的差异将直接影响其作业的绩效。因此，经验和培训对提高员工作业绩效具有重要的作用和意义。

20 世纪 80 年代，审计绩效评价法的杰出代表黎波坝（Libby）与他人（Einhorn & Hogarth，Libby）一起探讨了审计绩效评价的因素，确认审计判断绩效受审计人员的能力、知识、激励和环境因素的影响，并指出审计判断绩效是审计判断与一定的判断标准相符，一个绩效好的审计判断要同时满足审计效果和审计效率两方面的要求。由于知识被其他 3 个因素及经验决定，因而绩效与 4 个影响要素之间的关系是复杂的。知识与其他影响因素的关系可以用公式表示：知识＝g（能力，经验，激励，环境）。由此建立了知识与绩效及其他影响因素的审计评价模型，把能力（Ability）作为审计判断绩效的变量。20 世纪 90 年代后，审计绩效评价发展很快。

三、技术转移绩效管理的学科体系与创新要点

工业革命以来发达国家的企业绩效管理从最初的结果管理到侧重于行为过程的管理，再到二者有机结合与公司发展战略融为一体的过程管理，绩效评价从简单的成本评价到综合财务评价和以财务为主结合非财务指标的评价，再到以战略为导向的跨行业、跨部门（包括大到跨公共管理与私人部门）的全面绩效管理，获得了极大的发展，取得了许多极具实际应用与推广价值的重要研究成果，有力地推动了绩效管理的不断完善和进步。《技术转移绩效管理》在绩效管理成熟的理论与实践基础上，根据技术转移的行业与地域特点、根据近年来快速发展的业

务实践，总结分析了技术转移的绩效规律，在学科的体系结构和重点绩效内容两方面作出了创新贡献。

（一）《技术转移绩效管理》的体系结构

技术转移绩效管理随供应链、价值链紧密相连的两条平行线延展，涵盖两条平行线的全部业务，一条主线指技术转移管理与服务活动主体的素质与能力，即技术转移公共管理机构、科技研发机构、技术转移服务机构、技术转让方、技术受让方等 5 类主体管理活动的素质与能力；另一条主线是指技术转移业务全过程的运营成果，即技术创新与技术研发、技术集成与技术成果产品化、技术交易与技术产品商业化、技术商品产业化全过程的运营成果构成。两条线构成技术转移绩效管理范畴的平面图，管理活动及其业绩相对应的指标群所构成的技术转移动态绩效管理指标体系是技术转移绩效管理范畴的第三维空间。

本书全篇共 10 章，分 4 个板块。第一、二、三章包括绪论性的技术转移绩效管理内涵、特性、战略目标、地位及作用等内容，概述性的技术转移绩效过程、概念范畴、影响要素、内容构成、存在的主要问题与改进对策等，以及技术转移绩效管理的第三维空间——指标特性的设计与量化方法；该部分为全书奠定理论基础。第四、五、六、七章共 4 部分构成 1 个独立板块，该部分分别把技术转移的全过程划分为 4 个环节，即技术研发成果化、技术成果产品化、技术产品商业化、技术商品产业化 4 个环节的绩效载体，通过流程界定和结果追求实现最佳的绩效目的。第八、九两章是本书的重点内容，分别研究分析了技术转移公共管理部门与服务机构两大主体的绩效管理重点；公共管理部门从宏观大绩效视野提升整体绩效，服务机构从高端服务、新兴模式切入，通过专业化提升服务质量层次，通过规模化提升服务数量层次。第十章为技术转移绩效的基础保障。

（二）《技术转移绩效管理》的创新要点

技术转移绩效理念的创新。技术转移绩效是管理素质、团队精神、企业文化、社会责任等技术转移软实力的综合体现，在一定的政治、经济、科技发展水平下，绩效理念决定绩效管理的深度与广度，影响解决矛盾的方式方法，影响激励与约束的调整方向。技术转移绩效理念植根于机构所在区域或产业的背景，以区域或产业规划的"大利益"机制来带动与改进集群组织的绩效。

技术转移绩效管理范畴的创新。首次提出"五大主体"与"四大环节"的协同绩效管理；厘清技术创新、技术转化、技术扩散、技术推广等概念与技术转移绩效的关系；深层次分析技术转移绩效管理的特点与隐失机理；提出"负绩效"概念与绩效风险的防范意义；尝试把绩效审计作为重要内容纳入技术转移绩效管理范畴；将"五大主体"与"四大环节"的绩效指标体系数字化，相互关联、相互对应输入信息管理系统，实现绩效管理的自动化等。

技术转移绩效管理矛盾分析与对策举措的创新。每一时期的绩效管理与绩效评价系统都是由组织所处的社会经济环境、组织形式及其管理要求所决定的。20世纪90年代后逐渐形成的现有绩效管理与绩效评价方法体系，同以往的传统绩效评价体系相比较虽已有很大进步，但其缺陷也是明显的：一是太过重视和依赖于财务计算指标而舍弃了机遇因素掩盖能力、努力结果的分析指标，诸如战略目标、综合服务质量、客户关系、组织文化与职员素质等许多越来越重要的指标虽然纳入绩效评价的体系但未能有效发挥应有的作用；二是评价指标的使用和经营活动的改善在时间结构上严重失衡，致使管理者决策行为短期化，这与管理体制与机制有关；三是评价的客体重微观而轻宏观，重视组织运营的结果而非流程，对绩效提升有着至关重要作用的知识资本的价值未能在评价体系中得到应有的充分体现和反映，绩效管理的重点仍羁于岗位的增减和薪酬的调整。从根本上解决和消除现有绩效管理体系存在的这些问题，既取决于时代的发展和进步，也有赖于理论及实务工作者的共同努力，与时俱进地对企业绩效管理和绩效评价的既有方法体系进行适时的调整、补充和改进，进而提出更加有效更为符合实际的绩效管理与绩效评价方法。全过程、全要素、全方位的技术转移，技术转移在引用绩效管理与绩效评价体系成果时，还要充分考虑不同地域文化背景的影响要素，有选择、有创新地利用日益国际化的绩效管理研究成果。

第一章　技术转移绩效管理的目标价值

引　言

技术转移绩效管理是利用管理科学的理论、方法、工具、手段对相关组织的业绩和效率进行规划、调控、评价和改进的过程，是为了提高技术转移主体及业务流程业绩和效率而进行的科学规范、公平公正的组织活动。技术转移绩效管理是决定组织业务可持续发展的重要因素，是发展战略转换成管理与服务结果的关键工具，其目的是保障系统既定发展战略的实施与实现。技术转移绩效管理的重点是利用绩效管理的基本原理与方法，分析研究不同地域、不同行业、不同部门影响技术转移的共性要素，总结我国技术转移绩效管理的客观规律，探索有据可循的通行管理手段与方法。

技术转移绩效管理针对我国技术转移发展的现状、存在的主要问题和改进方向，研究技术转移绩效及其管理的范围与特点、技术转移绩效评价的内容构成及其指标确立原则、技术转移绩效评价指标体系构成、技术转移绩效管理系统的有效构建等。

技术转移绩效管理是一个事前、事中、事后首尾衔接的循环系统。规划是前期布局，包括战略设计、目标制定、任务计划、结果预期；协调控制是实施过程；评价与改进是结果认定、是下期绩效的整改提高。绩效评价是绩效管理的重要环节，需要一个相互关联的指标群予以明晰反映。绩效管理从运营主体的"质"（组织素质、道德诚信、价值理念）、"能"（管理能力）和运营的"绩"（管理业绩）、"效"（运营效果）4个方面展开，进而形成由3个维度即运营成果、运营者素质与能力、运营管理活动及其业绩相对应的指标群所构成的技术转移动态绩效管理指标体系。其中：（1）运营成果指标，综合反映和体现运营的最终成果，包括运营的经济效益和可持续发展能力两个基本方面，前者体现已经获取的效益，后者反映未来可能获得的潜在效益；（2）运营者素质与能力指标，全面反映和体现运营者的组织素质、道德信仰、智力水平、心理素质、工作经验与运营管理能力；（3）运营管理活动及其业绩指标，全面反映和体现运营过程中各主要管理活动所涉主要工作及任务的完成状态。

1.1 技术转移绩效管理内涵

技术转移绩效主要源自两个方面：一是通过技术转移形成的新兴产业、新兴资源消费市场的急剧扩大带来的直接增量绩效；二是技术转移服务平台支撑的新兴组织、新兴业务扩展带来的增值绩效。技术转移服务的每一个节点都是一个增值点，因此，技术转移的绩效能力直接体现在参与服务全过程的每个人都必须能够带来新的价值，能够创造相应的社会财富。技术转移绩效管理依托高新技术和研发优势，以延伸战略性产业链为切入点，对知识创新、技术创新、管理创新的全产业过程和各服务环节进行规划、调控、评价、改进，从而不断提高投入产出水平。技术转移服务通过信息搜索、经纪中介、交易评估、科技咨询、知识产权代理、网上支付、物联网可视化和电子商务展示等高端服务，提供具有高技术含量、高人力资本含量、高附加值的服务，所带来的效益是传统服务产业所无法比拟的。

1.1.1 技术转移绩效管理的创新理念

技术转移绩效理念是管理素质、团队精神、企业文化、社会责任等技术转移软实力的综合体现，在一定的政治、经济、科技发展水平下，绩效理念决定绩效管理的深度与广度，影响解决矛盾的方式方法，影响激励与约束的调整方向。技术转移绩效理念是一种创新的理念，应植根于机构所在区域或产业的背景，以区域或产业规划的"大利益"机制来带动与改进集群组织的绩效。绩效管理的重点、难点是战略目标规划以及落实举措的修正，太多的机构在没有明确战略目标的前提下，沉溺于职位分析、岗级细化等本末倒置的管理事务中，这种"南辕北辙"绩效管理正是源自几十年前的绩效理念。

宏观的绩效理念影响很大，中国多年来主要以弹性极大的 GDP 指标作为衡量政绩的主要指标，以世界第一的经济增长速度为荣。然而以科学的绩效观点分析投入产出结果，往往会出现令人啼笑皆非的尴尬现象。科学技术是最具活力的生产力要素，2013 年，全国共投入研究与试验发展经费11 906亿元，在 2012 年高速增长 18.5% 的基础上比上年又增长 15.6%，2013 年，全年国内生产总值568 845亿元，比上年增长 7.7%。从统计图表上看不出科技投入与经济产出的正相关关系，即科技投入的宏观绩效未能充分体现，然而，正是技术的劳动替代率、劳动力收入水平的极端低下等不受关注的影响因素抵消了技术进步的巨额贡献。由于我们追求的指标数据与普通民众的生活太过遥远，不全面、欠真实的GDP、CPI、PPI不足以反映真实的经济运行状况，从发电量、铁路货物运输量以及信贷额度等指标对接可看出整体绩效指标之间的脱节程度。新一届政府首次淡化 GDP 指标，2014 年，国民生产总值的增长速度预期在 7.5％左右，一系列国计民生的计划安排表明中国经济已进入提质、增效、升级的新阶段，而提质增效升级首先是以技术进步推进"调结构、转方式"。

现代服务业以其高技术含量、高附加值以及低能耗等特点，已成为衡量一个国家经济发展水平以及现代化程度的重要依据与标志。美国一项研究表明，通过技术转移，企业的平均收益为 55％，而通过自行研究开发，企业的平均收益仅为 22％。以微电子技术为核心，以生物工程技术、光电子技术、新型材料和新能源技术为主要内容的新科技革命已使传统的受制于物质资源的国际产业分工发展成为以技术优势为主导因素的国际产业分工。随着全球化服务经济的高速增长，技术转移驱动全球经济格局转变的杠杆作用日益增强。科学技术是全人类的共同财富，技术转移只有服务于全人类，才能发挥科学技术的真正作用。国际技术转移在发达国家获取超额利益的前提下，有力地促进了各国经济的发展。无论是技术的转让方还是技术的受让方都各自获取相应的预期效益。

技术转移绩效管理理念是大区域、大机制、大利益、大服务前提下的创新理念。

1.1.2 技术转移绩效的概念解析

深入解析技术转移绩效的概念能够加深理解绩效管理的外延意义，能够提升绩效的理念层次。

1. 技术转移绩效是一个很宽泛的概念

一般意义上的理解，绩效有业绩、成绩、效果、效率、效益等多重含义，从绩效管理的角度，绩效对应于英文的 Performance，已成为相对确定的学术术语。绩效管理被列为"十大管理问题之首"，近年来一直是理论界的探讨热点。中国经济 30 多年的飞跃式发展，各行各业已进入"规范化"和"标准化"管理阶段，业务规模的继续扩张，管理"短板"问题日渐突出，而多数组织缺乏明确的管理提升路径，于是绩效管理等创新模式被共同认可。不同性质的组织有不同的绩效追求，即使性质相同的组织，因规模、体制等形式的不同，绩效目标也会有很大的差异。企业的绩效实质是市场与利润，学校的绩效实质是学生素质与教学成果，政府的绩效实质是秩序与效率。企业有国营与民营之分，政府有上级与下级之分，同是经营企业、同是政府部门，绩效目标不仅仅是量化的区别，有时还会出现质的趋向差别，基于行业特点，技术转移更注重战略绩效，考核指标的建立不能简单地评价产出水平，而且要透析为达到某些目标所投入的资源水平，更强调绩效风险控制，将绩效"负值"概念纳入绩效风险范畴并列入评价指标。

对应不同的技术转移活动主体，相应地产生了不同层面的绩效；对应不同环节的技术转移业务过程，也就相应地产生了不同流程的绩效。绩效是组织期望的为实现其目标而展现在不同层面上的能够被组织评价的工作行为及其结果。因此，需要明确的是，技术转移绩效是分层次的多维度结构。绩效可以从组织架构层面划分为组织绩效、部门绩效和个人绩效。根据被度量行为主体的多样性，技术转移绩效可划分为技术转移服务业的整体绩效、技术转移主体的群体绩效、技术转移五大主体内部项目的个体绩效 3 个层面，这 3 个层面绩效的重点体现是素质和能力。绩效可以从经营过程角度划分为采购绩效、生产绩效和营销绩效。根据被度量绩效结果的双重性，技术转移绩效可划分为研发成果化绩效、成果产品化绩效、产品商业化绩效、商业规模化绩效 4 种类别，这 4 种类别绩效的重点体现是周期和效益。人力资源是绩效管理的重中之重，但是，把技术转移置放于高端服务产业的层面，绩效重点是技术转移管理与服务主体的职责行为、技术流动与扩散的市场结果合力作用的价值溢出，人力资源作为一个最具活力的要素类项，其绩效作用源于科技人才的素质与总量，源于积极性、创新性的激励机制，源于人力资源的科学配置与调动，所以，技术转移不以业务员工个人能力、职位区段、岗位薪酬等为绩效研究对象。

2. 技术转移绩效也是一个主观主导性很强的概念

对同一个组织，不同的学科领域从不同的研究角度、不同的考察目的，会有自己的核心绩效描述。同样的问题，管理学强调绩效是资源成本的降低、产品销售利润的增长，经济学强调绩效是资源的最佳配置、遵循经济规律组织生产与分配，社会学强调绩效是资源的公平占有、分工合作的契约责任。

从技术转移主体的职责与利益角度，绩效追求的核心亦会出现很大差异。以技术转移主体划分为例，以市场为核心的技术贸易行为划分，技术转移主体可分为 3 类，即技术供给方、技术需求方、技术经纪方，技术经纪以撮合成交为主要职能。以管理为核心的工商行政行为划分，技术转移主体可分为技术转让方、技术受让方、技术中介服务方 3 类，技术中介不仅包括技术经纪、交易场所等，还包括专利、税务等代理。以买方为核心的市场竞争行为划分，技术转移主体可分为技术研发者、技术持有者、技术受让者、技术消费者 4 类，竞争行为促成了售后服务业务，最终，技术服务和技术产品的消费者也成为技术转移的一个环节。技术转移的绩效取决于竞争的激烈程度，技术转移过程的四大主体之间技术实力及经济基础的博弈平衡过程，也是四者间利益最大化预期的沟通协调过程。

按产业划分，技术转移归属第三产业，即西方经济学产业划分的服务产业，属服务业中的科技服务业。产业绩效主要是产业的行为主体绩效。按行业管理的技术转移职责范围分类，技术转移主体大致可包括技术转移公共管理机构、技术转移服务机构、技术转让方、技术受让方等不同的管理与服务组织分类。具有中国特色社会主义市场经济体系正在快速完善之中，政府行政管理职能与市场调节职能多有交叉，很多事业单位除了市场服务职能外，还担负着本应由政府行使的管理职责。在纯粹的市场经济社会，科技研发机构与技术转让方在很大程度上是重叠的，因为国外的科研机构多由企业设立，尤其是大型跨国公司集中掌控着优势科研资源，研发新技术不断成型，进入成熟期的技术不断被转让。而我国在科技体制改制之前，绝大多数科技研发机构都集中在事业单位性质的高等院校和科研院所，技术的研发者大多不是技术的转让者，技术的持有方往往不是技术的所有方。所以，按特定或狭义的技术转移定义，科技研发机构应与技术转移活动无关，广义的技术转移主体包括了旨在转让为目的的科技研发机构。

　　本研究以发展战略为核心、以管理与服务职责并重的理念，将技术转移主体分为技术转移公共管理机构、科技研发机构、技术转移服务机构、技术转让方、技术受让方等5类，其中，技术转让方、技术受让方既是技术转移的服务主体，又是技术交易市场的两大买卖主体。技术转移绩效管理即技术转移活动中具有重要影响作用的"五位一体"组织主体的绩效管理。政府技术转移公共管理部门以政府科技管理职能部门为主体，包括政府各级科学技术委员会、政府各职能部门主管科技机构。部分从事技术研发转化、技术交易、技术产业化等管理服务的有关事业单位，以及部分相关非营利社会组织，如技术市场管理办公室、各类科技协（学）会、生产力促进中心等，这一类"参公"事业机构一直在部分行使或替代行使行业管理职能，本研究将其职责列入"公共管理部门"。但从体制改革的进展趋势和政府职能转变的要求角度，宜列入技术转移服务机构范围。

　　3. 技术转移绩效还是一个随经济发展而不断变化的概念

　　工业化初期，技术研发者与技术持有者基本同为一体，技术的研发者包括专利持有者很多情况下也是技术产品的投资者。在产品卖方市场条件下，技术消费者只是被动地接受消费，在技术转移活动中基本上没有影响作用。

　　我国早期的技术转移以技术引进为主，看重的是设备的产量绩效而不太计较劳动强度和操作环境条件，高产量等于高利润，高利润等于高绩效。在满足了基本的物质需求后，技术引进的绩效重点转向技术的自动与通用互动、环境保护及消化吸收等方面。

　　全球化的服务经济时代，专业化的要求越来越高，在信息技术尤其是网络技术的推动下，技术研发者与技术持有者逐渐分离为技术卖方市场的两大独立主体，技术研发者成为这个市场的主动方。在传统消费产品买方市场条件下形成了技术的卖方市场，技术受让者与技术消费者关系日益密切，技术研发者与技术产品消费者越来越占有主动地位。在技术转移的"微笑曲线"中，技术研发和新产品消费左右两端高高在上，技术消费过程的新产品生产加工环节成为绩效低洼地。新产品的异步开发模式改变了传统流水生产线的流程，同一产品的多条流水线可以直接面向市场，由地处终端市场的工厂完成总装，或"4S"、"5S"店完成个性化拼装。高新技术的异步开发可以将零部件生产加工、插件组装封装等程序化批量业务转移到人力成本低廉的欠发达地区。技术转移，笑唇两角的技术研发和新产品消费能够获取超额利润，笑唇中间下凹部位的大部分生产加工通过降低人工成本来填补利润缺口。这是国际企业财团控制技术转移全产业链的利益本质所在，也是本书反复强调技术转移全过程绩效管理的缘由之一。

随着管理实践的不断拓展和细化，绩效概念已有了全新的涵义，动态的绩效视野是将技术转移置于一体化的全球领域，引导技术的双向流动，积极支持具有国际领先性和行业主导性的技术在国内"落地生根"，支持具有知识产权的自有成熟技术"移居海外"。无论是技术引进还是技术输出，技术转移的理想绩效是推动高新技术的成功转化，完成产品化、商品化到产业化的价值链打造。

技术转移绩效管理是依据技术转移发展战略，参照业务主体的职责规范和任务目标，对绩效进行规划、调控、评价、改进的系列活动。技术转移绩效管理的核心是基于创新能力和战略目标的组织行为，是组织的业绩与效率，这是技术转移绩效管理与其他工商企业绩效管理、与人力资源绩效管理的显著区别。

1.1.3　技术转移绩效管理范畴

技术转移绩效管理范畴随供应链、价值链紧密相连的两条平行线延展，涵盖两条平行线的全部业务，一条主线指技术转移管理与服务活动主体的素质与能力，另一条主线是指技术转移业务全过程的运营成果。技术转移公共管理机构、科技研发机构、技术转移服务机构、技术转让方、技术受让方等5类主体管理活动的素质与能力，以及技术创新与技术研发、技术集成与技术成果产品化、技术交易与技术产品商业化、技术商品产业化全过程的运营成果构成技术转移绩效管理范畴的平面图。如图1－1所示。管理活动及其业绩相对应的指标群所构成的技术转移动态绩效管理指标体系是技术转移绩效管理范畴的第三维空间。

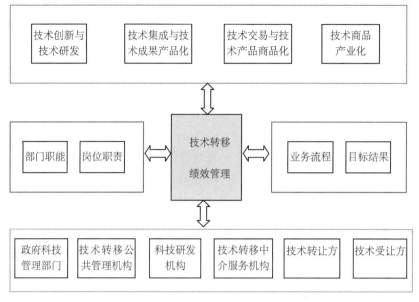

图 1-1 技术转移绩效管理范畴

特定的技术转移区域概念是指国家与国家之间的地理空间。1964 年联合国贸易发展会议首次提出并讨论了技术转移问题，把国家之间的技术输入与输出统称为技术转移。广义的技术转移区域概念包括国家、地区、企业之间技术的扩散与流动。

技术转移绩效管理范畴是广义技术转移区域概念下技术转移全过程的绩效管理，这样的绩效管理范畴划分，首先考虑的是明确产业和企业在技术转移中的主体地位，确定技术转移公共管理机构和服务机构在技术转移中的服务对象。从而在规模经济效益比较明显的产业，大大提高产业集中度，促进大企业在行业发展中发挥主体作用。通过技术转移政策鼓励企业不断增加研发投入，增加产品的技术含量，提高产品的附加值，扩大市场占有率达到调整产业结构的目的；并通过技术进步的保障举措，加大节能环保硬性指标的约束作用，淘汰落后生产能力，为先进生产能力的发展腾出市场空间，最终实现技术转移的战略规划目标。

1.2 技术转移绩效管理的特性

技术转移绩效管理的特性是指区别于其他组织、团队、员工绩效管理的独有性质。技术转移绩效管理是一种新概念、新模式，无论在应用实践方面还是在理论创新方面，都体现出显著的进步。不仅具有新的内容，而且具有新的特性，这些特性与技术转移服务的产业地位、职能门类、绩效管理流程等密切相关。技术转移绩效管理特性体现在以下 3 个方面。

1.2.1　技术转移绩效管理的战略性

　　战略性是技术转移绩效管理的本质特性。所谓战略性是指绩效管理活动尽管千头万绪，但必须围绕一个共同的中心，即保障发展战略目标的实现。战略性绩效管理为战略目标服务，以系统的观念来认识和理解绩效，突破了事务性管理的局限，颠覆了自下而上的管理改革思路，按照倒金字塔式的管理模式服务于业务流程，如图 1－2 所示。战略性绩效管理的目的不仅仅是满足技术转移自身的长期可持续发展，还要保障区域和产业的高新技术需求，以及保障区域和产业成熟技术溢出渠道的畅通。

　　技术转移绩效管理战略性还体现在对技术转移基础和源头的高度重视，强化绩效管理过程的整体性。政府和企业都在不断地加大技术创新和技术研发的人、财、物力投入，技术创新能力成为企业核心竞争力的重要成分，技术创新与技术研发随即成为绩效考核的重点。现在很多工商企业和事业机构的绩效管理都不是现代意义上的绩效管理，而只是百年前西方资本主义企业工序管理的改良，仍在按照员工为企业服务，下级为上级服务的思路，从最基层的员工潜力挖起，热衷于工作描述、岗位分析、薪酬设计，并按工作态度、出勤考核等最容易抄录的指标考核员工的工作绩效。而影响更大的中上层绩效因素，往往因为具有一定的难度被束之高阁，有些机构也仅以几项统计弹性最大的笼统指标作为战略绩效考核依据。以色列奉行科技强国的治国方针，以战略规划指导技术研发和技术贸易，是技术转移活动中的技术输出大国。以色列技术进步对 GDP 的贡献率高达 90％以上，上市公司数量仅次于美国，是欧洲的总和，成为世界上国土面积及人口规模最小的超级大国。中国的科技投入占 GDP 的比重现在与发达国家不相上下。中国的科技转化率只有 20％，而发达国家高达 80％以上。

　　战略规划指导发展方向、调整发展速度，保障发展成果。绩效管理源于发展战略，可以促进企业按照阶段计划健康稳定发展。绩效管理应该强调长远利益的实现，避免急功近利，为长远利益可以暂时放弃眼前利益。战略性绩效管理指标也是出自战略目标和竞争需要，把关注焦点集中到技术转移主体的战略远景上。

　　图 1－2 展示了战略型倒金字塔技术转移服务体系，面向消费市场的技术转移服务体系依托国家科技发展战略提供的多重保障，就像一棵参天大树，深深地植根于全球高端需求的土壤，其绩效基础已高高在上。

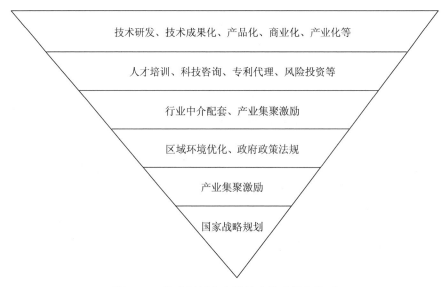

图 1-2　战略型倒金字塔技术转移服务体系

1.2.2　技术转移绩效管理的多维性

　　技术转移绩效管理的多维性是由技术转移服务门类和绩效影响因素的多样性决定的。绩效管理的多维性主要指处于宏观与微观不同层面的组织，其绩效内容有着巨大的差别，如科技管理部门与技术交易经纪部门绩效内容的差别；处于不同行业的组织，其绩效指标有着巨大的差别，如技术研发部门与科技金融部门绩效指标的差别；处于不同经营环境的组织其绩效目标有着巨大的差别，如经济发达地区与经济落后地区的同类的机构绩效目标的差别。技术绩效目标是多因素、多角度综合平衡的结果，服务于区域或产业结构定位。

　　过去我们倡导经济发达地区通过技术改造升级传统产业的做法有其严重的局限性，因经济发达地区有充分的资源和条件淘汰传统农业、淘汰工业中的落后产能基础以及低端服务产业。经济发达地区通过技术输出，淘汰过剩产能，转移不适用技术，将成熟技术、过剩技术向欠发达国家或有适用技术需求的区域输出，这是惯常的技术转移做法。成熟技术和过剩技术输出以及后续的技术服务不仅为高新产业的培育留下了潜力空间，还能为受让方国家和地区经济发展、人力资源开发作出重大贡献。最新技术应用不仅需要较高的资金或资源投入，还需要配套的技术条件和相应的产业环境，针对发展中国家经济与技术薄弱的基本国情，中间技术是技术转移的最重要选择。对欠发达地区来说，技术转移非常重要的作用是对传统产业的改造，使传统产业焕发新的活力。

　　基于不同的组织门类和太过复杂的影响因素，需要从多层面、多角度去分析和评价不同因素对绩效的影响作用，从而取得最理想的绩效管理成果。

技术转移的绩效结果受不同维度各种复杂因素共同作用的影响。为能够利用现代信息管理手段辅助绩效管理，并且保证不同维度绩效之间的可比性，技术转移绩效管理的多维度可简化为 3 个层面：宏观组织决策层面、微观机构（团队）竞争层面和科技产业化集聚层面。技术转移绩效内容主要围绕效果、效率和创新 3 个方面展开，效果是指对服务需要的满足程度；效率是指配置与使用技术资源的公平程度；而创新则是指实现目标的思维与手段的科学领先程度。效果、效率、创新 3 个方面共同作用，形成技术转移的绩效能力。宏观组织层面的绩效管理以定性评价指标为主、以定量指标为辅，评价的要点是决策管理能力；机构（团队）层面，在对其进行绩效评价时，需要综合考虑团队的任务结果和协作状态两个方面。可以通过对任务完成的进度、数量、质量、耗费、客户反馈等定量性指标为主进行评价，并辅以全局意识、协作精神等定性指标来进行评价，评价要点是机构（团队）的竞争能力；产业化集聚层面的绩效管理首先是对技术转移全过程业务结果的认定，产业化集聚含有两方面的意义，一是集聚形成的规模，显示出具有形成垄断与打破垄断的产业地位和创新能力，二是技术转移产品化、商品化、产业化各阶段表现的绩效结果。

影响绩效的因素有很多，其主要因素是组织内部技术水平以及人力资源等，各种外部因素因内部背景不同对绩效产生的影响各不相同。绩效管理的核心是组织的战略目标，战略目标分解到不同科层，转化为作业任务，层面目标通过层层落实，以权、责、利对等的形式具体到岗位，通过对具体岗位业务的监督指导，保障组织整体目标的实现。绩效管理流程是根据各维度层面预期目标与实际量度之间的绩效差距，设定相应的权重系数，平衡不同维度的目标值。当出现绩效差异时，充分分析各种共性影响因素之外的其他主客观因素，处理好不同维度影响绩效的主要矛盾，公正有效地推进绩效管理循环，全面提升组织绩效。

1.2.3　技术转移绩效管理的动态性

技术转移绩效管理的动态性是由两方面的基本前提所决定的。一是科学技术的快速发展、日新月异，技术的发明创造周期与落后淘汰周期越来越短，技术转移服务必须保持相应的同步速率，技术转移绩效会在不同的时间点体现出不同的量值；二是技术转移组织的运行和经营环境是不断变化的，外部环境包括国际竞争、政策法规、市场兴衰等多方面因素的波动，内部环境包括组织人财物资源的变化，以及团队、员工价值观念、创新意识、专业知识等方面由于人员流动带来的差异变化。

技术转移绩效管理要根据动态的周期特性，确定符合规律的绩效管理周期，形成完整的绩效管理体系。组织的外部环境和内部资源始终处于不断变化中，如果没有及时、积极的协调控制，技术转移绩效会处于被动甚至失控状态，绩效管理需要保持对全过程所有环节的变化调控。例如，绩效评价能够自成体系，但在绩效管理体系中只是一定周期中的阶段性工作，与目标规划、过程协调控制、反馈改进等其他环节共同构成一个连续性的循环过程。不同阶段的绩效有不同的管理重点，不同的环境条件有不同的管理要求，每一个循环周期都是以上一个周期为基础的绩效提升过程。绩效管理的动态性要求管理组织机构在绩效的"同比"与"环比"基础上确定与修正绩效目标、进行绩效评价、提出整改措施、完成绩效任务。绩效管理需要考虑到对组织内外部环境的适应性。动态性是组织与外部环境保持持续适应的动态过程，是对技术转移组织机构和管理者的全新要求，要求不断地强化绩效管理手段的灵活性；提高组织机构的动态均衡管理能力，提高组织机构具体事务具体对待的灵活适应能力。当外部环境和内部资源条件发生变动时，从目标规划和任务设定开始，能够主动修正绩效管理目标，调整不同层面和不同阶段管理重点，保持与供应链上下游的动态互动。同时在组织内部进行资源的配置与共享调整，尤其是对灵活性较大的人力资源进行合理调度，应对战略调整和竞争环境变化的需要，确保组织绩效目标处于有效调控范围。

技术转移就技术自身而言，其自身价值量不一定很大，但其转移后产生或增量的经济规模是不可估量的。技术转移绩效管理动态性涉及一项重要影响因素的管理——潜在风险的动态评价。所有投资都面临一定的风险，涉及技术引进和技术创新等投资，其直接投资需要数倍甚至几十倍、上百倍的间接配套投入，投资越大，建设期越长，影响因素就越复杂，隐含的风险也越大。技术转移的决策失误往往会对经济、社会造成巨大的负面影响。因此，技术转移绩效管理不但要看商业计划书上的绩效预期、资产负债表上的利润盈余，还要密切关注各核算期成本的变化趋势，从项目进度、现金流、供应链等异常波动中及早发现潜在隐患，以便控制规避风险，将风险损失降到最小。控制起始、过程、结果的一致，是技术转移绩效管理动态性特别要求的体现。

1.3　技术转移绩效管理的战略目标

2014 年 1 季度，中国服务业产值达到国民经济总产值的 46.1%，第三产业增加值占比首次超过第二产业，这是一个突破性的结构数据。服务业比重与城镇化水平密切相关。46% 是一个重要的节点，这一比重尽管离发达国家 80% 的平均水平还相差甚远，但是，就中国的基本国情而言，这已经是一个重大突破。中国在短期不可能化解"人口基数大、农业现代化水平低、世界制造工厂污染重"

的发展矛盾，只有通过技术转移，大幅度提高农业技术贡献率、快速实现先进制造的升级水平，才能在缓解主要矛盾基础上，全面调整产业结构、转变增长方式，以稳固的经济、技术实力，实现向高端服务业的跨越式发展。技术转移绩效管理的战略目标是快速推进技术转移的速率与效益，以期通过两个"五年规划"的努力，使服务业比重突破55%的划时代界点，实现产业结构由量到质的嬗变，打造民生的宜居环境，实现真正意义上的城镇化和现代化。

1.3.1　技术转移战略目标的选择标准

技术转移组织目标标识组织的未来和发展方向，是组织开展主营业务活动的根据。组织目标按管理层次可分为宏观决策层面的战略目标、中观竞争层面的任务目标和微观执行层面的作业目标。从管理的视觉看，组织可以是政府机构、事业团体、工商企业，也可以是部门内部的项目团队或作业小组，任何组织都可分为上下的不同层面，所以，组织不论大小都可以有自己的战略目标。战略目标是决策型的顶层预期，预期的实现需组织全体成员的共同努力。绩效管理就是在既定的背景条件和资源条件下，通过调动全员积极性和提高专业职员技能等方法、手段争取组织目标的实现。不同的组织有不同的目标内容和选择标准。组织目标按标准不同可分为过程目标和结果目标、短期目标和长期目标、作业目标和产业目标等。技术转移绩效管理的目的是保障组织目标的实现，组织战略目标的集合也是技术转移绩效管理的终极目标。

一般工商企业的绩效管理是以利润最大化为导向，通过降低资源消耗成本、激励员工积极性等指标约束实现绩效目标。技术转移绩效管理以区域产业的发展规划为导向、通过社会资源配置、提供高端智能服务实现绩效目标，既要实现系统经济效益，还要实现区域社会效益。绩效是组织的职能职责、价值理念和规划战略的最直接表现形式，技术转移绩效管理与组织战略目标的要求保持高度一致性。技术转移绩效目标的制定要符合《国家中长期科学和技术发展规划纲要（2006—2020年）》、《国家技术转移促进行动实施方案》、《国家"十二五"科学和技术发展规划》等战略性规划和法规的框架要求。一致性是指技术转移绩效管理目标一方面要服务于国家发展战略，另一方面其评价与考核要符合国家法规和政策的要求。如为加快技术成果转化效率，《科技部关于促进科技成果转化的若干规定》规定国有科研机构、高等学校持有的高新技术成果在成果完成后一年未实施转化的，科技成果完成人和参加人在不变更职务科技成果权属的前提下，可以根据与本单位的协议进行该项科技成果的转化，并享有协议约定的权益。《科技部关于加快发展技术市场的意见》要求：整合技术市场中介服务资源，提升技术市场服务水平；加强技术市场专业人才培养，提高技术市场管理经营队伍素质。绩效管理目标的制定与选择必须把握环境机遇，必须遵循国家宏观政策导向。

例如我国《国家"十二五"科学和技术发展规划》规划目标中，规划人均发明专利拥有目标为每万人口 3.3 件。由于各级政府科技管理部门实施了知识产权激励、保护的各种支持，目标任务提前两年完成。2013 年我国发明专利申请 82.5 万件，同比增长 26.3%，连续 3 年位居世界首位。其中国内发明专利授权 14.4 万件，与 2012 年持平。有 15 个省的《专利合作公约》国际专利申请超过 100 件。在世界知识产权组织划分的 35 个技术领域中，我国发明专利拥有量在其中 21 个领域占据优势。截至 2013 年年底，我国每万人口发明专利拥有量达到 4.02 件。国家知识产权局发布的 2013 年发明专利授权排行榜，在前十名的地区中，北京取代广东名列第一，华为技术公司在企业排行榜中排首位。提前完成这一规划目标是技术转移绩效管理的重大突破，为扭转世界技术流向格局积蓄了能量，为我国的技术输出奠定了坚实基础。

1.3.2　技术转移绩效目标规划的基本思路

技术转移公共管理服务机构、科技研发机构、技术转移中介服务机构、技术转让方、技术受让方是技术转移绩效目标规划"五位一体"的主体。技术转移绩效目标规划的基本思路是服务于国家发展战略、服务于国际化市场构建、服务于新兴产业落地、服务于领先技术优势的形成。绩效目标是战略目标分层分解的任务体系，技术转移绩效目标规划要有助于公共服务机构职能的转变、有助于市场机制作用的发挥、有助于资源的合理配置、有助于绩效的整体提升。

1. 绩效目标的技术需求背景

技术转移绩效目标规划必须具有前瞻性。纵观三次世界经济危机，1857 年危机之后长期的经济衰退，强烈的生产需求引发革命性的科学技术发明。电气化（蒸汽机）使英国等欧洲国家于 19 世纪率先进入了工业化社会。1924 年以金融危机为导火索引发的经济大危机 5 年后全面爆发，让整个资本主义社会奄奄一息，是电子化（核能）从多年的停滞中把美国等西方国家带入发达繁荣。1982 年的经济危机之后，世界经济随信息化（互联网）技术的快速发展而复苏。随着农业、工业两大产业经济的相对饱和与计算机技术的跳跃式突破，以美国为首的西方发达国家利用寡头垄断地位积累的超额利润，通过对国内生态农业、基因改造养殖业的补贴扶持，以营造绿色循环的宜居环境，保障第一产业的国内基本供给；通过将传统工业"倾销"投资于发展中国家，力顶本国海洋、航空等行业的换代升级等政策与手段，保障第二产业的社会平均（或高于平均）利润率；在高新信息技术的支持下，衍生金融、期货期权、音像通信、技术标准、知识产权等创新领域技术转移和信息服务所创造的国民经济产值很快超过了实体经济而进入"服务经济"时代。

2008年金融海啸三年之后，发达国家突降的国家主权信用危机重创经济恢复预期，又一个三年后，世界实体经济仍在泥淖中沉浮，欧美发达国家主体衰落迹象凸显，第四次世界经济危机不论是否被认定，在全球政治经济格局没有根本改变之前，解救经济危机的灵丹妙药唯有技术革命或技术创新。马克思主义经济基础决定上层建筑的理论是经过历史检验的真理。在现代社会，技术不完全是面向消费市场的，也要为政治服务，为国家发展战略服务，但政治最终是不能左右技术的。市场的基本需求饱和后，新的需求不断增长、财富的畸形集聚以及社会各种矛盾在加剧。人类要进步，社会要发展，在失去常规动力后的消费市场将产生巨大的新技术需求，重大发明、发现类技术革命的出现是毋庸置疑的历史必然。产业化的技术革命或技术创新必然带来全球性的连锁技术转移，技术转移也意味着新一轮财富的转移，新的技术垄断主宰方将主导新的世界政治经济格局。历史惊人地相似，只是周期越来越短而已。

2. 绩效目标的区域规划背景

区域概念可以是一个政治地域、一个国家，也可以是一个国家中的行业领域或一个地区。任何一个地域的技术转移绩效目标都必须受本区域总体战略目标规划的约束。

《中国技术市场"十二五"规划》中，基本涵盖了技术转移绩效管理战略目标的主要内容。"十二五"期间，中国技术市场建设的总体目标是：经过五年的努力，把我国技术市场建设成为满足经济社会发展要求，适应社会主义市场经济体制和科技发展规律，具有完善的法规政策保障体系、健全的市场监督管理体系、高效的社会化服务体系，供给推动和需求拉动相结合，各类市场主体相融合，国内和国际资源相配合，制度健全、结构合理、功能完善、运行有序、统一开放的现代技术要素市场。

到2015年，围绕技术市场体系建设和为国家经济社会科技发展战略服务，着力实现以下具体目标：

（1）技术市场发展环境进一步优化。加快技术市场法制建设，制订和修订一批促进技术市场发展的配套政策，形成基本完善的技术市场政策和法制环境。加强政策法规落实力度，确保现有财税优惠政策全面落实。健全技术市场监督与管理机制，加强技术合同认定登记管理，制订全国技术交易规范，建立技术市场信用体系。

（2）全国统一多层次技术市场服务体系初步形成。依托中国技术交易信息服务平台和中国创新驿站网络，整合全国技术转移和创新服务资源，形成统一开放、网上网下结合、产学研中介等各方主体扁平化合作的全国大技术市场。在中关村打造国家技术转移平台，在若干中心城市扶持和发展一批资源配置能力强、服务功能手段先进的新型综合性技术交易市场及种业等专业技术交易所；国家技术转移示范机构总数达到 400 家；中国创新驿站区域站点达到 50 家，基层站点达到 300 家，签约技术经纪人 1 000 名；建立全国技术转移联盟和技术转移行业组织，推动建立区域和行业技术转移联盟 30 家。

（3）技术交易机制和模式实现重大创新。推进各级政府财政资金支持形成的公共科技成果入场交易，除涉及国家秘密以外的公共科技成果通过中国技术交易信息服务平台进行发布并通过指定的技术交易市场公开交易。组织 1 000 项重大科技计划项目成果的转移转化。引导各级政府财政资金支持取得的各类科研设备、设施和条件等物化的技术成果进入技术市场，通过市场机制促进公共科技资源扩散应用。总结和推广各地、各部门在企业并购、重大工程建设等实践活动中创造形成的新型技术交易模式。

（4）技术市场服务国家重大发展战略的能力全面提升。通过进一步实现技术市场与其他要素市场的融合与对接，充分发挥技术市场对创新要素的集聚与扩散、价值发现、资源配置及规范交易的重要作用。进一步利用技术市场优势，培育和发展若干新型现代科技服务业态。把技术市场打造成为面向国家重大科技专项和重点工程的技术集成基础平台、面向高新区和战略性新兴产业发展的技术转移主渠道。力争实现技术合同成交额年递增 21%，到 2015 年达到 10 000 亿元。

作为全国技术转移最为活跃区域之一的苏州市出台相关规划的实施意见（2014－2020 年），提出到 2020 年实现自主品牌、质量效益、科技创新、绿色低碳、产业结构五大核心指标新突破，实现全市战略性新兴产业产值占规模以上工业产值比重超过 55%，科技进步贡献率达到 65%，培育 50 家具有自主品牌的地标型企业（集团）。其中包括 5 项核心指标：

（1）自主品牌指标。全市培育拥有 50 家具有自主品牌的地标型企业（集团），其中 2～3 家企业进入世界 500 强，15～20 家企业进入中国制造业 500 强；培育 100 条年销售收入达到 100 亿元、技术标准高、品牌质量达到国际先进水平的优势产业（产品）链；培育 1 000 件年销售收入超过 1 亿元的市级以上自主品牌产品；全市具有省级以上品牌的企业年销售收入超过 1 万亿元。

（2）质量效益指标。全市规模以上工业增加值率达到 25%，规模以上工业销售利税率达到 9%，利税总额突破 4 000 亿元；一般贸易出口占比超过 35%；技术改造投入年均增长不低于 5%、占工业投资的比重达到 70%、符合国家产业政策鼓励类的技术改造项目占比每年提高 1%；工业企业全员劳动生产率力争达到 50 万元/人，每单位工业用地产出工业增加值达到 85 万元/亩以上。

（3）科技创新指标。全市大中型企业科技活动经费支出占销售收入的比重达到 2.8%，科技进步贡献率达到 65%；省级以上企业研发机构超过 2 000 家；企业科技活动人员占职工人数的比重超过 10%；企业信息化发展水平指数力争达到 90。

（4）绿色低碳指标。全市单位 GDP 能耗减少到 0.45 吨标煤/万元，单位工业增加值能耗减少到 0.65 吨标煤/万元；累计创建 600 家三星级以上"能效之星"企业；通过清洁生产审核验收的企业达到 3 500 家；全市工业企业进区集聚度超过 95%。

（5）产业结构指标。全市战略性新兴产业产值占规模以上工业产值的比重超过 55%；高新技术产业（产品）产值占规模以上工业产值的比重超过 50%；软件产业年销售收入达到 4 500 亿元；智能制造装备产业年销售收入超过 1 万亿元。

根据规划，至 2020 年，工业经济发展的重点任务是：培育一批国际品牌和"百年老店"，培育 200 家"科技小巨人企业"，全市工业总产值将达到 5.1 万亿元，年均增长 5%，规模以上工业增加值力争达到 9 700 亿元，年均增长 6.5%，民营工业产出占规模以上工业比重达 40%。诚信苏州建设基本构建完成，实现信用信息互联共享，走在全省乃至全国前列。探索对外商投资实行准入前国民待遇加负面清单的管理模式，力争成为国家自由贸易园（港）区试点地区，建成国家创新型城市，创建成为国家"城市矿产"示范基地，高层次"中国软件名城"。

苏州市技术转移机构根据区域产业特色和相关规划，组织部分高校、科研机构、80 余家技术转移中心及相关创新载体提供针对性的技术转移服务。技术转移联盟则紧紧围绕以上目标规划实施意见，将以网络信息、大数据软件、智能制造、生物环保、绿色能源、云教育等高新技术为输入主流，以在国内仍处于领先水平的部分传统产业应用技术为输出重点，绩效目标真实明确、操作有据、运行可靠。这不仅能够利用地方自然资源特点保证区域规划的顺畅实施，还能充分发挥技术转移服务机构的专业特长事半功倍地提升服务绩效。

3. 绩效目标规划的实施

技术转移战略规划一经发布，新的战略目标往往会改变组织的部分运营构架。技术转移绩效管理的全部意义是推进组织战略实施，保证组织战略目标的实现。"五位一体"的技术转移机构绩效目标规划（也称绩效计划）的实施主体，绩效管理必须调动各种资源予以支持与配合，将战略规划目标转化为定性的可落实目标或定量的可操作目标，即绩效计划。战略目标经过分层分解、层层确认、逐员落实，通过授权形成权责利对等的职位职责。外包与分包的专业任务，以合同或协议的形式形成外部保障，以内部岗位职责或专业对接责任的形式形成内联保障。绩效计划转化为各个业务部门和全体员工的执行计划，执行计划是战略规划的战术方案，整个绩效计划中的分解目标与战略目标必须保持高度一致。绩效计划的导向作用能够转变组织成员的理念与行为，引领、指导全体职员按照战略目标的框架要求兢兢业业完成计划任务。绩效执行计划通常会留有一定余地，以应对不可抗拒意外的发生和决策失误风险。

绩效目标规划是依据前瞻性的长远发展战略，在年度业务运行计划以及资源投入计划相对确定的前提下，保障产出计划的实施。近年来，中国高新技术产业界目标规划实施最成功的民营企业莫过于汉能控股集团。未来 5～10 年，随着世界清洁能源的发展，清洁能源替代传统化石能源的速度和规模，一定会超乎所有人的想象；到 2035 年，以太阳能为代表的清洁能源将代替 50% 的传统化石能源。正是基于这样的判断，汉能集团在建成规模是葛洲坝电厂 1.1 倍的金安桥水电站后，规划开发太阳能技术。规划目标确定后，汉能绕开已呈现竞争态势的硅晶光伏行业，实施全新的薄膜化、柔性化光伏太阳能产业打造。汉能用最短的时间在全国建设了 9 个薄膜太阳能制造基地，收购了欧美的三家薄膜太阳能企业，形成全球规模最大、技术领先的产业龙头地位。形成了上游核心技术开发、高端装备制造，中游太阳能电池组件生产，下游光伏系统集成解决方案的全产业链绩效保障体系。

1.4　技术转移绩效管理的价值体现

技术转移是一种新兴的战略性服务产业，其绩效内涵和外延，涉及国民经济的各个领域，涵盖宏观、中观、微观 3 个层面。技术引进与技术输出业务需求的增长，带动并刺激技术转移服务的快速发展，使其自身在良性循环中成长为独立的庞大产业群体，成为经济结构调整的主导要素之一。技术转移业务是现代服务业内容的重要组成部分，作为一种高端服务，它对经济的带动作用通常比一般商业服务业高约 10 倍，比低端钢铁与水泥等产能过剩的工业高出 20～30 倍。

1.4.1　战略发展规划的客观依据

技术转移绩效是科技战略规划的晴雨表与指示器，是前一个规划期规划实施结果的体现，更是下一个规划期规划制定的客观依据。2013 年全国技术合同交易 294 929 项，合同交易额达 7 469.13 亿元，比上年增长 16.0%，其中：技术交易额 5 874.37 亿元。以局部看全局，具有代表意义的北京市认定登记技术合同成交额 2 851.2 亿元，比上年增长 16.0%，总量占全国的 38.2%；成交项数首次突破 60 000 项（62 743 项）；新增技术交易卖方 1 218 家，占全年交易卖方总数的 25%。

1. 与国家重点支持的高新技术领域高度相关

北京技术转移总量的 80% 属国家重点支持领域，即现代交通、电子信息、环境保护、核应用、城市建设与社会发展等重点领域技术合同成交额达 2 337.2 亿元，占总量的 80%。其中，现代交通、电子信息、环境保护三领域技术合同成交额分别为 661.1 亿元、637.8 亿元和 412.1 亿元，比上年增加了 291.6 亿元。重点产业技术交易增长较快。随着现代农业科技城、高端数控装备产业技术跨越发展工程（精机工程）、生物医药产业跨越发展工程（G20 工程）的深入推进，生态农业、智能制造、生物医药技术合同成交额为 35.3 亿元、127.8 亿元和 56.0 亿元，分别比上年增长 8 倍、53.7% 和 31.8%。部分新兴产业还呈现出跨界融合发展趋势。技术的交叉融合促进了产业的跨界融合。生物医药、新能源汽车、高端装备制造等领域成为相关技术融合的主要领域。如生物医药领域呈现生物技术、信息技术、新材料技术、医疗技术的融合发展趋势；以高端数控装备为核心的先进制造领域呈现 3D 打印、智能装备、数控机床为代表的技术融合趋势；新能源汽车领域主要是汽车技术和新能源技术交叉融合。

2. 与国家新型城镇化规划高度相关

城市群成为我国城镇化发展的战略依托，发展速度最快的环渤海、长三角和珠三角经济圈将进一步发挥其对新型城镇化的重要引领和支撑作用。以北京、上海、广州为主的城市群是三大经济圈的载体，也是推进新型城镇化的主体形态，从北京技术转移绩效结果可以看出其与国家城镇化相吻合，北京技术流向"环渤海经济圈"（不包括北京）、"长三角经济圈"和"珠三角经济圈"的技术合同成交额分别为 301.3 亿元、155.7 亿元和 136.2 亿元，分别占北京向外省市技术输出的 18.6%、9.6% 和 8.4%。

3. 与国家中西部开发战略高度相关

国家中西部开发战略实施以来，应对中西部开发战略引发的技术需求，技术流向地区格局出现结构性变化。中西部地区总量近 5 年来首次超过东部地区，并呈迅猛增长态势。2013年，北京流向中西部地区技术合同成交额 849.1 亿元，比上年增长 63.2%，占北京流向外省市总量的 52.5%，首次超过东部地区总量（766.8 亿元，占比 47.5%）。从技术领域看，北京流向两大地区与基础设施建设相关的技术领域呈现"一降一升"现象，而新兴产业则均呈增长态势。如东部现代交通技术领域比上年下降 20.4%，中西部该领域则上升 185.2%，两大地区的航空航天以及东部的环境保护、中西部地区的先进制造、新材料、生物医药等新兴领域均保持较快增速。与两大地区 GDP 增速高度相关。

4. 区域规划目标的直接贡献

北京作为创新技术成果的重要产出地，技术出口呈现"增长快、区域高端、技术高端"趋势。2013年出口技术合同成交额653.6亿元，比上年增长56.4%。技术流向73个国家和地区，其中新增4个发达国家和地区，对美国、日本、德国、法国等主要发达国家的技术输出同比增长11.0%。出口技术领域以环境保护及资源利用、计算机软件、通信技术等高端技术为主，占比为68.3%。技术出口形式以高技术水平的技术服务为主，2013年出口技术服务合同成交额达453.8亿元，比上年增长146.3%，占出口技术合同额的69.4%。北京流向国内其他省市技术合同成交额占总额的比重从2009年的40.3%发展到2013年的56.7%。在技术出口强劲增长的同时，北京技术进口也保持较快增幅。2013年，进口技术合同1 068项，合同成交额239.7亿元，比上年增长26.4%。国际技术转移供需两旺，产业落地活跃，奠定了北京作为国际技术转移的枢纽地位。

技术转移推动了高新技术产业的发展，促进了首都经济发展方式的转变和产业结构的优化升级。2013年，北京地区实现技术交易增加值1 838.9亿元，比2012年增长11.0%，占地区生产总值（市统计局发布的初步核算值19 500.6亿元）的比重达9.4%，比上年增长0.1个百分点，技术转移对首都经济社会发展的贡献力度领先于行业整体水平。

1.4.2　科技管理职能转变的科学探索

技术转移的绩效很大程度上取决于科技管理部门行使职能的水平与效率。十八届三中全会确认了市场在资源配置中的决定性作用，表明政府决心彻底改变过去权力配置资源的传统，大幅度减少政府对资源的直接配置，政府职能转变的核心由"全能"向"有限"转变，由"管制"向"服务"转变。尽管所有制不同，但在市场竞争中只能坚持同一个标准，以平等竞争来实现公平与效率，要依据市场价值规律、市场竞争规则来配置资源，实现效益的最大化和效率的最优化。科技管理也应该体现由行政管理到法治监督的转变，通过建立科学的界定标准和应用方法，建立新型的导向型指标体系。科技管理的重点内容是科技政策的制定落实、财税金融扶持资金的审计监管、行业协会业务的监督指导、中介服务机构的服务与扶持等，减少国内科技企业的行政审批，增加国外技术壁垒的市场应对。管理方向要向新兴产业、环境保护、技术标准、行业规范、人才集聚、信息平台等公共科技服务拓展。技术转移管理绩效评估要向以满足技术转移需求为中心转变，要体现新的管理理念，要突出依法行政的效率。技术转移绩效将由过去主要依靠政府政策转变为主要依靠市场制度保障。通过绩效观念的转变，绩效管理指标的调整设置，探索以国家和区域科技战略目标为中心、市场需求为导向、管理与服务相结合的科技管理新型职能设置，推进科技管理职能的转变。

1.4.3 提高服务质量的重要手段

绩效指标成百上千，服务质量是重要的考量指标之一，也是技术转移高端服务业的绩效内核，技术转移绩效的一系列外在指标都源自服务质量这一内在基础。影响服务质量的两大要素是"人"与"事"，"人"主要指专业人才，"事"主要指业务及业务流程。绩效管理通过提高专业人才的技能和优化业务流程等手段达到提高服务质量的目的。

1. 绩效管理有助于提高职员的服务技能

绩效管理远不是对人力资源实施约束与激励这样简单的问题，相对于约束与激励，转变观念和提高技能是个渐进的过程。约束机制只能减少规章中不被允许的作为，激励的作用是调动积极性，这与提高服务质量不是直接关系。提高专业能力才是提高技术转移服务质量的首要保障。

人才个体的能力参差不齐，甚至相差悬殊，提高人才技能并不是要求全体职员都要达到某个统一的高度水准，而是强调人才技能必须与各自的职位相匹配，其技能水平必须符合服务质量的基本要求，各适其所的职位才能体现最大的职务能力，降低人才招聘、培训、使用成本。绩效管理不将就、不勉强，通过绩效调控和绩效评价，确定绩效短板，发现职员职务履行中存在的问题。一是调整职位，扬长避短，重新物色"短板"的适配人选，把"短板"职员调往能够发挥其特长的相关岗位；二是调整任务安排，削峰填谷，均衡工期，为"短板"岗位提供必要的专业指导和资源支持，让职员明确自己的工作任务和团队目标，有针对性地参加培训，学习新知识、新技能，提高工作能力，

2. 绩效管理有助于促进业务流程优化

业务及其流程是"事"与"人"的结合过程，也是"事"对绩效目标的贡献过程。业务流程第一是根据规划目标确定由谁来做"事"，即需要多少人、需要什么样的人等；第二是业务如何运作，即涉及业务运行时间、地点、频率等；第三是流程衔接，即各流程之间衔接的方式，衔接的节点等。上述 3 个方面会有很多分支细节，任何失误或延误都会对服务质量产生很大的影响，尤其是现代信息平台下运行的业务流程，流水线式的"翻页"工作经过严格的频率测试，往往一处小的停顿就会造成上游的"堆积"与混乱，造成下游的"散落"与怠工。节奏的频繁改变会导致服务质量的起落不定。绩效管理会从整体利益和部门利益的平衡角度着眼，在上述 3 个方面进行监控，不断根据设计标准微调误差，消减不稳定性，逐步优化业务流程，使服务质量始终处于可控状态。

1.4.4 实现组织目标的制度性保障

技术转移组织目标绩效管理循环起点与终点的交集，绩效管理从战略目标的

规划开始直至管理周期的结束。对战略目标能够产生影响的因素除了人财物等硬性资源的调动与配置，还需要组织结构、组织文化、商业模式、运行机制、规章制度等软性条件与环境的要求。一个科学、完整的绩效管理循环能够构建起实现组织目标的规范性、制度性保障。

1. 绩效管理有助于促进组织内部的交流与合作

绩效管理能够调整组织结构，促进上下层级管理者之间、前后流程职员之间互相沟通与合作，这本身也是绩效管理的重要职能。绩效管理通过组织结构的构建与调整，通过对业务的监控与指导，保证职位的有机联结与有效交流。在交流与合作中，上层可以向下层提供反馈意见与建议，专业人员可以向非专业人员通过技术辅导与帮助，决策层可以向薄弱环节进行资源倾斜。

从绩效计划的执行中的信息反馈和差距辅导，到绩效评价及对评价结果的采信与反馈，以及提出规划目标的修订等，都需要全体职员的全程参与，为避免少走弯路，保证统一的进度和质量，需要关联职位定时、定期地相互沟通。没有组织内的有效交流与合作，就没有现代服务业的运行，更谈不上组织规划目标的完成。公开透明的绩效制度和精算缜密的管理过程有助于组织内沟通与合作的开展，通过对业务进度与质量评价结果的沟通，能够发现新的合作机会和差距改进的办法，确定改进方向和加快进度的措施。绩效管理通过调控、评价、改进环节的方法、手段，提高组织、团队及职员的协作效应，反过来为组织绩效的改善提供帮助，保障组织规划目标的实现。

2. 绩效管理有助于推动组织文化的建设

技术转移机构是一种新兴组织，组织文化的自然积淀是一个缓慢的过程，如果没有积极向上的有意识引导，开放性的先进文化很难自行取代落后保守的文化。习惯成自然，观念陈旧会阻碍创新，抑制专业技能的提高。国际化的技术转移环境下，组织文化在品牌宣传、组织形象、合作交流等多个方面发挥着不可替代的软性作用。发展观、价值观、协作精神、民族传统、道德信仰、社会责任等看似与组织绩效不相关的文化要素，一旦与组织的专业特色和目标追求相结合，就会产生与物质资源无法相提并论的结果。绩效管理首先是通过转变人们的思想观念推进组织文化的建设。科学的绩效管理系统有助于引导高绩效组织文化的发展，优秀的组织文化会对组织绩效产生潜移默化的支撑作用。绩效计划可以对员工产生自我激励、自我约束作用；明确的绩效标准可以形成公正考核的氛围进而形成和谐的人际关系；完善的绩效机制鼓励良性竞争，有助于励志酬勤理念的形成；及时的反馈指导能够促进不断学习进取的精神；科学的绩效改进措施有助于树立协作与服务意识，树立长远的目标追求。全面客观的绩效体系构建孕育着公平、公正、公开的服务价值观，建设独具特色的组织文化对实现组织目标具有重要意义。

3. 绩效管理有助于产业价值链的构造

产业价值链的构造主要是组织外部的沟通与合作。构建透明、完善的绩效管理指标体系能有效地均衡产业价值链各环节利益分配，引导组织加强资源管理，提高资源使用效率，从而有效地降低组织运行成本，节约社会资源。

建立一套既各有侧重、又相互联系的指标体系，全面、系统地反映产业链上下游各环节资源和利益的均衡状态，由绩效透明的供求关系主导产业合作，才能最大限度地发挥资源的使用效益。完善传统的行政管理机制，引入市场价格主导机制，实行合作伙伴选择的优胜劣汰，建立自我修复发展的合作联盟关系。从强化团体的经济利益向强化区域产业的社会效益转变；从以组织自身的流程规则为导向向以客户的需求为导向转变；从对上级主管部门的单向负责向对产业价值链的双向负责，适应竞争，实现可持续健康发展。有利于避免价值链合作各方的猜忌与误会，建立和巩固产业联盟组织之间的信任。

透明公开的绩效管理指标体系能够向全社会关联业务机构展示产业合作的机遇，提高合作的深度与广度，扩大产业联盟的业务影响，为争取更多的交流与合作创造条件，并推动产业链合作机构和社会公众参与监督。

第二章 从创意到市场的技术转移全过程绩效

引 言

技术转移绩效管理首要的问题是更有效地促进技术转移。促进技术转移，同一个问题的两个方面是技术能否实现转移？技术转移后成效如何？由于科学技术进步及其成果应用对经济社会发展的作用日益重要，"技术转移"所涵盖的内容即逐渐扩大到研发机构之间的技术项目有偿合作，研发机构与企业、企业与企业之间的技术转让，以及不同经济、技术行为主体间的技术许可等各个方面，并且从早期的无意识行为、欠发达国家的政府行为、发达国家为打破南北僵局的策略工具等内涵，逐步发展成为世界范围内不同行业、企业、研发机构和政府等都高度关注并积极参与的一种战略行动。从根本利益上讲，技术研发者、技术持有者与技术受让者、技术消费者是技术转移利益冲突的甲乙双方。能否实现技术转移，甲方处于主动地位，其影响因素主要有：技术的复杂程度、技术的成熟度、技术的通用性、技术的换代周期等；技术最终能否成交取决于甲方在主观上对技术转移的利益期望、客观上对技术的垄断程度。技术转移后的成效如何，其影响因素主要有：技术受让者的存量技术基础、经济实力、生产要素组织水平、产品市场化能力等；终极检验准则是技术消费者即商品使用者的认知、认可程度。科学有效的技术转移绩效管理必须深刻分析从创意到市场的技术转移全过程经济利益基础，以经济利益等激励为导向，以政策法规等行政手段为保障，以道德信用等责任为约束不断改进技术转移绩效。

从创意到市场进程中的相关概念包括技术创新、技术成果转化、技术转移等的涵义及其活动特点，技术成果转化与技术转移的基本流程、管理系统构成和主要活动主体的职能、任务与目标等，我国技术创新、技术转移与技术成果转化目前存在的主要问题和发展对策等，以便明确技术转移绩效管理对象最为基本的相关问题。

技术创新、转移与成果转化基本流程及其管理系统构成从价值链角度展开。主要活动主体可按"政府科技管理职能部门、科技研发部门、技术转让方、技术转移服务机构、技术受让方"分类。

2.1　技术转移绩效及其相关范畴

技术转移（Technology Transfer）是指"为制造产品、应用工艺流程或提供服务而进行的系统知识的转移，但不包括货物的单纯买卖或租赁"（联合国《国际技术转移行动守则》）。

技术转移是一个内涵与外延都在不断演化的外来概念，最初是作为解决南北问题的一个重要战略而提出来的，美国将空间技术向民用部门扩散而带来的连锁效应奠定了技术转移的内涵基础，系指国家间的技术输入与输出的统称。联合国《国际技术转移行动守则》对技术转移的定义有三方面非常明确的内容：技术转移的目的是应用于生产或服务；技术转移不是单纯的货物买卖而是技术的贸易；技术转移不是单项技术的转让而是系统知识的转移。技术转移是由于区域经济发展的不均衡而引发的技术从应用到扩散的活动过程，技术转移的主要形式是技术贸易与技术服务。对国际公认的技术转移定义的理解和阐释，技术转移的 3 个基本构成要素是比较明确且达成共识的，即转让过程、交易活动、利益关系三要素是定义界定的主要内涵。技术作为一种系统知识和技能在经济地域之间或产业领域之间的流动与应用，随着转移规模的扩大和转移形式的多样化，转让过程延展到权益让渡前后从技术创新、研发到技术集成、产品化再到商品化、产业化的全部过程，这是为经济目的而发生的关于技术信息流动的全部过程；交易活动主要是指供需双方基于市场规律与原则完成的技术交易自愿活动；利益关系是指转让过程必须存在着技术供需双方的市场交易活动并满足相关的特定利益。技术转移利益关系首先是经济利益，其次还包括社会利益，有时甚至是政治利益，如针对某些国家和地区的技术禁运和技术贸易壁垒等。

厘清技术转移及其相关范畴的内涵有助于绩效管理环节、管理业务的科学分类和客观评价。

2.1.1　技术创新与技术转移绩效

技术创新是创造新的产品、生产过程或服务方式的技术活动。熊彼特的创新定义：把一种从来没有过的关于生产要素的"新组合"引入生产体系。也就是说，技术创新是从技术创意开始直到产生市场应用优势的全部活动。

技术创新不断带来令人诧异的产品与服务概念，传统意义上的基础研究、应用研究、技术研发和商业化研究，分类交叉，界限融合，技术创新包括技术创意的产生、研究、开发、商业化，贯穿于技术转移全产业链的各个环节，成为最重要的绩效动力。

技术应用于生产和生活的形式是多种多样的，这决定了满足这些需求的技术创新的形式也是多种多样的。与技术转移有关的技术转移绩效源自技术创新的以下几种活动形式：

1. 产品创新

产品创新包括变革性大幅度提高质量、创造一种产品或一项服务。技术的创新不一定带来产品的创新，如只是带来成本的降低、效率的提高等。

2. 工艺创新

工艺创新是通过运用新的生产技术、操作程序，变革或重新设计流程、规则等，来提高产品质量和生产效率的活动。工艺创新和产品创新二者实现途径不同，方式也不一样。产品创新直接体现于生产或服务的结果，而工艺创新直接体现于生产或服务的过程，工艺创新的成果既可以体现于劳动者、劳动资料和劳动对象之中，还可体现在各种生产力要素的组合方式上。

3. 消费创新

消费创新是一个全新概念，是指技术持有者在掌握消费需求的前提下，运用创新技术，形成创新产品，伴随创新产品的开发，不断地开拓市场、引导消费甚至创造消费需求。消费创新引起消费革命。习近平主席在研究我国能源战略的中央财经领导小组会议上，再提推进能源革命，包括能源消费革命、供给革命、技术革命、体制革命4个方面。在推动能源生产和消费革命提出的5点要求中，第一是推动能源消费革命，抑制不合理能源消费。

4. 资源替代创新

竹纤维替代长丝纤维，这是众多的典型案例之一。包括毛竹在内的速生竹是我国丰富的经济林木资源，资源替代创新在性价比率、亲肤健康特质等方面的优势很快使竹纤维成为国际市场的家纺新宠。竹纤维产品拥有较高的技术含量，具有很多其他纤维产品无法比拟的功能，符合高技术、高附加值、经济环保等产业发展要求。可迅速再生的竹纤维替代日益紧张的石化资源对推动新能源革命具有重要的战略意义，创新绩效显著。

技术创新会带来商业模式的创新，带来产品与服务市场、赢利模式等多方面的改变。

2.1.2　科技成果转化与技术转移绩效

科技成果转化也称技术转化，包括科学研究成果形成应用技术，以及应用技术形成新产品、新工艺、新材料等两个方面。科技成果转化是对科学研究与技术开发所产生的具有应用价值的科技成果所进行的后续试验、应用、推广活动，其根本目的是通过科技成果在更多领域、更大范围的应用，发挥其"第一生产力"

提高劳动生产率的优势作用。科技成果转化与技术转移是源泉与河流的关系，技术转移除了源源不断转化而来的科技成果，还有转化后经过集成或改造的改良技术再行转移，还有不同技术势落差的技术在不同的阶段进入转移过程，转化与转移二者的区别明显。

科技成果转化能力是一个国家战略竞争力的重要体现，我国很大比重的科技成果来自每年万亿元的研究与实验投入，转化的应用技术和新产品以及服务既包括具有公益性质的推广技术，又有纯粹商业性质的转让技术。由于受传统体制的影响，我国科技成果转化的主导力量也主要来自政府，只有在形成应用技术或成果转化产品形成雏形时，即转化风险相对较小时，企业才有吸纳新技术的积极性。带有公益性质的技术供给和需求一般不具备技术的垄断性和使用的复杂性，因而，技术的吸纳者不一定具有明确的产业扩张和再转让目的，只有重大的科技成果或明显能够满足一定利益预期的科技成果才能实现商业转化。技术转移首先是技术供给方和接受方均有具体的经济目的和其他的谋利意识，技术需求方大多谋求新技术、新设备带来规模效益或垄断效应。因此，科技成果转化作为技术转移的前奏，部分成果能够进入商业开发，但大多数科技成果会在产品化之前夭折。

科技成果转化可以由科技成果研究者自行转化，也可由职业的技术经营者收购或联合转化。一般形成配套的攻关技术或单项的创新应用技术，直接向生产部门转让成套应用技术的较少。技术转移一般为成套设备系统技术的直接转移，受让方一般是一个或者若干个特指的技术需求方，当需求方超过一定量时将会影响需求方对技术收益预期的判断，转移技术的价格会大打折扣。科技成果向现实生产力转化低下是世界各国面临的普遍问题，但欧美很多发达国家多年来一直保持着较高的科技成果转化率，值得我们借鉴的主要经验有：不断强化企业的主体地位；消除大学和科研院所在成果转化中的机制障碍；建立大学和科研机构多样化的绩效评价机制。

狭义的科技成果转化以成果形成应用技术、实用产品为终点，以技术持有方掌握相关技术为标志，一般不涉及技术的后续运用程度；对于技术转移而言，转移自身不是目的，技术转移使得科技成果得以实际应用、创造更多的社会财富、增加更多的资产收益才是最终目的。因此，技术转移不仅关注技术受让方是否掌握了相关技术，有的还需负责受让方在掌握相关技术后能够充分发挥该项技术的功能水准，从而为技术的持有者带来期望绩效。

2.1.3　技术转让与技术转移绩效

技术转让一般指技术转移过程中技术交易环节的权益让渡行为。从技术功效的角度，可以把技术区分为尖端技术、先进技术、成熟技术、落后技术等多种定量级差。从技术的特定需求角度可以把技术区分为高新技术、适用技术、淘汰技术等多种定性类别。创意技术、准技术、待转让技术以及原创技术、委托开发技术、合作开发技术等技术概念大都与技术权益让渡有关。

技术转让是各种不同类别存量技术权益的让渡，是技术的持有方将技术的使用权、所有权或其他权利让渡于技术需求方的经济法律行为，也是技术市场上一方将技术成果有偿转让给另一方的经营形式，转让行为通过技术交易完成。技术的有偿转让（或零费用转让）是技术转让的特性之一，无偿使用的技术不列入转让的范畴；除法律禁止的以外，只要技术转让方与技术受让方自愿，技术成果形式和技术转让内容一般不受限制。技术转让可以理解为技术转移的狭义概念，技术转让可以是单项的、简单的技术交易行为而不一定是"系统知识"的技术转移过程。技术转让概念更多地运用于转让技术的分类、转让费用的计算支付形式等而很少与转让技术的商业化、产业化相联系。

技术转移是在国家、地区、行业或企业之间输入与输出的过程，技术转移涵盖了有转让意向的技术创新、技术研发和技术成果转化，涵盖了技术引进、技术输出、技术转让、技术交易、技术推广、新产品开发直至商业化和产业化的全过程的行为、活动和方式。

2.1.4　技术扩散与技术转移绩效

技术的时空传播即技术扩散，是指某项技术或技术产品在一定时间、一定空间应用的速度与范围。技术扩散有两方面的含义：一方面是指新技术的应用，即把技术成果应用于生产与生活过程；另一方面是指新技术的传播，即新技术采用者不断增加，或者采用区域不断扩大。技术扩散能给新的区域或新的使用者带来明显的经济效益。技术扩散是技术转移的一种泛指，没有技术转移的概念之前，更多是指技术应用或推广的程度，二者的区别在于前者不强调传播方式和扩散渠道，没有目的性与交易性的局限。技术转移包括国家和地区之间的技术转移，包括技术研发部门（如研究与实验机构）向技术应用部门（如生产企业和商业经营部门）的转移，也包括技术应用部门之间的转移。技术转移就是技术供给方向需求方流动的过程。这种过程可以在一定的时间内在不同空间、不同领域之间进行。

技术转移具有明确的绩效取向，为保障绩效预期，技术转移的直接主体——技术转让方与技术受让方在规范的合约约束下，为各自的交易行为承担法律责任与义务。技术一旦转移，便有严格的时间与空间限制。

2.1.5　技术推广与技术转移绩效

技术推广是指政府出于公益性或其他目的，通过试验、示范、培训、指导以及咨询服务等手段，普及和传播技术的活动。技术推广不仅有政府的职能与作用，也有民间和社会其他组织在市场机制下的自发、主动的作用，是一个双向的过程。在我国，技术推广主要指基本农业技术的示范普及。由于中国是一个农业大国，政府高度重视农业尤其是粮食种植业的发展，建立了全国自上而下的农业技术推广体系。《农业技术推广法》把农业技术推广定义为："把应用于种植业、林业、畜牧业、渔业的科技成果和实用技术普及应用于农业生产的产前、产中、产后全过程的活动"。遵循的原则是有利于农业的发展；尊重农业劳动者的意愿；因地制宜，经过试验、示范；国家、农村集体经济组织扶持；实行科研单位、有关学校、推广机构与群众科技组织、科研人员、农业劳动者相结合；讲求农业生产的经济效益、社会效益和生态效益。相对于技术推广，技术转移的卖方主体主要是企业，是国际化的集团公司。从政府科技管理职能的角度，在独成系统的农业技术推广体系之外，科技管理部门亦非常重视农业高新技术的推广与转移，细胞育苗、杂交育种等一大批高新技术进入国际技术转移循环；立体农业、植物工厂等多种生态农业经营模式极大地提高了技术转移绩效。中国特色的技术推广是国际技术转移重要的组成部分。

2.2　技术转移全过程的要素衔接

研究技术转移全过程的绩效必须把技术与经营要素进行有机衔接，分析技术转移要素对绩效的作用机理，分析要素之间的牵制机理，从而厘清技术转移不同服务职能的绩效贡献。

泛指的技术包括科学技术与管理技术，我们把职业技术人员与专业服务人员列入科学技术要素范畴。与技术转移相关的全部要素包括科技、普通劳动力、资产设备等经营资源要素以及产业背景、政策法规、商业文化、民风民俗、自然地理等相关的经营环境要素。技术转移过程中，科技要素的投入成本只占很小部分，各要素具有互补性，同时还具有制约性，生产要素的有效组合和有机衔接对绩效产出具有叠加效应。作为转移对象的技术本体也是重要的绩效影响要素，全部要素的协同作用，形成技术成果和技术产品，形成商品化消费品，形成包括技术转移服务业自身的各行各业的规模产业。

2.2.1　国际技术转移的新型业态

1. 形成从"研发"到"消费"的技术转移新型业态

经济的全球化和技术的强劲需求加快了技术转移的速度。技术转移带来的市场空间、商业价值等经济利益是刺激技术输出的直接动因，某些政治、军事、生态等"超经济"的技术转移只是某些利益集团利润竞争的外在形式，表象之下的深层仍是一个从"技术研发"到"新产品消费"、设计完整但简单明了的经济利益引进输出过程。

根据国际间技术转移多年的运行规律和我国技术转移的发展实践，技术转移主要指国家、地区间由于发展失衡而引起的系统技术引进与技术输出活动，是通过技术贸易与技术服务两大形式实现的技术转让与技术扩散过程，是国际间提升现代服务业竞争力的国家发展战略，是发达国家谋取超额利润与发展中国家谋求"赶超捷径"的不同目的需求交叉融合的必然趋势。

技术转移通常是由经济发达区域向次发达区域流动，呈现由点到面的定向性渗透、逐渐扩散。经济与技术相辅相成，技术转移同时也是经济欠发达地区采用先进技术改造落后技术、淘汰落后技术的过程。其趋向表现为：落后地区受经济技术开发条件及观念、政策所限，廉价的技术人才、单项技术、萌芽技术等技术要素在向发达国家和地区聚集，发达国家和地区昂贵的总装设备、商标品牌等成品作为各类知识产权和先进技术的载体，瞄准潜能市场，向欠发达地区的行业、企业转移。

2. 形成高新技术产业新型业态

技术转移全过程、全要素、全方位服务的绩效意义在于通过国际技术转移推进了产业形态的转变，以互联网信息技术和新能源技术为代表的高新技术转移形成了系列新型产业业态。

唯有技术与市场的结合才能有效降低产业结构调整的代价。宏观产业结构因循着农业、工业、服务业产值比重顺序颠倒的发展轨迹，为了快捷有效地承接技术的进步与扩散效应，全国各地根据资源的配置优势，先后建立起各具特色的一大批产业集聚园区。产业集群园区以关联技术产品为纽带，吸引上下游大量的中小型企业为方便供、产、销而主动集聚，按市场规则形成产业集聚规模，成为区域经济发展的支柱产业。产业集聚→产业集群→产业升级（高新技术产业发展）→产业创新（新型产业业态形成），这一过程以地域资源优势为依托，引进国内外系列专业技术，淘汰落后生产力，推进产业结构调整，最终推动社会经济转型。

由于产业技术的影响力，企业的专业产品和配套服务比较容易进入国际市场，有的产业园区产品出口比率高达 80% 以上。江苏省早在 2007 年就出台了产业集聚区创新服务专项资金资助暂行办法，鼓励资源优势的产业集聚，短短几年时间就形成诸如苏州的软件技术产业、吴江光电缆技术产业、常州国际服务外包产业、丹阳的 LED 光源技术产业、兴化的脱水蔬菜技术产业、无锡的光伏技术产业、建湖的小型石油机械技术产业、宜兴的环保技术产业、镇江的船舶技术产业等十几个新型产业业态。

诞生在高新技术产业集聚区的一大批中小创新企业成为新型产业业态的先行示范。中小型高新技术企业被喻为"瞪羚企业"，是新型产业业态中不可小觑的"生机"与"活力"。

"瞪羚企业"是指已经跨越了创业死亡谷底进入高成长阶段的企业。"瞪羚企业"一词源自硅谷。硅谷称呼高成长型企业为"瞪羚企业"，因为它们具有与"瞪羚"共同的特征——个头不大、跑得快、跳得高。瞪羚企业年增长可以轻易实现数倍甚至百倍以上的超高速度，可以大概率实现 IPO（Initial Public Offerings，首次公开募股）融资，在资本市场上通过发行股票低成本地募集资金。

中国已成为全世界"瞪羚企业"最多的国家，"瞪羚企业"发展迅速。"瞪羚"上市公司市价总值突破万亿元，成为我国新经济发展的晴雨表：平均成立年限相对较短，但是，由于投资者的追捧，市盈率远高于主板的传统大型企业；研发投入高，创新能力强，在新经济发达区域形成集聚趋势。另有 700 余家中小型科技企业进入"全国中小企业股份转让系统"，即挂牌对象面向国家级高科技园区企业的"新三板"，挂牌企业总量超过了创业板。继北京中关村科技园区建立了新的股份转让系统，扩容试点增速，"新三板"这一数据比 2013 年年底的 355 家翻了一番，预计很快将会超过千家。新三板挂牌属于私募发行，上市企业板和创业板发行是增量发行，无论企业有没有募投的项目都要求必须发行一定比例的社会公众股，新三板允许企业在挂牌时定向发行，获取挂牌时的首次融资，而不是旧规则所要求的存量挂牌。

3. 形成技术转移新型服务业态

与此同时，随着技术转移频次与规模的放大，技术转移服务自身也形成了高端服务新型业态。全国技术转移专业人才超过 50 万人，国家技术转移示范机构已近 400 家。一批国际技术转移中心脱颖而出，仅苏州市以技术转移机构为主体的创新载体就有 80 多家。苏州独墅湖科教创新区与牛津大学 Isis 科技创新有限公司（Isis UK）联合设立 Isis 苏州国际技术转移中心（简称"Isis 苏州"），共同致力于世界领先科学研究技术、产品与中国企业的互通，北大产业技术研究院苏州国际技术转移中心、苏州大学技术转移中心等一大批技术转移服务机构在与国际接轨的过程中办出了自己的特色。

技术转移新型服务是技术转移机构按专业化、信息化、国际化要求，为推进技术适配领先、模式创新可循、产业低耗高效发展而提供的全过程、全要素、全方位服务活动。全过程、全要素、全方位服务要体现专业化的要求，以前瞻与高端引领产业结构优化的方向，提高产业竞争力、产品竞争力、服务竞争力；要体现信息化的要求，以标准与效率推动服务转型、拓展服务内容、规范服务流程、创新服务模式；要体现国际化的要求，以高科技含量、高附加值、高比例卖方市场的产业形态，把握国际市场主动权，主导世界产业潮流。

2.2.2　技术转移全过程绩效隐失成因

近年来，技术转移工作中职业技术人员和专业服务人员快速增长，社会科技投入增长连续多年超过两位数，增长幅度远远超过国民生产总值的增长。但是，部分技术转移绩效的实证研究不但不能证实技术转移对劳动生产率的"第一生产力"作用，反而得出不相关甚至负相关作用的错误结论。耶鲁大学教授斯蒂芬·罗奇（Stephen Roach）首次提出"生产率悖论"问题，由于 IT 技术是当代发展最快、应用最为广泛的技术，因而成为悖论的研究热点。同样的矛盾也存在于技术转移服务产业。排除个别研究者方法不当、因素关联不当等原因，排除发展中国家基础设施差、企业文化落后、人力成本低、商业模式和生产流程不匹配等因素，技术转移确实存在"生产率悖论"表象问题，我们暂且称为技术转移过程的绩效隐失（转匿）。

悖论产生的原因既有客观的社会原因，又有主观的个性原因，造成错误结论的主要因素有以下几个方面：统计测度失当、绩效滞后效应、行业差异化效应、替代效应、技术淘汰过快、绩效隐匿等。

1. 统计因素

统计测度失当。主要指技术转移新兴的服务职能所带来的产出未进入传统的科技产出统计范围，并且传统的 GDP 统计方法无法均衡高产值低绩效淘汰产能的缺口，例如 3 个单位的引进技术年创造 10 个单位的产值，产生 1 个单位的利润，淘汰掉 10 个单位投入的污染项目，污染项目年产出为 15 个单位，利润为 0.5 个单位，而 GDP 统计结果是：3 个单位的新技术投入减少了 5 个单位的产出总量。

效益滞后效应。主要指新技术的采用相对劳动密集型的传统产业，前期投入大，人力培训学习成本高，最大化绩效要在规模化、产业化阶段才能得以发挥，生产率的统计存在效益的时间滞后。

替代效应。主要指通过技术的快速转移，先进设备的应用带来组织的变革和商业模式的改变，持续的大规模物质资本和人力资本替代效应，有时只是改善了工作和生活的环境，降低了劳动强度，延长了带薪休假的时间等，这部分技术的替代绩效没有体现出总产出及其总要素生产率的相应增长。另外，人力成本大幅度提升是全世界范围内的普遍趋势，为缓解人力成本挤压利润空间的竞争压力，机械手甚至智能机器人等新技术替代了大量高成本的普通劳动力。成本降低，但由于激烈的竞争，利润又没能得到相应的增长，高新技术的应用在很多时候在增加失业人口的同时，减少了GDP总量。

2. 技术因素

高新技术生命周期不断缩短。高新技术对生产率的贡献曲线不是线性增长，新技术需要一定额度的最低配套投入和基本知识积累，尤其是新兴产业技术的配套投资总额大幅增长。但新技术设备因生命周期缩短导致自然淘汰率快速上升。新技术的扩散速度越快，相关设备价格的下降速度越快，价格降低意味着新技术资本量在社会总资本量的比重在下降，新技术在经济发展中的作用相对来说"被降低"了。实际上，新技术的实际价值或使用价值并没有同步下降，升级版的新技术能够带来更高的市场价值，而升级成本相对较低，另外，原有新技术转移到更多的其他区域依然能够带来丰厚的利润。

3. 管理因素

价值散失。价值散失是指由于竞争引起的收益重新分配和收益浪费。管理不当则是指在高新技术应用不断深化过程中，管理思想、组织结构、商业模式、业务流程等方面与应用技术的脱节与背离，"水土不服"制约了高新技术效用的发挥。绩效价值散失的另一种情形是与新技术相关设备的投资利润被设备生产者和价值链商家内在化分享，即被相关的商业、服务业和消费领域分散化。

绩效隐匿。绩效隐匿的形式多样化，有一种类似于价值散失中客户利益分配的不平衡，如农业中的种子行业，生产者与经销者利润率能够长期保持差距悬殊的现象，平均利润率理论在局部区域失效；另一种是由行业陈规形成的合理规避税费的绩效隐匿；还有一种是主观恶意的利益隐藏输送式绩效隐匿。以合资汽车企业的普遍现象为例：

中国的汽车产业基本上是一个多国技术输出支撑的产业，在庞大的规模汽车生产产业外，还存在着一个游离于整车生产以外的"另类"产业——零部件生产与销售产业。媒体报道：以零部件组装一辆整车，价格会是直接购买整车价格的12倍（组装费可忽略不计）。这一信息揭示了整车产业与零部件产业利益关系。合资企业相对降低整车价格、扩大市场占有率的策略背后，是一场技术输出方与技术引进方（抑或第三方）的利益博弈。

中国的很多技术引进合资企业，在人力成本低、市场规模大等优势条件下，产品的销售价格大大高于国际市场，然而，体现在系列技术引进、产业规模屈指可数的技术转移绩效上，其实际结果远远偏离了正常的产业核算标准，让技术转移绩效大打折扣。

据经济观察报资料来源，零部件采购体系一直都是汽车行业中最为隐秘的利益链，几乎占据整车成本的 70%。这是跨国车企与自己体系内的零部件企业进行"捆绑"的重要原因。某些合资企业汽车在中国市场整车降价销售，暗中提高部分零部件的价格就显得意味深长。对于牢牢掌控着整个零部件体系的合资企业外资方而言，通过提高零部件的价格，却可以收到"堤内损失堤外补"的效果。相比整车，售后服务的利润更高，对销量最大的车型进行零配件价格的调整，即使上涨幅度不大，也很容易抵消掉新车降价带来的利润损失。

例如，丰田在华的零部件供应商绝大多数来自于日本原有供应体系，这些公司大都是丰田的关联企业，与有的车企同时选择 2 至 3 家供应商，利用其互相竞争提高性价比的模式不同，丰田通过资本方式与其供应商缔结了极为密切的关系，其众多核心供应商甚至是丰田或独资或持股的"嫡系"。不过丰田并不直接投资零部件企业，而是由旗下贸易公司丰田通商出面。截至目前，丰田通商已在华成立了多达 118 家企业，多数为独资或与丰田关联的子公司——爱信精机、电装等共同投资，为丰田生产各类零配件。例如，为一汽丰田和广汽丰田供应电动车窗开关、汽车组合开关和中央控制板总成等配件的供应商天津东海理化和佛山东海理化汽车零部件有限公司，均是由丰田汽车子公司东海理化与丰田通商共同投资的。丰田关联企业丰田纺织（上海）有限公司还出资 60%，与长春当地企业共同成立了投资额为 1.83 亿元的合资公司，为卡罗拉、花冠等车型供应座椅以及门内饰板。

日本电装集团、爱信精机、丰田纺织均是丰田汽车零部件供应体系内的重要角色，丰田汽车持有这 3 家全球汽车零部件巨头的股份，并是电装集团的最大股东，电装有超过 60% 的业务来自丰田。电装集团在中国设有生产公司、销售公司以及技术中心等 24 家关联企业，这些关联企业为南北丰田提供大量的零部件。据业内人士透露，丰田发动机中几乎所有的电子元器件均为电装中国提供，而电子元器件也是汽车零部件中利润较大的部分。此外，丰田的其他许多零部件，提价幅度较大的变速器滤清器、火花塞、喇叭、车厢空气滤清器、雨刮片等也均是由电装中国供应。可以说，丰田与其供应商体系是一个利益共同体。在丰田体系里，已经很难找出一个零部件配套商没有被丰田渗透。当丰田在全球范围内陷入召回危机的时候，丰田始终没有向外界透露惹祸的缺陷零部件厂商的名字，目的就是要保证零部件供应商的利益，因为保证他们的利益就是保障丰田的利益。

生产流程中合资汽车掌控采购成本、加大服务成本。显然，整车企业与其零部件供应商的这种"隐秘"关系，供应商们在涨价获利的同时，也是合资企业成比例增加成本绩效缩水的过程，当然，整车合资企业一般中方持股比例都大于外方，且外方持股中通常包含技术虚股。与合资企业账面利润相比，很多技术输出方的外资企业在中国获取的绝对是超级暴利，财务账面反映单车 1 万～2 万元的利润只是零头。除了关联交易以外，跨国企业隐匿利润的方式还有很多。如持续的技术转让费：收取入门费的同时，一般还会另行签署产量、产值分成等协议；高昂的人员培训费：培训费是技术引进企业的一项长期的不菲费用，上至总经理，下至清洁工，人人都需要培训；培训费用缺乏统一核算规则，一般都由外资总部控制；虚高的设备价格；通过相关设备进口，虚报进口价格转移利润，其后产生高昂的设备折旧费用由合资企业承担等。

解决高新技术生产率悖论问题需要政府政策的协调、统计体系的完善、企业组织结构的变革、业务流程重组以及人力资源管理转型等方面的配合。调整消费结构、保护消费权益，技术需求应该是产业可持续发展的拉动力，卖方市场"制造"的技术消费需求是不会长久的。

这些都是技术转移绩效理论需要深入研究的课题。

技术转移的全要素服务要解决的核心矛盾是技术权益的系统、有序转让，建立监督管理到位、政策支持落实、服务职能齐全、市场要素活跃的技术交易服务平台是有效的保障手段。技术权益的系统、有序转让意味着技术资源的合理配置，意味着技术转移效率和效益的提高。

2.3　技术转移绩效的关键影响因素

技术转移绩效管理工作千头万绪，其宏观影响因素可分为政治、经济、文化等不同方面，从管理的具体分类上，可分为内部因素和外部因素、主观因素和客观因素。市场体制与激励机制、技术周期机遇、竞争能力、全员努力（机制、机遇、能力、努力）是技术转移绩效最为关键的 4 项影响因素。

2.3.1　市场体制与激励机制

首先是市场体制的完善，尊重市场规律，分清市场主体优势。在同一时期，有些产业的技术转移处于买方市场状态，有些产业却还是卖方市场，要摒弃纯粹的行政干预手段，发挥市场"看不见的手"的掌控技能。

激励机制是调动能动性、创造性最直接有效的作用外因，激励机制包括政策支持激励、财政资金投入激励、税收调节激励、金融信贷激励等利益导向机制和科技称号荣誉激励等精神追求满足机制。

1. 明确科研成果转化的绩效要求

在科研立项初期除常规的研发要求外，课题应同时明确成果转化的方向，其至可包括转移的规模、转移的时限、产业化的程度等方面的预期。规定研发经费的一定比例要用于技术转移或服务于技术转让，并在项目结题验收时对技术转让或技术转让准备进行严格考核。

2. 明确各类技术转移机构的发展目标

各类技术转移中介服务要规划专业的发展目标，管理部门应该明确其市场地位、法律地位、权利义务和功能定位，确定其组织制度和发展模式，理顺其与政府的相互关系，规范其市场竞争行为和监督管理制度，并对有关财政补贴、税收优惠、长期贷款、风险投资、人才吸引等方面作出明确规定。

3. 调整技术转移收益分配关系

收益分配关系是利益机制的外在表现，美国哈佛大学威廉·詹姆士教授研究发现，在缺乏科学、有效激励的情况下，人的潜能只能发挥出 20%～30%，科学有效的激励机制就是让组织成员把另外 70%～80% 的潜能也发挥出来。根据广东、浙江等地的经验，结合我国技术转移需求的具体国情和各高等院校和科研院所科技成果的实际存量，为快速开发大量"沉睡"已久的科技成果，技术转移的净收入分配是最直接、最有效的激励手段。技术转移收益分配要充分利用激励机制等外部诱因调动技术研发人员的积极性和创造性，收益分配比例中，2014年，有关试点政策规定：技术发明人可以占比 60% 以上，系（室）占 20% 左右，大学（院、所）占比可在 10% 以下。大学（科研院所）也可以采用更为灵活的利益分配机制，充分调动学科带头研究人员和学术骨干的积极性，推动技术转移绩效的良性循环。

4. 加大专项经费的连续支持力度

加强精神激励之外的物质激励体现，对待不同性质、不同类型的技术的转移，政府在支持方式和力度上应该有所区分，尤其对具有前瞻性、原创性、战略性的技术以及行业共性技术、关键性技术等加大专项经费的连续支持力度。

5. 强化企业技术转移的主体地位

企业在从外部获取技术的同时，要加强自身的技术能力和 R&D 能力，加强自身的学习能力和消化吸收再创新能力。有些试点地区通过财政税收等法规政策激励企业将产品销售收入的约 10% 或总收入的约 5% 用于 R&D，用于新产品的开发和营销。

2.3.2　技术革命的周期机遇

机遇并非偶然性的，技术革命周期可证，技术转移有规律可循。常规的机遇时时存在，关键是对机遇的预见与应对。但是，具备标志性的机遇有一个较长的、螺旋式的循环周期。技术转移最大的绩效机遇就是技术革命的前奏时期。技术转移历史性绩效机遇的成功把握取决于两个前提：机不可失，顺势而为。"机遇"影响因素的作用受制于"能力"与"努力"。"能力"与"努力"不足，将错失良机。

技术革命是经济相对过剩、竞争激烈的直接结果，是地缘经济矛盾恶化的间接产物，同时又是新一轮地缘经济分化与发展的推动力。纵观人类数千年的发展历史，技术革命的周期越来越短，定律式的周期级数由数千、数百到数十年。地缘经济具有典型的互补与竞争并存关系，航海技术、电气化技术、信息技术三次重塑地缘经济版图。作为当代地缘经济中最活跃要素的跨国公司，当其集团化利益发生不可调和的冲突时，跨国公司恶性的竞争突破合作界点，破坏了联合与竞争的平衡，集团之间由利益对立到互设技术与贸易壁垒，直到地缘政治的战争威胁，上一次技术革命创造的经济繁荣将跌入又一次经济危机的深谷。

马克思经济危机理论的总结论断是：金融危机之后3～5年必然紧随的是经济危机。经济危机的阵痛过程延长，循环周期将缩短。2008年的金融危机后，世界经济萎靡不振已达6年之久，政治格局的影响作用是一个缓慢的过程，拯救经济危机没有灵丹妙药，打通"任督二脉"的唯一希冀是技术革命。以技术革命主导的经济复苏端倪已现，技术革命需要系列技术创新的科技与物质准备，又一次的历史机遇清晰地展现在市场面前。

15年前，理论物理学家米奇欧·卡库在同100多位活跃于当今科学最前沿的科学家广泛讨论的基础上，于《二十一世纪的科技演变》中断言：21世纪的科学将沿着20世纪三大科学革命——量子理论、生物基因工程、计算机技术指引的方向继续发展，其成果将更深入地介入人们的生活。量子革命也许是意义最为深远的革命，分子发动机和超导技术改变了生产和利用能源的方式，将直接引起一场新的工业革命；以DNA解码为标志的分子生物革命最终能够改造、合成新的生命形式创造新的药物和治疗方法；在摩尔定律的推动下，芯片计算机不得不转向DNA计算机甚至量子计算机，最终的目标是人工智能系统的全面生活化。技术的全面发展，生命的环境和构成生命本身的基本要素——基本粒子和细胞核的秘密被解开，人类将从神秘自然的旁观者变成自然界的主人，将驱使无机物、有机物、生命、智能为创造新世界服务。

新世纪的开端，以所谓的金融创新和互联网热点催生了巨大的经济泡沫，技术的潜在革命延缓着泡沫继续膨胀的预期。

美国学者杰里米·里夫金在《第三次工业革命》中警示人类正处于第二次工业革命和石油世纪的最后阶段。这一现实将迫使社会迅速过渡到一个全新的能源体制和工业模式，否则，人类文明就有消失的危险。将信息技术和新能源革命形容为社会发展的两个轮子——互联网技术和可再生能源将结合起来，将为第三次工业革命创造强大的新基础设施。我们描绘了一个宏伟的蓝图：数亿计的人们将在自己家里、办公室里、工厂里生产出自己的绿色能源，并在"能源互联网"上与大家分享，这就好像现在我们在网上发布、分享消息一样。能源民主化将从根本上重塑人际关系，它将影响人们的商业交换行为、社会管理方式，人们将重新学习如何生活和教育子女。

机不可失，时不我待，机遇就是绩效。

2.3.3 资源的配置与集聚能力

能力是静态、客观度量的影响因素。在既定的考核评价期内，能够满足机构正常运行的资源存量即技术转移业务的能力体现。能力以一定的机遇和机制为前提，在国际化经营背景下，技术转移的各种能力都最终体现为资源与市场的竞争能力。竞争能力包括的内容很多，除物质基础、融资能力、营销能力、攻关能力等硬性能力外，还包括商业模式、创新机制、新型业态等软性能力。

就内部条件而言，物质资源配置能力与技术转移人才集聚能力尤为重要。

1. 物质资源配置能力

技术转移机构的物质资源配置能力，其静态测度也可理解为技术转移机构的绩效物质基础，如场地设施、信息管理系统、公共服务平台、资产规模、现金流量等指标的综合水平。

从现金流量分析，可以看出技术转移行业整体处于快速发展时期，大部分机构经营活动现金流入增速为正，因融资活动而出现的现金流入差异化也极其明显，表明不同机构业务性质不同，业务量对现金流量影响较大，但由于国家政策偏向于技术转移领域的发展，其现金流量整体状况还是非常乐观。

2. 技术转移人才集聚能力

在绩效管理体系中，技术转移人才是资源的重中之重。很多机构把人力资源管理部门定位为绩效的管理决策部门，其角色既是绩效方案制定者、宣传者，又是员工培训者和考核实施者，这是一个重大的管理误区。实际上，人力（人事）部门应该是技术转移整体绩效管理的职能参与部门之一，它是根据组织规划目标和直线业务部门的承接任务，提供招聘、培训、考评、解聘等职能服务。生产部门与对外服务部门是财富价值的直接创造者，而第一生产力的角色定位是技术转移人才，与物质资源配置能力相比，技术转移人才的集聚能力更为重要。因为人才的集聚能力与机构的综合实力相关，所以，技术转移人才的集聚不是人力资源一个部门所能完成的，更不是人才使用部门力所能及的。由于技术的进步，全球性的普通劳动力就业不足将是长期趋势，而科技专业人才供不应求的局面将持续存在。科技人才集聚要有全局观念，要有高端服务要求，要有提升储备与培养一线业务急需人才的整体能力。提升技术转移人才集聚能力，一是任务目标明确，二是人才需求明确，三是人才保障举措明确。人才引进与培养若脱离直线业务部门的具体需求，绩效提升将会变成"无源之水，无本之木"。技术转移人才结构如图2-1所示。

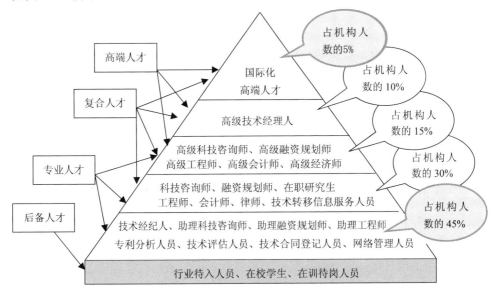

图2-1　机构中技术转移人才构成

2.3.4　基于目标的全员努力

努力是动态、主观量度的影响因素。主观能动性、积极性、创造性的努力结果是业务的有效性，可比条件下的绩效增长即技术转移全员努力的体现。"努力"的影响作用受制于"机制"、"机遇"、"能力"，努力程度评价需去除其他因素的影响。

绩效影响来自业务过程的各个方面，绩效管理的规划、调控、评估、改进等各环节的每一个岗位都要有明确的连带责任与合作义务，这些具体要求会形成大量的绩效评价基础数据。全员努力首先需要为每一个成员布置具体可行的目标任务，根据目标任务明确各自的努力方向和努力目标。沟通是努力目标的重要保障，只有通过不断地沟通，及时修补绩效短板，才能保证努力结果的最优化。

沟通贯穿于过程，努力体现于结果。

技术转移全员努力需要在管理幅度纵向之间和协作团队横向之间的四向沟通。沟通是绩效努力的十字生命线。然而，很多机构都忽略了绩效沟通手段的重要性，而强调评估手段的精细。绩效沟通要贯穿规划、调控、评估、改进等不同阶段的始终。从员工努力角度，与规划目标、任务的沟通能够清晰自己努力的价值重点；与上下级职位及时有效的沟通有助于发现自己努力的差距不足，清楚合作的对象或经验，以便于调整努力方向，并确立下一阶段努力的切入点，避免无用功的辛勤努力。绩效评价的有效沟通是考评双方达成绩效共识的捷径，便于快速解决问题的分歧。从决策者角度，通过与员工多环节的有效沟通，有助于全面了解目标进度、员工的行为状态，并有针对性地提供相应的人力资源调整，强化协同责任和努力程度，保证绩效努力目标的实现。

2.4 技术转移绩效管理流程

技术转移绩效管理流程从总体上看是一个呈螺旋形上升的动态系统，系统的轴心是以中长期规划为载体的区域或行业发展战略。系统以技术转移全过程为管理对象，流程的各环节紧密相连、环环相扣，以区域或行业的发展战略为轴心顺序运行。绩效管理形同一条快速运行的生产线，由管理者和所有利益相关者共同承担运行责任，管理者、专业技术人员和普通职员共同的参与是进行绩效管理的基础。管理者和所有绩效相关者必须在绩效期望的重大问题上达成共识，以对自己能力和努力的自信，对目标任务作出承诺和保证。流程的管理内容按年度或计划期完成一个运转周期，周期结束，绩效管理目标与组织规划目标进行对照，根据达到预期、高于预期、低于预期的不同结果，一是修正组织规划目标，二是调整资源配置，三是加强管理措施，或是 3 种举措并举规划下一个周期的年度目标。

2.4.1 技术转移绩效管理流程的三元结构

技术转移绩效管理循环的中心点是区域或行业发展战略；绩效管理的载体是技术转移全过程的市场化活动，技术转移全过程的每一个阶段或者说每一个环节都存在一个独立的绩效管理流程；每一个独立的绩效管理流程都以绩效管理目标与组织规划目标为衔接。绩效管理在发展战略的框架下完成技术转移各阶段的绩效目标，各个环节、各个组织的绩效集合就是区域或行业的技术转移发展战略目标。如图 2－2 所示技术转移产业链绩效管理的三元结构。

1. 以区域或行业发展战略为轴心的绩效管理

技术转移以国际化为特征，区域可分为国际区域，如亚洲、欧美、第三世界等；可以是国家或国际地区；国内既可是行政区域，也可是经济区域，如东北工业振兴区、西部大开发区、京津冀经济体区等。行业一般指高新技术形成的新兴行业或产业，如互联网行业、薄膜光伏产业、页岩气能源产业等，也可是成熟的传统行业，如汽车行业、IT 行业、石油化工行业等。某些属于调整甚至淘汰行业也存在大量技术转移活动，典型案例如宝山钢铁厂、桑塔纳轿车等比比皆是，宝钢至今仍是我国钢铁龙头企业之一；热销 20 余年的桑塔纳，当年引进时就是一条淘汰生产线，之所以多年热销，得益于汽车被列入国家的支柱产业之一。成功的技术转移无一例外地都属于区域或行业战略规划中的发展技术，调整淘汰行业尚且如此，国家或地区鼎力扶持的高新技术、适用技术更应该成为技术转移绩效管理的轴心依据。

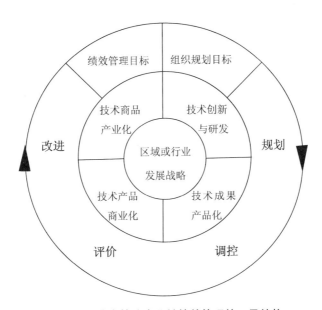

图 2-2　技术转移产业链绩效管理的三元结构

2. 以技术转移全过程为载体的绩效管理

技术转移全过程始自以转让为目的的技术创新与技术研发，直至技术商品产业化的每一个环节都有绩效管理的用武之地。2013 年，全国全年研究与试验发展（R&D）经费支出达万亿元之巨，科技经费、科技人才已慢慢展示出向企业集聚的趋势，企业能够成为技术转移的主体，这将是一个良好的开端。技术转移全过程中，技术成果产品化是失败率最高的环节，技术成果形成产品不是非常困难的事情，难点在于产品化向商品化转化的过程。从理论上讲，技术创新与研发、技术商品产业化难度要甚于技术成果产品化、技术产品商业化。但实践中，科学技术在经济发展中的主导作用近些年已引起决策高层的高度重视，科技研发投入增幅较大，尤其是企业的研发力量在不断强化，经国家认定的企业技术中心已达到 1 002 家，截至 2013 年年底，有效专利 419.5 万件，其中境内有效专利达 352.5 万件，技术转移的源头供给矛盾大大缓解。在技术商品产业化方面，投融资转向高新技术产业化的趋势十分明显，只要技术商品形成一定规模并初具影响力，风险投资基金、股权私募基金以及政府的相关专项基金等都会给予极大的支持。因此，看似难度较小的技术转移产品化与商品化正是难度最大的阶段，这也是绩效管理在这两个环节的难点所在。

3. 以目标为衔接的绩效管理

在 3 个同心圆的外围圆是绩效管理的四大流程环节，绩效规划、绩效调控、绩效评价、绩效改进处在周而复始的动态循环中。动态循环有年度（计划期或任务周期）周期的大循环，有季度或月度的小循环，更有随时更正调整的微循环。绩效管理的年度循环止、启点的衔接是年终绩效管理目标与新的年初组织规划目标。绩效管理目标是经过不断改进后的"努力"结果，组织规划目标是在上一个周期绩效结果基础上新的追求目标。组织规划目标尽管是预期目标，但是它以同心圆的内圆——区域与行业发展战略为前提，以绩效管理目标为基础，依然具有严密、科学的规划依据。

2.4.2　技术转移绩效管理流程的四大环节

绩效管理流程自上期绩效目标与当期规划目标的对接开始，基本流程步骤包括：中长期战略规划的年度细化、根据上期绩效目标的落实情况制定年度计划、年度计划目标的任务分解、绩效的实施调控、绩效的评价反馈、绩效的沟通改进。我们把技术转移绩效管理流程划分为绩效规划、绩效调控、绩效评价、绩效改进 4 个基本步骤。

1. 绩效规划

绩效规划包括规划目标的制定、资源计划、资金预算、计划的落实举措和绩效目标的分解等内容。

绩效规划是管理流程中的主导性步骤，是一个管理循环新的起点。技术转移发展战略，决定着产业结构调整战略实施的成败，绩效规划中，要求资源要素尤其是人力资源要素集聚必须优先于传统的产业。传统的实体经济组织，其战略目标规划依据主要是既有的生产线及岗位条件，战略目标分解是对各个岗位进行相应的工作分析、人员资格条件分析和职位说明，然后根据成本预算将具体的目标或任务落实到各个工作岗位。制订技术转移绩效计划的主要依据是任务目标和服务职责，根据分解后的绩效计划目标，管理者在现有的条件下确定职位、信息等主要资源缺口，然后根据绩效预算和职位、职级要求定岗、定员，以及外协、外包任务。决策者、各级管理者、专业技术人员及各类普通职员一起形成一个以目标任务为中心的开发组织或攻关团队。组织或业务团队全体相关成员明确在绩效计划年度或任务周期内各自的职责，明确各自的作业性质、作业进度、协联对象、求助渠道、成果形式以及相应的权责利大小限度等。在绩效计划阶段是一个自上而下目标指导分解、自下而上沟通交流的过程，重要的影响因素不只是高层决策者的高度重视，不只是人力资源职能部门的"人事"能力，也不只是直线管理者的绩效意识，而是管理者面向包括价值链环节上的供应商和协作团队在内的绩效参与者做到：目标明确、任务清晰、责任到人、利益到位。

绩效规划以战略规划为依据，通常是以财务年度为周期，遇有环境或条件变动，可以做相应修订。

2. 绩效调控

绩效调控包括绩效规划实施的沟通调整和绩效目标控制。

按照绩效规划确定的工作计划随时都有可能因外部产业环境或内部资源条件改变而产生执行困难，局部的困难可通过计划的微调或资源的配置调整得以解决。但更多的计划执行障碍源自自身计划不周，这需要视执行过程中业务的开展进度进行相应的调整。即使在顺畅的工作计划执行过程中，由于职员的业务能力和人际关系矛盾，也会导致业务流程的停滞或服务秩序的混乱，质量检测者、直线管理者自始至终要对关键环节和职位进行监督和管理，及时发现问题，尽早解决问题，并随时根据实际情况对绩效计划进行必要的调整。在整个绩效调控流程，更重要的是管理者与职员之间的互动共进，即进行持续的绩效信息沟通和业务指导。这种沟通与指导是一种互动双重保障。持续的沟通能够保证管理者与职员及时化解矛盾，共同提高业务技能，通过自我努力，自行修复职责缺陷。目标的控制是在出现较大变故时的应对管理手段，一方面是将异动因素控制在一定的幅度与范围，保证负面影响不危及绩效目标的落实，还要应对突发、意外事件的发生，保证事故的发展处于掌控之中。

3. 绩效评价

绩效评价是对绩效实施过程和结果的认定，评价的重点是管理人员与专业技术人员的努力程度。评价活动是按照绩效规划确定的任务目标和衡量标准，考核绩效管理实施的实际状况。技术转移绩效是一定体制与机制、一定环境与机遇前提下，全员与全要素共同作用的结果，如果前提没有大的改变，绩效的大小取决于全要素能力和全员的努力程度，全要素能力即组织机构的能力在短期内不会有大的改变。绩效规划中，任务目标分解及任务分配的基本依据是相对稳定的机制、机遇和能力前提。在影响绩效的四大主要要素的年度评价中，只有努力要素的伸缩度最大，具有最大的挖掘潜力。努力是指全员的努力，按照 20%/80% 定律可知，组织 80% 的绩效是由 20% 的职位创造的，所以，绩效评价的重点应该是发挥重要职能的部分关键职位的绩效。绩效评价的非重点职位并非不重要，评价重点与非重点的关系如同机车发动机的活塞与轮毂上的螺栓保养，非重点的螺栓脱落有时照样会引发严重的事故。

绩效评价通过实际绩效状况与目标定额标准的对比分析得出评价结果。对比分析首先从绩效负值最大的职位和环节入手，利用相关的评价方法找出绩效差距产生的原因，绩效差距除去环境与条件变化等客观因素，主要分析产生差距的主观因素。绩效评价区分影响绩效的主客观因素的目的，不是区分和开脱职位责任，而是对绩效现实给出一个客观公正的认定，为下一流程的绩效改正提供数据资料，为下一个绩效管理循环的绩效规划提供决策指导。

在绩效规划阶段分解绩效目标的同时，会有一个与目标任务相一致的权力、责任、义务约定，这种公开的绩效任务一般会面向组织内部全体成员进行竞聘，有时还会面向社会进行招聘，公示任务包括职位描述、技能要求及其绩效考核标准等。绩效评价结果除了提高整体绩效、保障绩效目标的实现外，还可以作为互动双方之一的被评价者是否符合绩效技能要求及其聘岗合约的履行根据。

绩效评价可以根据具体需要和实际情况按季度、年度或项目完工周期进行考核评价。

4. 绩效改进

绩效改进是绩效管理的直接目的，是绩效管理流程末端的一个承上启下环节。但是，绩效改进并不仅仅是绩效周期结束采取的整改举措，而是贯穿于绩效管理各环节的绩效提升过程。

传统绩效评价的主要目的是通过对员工的业务成绩工作进行评估，将考核结果作为确定员工薪酬、奖惩、职务晋降的依据，而技术转移绩效评价的目的远不限于此，员工能力的不断提高以及组织绩效的持续改进是其直接目的，根本目的是技术转移为组织和产业带来的规模市场价值。因此，绩效改进工作的成功与否，是绩效管理过程能否发挥效果和作用的关键。目标为组织和职员指出了努力的方向，管理者通过绩效计划辅导，帮助职员进行业务技能和工作方法的改进，以保证绩效目标的实现。在绩效评价环节，对团队和职员的阶段性任务状况进行客观公正的评价，肯定对绩效目标的贡献，能够激励高绩效的职位继续努力提升绩效，同时发现工作中存在的问题，协助低绩效职位找出落后原因改善绩效提升条件。通过评价者和被评价者的交流沟通，进一步帮助被评价者分析业务优势和能力差距，对绩效水平较差的被评价者，评价者应帮助其制定详细的绩效改善计划和措施，评价者和被评价者共同就下一阶段工作提出新的绩效目标，从而取得服务质量要求的理想资质。绩效管理促进绩效的提升一定要设定科学合理的组织和职员绩效标准。有些客观因素能够改变或适应，有些在短时期内无法改变或适应，当环境与条件无法改变时，就只能改变规划目标、改变绩效标准，或通过其他举措填补绩效缺口。

2.4.3　技术转移价值链绩效保障体系

技术转移价值链是产业链及其支撑体系的绩效体现，技术转移价值链绩效保障体系呈机器人形态，发展战略是机器人的大脑神经中枢，起着支配主导全局的作用，技术转移绩效、绩效管理流程、商业（产业）模式、管理与服务等要素是神经中枢的系统保障。公共管理部门的组织能力、服务机构的业务能力是机器人的左臂右膀，技术转移全过程的绩效能力是机器人的躯干，三项基本能力是技术转移价值链绩效的"生存"保障。如图 2－3 所示技术转移价值链绩效保障体系。

1. 技术转移公共管理部门的组织能力

据前所述，公共管理部门包括各级政府的科技管理职能部门和各类兼有监管职能的相关事业单位以及事业单位性质的孵化器、信息平台等。公共管理部门的组织能力主要有科技管理机制创新能力、科技战略管理能力、科技资源配置能力、技术转移政策主导能力、技术转移环境完善能力等。

2. 技术转移服务机构的业务能力

技术转移服务机构种类繁多、业务复杂。主要的业务能力包括：知识产权保护能力、培养培训能力、评估咨询能力、技术经纪代理能力、信息平台服务能力、孵化扶持能力、融资风投能力等。

3. 技术转移全过程的绩效能力

技术转移全过程的绩效能力是指 4 个子过程（环节）的成果化能力、产品化能力、商品化能力、产业化能力。

影响 4 个子过程绩效能力的因素有多方面：战略环境、经营机制、资源条件、政策支持力度等。见图 2－3 中横格。

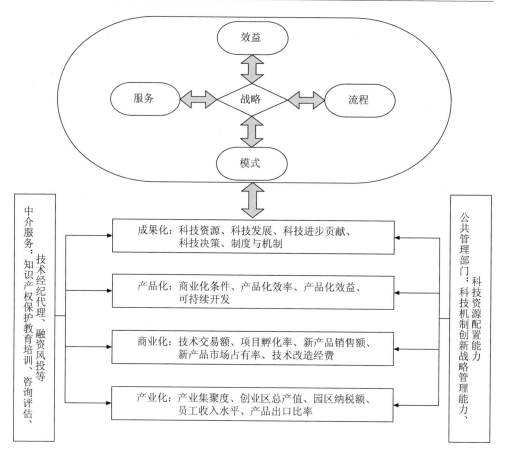

图 2-3　技术转移价值链绩效保障体系

2.5　技术转移绩效管理指标架构

2.5.1　技术转移绩效管理指标的构建原则

1. 效率与效益指标相结合的原则

效率的内涵是高效率与低成本，效益包括经济效益和社会效益。技术转移服务体系中，发挥宏观主导作用的是不以赢利为目的的政府及事业单位等公共服务部门，政府及事业单位的技术转移工作更多的体现是本部门的高效率与低成本，长期的绩效标识是行业的成长性与经济效益。服务于技术转移事业相当大的成分比重是企业单位，企业以追求效益最大化为目标，效率是效益的基础和前提，效益是企业股东与投资者从事技术转移工作的初衷，也是扩大服务经营的动力与源泉。因此，无论是政府业务部门、事业单位还是企业，技术转移绩效管理都需要把效率与效益进行有机结合，两类指标应用各有侧重。效率是共性要求，效益是终极要求。一般讲，没有效率就没有效益，没有终极的经济效益就没有社会效益。经济效益和社会效益既相互联系，又有所区别，管理的重点是与各单位战略目标相一致的任务目标要求。过往的相关绩效管理过于注重技术转移带动经济增长指标，如带动 GDP 的增长、技术贸易增长、出口创汇增长等速度指标，过于注重对经济总量规模的影响水平，而忽略社会效益中的民生发展指标，如水土、空气污染治理技术，健康医保技术，网络安全服务等技术的转移支持力度远远不够。

2. 科学性与可行性相结合的原则

技术转移是直接移植于国外的创新概念，西方国家技术转移绩效管理有其成熟的考核评价指标体系，由于价值理论、战略目标，尤其是科技管理体制的差异，即使是同样的追求目标、同样的管理理念，但管理方式与手段的应用却大相径庭。科学性与可行性依附于一定的实践基础，在目前我国技术转移还未形成完整理论体系的前提下，应该借助于国外的理论研究，结合国内多年的实践探索，建立起自己的绩效管理体系，设置系列的考核评价指标。绩效管理是否客观有效，其认定与指标数量的多少无关而取决于指标设置是否科学。

科学性是指绩效评价指标设计要符合技术转移的基本规律，能够抓住主要矛盾，抓住效率实质，符合实际，客观公正，循规合理，符合现阶段工作推进的需求。科学的指标设置具有简洁化、标准化、规范化、无异议化特征，能准确地反映主要绩效指标之间的内在联系，能确切地反映不同所有制形式和不同职能性质单位的效率和效益。指标体系科学性的另一面是可行性，可行性首先是语义明确、通行易懂，支持指标的数据易于采集，即资料数据的易得性，并便于计算机进行处理；指标体系的评价方法和相应的各项指标的计算方法要与绩效管理部门的人财物力相匹配，要充分重视评价指标的导向作用，绩效导向战略目标和绩效管理目标。绩效评价指标体系能够被不断修正和完善，不仅易于操作，还要考虑操作成本。技术转移绩效评价指标不存在标准的套用体系，每个环节、各个主体的绩效特征各不相同，其评价指标必须符合各自的职能特点，计算方法要简单易行，不能过于繁琐。

3. 系统性与可比性相结合的原则

系统性是技术转移全产业链绩效管理的特性要求，可比性是协调全产业链各环节之间的差异要求。全产业链从以转让、转移为目的的技术研发集成开始，直至项目落地形成产业，全过程一环紧扣一环，相互依赖，互促共进，是一个多变量输出的复杂系统，系统的每个组成部分有着共同的终极目标和绩效标准要求。

在统一的目标和标准要求下，从政府部门、公共服务平台、中介服务机构对系统的不同组成部分提供的服务内容、服务流程各异，绩效管理指标体系既要系统、科学，又要全面、合理，更要体现出各分系统关键以及它们之间的绩效关联。以系统的组织绩效为主，以不可比的分系统绩效为辅，以系统绩效影响分系统绩效。由于技术转移全过程的绩效管理指标设计几乎处于空白状态，尤其是对中介机构主体绩效指标研究一定要突出其在大系统中的独特性与可比性。我国的技术转移服务门类不断扩展，绩效管理中，应根据不同的服务门类确定不同关键指标。系统性应反映宏观战略导向，可比性要考虑产业使命因素，把客户信任度、合同履约率、员工收入等细化评价指标与技术转移战略导向紧密结合，形成相互一致的绩效指标体系。

4. 管理与服务相结合的原则

管理与服务相结合的原则主要是针对政府科技职能管理部门及被赋予一定行业管理职能的相关事业单位部分管理职能向服务职能的转变而言，也是指科技主管职能与服务职能机构的协调一致。政府科技管理部门的技术转移绩效与其他职能部门一样，是其行使管理职能水平与效率的目标评价，也是其管理过程与管理结果的质量体现。政府职能转变的核心是由"人治"到"法治"的转变，由"全能"向"专业"的转变，由"管制"向"服务"的转变。技术转移管理部门既是管理者更是服务者，要从传统的预算执行、行业监管、项目检查管理等向政策规划引导、法规制度完善、公共平台建设、数据信息服务等公共服务职能拓展。技术转移职能管理部门的绩效会受到多方面因素的影响，职能转变是绩效管理新的要求。每个决策或经营过程能够被简化为两个基本要素：投入与产出，或者是过程与后果。从传统管理职能的角度，绩效评价侧重于最终结果，从现代服务职能的角度，则要延伸到职能行使的全过程、全要素、全方位。要平衡工作结果和工作过程，对不同的绩效管理对象和管理方法目的，结果指标和行为指标所占的权重各有不同。

技术转移绩效，既包括提供技术转移公共服务和业务运营管理的"结果目标"绩效，如区域技术交易总量、孵化项目/企业合格率、受让技术的商品化程度等，也包括在行使职能过程中的"过程目标"绩效，如管理与服务理念、依法依规行使职能、服务受众满意度、业务流程周期等。技术转移绩效管理要实现由过去的重管理、轻服务向管理与服务的融合协调方向转变；实现以职能部门为中心、以技术卖方为中心，向以规划战略目标为中心、以满足技术买方的需求为中心的转变。因此，技术转移绩效管理的重要内容是从职能转变中的服务过程和服务结果两方面作出全面、客观的合理评价。

5. 定量指标与定性指标相结合的原则

尽管从理论上讲技术转移的所有指标都可定量化，如某专利转让费半年后降价一半的概率是 50％、某新产品畅销的可能性约有 80％。但实践中总有一些特殊情况不可能完全采用定量分析方法，如无法对众多影响因素进行评判界定、短期内某项政策的正负影响程度等。为了尽可能地进行有效综合评价，必须在应用绩效的定量指标的基础上，以一定的定性指标作为补充，或对那些能间接赋值或模糊计算的定性予以范围、程度等的定量转化。对经济贡献必须采用定量指标去分析；另一方面对社会效益、管理的效率、公众满意度等指标应尽可能采用定性指标来分析，并使定性指标定量化、规范化，为采用定量评价方法打下基础。

定量指标是绩效指标体系的主要组成成分，定量指标最大的优势是可以制定明确的评价标准，可以通过实际计算获取具体结果数值，形式直观，表述方便。"数字和量化标准通常被作为评价的基础。但并不是所有的公共服务和公共项目都是能简单量化的"（罗伯特）。既然不是所有技术转移服务绩效管理指标都能够量化，就需要设计定性的指标予以补充并综合分析。定性指标可以弥补定量指标的不足，简化评价程序，还可以避免短期利益定量指标对长远利益所带来的负面影响。定量指标与定性指标相结合可以使绩效管理指标更具综合性和导向性。对定量指标要保证其科学可信度，要避免因定量指标的片面而助长管理者急功近利的短期行为。定性指标应尽量压缩其应用、替代范围，更要杜绝人为的利益偏向，让定性指标失去客观性和公平性，从而失去绩效指标设计的初衷，失去绩效改进的现实意义。

2.5.2 技术转移总量层绩效指标体系

技术转移全过程总量层绩效管理一、二级指标与科技管理绩效指标有部分交叉，这是因为技术转移是科技管理的重要内容，科技管理水平直接影响技术转移绩效。另外，技术转移必须服务于国家科技发展战略和社会经济发展目标，只有三级、四级甚至更细化的指标才是专业的业务绩效反映，技术转移具体业务的细化指标更具实际指导意义，但越是细化的指标对总量绩效的影响越弱，总量指标与细化指标是主次关系，总量指标是纲，纲举目张。

总量指标主要衡量科技战略管理、科技资源配置、创新研发、技术贸易、技术服务、转让推广、市场开拓、产业集聚、资本运营、技术转移贡献、环境配套等 12 个方面的绩效水平，这也是整个指标体系中的一级指标群（见表2－1）。

表 2-1　技术转移全过程绩效管理总量层指标体系

一级指标	二级指标	指标解析
1. 科技战略管理	战略规划体系	具有层级支持保障决策系统
	注册专利国际排名	总量排名下的分类比较
	科技系统体制	具有活力的企业科技主体等
	科技激励/制约机制	全球化人才流动视觉下的资源调动与利用
	科技决策程序	有专家系统保障的规划制定过程
	技术贸易壁垒应对机制	统一对外的部际联动机制
2. 科技资源配置	R&D 经费支出强度	R&D 支出占 GDP 比重，衡量科技竞争力的核心指标
	社会科技投入总额	区域科技实力主要衡量指标，重要的绩效基础
	财政科技投入额	我国科技投入的主要构成
	科技基础设施开放程度	包括相应软件系统
	自主知识产权支持力度	税收、补贴等
	企业科技支出比重	企业科技支出占科技总支出比重反映科技投入体制改革的趋势
	技术转移公共服务平台总量	研发、孵化、交易等平台
3. 专业人才	专业技术人才占从业人员的比重	专业对口，比例合宜
	法人素质	战略型管理能力，复合型知识结构，良好的征信纪录
4. 技术创新研发	技术研发设施共用程度	开放与合作
	自主知识产权数量	各类自主知识、技术权益总量
	技术转让数量	包括多家授权
	研发人员占科技人员的比重	商业性研发技术人员为主
	研发费用占科技经费的比重	以创新研发为重点
	专利质量	以发明专利为重点

一级指标	二级指标	指标解析
5. 技术贸易	技术输出总量	国际间输出
	机电设备出口规模（比重）	国际贸易
	高新技术引进规模（比重）	包括国际和跨区域
	技术输入总量	国际间输入
	技术交易成交总额	全部交易总量
	国内技术市场合同总量	合同签约份数
6. 技术服务	技术服务输出总量	包括产品设备出口合同金额以外的附加服务
	技术服务占技术贸易总量的比重	技术服务不包括产品设备的直接售后服务
	技术服务输入总量	包括产品设备进口合同金额以外的附加服务
	技术服务增长速率	以输入输出总量计
7. 技术推广	区域（行业）推广机构数量	包括农业、科技重大专项推广等
	专业技术推广人员数量	农林牧副渔等行业新技术推广
	专业推广与服务规模	行业新技术推广与服务产值
8. 技术市场开拓	技术营销投入规模	包括新产品营销费用
	市场导入期失败率	未形成批量（未收回成本）而退市新产品比重
	技术产品商业化产值	单项产品销售额
	品牌化技术产品市场比重	纳入品牌化各类的统计数据
9. 高新产业聚集	区域产业集群数量	规划园区企业总量
	区域传统优势产业集群数量	传统产业区域规模企业总量
	高新产业产值	按区域统计
	高新产业新增产值	同比或者环比

续表

一级指标	二级指标	指标解析
10. 技术转移资本运营	高新产业园区规模	科技金融总量
	高新区外商直接投资（FDI）	反映技术项目的融资能力
	技术转移产业规模	技术转移服务业产值
	改造吸收引进项目平均投资额	单项平均投资
	引进技术资产平均净利率	单项平均利润
	技术输出平均收入	每批次设备或服务出口项目的合同总额
	行业信贷总量	商业银行、财政贴息、企业拆借等比重之和
	风险投资与股份入资	技术转移全程总量
11. 技术转移贡献	产业全员劳动生产率	包括技术转移服务和产业环节共5个部分
	技术转移新增产值	项目或行业分类统计
	淘汰产能替代率	包括产业置换
	技术转移新增利税	分环节、分行业、分项目
	技术输出总收益	技术贸易、技术服务收入总和
	"三废"减排总量	包括"碳权"交易折算量
	产业员工收入增长率	技术转移机构员工总收入增长比重
12. 技术转移环境配套	技术转移优惠政策	包括财税优惠和科技扶持政策
	科技园区排名	国内综合排名与专业排名
	公共管理满意度	反映对技术转移的吸引力度
	服务产业比重	新兴服务业 GDP 占比
	技术人员比重	万人从业人员占比
	区域居民消费水平	统计指数

2.5.3 技术转移全过程绩效管理指标体系

技术转移全过程亦称全链条，技术转移绩效是全过程（全链条）各阶段（各环节）绩效的综合。绩效管理是从中间环节的技术贸易向上下游两端延伸，是透过产业的供应链和价值链视觉探寻协作的双赢价值与规模效应，并以此发掘新的服务商机以及新的利益增长点的规范活动。

　　绩效指标是对技术转移不同维度业绩和效率进行的度量评价的标杆，标明对绩效进行度量评价角度与目的。绩效指标可以根据不同的目的作用划分为不同类型，按主观努力和客观业务运行的外在表现可将绩效指标分为过程指标、结果指标、行为指标。当然，还有宏观指标与微观指标、定量指标与定性指标、经济利益指标与社会责任指标、效益指标与效率指标、刚性（硬）指标与柔性（软）指标、显性指标与隐性指标、绝对指标与相对指标等多种分类。

　　基于全球化供应链和全过程价值链视角下的技术转移全过程绩效管理指标体系见表 2-2。

表 2-2　技术转移全过程绩效管理指标体系

一级指标	二级指标	三级指标
技术创新与技术研发绩效指标 A1	经费投入 A11	人均 R&D 经费 A111
		自有资金投入 A112
		融资投入 A113
	人员投入 A12	人才引进数量 A121
		培训培养经费总量 A122
	项目投入 A13	原创开发项目数 A131
		研发团队规模＝科研项目数量/从业人员数量 A132
		研发周期 A133
		技术成熟度 A134
		经费预算达标率 A135
	研发成果 A14	项目按期结题比率 A141
		项目验收合格比率 A142
		成果先进程度 A143
		节能减排比率 A144
		性价比率 A145
		替代垄断产品程度 A146
		技术发明（项）A147

续表

一级指标	二级指标	三级指标
技术创新与技术研发绩效指标 A1	研发成果 A14	技术发现（项）A148
		专利申请数 A149
		专利授权数 A1410
		其他知识产权数 A1411
		共用基础模块重用 A1412
	风险规避 A15	风险发生概率 A151
		负面影响程度 A152
		人才流动（数、率）A153
		淘汰项目数 A154
技术集成与技术成果产品化绩效指标 A2	项目投入（条件）A21	科技总投入中的企业投入 A211
		购买国内技术经费支出 A212
		引进国外技术经费支出 A213
		技术改造经费支出 A214
		消化吸收投入 A215
		新产品开发投入 A216
		返工返修费用 A217
		技术服务费用 A218
	项目建设（效率）A22	开工项目数 A221
		项目完工投产率 A222
		新开工项目强度 A223
		产品化开工率 A224
		技术集成与开发周期 A225
		产品集成度 A226
		过程集成度 A227
		模块共享度 A228
		器件复用率 A229
		器件替代率 A2210

一级指标	二级指标	三级指标
技术集成与技术成果产品化绩效指标 A2	项目建设（效率）A22	物料清单（BOM）准确率 A2211
		平均单板设计过程不规范点 A2212
		项目完工投产率 A2213
		新开工项目强度 A2214
		SQA 检查合格率 A2215
		编程规范合格率 A2216
		流程检查不合格点数 A2217
	项目效率 A23	产品化成功率 A231
		开发周期 A232
		年度产品计划完成率 A233
		产品化开工率 A234
		正规检视计划完成率 A235
		新产品性能优化力度 A236
		知识产权申报与批准数 A237
		集成技术转让率 A238
		新产品上市率 A239
		系列产品比率 A2310
	项目效率 A24	产品项目终止比率 A241
		成本波动幅度 A242
		负面影响程度 A243
技术交易与技术产品商业化绩效指标 A3	经营投入 A31	商业化营销费用总额 A311
		营销费用占总营销费用比重 A312
		售后服务费用占总营销费用比重 A313
		行业人均管理费用 A314
		商业模式创新 A315
		营销网站投入 A316
		专用生产设备等硬件投入总额 A317

续表

一级指标	二级指标	三级指标
技术交易与技术产品商业化绩效指标 A3	经营投入 A31	专利等软件投入总额 A318
		培训费用总额 A319
	产出规模 A32	新产品销售总收入 A321
		新产品销售收入占产品总销售收入比例 A322
		网络营销比重 A323
		人均新产品产值 A324
		技术改造能力 A325
		市场开拓能力 A326
		技术贸易总量 A327
		对外输出的技术数量 A328
		对内引进的先进技术（项目）数量 A329
		技术交易成交合同单数 A3210
		技术交易成交合同总额 A3211
		国内技术交易额 A3212
	产出效益 A33	盈利能力 A331
		市场竞争能力 A332
		规模产品合格率 A333
		技术交易年增长率 A334
		新产品市场占有率 A335
		新产品出口总额占全部产品总额的比重 A336
		盈利现金比率 A337
		形成新型外观等知识产权件数 A338
		现金流量 A339
		消费满意度 AA3310
	风险规避 A34	商品项目停产率 A341
		成本波动幅度 A342
		债务偿还能力 A343

续表

一级指标	二级指标	三级指标
技术交易与技术产品商业化绩效指标 A3	风险规避 A34	合同交货率 A344
		合同退货率 A345
		负面影响程度 A346
技术商品产业化绩效指标 A4	高新技术产业规模 A41	高新技术企业（认定）数量 A411
		高新技术产业从业人员数量 A412
		高新技术产品与服务总产值 A413
		高新技术产品与服务出口总值 A414
		高新技术产业资产总值 A415
		资本运营能力 A416
		年度投资总额 A417
		高新技术企业产值占 GDP 比重 A418
	高新技术产业化水平 A42	高新技术产业增加值占工农业增加值比重 A421
		高新产业增值占 GDP 增值比重 A422
		主营产品市场占有率 A423
		主营产品市场占有率增长速度 A424
		产业利润总额 A425
		税收应缴总额 A426
		FDI 实际利用额 A427
		FDI 控股权益 A428
	技术转移贡献率 A43	产业劳动生产率 A431
		产业技术进步率 A432
		高新技术产值年增长率 A433
		产业盈利水平 A434
		产业技术成熟度 A435
		环保责任达标率 A436

一级指标	二级指标	三级指标
技术商品产业化绩效指标 A4	可持续发展能力 A44	成长能力 A441
		市场综合竞争能力 A442
		主营业务竞争力 A443
		股本扩张能力 A444
		抵御风险能力 A445
		品牌知名度 A446

2.5.4　技术转移公共管理部门绩效指标体系

技术转移公共管理部门绩效指标体系中,一级指标包括科技战略管理、科技资源配置、高新产业集聚、技术转移贡献和环境配套共 5 个部分,由于技术转移绩效的滞后以及影响因素过于复杂,宏观产出结果的绩效因素难以量化区分,因而,指标标准以战略管理为核心,以行为指标、能力指标为重心,而没有采信实证研究得出的部分结果性指标标准。

基于公众满意度与运行效率的技术转移公共管理部门绩效管理指标体系见表 2－3。

表 2－3　技术转移公共管理部门绩效管理指标体系

一级指标	二级指标	三级指标
技术转移战略管理 B1	战略规划体系 B11	技术转移发展规划制定与修订 B111
		规划实施细则制定 B112
		配套制度与政策安排 B113
	注册专利国际（地域）排名 B12	拥有发明专利累计授权数 B121
		当年重要知识产权授权数 B122
		拥有的商标数 B123
	科技创新体制 B13	管理体制创新 B131
		深化改革的制度安排 B132

续表

一级指标	二级指标	三级指标
技术转移战略管理 B1	技术转移激励/制约机制 B14	促进技术转移的激励机制 B141
		影响技术转移的制约机制 B142
	科技决策程序 B15	决策的科学程度 B151
		学习与调研能力 B152
		专家决策制度 B153
	技术贸易壁垒应对机制 B16	应对机制 B161
		反制机制 B162
科技资源配置 B2	R&D 经费支出强度 B21	中央财政科技支出增长率 B211
		地方财政科技支出增长率 B212
		企业科技支出比重 B213
		R&D 经费支出占服务业总产值的比重 B214
	专业技术人才占从业人员的比重 B22	万人拥有专业学历从业人员数量 B221
		万人拥有复合型高级人才数量 B222
		外协专家的数量 B223
	技术市场成交额 B23	技术开发类交易额 B231
		技术转让类交易额 B232
		技术咨询类交易额 B233
		技术服务类交易额 B234
	科技基础设施开放程度 B24	实验室（设备）及大型软件系统的社会开放 B241
		技术转移培训基地的社会开放 B242
	自主知识产权支持力度 B25	知识产权申报的政策支持 B251
		知识产权商业化的财力支持 B252
	技术推广力度 B26	区域（行业）推广机构数量 B261
		专业推广与服务规模 B262
		农业技术推广项目 B263
		重大科技专项推广项目 B264

续表

一级指标	二级指标	三级指标
科技资源配置 B2	技术转移公共服务平台建设 B27	技术转移公共网站数量 B271
		科技中小企业服务配套体系 B272
		技术交易平台流量 B273
高新产业集聚 B3	科技园区总量 B31	经济技术开发园区产值 B311
		高新技术产业园区产值 B312
		园区产学研联盟总量 B313
	区域产业集群数量 B32	高新企业比重 B321
		服务产业比重 B322
		技术人员比重 B323
		基金规模与效益 B324
	区域传统优势产业集群数量 B33	优势产业总产值 B331
		专业孵化器在孵企业数 B332
		专业孵化器累计毕业企业数 B333
		科技型中小企业比重 B334
	高新产业产值 B34	高技术产业主营收入 B341
		产业技术贡献率 B342
		出口商品比重 B343
	高新产业新增产值 B35	新增高新技术服务业从业人数 B351
		新增产值利润率 B352
		新增产值税费率 B353
		资产增值率 B354
		资产负债率 B355
技术转移贡献 B4	高新技术生产率 B41	产业全员劳动生产率 B411
		全要素生产率（TFP）B412
	技术转移新增 GDP B42	GDP 增加量 B421
		政府基金性收入增加量 B422
		社会保障收缴增加量 B423

一级指标	二级指标	三级指标
技术转移贡献 B4	淘汰产能替代率 B43	结构调整淘汰产能总量 B431
		国际合作项目数 B432
		国家级火炬计划项目数 B433
		"863"、"973"计划项目数 B434
	技术转移新增利税 B44	年新增利润总量 B441
		年新增税收总量 B442
	技术输出总收益 B45	技术输出贸易总量 B451
		技术输出服务总量 B452
	"三废"减排总量 B46	工业固体废弃物排放处理率 B461
		工业废水排放总量占工业总产值比重 B462
		工业废气减排速率 B463
		单位增加值综合能耗 B464
		万元产值综合能耗 B465
	产业员工收入增长率 B47	企业工资性支出占总成本比重 B471
		近三年员工收入增长率 B472
		年人均保费缴量 B473
环境配套 B5	公众满意度 B51	服务机构对技术转移公共管理的满意度 B511
		企业对技术转移公共管理的满意度 B512
	管理透明度 B52	政务公开性/透明度 C521
		信息公开、信息获取的程度与质量 C522
		电子政务建设状况 C523
	技术转移优惠政策 B53	企业优惠政策落实 B531
		财政优惠政策 B532
		税费优惠政策 B533
		科技扶持政策 B534
		知识产权保护制度落实 B535
	区域居民消费水平 B54	万人宽带接入量 B541

一级指标	二级指标	三级指标
环境配套B5	区域居民消费水平B54	区域恩格尔系数B542
		人均总收入B543

2.5.5　技术转移服务机构绩效管理指标体系

技术转移服务机构绩效管理指标以经营性指标为主体，共分为绩效基础（条件）、商业模式、创新能力、服务贡献、社会责任5个部分。由于服务机构类别多样，评价指标内容差别很大，细化考核指标最为庞杂。本指标体系选择了部分通用性较强的关键指标。

技术转移服务机构绩效管理指标体系见表2-4。

表2-4　技术转移服务机构绩效管理指标体系

标志层	一级指标	二级指标
技术转移服务机构绩效管理指标体系	服务机构的绩效基础	人才结构
		机构资产规模
		标准化程度
		机构管理模式
		机构的服务平台
		机构的场地设施
		机构法人素质
	服务机构的商业模式	专业服务领域
		服务创新体制
		服务创新机制
		营销渠道创新
		客户核心价值
		内部营运流程
	服务机构的创新能力	知识吸收能力
		竞争力
		技术转移后的项目进展

续表

标志层	一级指标	二级指标
技术转移服务机构绩效管理指标体系	服务机构的创新能力	机构引进人才状况
		行业地位
		实现销售收入
		品牌知名度
		技术门户网站的访问量
		服务质量
	服务机构的贡献率	主营业务投入
		税收贡献
		盈利现金比率
		业务增长速度
		咨询服务次数
		服务客户数量
		孵化项目数量
		毕业企业数量
		培训培养规模
		投融资服务数额
		转移技术与项目数量
		转移项目的落地状况
		转移项目的产业化趋向
	服务机构的社会责任	机构的公益职能
		技术转移公益事业投入
		知识产权服务
		职工收入增长度
		顾客满意度
		不良信用记录
		投诉率
		职业道德

2.6　我国技术转移绩效管理存在的主要问题与改进对策

技术转移绩效管理必须明确工作的关键环节，前后紧密衔接的关键环节构成绩效管理循环，这一管理循环能够针对所有的绩效管理业务。绩效管理主体的工作重心是把握关键环节，遵循管理程序、应用科学方法、发现主要问题、提出改进对策、完成绩效提升任务。

2.6.1　技术转移绩效管理存在的主要问题

我国技术转移绩效管理由于管理业务分散、理论研究基础薄弱，多年来一直未形成相对统一的指标体系和评价标准，没有专门有效的管理程序和保障手段，存在的突出矛盾和问题主要有以下方面：

1. 管理理念的倾向化掩盖了绩效管理的深层矛盾

我国技术转移绩效管理的深层矛盾是技术以及技术转移的价值取向问题。

技术转移绩效分为 3 个层面，第一层面是技术转移形成的产业整体绩效，第二层面是技术转移管理与服务主体的群体绩效，第三层面是技术转移服务项目的个体绩效。这 3 个层面的绩效管理有主有次、各有侧重。

在经济发达国家，"小政府、大社会"的治理结构和完善的市场经济体制能够保障充分的市场效率，社会治理和行政管理成本较低，技术转移主体主要针对技术授受双方及中介第三方而言，绩效评价中，政府相关管理部门和技术应用的一线成员不构成主要成分。在我国，技术转移绩效是一项新的管理内容，传统的管理理念不可避免地产生影响作用，其倾向化突出表现是高层职权的放大和基层责任的放大。绩效管理中，职权过于集中容易积累严重的决策风险，产生有管理而无监督的局面；基层责任承担过重会打击工作的积极性，降低人力资源效用。例如，当引进设备达不到实际设计标准时，责任会归咎于员工技术素质等，而不会追究决策者盲目引进设备与员工素质不匹配的责任；我国技术转移设计选择了很多科学的绩效管理方法和手段，但重要的绩效管理手段——绩效审计在我国却是薄弱环节，在很多部门甚至是空白。

从企业管理学的角度绩效可以分为 3 个层面，组织绩效、部门绩效和个人绩效。

技术转移绩效的核心影响因素是行业自身的发展战略、管理机构的团队素质，同时也受外界其他因素影响，如国际经济运行态势、重大的技术发明与创新、企业总体发展战略、核心竞争力的强弱、竞争格局的复杂程度、市场竞争的激烈程度。部门是战略实施和操作的基本单元，总体目标分解到各部门之后，执行的结果好坏影响到部门绩效。影响执行结果的因素太多，自下而上地确定绩效责任，是逻辑的本末倒置。

提升绩效，要从总体战略规划开始，涉及组织结构调整，部门职责和责任边界的划分，信息流、资金流、物流等流程的通畅，企业文化氛围的营造，组织行为的规范，人力资源规划、薪酬和岗位设计等诸多内容。绩效侧重须根据服务机构所处各类市场环境、各类业务规划而定。倾向化的管理理念把组织产值、利润等指标列入首要任务，而把税收、社会公益、员工福利等重要的绩效指标置于次要地位，利润最大化概念替代了效益最大化概念。

企业战略和高层决策团队直接影响组织绩效，部门绩效部分影响组织绩效的达成，个人绩效间接影响组织绩效，三方面影响因素综合构成了企业绩效。人力资源管理是最基础的工作，但对企业整体绩效影响是间接性的，员工只能决定工作效率、不能决定绩效方向，希望通过对员工的人为干预管理提升企业整体绩效的理念是存在问题的，只强调个人作用很难达到预期目的。

2. 管理指标的平面化限制了绩效管理的高度与广度

管理指标是绩效管理循环中绩效评价的量化依据，是对众多影响因素进行排序规整确定的参照标准。管理指标应能全面反映管理的本质，反映各种投入、各种努力的真实结果，尽可能减少表面现象的误导。技术转移绩效管理的战略性、多维性、动态性决定了管理的复杂性。包括其他的行业管理在内，以往的绩效管理多采用一些基本的制度性考核指标，如国民生产总值（GDP）、固定资产投资完成量、科技进步率、全员劳动生产率、销售总额、利润增长额。这些平面化指标虽然有普适性、简洁性的优点，但对于技术转移这样一个覆盖国民经济全领域的复杂系统，仅凭一组或数组基础性绩效指标是远远不能满足管理需要的。历史上有过全国各地同时引进 100 余条阴极射线管（CRT）彩电生产线而在短期内几乎同时停产的教训；近 30 年后的今天，投入几百万、几千万元引进的先进设备几年未启封的事例仍时有报道。总产值、技术签约数目、专利登记总量等简单明了的数量指标往往多于复杂分析的质量指标，具有高度和广度的绩效管理指标如，科技资源的占有效率、引进技术单位产出的资源消耗、单位产出的"三废"排放等机会成本指标更容易被弱化。

绩效是一个相对概念，由于技术转移服务绩效复杂性、滞后性、多样性的特点，同水平的绩效用不同的指标来衡量，有时会得出不同的评价结果，这需要有立体性的指标相互认证、互为补充。方向性、颠覆性的决策失误是绩效管理的关键，而技术转移通行的绩效指标缺乏失误损失、风险预后成本的内容，缺乏绩效审计的法定程序和责任的承当。立体的指标运用应满足战略性、多维性、动态性要求，指标设计应立体延伸，应量化技术转移项目和业务的风险底线。技术转移绩效管理指标应由具体的管理主体在应对不同目的考核或评价时，在制度化基础指标之下另行设计和细化，至为关键的是：绩效管理要由制度性的事后检查式管理转变为风险导向性管理。风险导向管理必须掌控风险概率，掌控风险负面影响的程度。责任者在分享绩效利益的同时还应承担绩效负值的责任。

3. 科技投入的边际产出速率呈现递减趋势

以科技进步推动发展是当今世界经济增长的主流模式，以自然科学技术的"硬性"增长为主导，辅以结构、规模、智能积累等"软性"技术要素的作用，很多国家在物质资本和人力资本没有投入增长的情况下，经济仍保持着比较稳定的增长速度，技术进步的边际效益远没有达到增幅的最大值。近些年来，尤其是2008年后，我国在应对金融危机刺激货币投放的同时，也充分认识到科学技术对提高国际竞争力和拉动经济增长的双重效应，不断加大科学研究和技术服务的投入力度。2012年，中国用于科技研发的财政支出已达到5 600.1亿元，比2011年增长803.1亿元，增幅达16.7％，全社会R&D支出达到10 298.4亿元，比上年增长18.5％，占全世界R&D支出总量的比重已接近10％，科学技术研发与技术服务投入的总规模已跃居世界第二位，赶超美国亦可望可期。这一组数字表明科学技术替代物质与劳动力投入及拉动消费需求的叠加效应已引起政府的高度重视。但是，从宏观统计数据分析可以明显看出，随着科技资源总量的快速增长，科技投入的边际产出增速呈现出下行趋势。

边际产出速率递减是客观规律，但我们必须参照国际先进水平的临界点数据，排除科技研发与技术服务投入部分资金进入其他领域的干扰性因素，需要对科技投入的真实产出绩效进行认真研究。

4. 科技成果转化率提升速度缓慢

科技成果转化是技术转移的源头活水。2013年，中国的科技转化率约为25％，20年前，我国的科技成果转化率只有5％，支撑产业化的新技术几乎主要源于大宗设备为主的技术引进，科技成果的产业服务主要以技术改造为主，纵向比较有着巨大的进步。而与发达国家相比又凸显出很大的差距，以美国为主的西方国家其科技成果转化率在80％左右，互联网络、医疗健康等新技术引领的新兴服务业同第一产业和第二产业形成鲜明对比，第三产业总量和GDP占比均呈显著上升的趋势。从"二战"后至今，美国第三产业由不到1 500亿美元增加到10万多亿美元，增长约70倍。第三产业占GDP的比重由不到60％上升到80％左右。美国第三产业中传统服务业总体上呈周期性下降趋势，而新兴现代服务业则呈直线上升趋势，商业模式与服务技术手段的创新推动金融租赁业成为美国最重要的现代服务业部门，也是占GDP比重最高、上升幅度最大的第三产业部门。相比而言，目前中国约为25％的科技转化率有待快速提高，最为突出的问题是多年来支撑产业化的新技术只占全部研发成果的 5％，很多转化应用的技术未能得到大面积推广，还有很多推广应用项目或技术没有形成产品批量。

造成技术成果转化率提升速度缓慢的原因有多方面，但有目共睹且改革多年的两大积弊仍在困扰转化率的提升。

服务机构层面："专注"于服务机构自身的"经营"而背离了"产业"经营。

我国技术转移服务机构除了部分以赢利为目的的中介机构外，还存在大量事业单位性质的高等院校、科研院所和国有企业的研究机构，这些比重庞大的科研主力，人员编制经费和科研经费有其多年的固定渠道来源，有其固定的绩效考核方式和考核内容，大多数项目以研究课题的验收达标为结果，课题组和课题项目随"结题"而结束，理论研究很少向市场和产业延伸，即使是应用课题，由于缺少纽带与机制，也很难与商品、产业相融合。沿海部分经济发达省市通过产学研联盟的形式，极大地推进了科研体制的改革，提升了技术成果的产业化绩效，但传统的体制惯性拉低了技术成果转化绩效。事业型科技组织和国企科研机构设立的主旨是服务于国家、社会。市场经济体制确立之后，其存在意义是服务于国家，服务于市场需求，"服务"意义大于"经营"意义。服务的使命决定了这类组织的"绩效"评价不同于"以赢利为核心"的单纯经济组织，为国家、为市场"服务"意义大于"经营"。

技术转移非营利性服务机构存在的意义在于"服务目的"，而不在于"存在的延续"，提升技术成果转化率是服务机构的真正出路。

政策操作层面：重大新技术推广缺乏连续性支持。

政府在很多重大新技术推广政策上不乏共识，但在执行层面上缺乏协同性与连续性。或许是受类似"汉芯"等事件的负面影响，很多获取巨额资金支持的技术成果，其后续转化不了了之。以国产操作系统研发与推广为例：

国内操作系统市场长期被美国微软公司垄断，市场占有率在 90％以上。长期的换代支出和信息安全引起了社会和广大用户的广泛担忧。

而国产 Linux 操作系统从上世纪末开始，陆续投资进行了大量的自主研究和市场化推广。当年的中软软件、蓝点、中科红旗、冲浪等企业都随着国际 Linux 热潮投入 Linux 国产化研发，并先后发布了各自的国产 Linux 操作系统。随着 Xteam Linux、BluePoint Linux、红旗 Linux、COSIX Linux 等国产 Linux 操作系统的出现，Linux 逐渐变为国产操作系统的主流，大有取代 Windows 的声势。有关部门不断表示将继续加大力度，支持我国 Linux 的国产操作系统的研发和应用。但这些操作系统很快就销声匿迹，仅有麒麟、红旗等几款 Linux 操作系统在做着不懈努力，但市场占有率一直处于边缘化的状态。市场估值 90 多亿元的中科红旗以 1 800 万元人民币在寻求转让或重组，重大新技术推广的绩效可见一斑。

自主操作系统深知"规模化"的重要性,但都没有能力突破3%市场占有率的关卡。这不仅需要一定数量的用户能够选用国产操作系统,并且还需要有更多的互联网企业推出针对国产操作系统的应用产品。

操作系统涉及长期的利益垄断,涉及政治信息安全、商业信息安全和个人信息安全等。尽管操作系统的国产化呼声高涨,但实际情况不容乐观。从工程院、工信部赛迪智库提出的2014年二季度上报待批的"三步走"战略可知,自主知识产权操作系统的推广应用仍然遥遥无期。该战略提出,近期要形成一批安全加固方案(4月8日起微软终止XP系统维护),中期到2020年形成PC终端,手机、嵌入式每种类型1~2款成熟的国产操作系统,长期要研制世界领先操作系统产品,全面实现操作系统国产化。

自主可控操作系统亟待发挥效用,这需要借政策之力获得时间和空间。至少要尽快部署于关键的示范岗位,政府明确的系统、持续支持对提升成果转化率具有非常重要的作用。

2.6.2　技术转移绩效管理的改进对策

知识产权保护与运用不仅是产业升级的核心环节,也是参与国际竞争的必然选择。近年来,我国专利受理量和商标注册量快速增长。2013年,我国的发明专利申请受理量排在全球第一位,PCT国际专利申请量已跃居全球第三。但是专利质量不高、核心专利拥有数量较少、产学研用结合的知识产权机制尚不健全、市场主体专利运营能力较弱等问题,仍制约着我国知识产权的发展和企业竞争力的提高,尤其是在参与全球技术交易与成果转化过程中,不少企业会遇到种种壁垒和困境。改进对策主要是针对绩效管理中存在的问题制定对应策略和相应举措,达到提升绩效的目的。

在保障技术转移过程中所有权益者利益的前提下从以下5方面提出改进对策:

精心选择技术本体,从技术研发抓起,这是解决技术供求矛盾的根本,科技成果的成功转化是技术转移的源头活水;协调技术供给方的利益机制,分解技术供给方的营运风险,打破技术垄断或缓解技术垄断程度,拓展技术交易渠道,降低技术转移成本;提高技术受让者的学习、消化、吸收、改良、创新能力,提高专业化、规模化、市场化能力;引导技术流向,协调技术流速,平衡技术载体;应用最新的绩效管理手段与方法,尤其是高度重视绩效审计手段的应用。

1. 精心选择技术本体

在技术转移过程中,技术本体即技术本身的性质、先进程度、适配状态和技术势等,是对技术转移绩效的影响前提。

（1）技术需求定位。就发展战略而言，为填补高速度发展遗留下的生态恶化、基尼指数畸形等缺憾，我国在将来相当长的时期内，绩效管理应重归民生与安全的主线目标。通过技术转移，解决经济结构调整、经济增长方式转变中存在的突出问题，缓解网络信息、先进制造、医疗健康、食品安全、宜居环境和国家防御等国计民生领域的技术需求矛盾。

就经营操作而言，需要哪一类技术才能满足经营需求是第一定位选择。

（2）技术状态定位。技术状态，可以技术内容的成熟程度或高难程度体现，按技术的发育周期可区分为孕育期、成熟期和衰退期；按技术的应用周期可表现为高新技术、适用技术、落后技术。处于不同发育状态的技术，由于内容的成熟程度和应用周期不同，社会需求、使用成本、风险频率各有差异，直接影响其转移的难易程度。一般来说，越是靠近商品化、产业化阶段，技术内容越是趋于基础性，其应用的广泛性、传播性就越高，越是容易向产业领域扩散和转移。技术状态定位决定绩效要求定位。

（3）技术匹配定位。技术匹配定位是指各种相关技术要素之间依存关系的选择，包括技术系统自身的匹配、与其他技术系统之间的匹配和与技术受体原有技术系统的匹配等三重依存关系权衡选择。技术系统自身的匹配状态，是衡量技术发育与成熟程度的一个极重要指标。技术实用价值的大小及其转移难易程度的高低均直接取决于被转移的技术系统内部各单元之间的依存关系，同时还必须考虑其与外部相关技术系统和技术受体原有技术系统是否相匹配等问题。

（4）技术势定位。技术势作为技术的一种内在属性，是与技术的高新性、先进性和被掌握的程度直接相关的一个变量。技术越精，科技含量越高，技术势越高，技术所具有的经济价值越高。从技术的复杂程度看，一项能够被垄断的技术具有最高的技术势，而一项广为扩散的技术则具有较低的技术势，技术的转移过程，是垄断技术到常规技术，也就是技术势从最高到最低的变化过程。技术势的降低，即意味着通过技术转移，技术逐步形成经济上的利益，因此，技术势越高，可降空间越大，技术可获取经济利润的可能性越高，技术经济价值的变化率几乎完全取决于技术势的变化率。如果条件许可，选择技术势较高的技术输入会带来较高的效益，选择技术势较低的技术输出会获取更大的机会收益。

2. 协调技术供给方的利益机制

技术供方，即技术的拥有者和转让方。在技术转移过程中，技术供方对技术转移的作为或不作为，也就是选择何种战略，是垄断性战略还是交换性战略，直接制约和影响技术转移过程的实现与否及其成效的高低。

如果技术拥有者确信能够垄断其拥有的特定技术，或在有限范围内转移其技术即能够达到自己的战略目的，或技术转移将对自己的利益造成某种形式、程度的损害或无法使自己获利时，技术拥有者就绝不会转移自己所拥有的技术，从而直接限制技术转移过程的出现和发生。

然而，对于任何技术来说，技术拥有者对技术的垄断都是有限的，当出现下列情况之一时，技术拥有者便会选择交换战略而转移其技术，通过技术转移来换取其"利得"。这些情况包括：①目标地区或国家的市场容量较小，无法实现规模经营，技术拥有者为分享当地的市场份额会倾向于该地区转移技术；②技术拥有者对商品市场缺乏了解或资本力量有限而无力进行直接投资；③技术创新周期短、更新速度快，需要尽快收回技术研发成本和实现利润；④目标地区对外来的直接投资限制较多，市场进入壁垒较高；⑤将技术转移作为某种超经济的策略工具，通过技术转移能够换取某种特殊利益，等等。

技术拥有者对技术转移的作为或不作为，究竟选择何种战略，归根到底都是由其利益的实现途径来加以决定的；作为或不作为，选择垄断还是交换，是技术供求双方利益平衡的结果。

3. 提高技术受让方的消化吸收能力

技术受让方，即技术的需求者和吸纳方或引进方。在技术转移过程中，技术受体对外部技术吸纳能力的强弱直接影响和制约技术转移的渠道、方式和其所能够达到的实效。

技术受体的技术吸纳能力，作为吸纳、接受外来技术的一种本领，是以某技术预测能力为起点，包括学习、理解、消化、吸收、模仿、改良、创新等多种能力在内并梯次演进的一种综合性的能力形态；从实体与属性的关系看，则是技术受体内部各种基础性实体要素的技术表现力，包括技术存量、组织形态、财力总量、产业规模等。技术受体技术吸纳能力对技术转移的制约和影响作用，本质上是技术受体内部各种实体要素的集成作用的结果。

（1）技术存量。技术存量从实物形态上看，包括技术人才与技术设备两种要素形态，可以从人员的素质与设备的效能及其二者存量的规模、结构、变化比、老化率等方面对其进行客观的描述和综合评价。

技术存量是技术引进中技术受让方能够自主动用并借以投入的技术资源，从静态上规定着技术受让方引进或承载外部先进技术的内容、规模和形式。从动态上看，技术存量的调整与更新会给技术转移拓展新的领域和渠道，提供新的市场机会和条件。特别是人力资本存量的更新，对于科技兴业更具决定意义，在技术转移过程中，不仅可有效弥补其他技术存量的短缺与不足，而且能使技术受让方的技术实力超常发挥。

（2）资源总量。资源总量通常表现为行业地位和竞争力排行状态，是衡量技术受让方经济硬实力和管理软实力的重要指标，是市场经济条件下技术受让方有效吸纳外部先进技术的必备经济前提，直接影响外部技术资源进入技术受让方内部的流量大小及其作用的发挥和其实际成效的高低，是技术转移得以实现并顺利达成其目标预期的基本保证。

（3）组织形态。即技术受体内部各种结构性要素之间有效整合、传导及制约的机制。其中产权组织形态的合理化能够激发技术受体的创新动机，有助于发挥制度创新的多重功能，对技术转移过程形成积极影响；职能结构组织形态涉及决策、开发、生产、营销等主要部门的设置及其权力划分与制约关系，它的不断优化既能够使参与技术活动的部门与个体的技术协作能力形成有效积聚，以实现技术转移的预期目标，又通过提高生产过程各个环节上的协调运作效率来降低转移成本。

（4）产业规模。体现和反映技术受让方的生产要素及其产出集中程度和其经营活动的集约化水平的一项重要指标，通常用资产总量、职工人数、销售收入等指标来加以衡量。

一般说来，技术受让方的产业规模越大，越有利于技术转移的实现及其成效的提高。这是因为，一是规模较大的技术产业具有较高的稳定性，从而有助于保持技术进步的持续性；二是容易从专业化和分工效率中产生规模经济，从而拥有更多的技术存量和财力积累，可以较好地保证技术进步的有效投入；三是由于经营结构多元化，便于分散和化解创新风险，并能够提高技术转移的"集聚"效应和"乘数"作用。

由此即意味着，技术转移在客观上对技术受让方存在一个最小有效规模的限制，低于这个规模，技术转移的能力及其成效是降低的；同样的，如果其规模过大，超出一定限度，也会因为其内部不经济而给技术转移带来负面影响。

（5）技术转移率。在技术转移过程中，技术供给方的一个重要职能是改造旧的技术，创造新的技术，使得技术和技术势不断提高；对于技术受让方而言，则是正确认识、接受、消化和有效运用从技术供方得到的技术。假定技术受让方通过消化、吸收，采用一项新的技术之后，接受方自身的技术势变化率发生改变，并满足以下条件：

$$\widetilde{b} = \alpha \, \frac{b' - b}{b} = \alpha \times b'$$

其中，α 为技术转移的转移率，而且 $0 \leqslant \widetilde{\alpha} \leqslant 1$。

根据公式 $Q = b$，可以得到：

$$Q = \widetilde{\alpha} \times \widetilde{b'}$$

由此可见，对于技术转移实体来说，影响技术转移效果的主要因素，一是技术势，一是技术的转移率；一方面要求技术供给方不断地对技术进行改造、革新、发明和创造，以提高技术的技术势；另一方面则要求技术受让方积极吸收、消化引入的新技术、提高技术的转移率。技术的转移率是对技术受让方技术吸纳能力综合反映的一个重要指标。

4. 技术流的疏通与导向

技术流是对技术在技术转移实体之间传播过程的一种描述和刻画。主要的测度要素有技术流向、技术流速和技术流载体。技术流向和技术流速有一定的客观规律，技术流的通畅与否和技术在技术流中采用何种载体形式，如专利、版权和许可证的转让和授予等，直接影响到技术转移的转移率，从而对技术转移过程及其结果绩效的高低形成重要的制约和影响。技术转移是在遵循客观规律的前提下，按主观意愿对技术流进行的疏导。

技术转移活动受制于由技术发展各种形态所构成的技术背景。技术背景包括特定时代技术发展的总体阶段、水平、行业属性、富集程度等。它们都以不同的方式在全局上影响和制约技术的转移。总体看，某一时代科技发展的速度越快，水平越高，在原有技术体系之间"制造"出来的技术势位落差越大，从而促使技术转移的效率也越高。与此同时，随着科技发展速度和水平的提高，新生技术资源的富集程度提高，致使特定技术形态在效率梯度排列中的位置不断由先进走向落后，加速蜕变，生命周期逐渐缩短，淘汰速度加快，从而为技术转移提供越来越大的选择余地和越来越多的市场机会。此外，由于科技发展水平在不同产业领域的不平衡态势，也会给不同产业领域在技术源头上造成"先天"的不平等，使其技术转移的难易程度有别而带上行业性的特点，形成不同产业的绩效差异。

5. 应用最新的绩效管理手段与方法

技术转移绩效审计是绩效管理最常用、最有效的手段之一，也是绩效管理评价环节中的重要内容。绩效审计在发达国家非常普及，绩效审计是以 3E 为核心的，即经济性、效率性和效果性。技术转移绩效审计不同于国家审计机关抽样性的监察审计，也不同于上级主管机关例行性的财务审计，作为一种管理辅助手段，技术转移绩效审计是由机构内部组织审计人员或外聘的相关专业人员对技术转移效率和效益进行的客观评价、风险提示以及绩效改进建议。

审计形式主要有运作审计：审计组织的运作程序及方法以评估其运行效率及效益；履行审计（遵行审计）：审计组织是否遵循上级机关所通过的规划、目标及程序或规章，以降低运营风险；信息科技审计：评估企业或机构的资讯系统的安全性、可靠性和一致性。

技术转移绩效审计可以结合技术评价与财务审计不定期进行，不拘泥于监察性事后审计惯行做法：亡羊补牢，填堵漏洞，应急救火；而要对重大技术转移活动进行事前审计和事中审计，防患于未然，即加强项目执行过程的控制和调节，以推动被审单位改善未来经济效益，实现其潜在绩效。技术转移绩效审计的程序和要点主要有以下5个方面：

（1）绩效审计依据。绩效审计准则与审计目标。国际内部审计师协会总结各国的做法和经验，在1978年制定《内部审计标准》之后，正式向世界各国的审计机构和审计专业人士推行，世界很多国家相继制定了《绩效审计专业原则规范》、《绩效审计手册》、《绩效审计指南》、《绩效审计抽样指南》等准则和指引，对绩效审计的专业胜任能力、公正性、严密性、客观性、独立性、增值性、坚定性及责任性作出了规定，并对开展绩效审计如何进行审计准备，怎样实施审计和进行跟踪检查，如何进行绩效审计的质量控制提出了指导性的意见。绩效审计与传统财务审计有着明显不同的效果，英国绩效审计有两个目标：一是对主要收支项目和资源管理的经济性、效率性和效果性提出独立的资料、保证和建议；二是确定提高效益的途径，帮助被审计机构采取必要的措施改进控制系统。

我国绩效审计的审计目标为3个方面：对被审计单位是否经济、高效或有效执行有关政策进行独立审计检查；对被审计单位和审计对象实现既定目标的程度和所造成的各种影响进行报告，为决策机构提供相关的评价意见；发现并分析审计对象在经济性、效率性、效果性方面存在问题的迹象或绩效不佳的领域，以帮助被审计单位进行整改。

技术转移绩效审计主要围绕经济性、效率性和效益性三要素进行。经济性就是在追求绩效的前提下尽量减少占有或使用资源的成本；效率性是指技术转让、技术服务与其所用资源之间的关系，即一定的投入所能得到的最大产出，或一定的产出所需的最少投入；效益性是指规划、项目及相关活动的预期结果和实际结果之间的关系，商品、服务或其结果在多大程度上与政策目标、经营目标以及其他预期效果相吻合。经济性、效率性、效益性三者有时没有明确的区分界限，绩效审计必须将这三方面要素进行综合均衡。

我国的绩效审计经过了多年的探索和实践，积累了一定的经验，急需制定细化的内部绩效审计准则或指引，形成统一的标准予以推广，以规范和推动绩效审计工作的开展。

（2）绩效审计对象。审计对象包括被审计部门、被审计项目、某过程或某结果。绩效审计项目多数情况下是由领导机关根据政策导向、资源分配比例、项目的重要程度等情况自行确定，但在确定审计项目前，应向技术转让的授受双方和第三方经纪广泛征求意见，厘清技术背景。在审计对象确定后，针对具体对象制订计划，分解任务。审计计划要求非常具体，包括详细的工作内容和时限要求。每名审计人员在计划管理系统中都有固定的工作序号和专门的工作台账，任务分工、工作衔接与日志一致。绩效审计项目分解任务前需要详细查阅相关文献，全面收集技术与管理信息线索，比如审计机构以往的审计报告，内部审计工作报告，其他监管机构的报告，被审计对象的年度报告和业务计划，有关的媒体报道、学术研究报告以及专业团体的出版物，国内外相同或相似项目的投入产出标准，相关的技术或服务协议，等等。掌握详尽文献资料后，要分析提出审计中需要被审计单位解答的问题，并对相关问题进行分类，精心圈选重要问题和关键要素，然后再根据这些问题明确审计的具体任务。以开展的基于技术集成的新产品开发项目绩效审计为例：首先将问题分为两类：一类是能否及时地保质保量交付使用；另一类是能否很好地控制成本。然后将第一类问题分解为是否保证了时效性和运用了先进的项目管理技术；将第二类问题分解为是否确保了项目相对成本较低和采用了高效的技术集成模式。以问题回答的结果明确审计成员具体的审计任务，分别从不同角度逐项逐级评估上述两个层次的问题。在此基础上，由审计负责人确定审计项目的宏观目标和方向。同时，在实施审计前还要向被审计单位征询对拟审计事项的看法，研究和确定审计的内容、范围和重点。

（3）绩效评价标准。由于绩效类型的种类较多、各有侧重且又互相融合，绩效审计需要有一套评价标准。绩效审计强调对新推行的改革措施和宏观政策导向的效率性、效益性进行评价，重视风险程度的量化与揭示。根据绩效类型，绩效审计主要分为产业化绩效评价和资源效能绩效评价；年度绩效评估和项目性价比研究；基于风险导向的安全审查等。但将绩效审计的基点定位在提高技术转移服务质量上，目标是向审计对象提供审计反馈意见，改进和提升审计对象的绩效。同时也强调绩效审计与可行性研究报告、绩效评价管理、财务收支审计相结合，借以降低审计成本，增加审计的有效性。从绩效类型多样性和客观公正的角度，绩效审计不可能有一套统一的并且是细化的评价标准可资套用。技术转移绩效评价可以有全面统一的标准，但绩效审计没有条件使用。绩效审计没有统一的评价标准，也没有审计机构自行提出所谓的绩效审计评价标准，却有明确的评价依据。绩效审计只是依据既有政策和法规，依据各行业规定和各专业标准，依据同类事项约定或平均的指标，依据有关专家研究的结论去作出判断。而且，审计成员不参与评价标准的制定，不对标准制定本身发表意见，只对标准执行效果作出评价。这种规定对保证审计的独立性是至关重要的。

（4）绩效审计方法。绩效审计的方法很多，审阅法、观察法、访谈法、抽样法、案例研究法、统计分析法和比较分析法等具体方法，杜邦分析评价法、雷达图分析法、沃尔评分法、平衡计分卡等绩效管理方法均可应用于绩效审计。评价在综合运用各种方法的实践中，技术转移绩效审计特别重视专题研究和比较分析。有些绩效审计小组吸收有专业的研究人员参加或者在审计机构中设有另外的专家团队随时接受绩效审计人员的咨询，以便于更有效地开展工作。有的绩效审计直接称为性价比研究（Value for money study）。几乎所有的内部绩效审计都十分重视比较分析方法的运用，分别与国内外、地域内外的类似项目，与实际的市场需求，与相关的法规政策和技术标准，与投入产出和预算决算相比较，发现问题，得出结论，并借鉴先进的标准标杆提出审计建议。

技术转移绩效审计是以评估可能产生的影响和风险的前提下进行的审计，有系统的流程和方法可供选择，而国内的审计方法还比较单一，没有总结出特定的技术方法。因此，国内开展绩效审计有必要借鉴国外的绩效审计技术，在确定绩效审计项目风险水平的基础上，决定审计的深度和范围，减少经验判断的随意性，使审计结果更有价值，更加客观公正。

先进的技术转移绩效审计方法能够确保审计质量，审计质量是绩效改进的保障。还有一类流程和模式类的方法，是将惯例性或程序化操作步骤视同一种方法。一般财政、财务收支审计质量管理比较多地强调程序、内容和结论的合法性，而绩效审计质量管理相对更为强调审计结论的有效性。为提高有效性，质量环节控制就成为一种方法。"质量环节"（Quality Thresholds）实际上是一种概念，要求绩效审计人员关注真正重要的问题和关键证据，不要机械地照搬以往的工作方式进行审计。"质量环节"具体包括 5 个步骤：一是审计准备工作是否就绪？二是获取的信息是否清晰、可信并有证据支持？三是可否提交审计报告草案？四是是否可以发布审计信息？五是总结评估是否完备？审计人员只有在对每一环节中提出问题的全部答案都是"yes"的情况下，才可以开始下一环节的工作。

（5）绩效审计结果。审计结果一是提交，二是应用。提交意味审计段落的结束，工作责任的交接；应用是审计的初衷也是工作的本质，是审计建议在不同环节、不同层次的落实，最终促进整体效能的提升。绩效审计成果的应用不仅是把审计报告提交给绩效管理部门，可能在事后的一定时间内都会与审计对象保持沟通联系，协同被审计单位持续完善绩效管理。对于审计机构而言，还可在守信和信息安全的前提下，根据绩效审计结果，适时组织专题研讨和行业经验交流，形成针对某一领域或某类项目的业务指南手册，在期刊杂志上发表相关研究文章，以促进技术转移机构更加有效地使用资源，进一步提高绩效表现。

所有审计机构都会审慎对待审计结果，及时提交报告。把绩效审计的事后总结作为不可或缺的审计程序。作为程序之一，绩效审计报告须由审计实施负责人或其指定的成员，详细审阅全文。明确要求在审计结束前与被审计单位交换意见；审计成员在绩效审计报告发出前要求与被审计对象相关管理人员进行沟通；如有必要，还会在作出绩效审计结论时，征求与技术转移业务直接相关的第三方（比如技术经纪或价值链供应商）意见。绩效审计报告除提交被审计单位外，还要在审计组织及相关管理机构存档备案。

案例：促进结构调整技术转移导向示例

经济结构（产业结构）调整必然伴随着技术结构的调整，技术结构的调整在很大规模上会引发技术转移需求。首先是先进技术的研发与引进，同时是部分产能淘汰过程中，部分成熟技术与相对落后的技术需要向欠发达地区输出。经济结构调整带有典型的周期性质，它不取决于新技术周期，但依赖于新技术周期，与技术转移互为因果关系。不同时期的结构调整需要不同的技术支撑。能否满足经济结构的调整要求是技术转移的绩效标志之一。新一轮的高新产业技术需求导向如表 2—5 所示。

表 2—5　促进结构调整高新产业技术示例

01	电子信息技术	0101	计算机软件	01	系统软件
				02	应用软件
				03	支撑软件
				04	嵌入式软件
				99	其他
		0102	计算机硬件		
		0103	计算机网络	01	网络设备技术
				02	接入网系统设备技术
				03	网络安全技术
				99	其他
		0104	微电子、光电子技术	01	集成电路技术
				02	微电子器件技术
				03	光电子器件技术
				99	其他
		0105	数字音视频技术	01	数字视频技术
				02	数字音频技术

01	电子信息技术	0106	通信技术	01	光传输技术
				02	移动通信技术
				03	民用雷达技术
				99	其他
		0107	电子专用设备及测试仪表技术		
		0108	动漫技术		
		0199	其他		
02	航空航天技术	0201	航空技术	01	民用航空飞行器及配套技术
				02	新一代民用航空运输系统技术
				99	其他
		0202	航天技术	01	运载火箭技术
				02	航天器技术
				03	卫星通信应用技术
				04	卫星导航应用服务技术
				05	对地观测卫星应用技术
				99	其他
03	先进制造技术	0301	现代设计技术		
		0302	先进制造工艺	01	精密高效加工技术
				02	激光加工技术
				03	现代科学仪器设备技术
				04	数字化专业设备技术
				05	快速原型制造技术
				06	高效节能内燃机技术
				99	其他

03	先进制造技术	0303	自动化技术	01	工业自动化技术
				02	高精度数控机床及其功能技术
				03	机器人技术（机器人）
				04	柔性制造技术
				05	新型传感器技术
				99	其他
		0304	系统管理技术		
04	生物、医药和医疗器械技术	0401	生物技术	01	生物反应及分离技术
				02	新型疫苗技术
				03	基因工程药物技术
				04	单克隆抗体系列与检测技术
				05	生物芯片技术
				99	其他
		0402	中药技术	01	中药材及饮片技术
				02	中药新药技术
				03	中药制药工艺及技术
				99	其他
		0403	化学药技术	01	化学合成、半合成新药技术
				02	天然产物中提取新药及相关技术
				03	现代药物制剂技术
				99	其他
		0404	轻工、食品技术		
		0405	新型医疗器械技术		
		0499	其他		

05	新材料及其应用	0501	电子信息材料技术	01	微电子材料技术
				02	光电子材料技术
				03	平板显示材料技术
				04	固态激光材料技术
		0502	节能新材料技术	01	半导体照明材料技术
				02	光伏电池材料技术
				03	新能源材料技术
		0503	纳米材料及应用技术		
		0504	先进复合材料技术		
		0505	先进金属材料技术	01	超级钢技术
				02	贵金属与有色金属材料技术
				03	其他先进金属材料技术
		0506	化工新材料技术		
		0507	先进陶瓷材料技术		
		0508	稀土材料技术		
		0509	磁性材料技术		
		0510	碳材料技术		
		0511	膜材料技术		
		0512	超导材料技术		
		0513	生物材料技术		
		0514	生态环境材料技术		
		0515	新型建筑材料技术		
		0599	其他		
06	新能源与高效节能	0601	新型能源技术	01	氢能开发利用技术
				02	风能利用技术
				03	太阳能利用技术
				04	生物质能应用技术
				05	地热能和海洋能应用技术

续表

06	新能源与高效节能	0601	新型能源技术	06	燃料电池技术
				07	其他新能源技术
		0602	石油天然气勘探开发及应用技术	01	石油天然气勘测技术
				02	油品加氢技术
				03	长距离高压油气输送技术
				99	其他
		0603	煤炭能源的综合利用技术		
		0604	电能与电力技术		
		0605	高效节能技术		
		0606	新能源汽车技术	01	混合动力汽车技术
				02	纯电动汽车技术
				03	燃料电池电动汽车技术
				04	氢发动机汽车技术
				99	其他新能源汽车技术
		0699	其他		
07	环境保护与资源综合利用技术	0701	大气污染防治技术		
		0702	水污染防治技术		
		0703	固体废弃物处理技术与综合利用技术	01	固体废弃物的处置技术
				02	固体废弃物的综合利用技术
				99	其他
		0704	环境监测及环境生态保护技术	01	环境监测技术
				02	生态环境建设与保护技术
		0705	噪声及辐射污染防治技术		
		0706	资源综合利用技术		
		0707	海洋工种技术	01	海洋监测技术

07	环境保护与资源综合利用技术	0707	海洋工种技术	02	海洋生物活性物质及生物制品技术
				03	海水养殖技术
				04	海底资源环境勘测技术
				99	其他
		0799	其他		
08	核应用技术	0801	核辐射技术	01	同位素放射源及其生产装置技术
				02	中子、电子、r等辐射技术及装置技术
				03	辐射防护材料、仪器及装置技术
		0802	辐射加工技术		
		0803	同位素及其应用技术	01	同位素产品（含标记化合物、体内外药物等）技术
				02	同位素分离及生产装置技术
				03	同位素仪器仪表技术
		0804	核材料技术	01	铀、铀合金及铀化合物技术
				02	核燃料，核燃料元件、组件及其生产装置技术
				03	其他核材料技术
		0805	加速器及配套装置（含离子源）技术		
		0806	核探测器件和核电子产品技术		
		0807	核物理和核化学实验仪器及设备技术		

08	核应用技术	0808	核医学诊断及治疗仪器和设备技术		
		0809	核反应堆及其配套装置技术	01	研究性核反应堆技术
				02	核动力装置技术
		0810	放射性三废处理、处置技术		
09	农业技术	0901	优良动植物新品种技术		
		0902	家畜良种胚胎生物技术		
		0903	生物农药及生物防治技术		
		0904	新型饲料、肥料及添加剂技术		
		0905	农业机械设备技术		
		0906	农副产品贮藏、加工技术		
		0999	其他		
10	现代交通	1001	城市交通	01	疏导交通先进技术
				02	公共道路交通先进技术
				03	信息化、智能化交通管理技术
				99	其他
		1002	轨道交通	01	地铁技术
				02	电力机车技术
				03	动车组技术
				04	高铁技术
				05	磁悬浮列车技术

10	现代交通	1002	轨道交通	99	其他
		1003	公路、水运、海运和空运	01	公路交通技术
				02	水运交通技术
				03	海运交通技术
				04	空运交通技术
11	城市建设与社会发展	1101	城市建设	01	园林绿化技术
				02	市政建设技术
				99	其他
		1102	城市安全	01	减灾防灾与突发事件的监测与处理技术
				02	社会安全保障技术
				03	突发事故应急技术
				99	其他
		1103	文教、体育		
		1199	其他		

第三章　技术转移绩效指标体系与量化方法

引　言

技术转移动态绩效管理指标确立及其量化的思路与方法是，分别对绩效评价3个维度，即运营成果和运营者的素质与能力、运营管理活动及其业绩所对应的指标群作出选取与确立，进而形成由5个层级，即"总量层、识别（维度）层、功能层、状态层、要素（变量）层"指标构成的动态绩效评价系统。而对系统的量化则从要素（变量）指标的量化开始，通过逐层（级）量化、分层加权汇总，状态层指标由要素（变量）层综合而成，功能层进而识别（维度）层指标分别由状态层和功能层指标综合得出，最后由3个识别（维度）层指标综合而成的指标值，即是全面反映该运营绩效的整体评价值。围绕技术转移全过程服务主线，不论组织职能与业务门类是否相同，在同一服务主题下，只要指标选取科学，权重分置合理，专家认真负责，大多数绩效考核评价项目都能够通过简单的数学模型计算，比较出好、次排序与优劣区分。

技术转移对于经济发展的推动作用是毋庸置疑的，但技术转移与经济发展关系的实证研究，由于影响因素错综复杂，传统的统计资料又缺少新视觉所需要的数据，所以，大多不能真实地反映出技术转移的绩效贡献。最近几年，纯粹的科学技术进步研究越来越少，随着技术转移理论研究的深入，开始有学者实证研究技术转移与经济发展的相互关系，这些研究分别从不同的角度，根据研究区域科学技术发展的不同特点选取可测量的不同指标体系，对技术发明、技术转移与经济增长的内在联系进行了实证研究。其结论也都不同程度地证明了技术转移对社会经济发展的作用是显性和正向的，表明技术转移有效地促进了资源的利用效率。在这数量有限的实证研究中，大部分研究的指标设置基本上都是以FDI、专利等几个有限的指标来衡量技术转移投入，以本身就存在缺陷的国民生产总值作为产出结果。显然，根据前述技术转移的概念及其内涵的界定，技术转移过程是一个多主体在不同层面的综合互动体系。因此反映动态转移的指标设置也应该是多层次、交叉立体的。基于对技术转移的多层次认识，从宏观角度的国家战略层面、中观角度的政府职能层面以及微观角度的企业经营层面设置技术转移绩效的指标体系才能反映出绩效的本质。

3.1　技术转移绩效管理指标体系设计

绩效管理指标是指衡量目标预期的度量或方法。任何技术转移组织都应该有一个清晰的、贯穿于组织的各项活动的统一目标，而该统一目标通常有若干子目标支持，构成一个目标体系。组织的这种目标体系有着层次结构，可以层层分解，在组织的总目标之下常常有几个层次的分层目标，构成分层目标的体系。总目标可以分解为一级目标、二级目标等。相应地，绩效指标在反映组织状态的特征方面也是不等同的，指标一般由指标名称和指标数值两部分组成，它体现绩效质的规定性和量的规定性两个方面的特点。各个层次的指标有主有次、相互联系、相互制约，各自反映组织的局部特征，各层次的共同体系反映组织的整体特征。

3.1.1　技术转移综合指数（Technology Transfer Composite Index，TTCI）

技术转移综合指数由数量指标指数和质量指标指数构成，是一种总指数形式的概要指标，其目的是为反映不同性质部门的努力、不同计量单位支出共同作用下的绩效动态。

技术转移综合指数是最重要的宏观绩效管理依据，是国民经济各相关生产与服务部门规划发展非常重要的业态分析数据。发布技术转移综合指数可以简捷明了地向社会公众传达技术转移领域的绩效信息；通过类指数技术交易类别与价格变动，研究机构和决策部门能够掌握相关产业发展动向，通过细化指标的数据挖掘，技术转移的供需双方能够合理地把握各自的转让预期。

技术转移总量指标涵盖成果化、产品化、商品化、产业化的技术转移全过程的 4 个大的环节及每一个大环节下的诸多小环节，每一个小环节都有若干管理或服务机构与之相对应，并先后、左右提供专业管理服务。一条横向技术转移产业链条的成熟发展，众多管理服务机构的增长壮大，既产生了各个管理服务机构自身的绩效，也带来了技术转移产业链各个环节的绩效，管理与服务主体绩效和产业链整体绩效的汇集，其统计学与管理学意义即为一个或一组指标——技术转移整体绩效。

我国金融市场、房地产市场、农产品市场和主要工业原料市场都有相应的指数体系，电视媒体甚至每天播报"穿衣指数"、"出行指数"，但是技术转移综合指数尚未见权威发布。

1. 技术转移综合指数的理论依据

任何两个或两个以上的数值对比形成的相对数都可以称为指数。技术转移综合指数是用于测定多种努力因素在不同业务活动下综合变动的一种相对数。综合指数可以测定不能直接相加、不能直接对比的因素作用的动态趋势，分析技术转移总体变动中各类因素变动的影响程度。

按所反映的主次关系或评价范围不同，指数可分为类指数和总指数。技术转移类指数分别反映不同机构主体和不同转移过程绩效的变动，总指数反映区域和产业整体绩效的变动。

技术转移综合指数研究的理论与实践意义主要体现为以下方面：定量描述技术转移不同服务机构、不同产业领域的技术转移的总量水平以及综合变动状况；评价技术转移服务业的成熟度和绩效水平，预测技术转移的发展趋势；为技术转移的战略调控决策及服务机构的经营提供科学和量化的信息服务。

技术转移综合指数编制的最重要理论依据是技术进步贡献率测度研究。

美国学者索洛在科技进步贡献率研究方面作出突出贡献而获取诺贝尔经济学奖。世界科研投入快速增长，技术发展日新月异，技术进步对经济增长的贡献一度成为十分活跃并不断取得成果的研究领域。

贡献率是分析经济效益的一个抽象指标。它是指有效或有用成果数量与资源消耗及占用量之比，即产出量与投入量之比，或所得量与所费量之比。

计算公式：

贡献率（％）＝贡献量（产出量，所得量）/投入量（消耗量，占用量）×100％

贡献率也可具体应用于各类经济活动分析，用于分析总量增长中各影响因素作用大小的程度。具体应用时，选用互为影响的度量指标并说明具体含义即成为应用指标，计算公式：

贡献率（％）＝某因素贡献量（增量或增长程度）/总贡献量（总增量或增长程度）×100％

上式实际上是指某分类因素的增长量（程度）占总增长量（程度）的比重。

技术进步贡献率是指技术进步对于经济增长的贡献作用，技术进步贡献率能够从宏观上反映技术、资金和劳动力投入的分别作用与产出增长的关系，以测算出技术进步对经济增长的贡献作用，亦称技术进步率。测算公式如下：

$$技术进步率＝[(T-\alpha k-\beta L)/T]×100\%$$

其中：T 为产业的年平均增长速度

k 为资本的年平均增长速度；L 为劳动力年平均增长速度

α 为资金资本的产出弹性系数；β 为人力资本产出弹性系数

技术进步率测算的假设前提是：在计算各产业贡献率时应剔除价格变动因

素，分子、分母均用可比价格的增量计算；产出增长是由资产、劳动力和技术进步共同作用的结果，从产出增长中扣除资产、劳动力增长的因素后，得到的就是技术进步对产出增长的贡献效应。因为经济增长的影响要素除了资源的投入外还受政治、管理等多类要素的影响，所以，技术进步率在进行纵向比较时其分析价值更为突出。

不同的应用技术会体现出不同的产业贡献率：产业产值增值（量）与生产总值增值（量）之比，即为各产业的贡献率。

产业贡献率＝产业增加值当年增量/区域生产总值当年增量×100％贡献率指标，这是技术转移综合指数编制的理论基础。

以国际层面技术转移、政府层面技术转移、企业层面技术转移的绩效总量取代广义的技术进步贡献率，具有更切合实际、更科学有效的研究意义。科技社会投入总量、国际技术贸易额、国内技术市场交易总量、高新技术产业产值等一系列技术转移绩效指标体现出显著的技术转移投入产出正相关关系。我国 2013 年高新技术产业产值 10 万亿元，已占到国民生产总产值564 916.25 亿的约五分之一，技术转移综合指数编制具有更为现实的应用意义。

2. 综合指数的计算方法

综合指数编制的难点是指标的科学设计、指标权重系数的合理确定，以及基础性指标数据的连续采集。随着管理信息系统的普遍应用，统计与计算趋向精细化也相对简化。

综合指数按所反映的关联性质的不同，可将计算指数的原始数据类别分为数量指标和质量指标，分别反映业务活动数量的变动和业务活动质量的变动。编制数量指标综合指数时，指数化指标是数量指标，以基期的质量指标作为同度量因素；编制质量指标综合指数，指数化指标是质量指标，以计算期的数量指标为同度量因素。先综合计算，后对比分析。

（1）数量指标指数

以基期价格（p_0）为同度量因素的技术交易总指数：

$$K=\frac{\sum q_1 p_0}{\sum q_0 p_0} \quad \text{（拉斯贝尔数量指数公式）}$$

以报告期价格（p_1）为同度量因素的技术交易总指数：

$$K=\frac{\sum q_1 p_1}{\sum q_0 p_1} \quad \text{（派许数量指数公式）}$$

以特定期价格（p_n）为同度量因素的技术交易总指数：

$$K=\frac{\sum q_1 p_n}{\sum q_0 p_n} \quad \text{（此公式的计算结果说明复杂现象总体数量指标综合变动的方}$$

向和程度）

$K=\sum q_1 p_0 - \sum q_0 p_0$　　（此差额说明由于数量指标的变动对价值量指标影响的绝对额）

（2）质量指标指数

以基期产出量（q_0）为同度量因素的价值总指数：

$K=\dfrac{\sum q_0 p_1}{\sum q_0 p_0}$　　［拉斯贝尔（LasPeyre）指数］

以报告期产出量（q_1）为同度量因素的价值总指数：

$K=\dfrac{\sum q_1 p_1}{\sum q_1 p_0}$　　［派许（Paasche）指数］

以特定期产出量（q_n）为同度量因素的价值总指数：

$K=\dfrac{\sum q_n p_1}{\sum q_n p_0}$　　（此公式的计算结果说明多要素总体质量指标综合变动的方向和程度）

$K=\sum q_1 p_1 - \sum q_1 p_0$　　（此差额说明由于质量指标的变动对价值量指标影响的绝对额）

3.1.2　技术转移综合指数的体系支撑

技术转移综合指数编制是一个复杂的过程，首先必须有科学的指标体系支撑，指标体系必须要有相对均衡的指标业务覆盖。

1. 综合指数的指标体系构成

指标体系构成的基本要求：指标的结果是有直接的责任归属；可采取措施来改进指标的标度，同类指标要有可比性；有稳定可靠的数据来源和科学的数据处理方法来支持指标；不论是数量指标还是质量指标，指标都能够被量化，包括定性指标；获取数据的成本远低于其带来的价值；指标与技术转移战略规划相一致；针对不同特点、不同行业的技术转移选择不同的绩效评价指标，确定不同指标的权重，从而建立技术绩效指标库。

在此基础上，研究一系列与绩效管理相关的评价制度、评价指标体系、评价方法、评价标准以及评价机构等组成的完整的技术转移绩效评价体系，涵盖技术转移绩效管理制度体系、绩效管理组织体系和绩效管理指标体系 3 个子体系，建立起云构架下的开放式技术转移多维动态绩效管理体系。如作为三级指标的技术转移产业化梯度指数，可以根据产业化程度的主要标识，由不同专业领域的产业化绩效研究者自行设计细化指标，增加产业化程度差距很大的不同技术专业领域之间绩效贡献的可比性。

由于产业服务体系太过繁杂，且很多部门职能相互交叉，所以二级指标、三级指标、四级指标不可能进行全面、统一的固化设计，在技术转移综合指数之下，立体交叉的两条主线会分解衍生出成百上千项细化指标，具体的绩效考评，各不同类型的机构可参照所在领域的相似机构，在总量指标和部门的一级指标下，按各自的绩效要求范围进行二级指标、三级、四级指标的选择，或进行修订改造，也可自行设计。例如，北京技术市场管理办公室编制的技术交易指数选择市场技术合同数量为数量指标，合同交易价格为质量指标。其指数体系包括：

以"合同类型"、"技术领域"和"知识产权"表达的北京技术交易综合总指数，也称一级指标；

分类指数下的不同"合同类型"为标准的二级科目分类指数（技术开发、技术转让、技术咨询、技术服务技术交易指数），也称类指数，或者二级指标；

分类指数下的以不同"技术领域"为标准的分类指数（电子信息、航空航天技术、先进制造技术、生物、医药和医疗器械技术、新材料及其应用、新能源与高效节能、环境保护与资源综合利用技术、核应用技术、农业技术、现代交通、城市建设和社会发展技术交易指数），属于二级指标；

分类指数下的不同"知识产权"类型为标准的，比如"专利"，分类的指数等，属于二级指标；

各分类指标下三级科目指数，比如"合同类别"之中"技术开发"下的"委托开发"指数等，也称科目指数，或者三级指标。

技术交易指数以发挥技术市场作用为导向，解释技术价格的形成、开发技术要素的定价方法、促进价格形成的机制完善；分析技术供求关系在不同合同类型、不同技术领域的变化规律，引导技术生产企业和用户企业对技术市场变化及时作出有效应对；在中长期，反映技术供求关系变化对技术价格的综合影响；改进、完善技术合同价格的形成机制；为建立技术网上交易、技术柜台交易、技术远期合约等新型技术交易的价格发现机制，推广现代技术交易形式，扩大和完善技术市场体系奠定基础。同时，随着技术市场交易的范围扩大和相关条件的逐步成熟，本指数体系对开发描述全国技术成交价格的整体水平以及发展变化的国家技术交易指数体系会有重大参考价值。

2. 技术转移综合指数的分类指数及权数

技术转移综合指数由12个分类指数构成，我们将科技战略管理能力、科技资源配置、专业人才、创新研发、技术贸易、技术服务、转让推广、市场开拓、产业集聚、资本运营、技术贡献、人才环境配套等十二大系统指标作为技术转移绩效管理的二级指标分类指数。表3-1中技术转移综合指数指标体系各分类指数由2～4个指标构成，共计35个指标。

表 3-1 技术转移综合指数的分类指数及权数

分类指数及权数	二级指标	指标权重
1. 科技战略管理指数 (0.110)	战略规划体系	0.32
	科技配套政策	0.20
	科技激励/制约机制	0.30
	技术贸易壁垒应对机制	0.18
2. 科技资源配置指数 (0.080)	R&D经费支出强度	0.40
	企业科技支出比重	0.35
	技术转移公共服务平台总量	0.25
3. 专业人才指数 (0.096)	专业技术人才占从业人员比重	0.40
	法人素质	0.60
4. 技术创新研发指数 (0.095)	自主知识产权数量	0.60
	研发费用占科技经费的比重	0.26
	注册专利区域排名	0.14
5. 技术贸易指数 (0.078)	技术输出总量	0.32
	高新技术引进规模（比重）	0.30
	国内技术市场合同总量	0.38
6. 技术服务指数 (0.076)	技术服务输入输出总量	0.55
	技术服务占技术输出总量的比重	0.20
	技术服务增长速率	0.25
7. 技术推广指数 (0.058)	区域（行业）推广机构数量	0.4
	专业技术与推广人员数量	0.6
8. 技术市场开拓指数 (0.070)	技术营销投入规模	0.29
	技术产品商业化产值	0.40
	品牌化商品比重	0.31
9. 高新产业聚集指数 (0.095)	区域传统优势产业集群数量	0.28
	高新产业产值	0.45
	高新产业新增产值	0.27

续表

分类指数及权数	二级指标	指标权重
10. 技术转移资本运营指数 (0.067)	技术引进项目平均投资额	0.33
	行业信贷总量	0.27
	风险投资与股份入资总量	0.40
11. 技术转移贡献指数 (0.130)	高新产业全员劳动生产率	0.45
	技术转移新增利税	0.40
	淘汰产能替代率	0.15
12. 技术转移环境配套指数 (0.045)	公共管理满意度	0.43
	区域服务产业比重	0.32
	区域居民消费水平	0.25

3. 指标权数的确定

以实证研究与主观赋权方法相结合的综合方法确定指标权重。

指数指标设置及分类指数结构具有不同的经济意义，各转移过程的业务性质、资源实力、绩效能力、服务质量、经营效益等要素之间存在很大的差异性。在评价分类指标重要程度时，相关指标的关联程度经过试验取证并广泛征求各专业领域的专家意见，最终运用层次分析等方法确定各相关指标的权数。

4. 综合指数的发布

综合指数发布包括发布周期、发布时间、发布渠道等内容。技术转移绩效指标大多以年度指标为主，作为总指标的综合指数指标，发布周期等受制于多部门统计资料的连续程度和统计时期。在现存指数当中，金融交易市场、专业商品交易市场（包括现货和期货），由于交易产品规格、质量的标准化，交易对象的差异性很小，因此流动性最强，可以实现即时指数表达。比如，股市基本指数每次表达的间隔以数秒钟计；房地产市场指数、居民消费指数等市场交易对象的差异性较大，所以一般以月份周期发布；技术转移综合指数的主要指标数据来自科技、统计、财政等政府部门的年报资料，并且技术转移的技术交易对象的差异更大，同一技术的交易频率很低，一般应以年度间隔为发布周期。指数在发布周期内，发布时间一般比较固定，指数的编制研究机构将各项计算分析结果届时提交给发布单位审议，最后由发布单位按规定的发布时间及发布渠道向社会发布。

3.2 技术转移绩效管理指标体系的设计路径

绩效管理指标体系的建立有三大步骤：路径设计、指标制定、应用修订，路径设计发挥主导性作用。

面向成果化、产品化、商品化、产业化的技术转移全过程服务需求，成十上百类的机构组织围绕技术转移这条产业链提供动态的专业服务。依托横向产业链条，提供纵向服务支撑，我们把这种扁平式体系结构称之为技术转移绩效管理平行线型立体模式。整个指标体系按两条主线进行立体交叉设计，将科技战略管理能力、科技资源配置能力、专业人才能力、创新研发能力、技术贸易、技术服务、转让推广、市场开拓、产业集聚、技术贡献、环境配套等十二大系统指标作为技术转移绩效管理的一级指标。由于产业服务体系太过繁杂，且很多部门职能相互交叉，所以三级指标、四级指标不可能进行全面、统一、固化设计，具体的绩效考评，各不同类型的机构可参照所在领域的相似机构，在一级指标和二级指标范围中进行三级、四级指标的选择，或进行修订改造，也可自行设计。

技术转移绩效管理指标体系呈现典型的金字塔结构，塔基是众多的业务性指标，塔尖是多层指标的层层精练，顶层指标代表整座金字塔的精度与高度。指标体系设计是绩效管理的骨干工程，能否搭建起一个左右联结依存、上下嵌合支撑的指标有机整体，取决于科学合理、行之有效的设计路径。

3.2.1　绩效管理关键指标的选取方法

技术转移绩效管理指标包含指标名称、指标定义、标志、标度 4 个要素。其中，指标名称是指对评价指标的内容作出的总体概括；指标定义是指指标内容的操作性定义，用于揭示评价指标的关键可变特征；标志是指评价的结果通常表现为将某种行为、结果或特征划归到若干级别之一；标度用于揭示各级别之间差异的规定，通常有量词式（如"好"、"较好"、"一般"、"差"、"较差"）、等级式（如甲级、乙级、丙级）、数量式（如离散 $3.0\sim5.0$、$5.0\sim9.0$）。

技术转移绩效管理指标的选取通常采取个案研究法、问卷调查法、专家访谈法、经验总结法等方法选取绩效管理指标，全面涵盖技术转移服务量化及非量化的特质、行为、过程、结果等属性。

技术转移 4 个流程环节、五位行为主体、三级管理层面，绩效指标类别宽泛、轻重悬殊、参差不齐。借鉴标杆基准法、平衡计分卡、动态有效性等绩效评价方法，选取对组织绩效影响较大的因素进行对比评价，有标准可参照，才能分析绩效水平，有全面的指标标准才能构建技术转移全过程的绩效指标体系，并通过关键绩效考核指标（KPI）来保障技术转移全链条关键流程的顺利运行，为技术转移绩效管理奠定扎实的基础。

绩效指标依据的标准主要是组织的规划目标，规划目标往往会受到自身资源与环境的局限，使得绩效管理封闭在自我满足的循环中，逐渐失去大环境竞争的参与能力。在众多的指标选取方法中，标杆基准法是与技术转移绩效指标选取方法契合度最高的方法之一，可作为不同产业领域、不同流程环节、不同管理服务主体绩效指标选择的共用方法，应用于过程与结果、组织目标与基准目标、"片段"绩效与"整体"绩效的全要素指标筛选。

1. 标杆基准法

标杆基准法是一种瞄准高质量、高效率标准的横向比较评价方法。它借鉴于由施乐公司最早施行、后经美国生产力与质量中心规范化的标杆管理方法，用于绩效指标选取的是一种思路和基本理念。标杆基准法可根据字面来理解，就是以行业中领先的、具有典型代表意义的企业或组织内部先进的行为和结果为标准标杆，用其产品、服务、模式、流程等方面的最优绩效数据为基准衡量被评价对象的水平现状，从而排列出指标的重要程度、优先顺序。

用标杆基准法确定关键绩效指标的最大优势在于标杆法是一种基于目标和标准的、面向实践和过程的管理方法，其基本思路是系统优化，重中选重、优中选优。

（1）根据技术转移宏观决策层面的战略目标、中观竞争层面的任务目标和微观执行层面的作业目标 3 个管理层次选取标杆指标。

战略绩效指标：R&D 经费支出强度、技术壁垒应对机制、国家级火炬计划项目数等；

服务绩效指标：技术转移中心数量、人均服务收入、技术服务进出口总额等；

过程绩效指标：孵化"瞪羚"企业数量、企业研发机构的比重、新产品商业化失败率等；

结果绩效指标：高新产业产值、技术转移新增利税、新产品出口总额等。

（2）根据技术转移"全过程"、"全要素"、"全方位"管理标准选取标杆指标。

职能绩效指标：人才培训经费比重、社会满意度、知识产权保护政策与措施等；

竞争绩效指标：全员劳动生产率、新产品市场占有率、每万人拥有专利数量等；

流程绩效指标：引进技术与原有技术的衔接、技术标准与流程规范的匹配、产业链协同机制等。

2. 有效指数法

有效指数法是相对于横向比较的标杆基准法创设的一种纵向比较评价方法。

纵向比较评价是以自身一定基础条件下的水平为参照，而标杆基准法是以行业或优秀机构最好绩效作横向比较。有效指数法意在消除非绩效因素造成的考核评价差异，即绩效指标尽可能地客观反映能力与努力的作用结果，不以当期的绩效绝对额为唯一指标，而是以经过权重系数修订后的绩效结果为评价依据。复杂的绩效客观影响因素和评价主体主观的意志差异形成了绩效指标选取的重大障碍，有效指数法根据 C^2R 模型有效性度量方法原理，能够相对客观公正地解决绩效指标的真实性问题。

运筹学家 Charnes，Cooper，Rhode 运用数学规划模型将有效性度量方法推广到多输入、多输出情形的决策活动，提出了 C^2R 命名的模型。

假设有 n 个部门或单元（称为决策单元，DMU），这 n 个决策单元都是具有可比性的，每个决策单元都有 m 种输入要素和 s 种输出结果。决策单元 j 记为 DMU_j，DMU_j 的输入向量为 $X_j = (x_{1j}, x_{2j}, \cdots, x_{mj})^T$，$DMU_j$ 的输出向量为 $Y_j = (y_{1j}, y_{2j}, \cdots, y_{sj})^T$，$j=1, \cdots, n$，其中 x_{ij} 表示 DMU_j 对第 i 种输入的输入量，y_{rj} 表示 DMU_j 对第 r 种输出的产出量；m 种投入对应的权向量为 $v = (v_1, v_2, \cdots, v_m)^T$，$s$ 种输出对应的权向量为 $u = (u_1, u_2, \cdots, u_s)^T$。

决策单元 j（即 DMU_j）的效率评价指数：

$$h_j = u^T Y_j / v^T X_j, \quad j=1, \cdots, n$$

其含义是：在权重系数 v、u 之下，投入为 $v^T X_j$，产出为 $u^T Y_j$ 时的产出与投入之比。我们可以选取适当的权重系数 v 和 u，使得 $h_j \leqslant 1$（$1 \leqslant j \leqslant n$）。

设 DMU_{j0} 的输入、输出为 (X_{j0}, Y_{j0})，简记为 (X_0, Y_0)，评价 DMU_{j0} 相对有效性时，以 $h_{j0} = u^T Y_0 / v^T X_0$ 为目标，以所有决策单元的效率指数（包括 DMU_{j0}）为约束（即 $h_j = u^T Y_j / v^T X_j \leqslant 1$），构成如下分式规划问题（$C^2R$ 模型）：

$$\begin{cases} \max \quad u^T Y_0 / v^T X_0 \\ \text{s. t.} \quad u^T Y_j / v^T X_j \leqslant 1 \\ u \geqslant 0, \ v \geqslant 0 （注：v \geqslant 0 表示 v 的每个分量 v_i \geqslant 0，但至少有一个严格大于 0）\end{cases} \quad (1)$$

利用 Charnes 和 Cooper 关于分式规划的 Charnes-Cooper 变换：

$$T = 1/v^T X_0, \ w = tv, \ \mu = tu$$

可将分式规划模型化为等价的线性规划模型：

$$\begin{cases} \max \quad \mu^T Y_0 = h_0 \\ \text{s. t.} \quad w^T X_j - \mu^T y_j \geqslant 0 \\ w^T X_0 = 1 \\ w \geqslant 0, \ \mu \geqslant 0 \end{cases} \quad (2)$$

这里假设 $w^T X_0 = 1$，避免原分式规划中无穷个解的可能，符号由 u 和 v 变成 μ 和 w 反映了权系数的这种变化。若（2）式的最优解 w_0、μ_0 满足 $\mu_0^T y_0 = 1$，则称 DMU_{j0} 为弱 DEA 有效；若（2）式的最优解 w_0、μ_0 满足 $\mu_0^T y_0 = 1$，且 $w_0 > 0$，$\mu_0 > 0$（注：$w_0 > 0$ 表示 w_0 的每个分量 w_{0i} 都严格大于 0），则称 DMU_{j0} 为 DEA 有效。

采用线性规划的二元形式，将线性规划化为等价的对偶规划模型：

$$\begin{cases} \min \quad \theta \\ \text{s. t.} \quad \sum X_j \lambda_j + s^- = \theta x_0 \\ \sum Y_j \lambda_j - s^+ = y_0 \\ \lambda_j \geqslant 0, \ j = 1, 2, \cdots, n \end{cases} \tag{3}$$

这里，若式（3）的最优值 $\theta_0 = 1$，且每一个最优解 s^-，s^+，θ_0，λ_{0j}，$j = 1, 2, \cdots, n$ 都满足 $s^{0+} = 0$，$s^{0-} = 0$，则称 DMU_{j0} 为 DEA 有效。

当输入和输出数据给定后，对 n 个决策单元进行评价，实际上是相对有效性的评价，因为总会存在决策单元是 DEA 有效的。

3.2.2 绩效管理指标权重的确定方法

指标权重有以小搏大的影响作用，选取不当会产生真假混淆的后果。

绩效管理指标权重的确定方法有很多，代表性方法主要有同期横向比较法、不同期纵向比较法、聚类分析法、主成分分析法、专题访谈法等。

1. 权重确定方法的分类

在项目较少、指标要求较简单的情况下，一般是选用专家组评分法由若干专家直接评估打分。基于专家知识的评估优点是以定量和定性分析为基础，在缺乏足够统计数据和原始资料的情况下，可以根据专家的学术水平和实践经验作出定量估计。

专家组评分法是将已定的若干指标进行相互比较（假设为 n 个指标），按非常重要、比较重要、一般重要、不太重要、不重要 5 级赋分值，一般使用非常重要 $>>5$，比较重要 >4，一般重要 $=3$，不太重要 <2，很不重要 $<<1$，进行几方面比较得 $n-1$ 分，然后对专家给每一个指标的打分求和，得到 n 个和，再将每个指标之和除以 n 个和，即各个指标的权重。

还有一种常用的较简单方法是 IUR 矩阵法。

IUR 矩阵法也称三因素法，通过重要（I）、紧急（U）、可实现（R）3 个角度的衡量来确定权重，也是采取 5 分法对每一个指标从 IUR 3 个方面打分。将 3 个方面得分相加得到 1 个指标的总分，将每一个指标总分除以各指标总分和，得到 I、U、R 各因素在竖向各指标中的权重，然后再根据已确定各指标中 I、U、R 的权重，各个专家再打分确定一组横向权重，根据两个权重的矩阵计算得到指标的最终权重系数。

随着技术转移业务总量的增长和信息管理系统的普及应用，为保证绩效管理的科学性和公平性，一些综合方法应用越来越多，如多元回归、因子分析等统计学方法；层次分析（AHP 法）、数据包络分析等运筹学方法；模糊聚类、模糊判别等模糊评价方法；还有一些混合应用方法，如层次分析法＋模糊综合评价、模糊综合评价＋人工神经网络评价等，其中，人工神经网络综合评价方法具有很大程度的容错能力，在大型绩效项目评价中具有广泛的应用价值。

2. 层次分析法在权重选取中的应用

为避免个人确定权重的主观偏差，保证绩效结果的客观公平性，最新的指标权重的选取方法是安排一定数量的业内专业权威，根据各自的专业知识和业务经验给出选定意见，然后选择某种数学方法，将定性分析的问题用数学计算进行定量处理。定量的权重选取方法其本质是一个大数概率保障问题，并且也符合"少数服从多数"的决策原则。

层次分析法（AHP）是美国运筹学家 T. L. Saaty 提出的一种定性与定量分析相结合的多目标决策分析方法，广泛应用于处理各种复杂的决策分析问题。采用该方法选取指标权重的步骤是把将要赋权的指标群按总量指标、分级指标、指标顺序、赋权准则等，分解为不同的层次结构；通过两两比较确定各个指标的相对重要性；然后综合评分专家的打分结果，确定指标群各指标相对重要性的总排序。具体分为三大步：设计层次结构模型；构造评判矩阵；层次排序。

下面以技术转移总量指标为例确定其权重。

赋权步骤如下：

步骤一，专家组各成员按要求填写表格，见表 3—2。

专家组成员每人填答一份，填答者对总量指标 12 项要素重要性排序，如果认为表中 A 列的某要素优于（重要性大于）B 行的某要素，在对应的空格填写"＋"符号；反之，则填写"－"；如果 A 列的某要素与 B 行的某要素同等重要，则填写"＝"符号。

步骤二，将所独立填写的评价表经两两比较后进行统计。

首先检查所填表项是否合乎要求：倾斜的直线 M-N 所穿过的格子（某要素对应自身的格子）无须填写。两两比较必须坚持传递性规则，即 X 要素优于 Y 要素，Y 要素优于 Z 要素，则 X 优于 Z 要素；如果 X 要素与 Y 等同，Y 要素与 Z 等同，则 X 与 Z 等同。

步骤三，对全部评价表做统计汇总。

步骤四，对汇总数据进行处理与分析。

对指标 A_i（$i=1$，2，3，4，5，6，7，8，9，10，11），采用 9 级标度法当"优于"、"劣于"的票数相互抵消，或全部得票都是"等于"时（或优于、劣于净票数的比重低于 0.1 时），按如下对应："优于"的净票数的比例在 0.11～0.20；0.21～0.30；0.31～0.40；0.41～0.50；0.51～0.60；0.61～0.70；0.71～0.80；0.81～0.90 或以上时，分别对应 2、3、4、5、6、7、8、9（上述相邻判断的中间值）。

"劣于"的净票数的比例在 $0.11\sim0.20$；$0.21\sim0.30$；$0.31\sim0.40$；$0.41\sim0.50$；$0.51\sim0.60$；$0.61\sim0.70$；$0.71\sim0.80$；$0.81\sim0.90$ 或以上时，分别对应 $1/2$、$1/3$、$1/4$、$1/5$、$1/6$、$1/7$、$1/8$、$1/9$（倒数）。

步骤五，得到两两比较的判断矩阵（过程参见本书系列教材《技术评估方法与实践》第 6.5 节）。

步骤六，计算矩阵的最大特征值并对判断矩阵进行一致性检验。

步骤七，确定各因素的权重并进行分析修订（过程略）。

表 3-2 评价表

B　　A	科技战略管理 M	科技资源配置	技术创新研发	专业人才	技术贸易	技术服务	技术推广	技术市场开拓	高新产业聚集	技术转移资本运营	技术转移贡献	技术转移环境配套
科技战略管理												
科技资源配置												
技术创新研发												
专业人才												
技术贸易												
技术服务												
技术推广												
技术市场开拓												
高新产业聚集												
技术转移资本运营												
技术转移贡献												
技术转移环境配套												N

信息系统计算生成的权重数据经过专家组进一步讨论、修订，微调后的最终权重填入如表 3-3 同格式的表中。

表 3-3　权重表

因素	科技战略管理	科技资源配置	专业人才	技术创新研发	技术贸易	技术服务
权重（计算值）	a_1	a_2	a_3	a_4	a_5	a_6
因素	技术推广	技术市场开拓	高新产业聚集	技术转移资本运营	技术转移贡献	技术转移环境配套
权重（计算值）	a_7	a_8	a_9	a_{10}	a_{11}	a_{12}

对于二级指标、三级指标的权重可以类似地求出。

3.2.3　绩效管理基础数据资源的整合

绩效管理会触及管理流程的方方面面，绩效管理的规划、调控、评价（考核）、改进等各管理环节，都需要从不同层面和不同部门采集大量的绩效信息数据。技术转移基础数据资源调查、整合、入库并集中管理是开展技术转移绩效管理的基础，数据质量直接影响具体业务开展的水平。要在开展大量调查研究的基础上，对技术转移绩效管理基础数据资源进行全面梳理、整合，建立技术转移基础数据库，实现技术转移服务基础信息的集中管理，为各功能子系统的开发应用奠定坚实的基础。

基础数据库的建设内容主要有：按考核年度建立绩效管理指标库、技术转移示范机构信息库、技术转移示范服务填报信息库、技术转移示范机构考核评审结果库、技术转移服务考核评审整改信息跟踪库等。技术转移绩效管理指标包含指标名称、指标定义、标志、标度 4 个要素，指标库主要是不同类别的技术转移绩效管理指标及权重等数据；信息库主要是技术转移示范机构的基本档案信息，包括注册信息、联系信息、历史档案信息等；填报信息是动态填报信息留下的过程痕迹，主要是过程性数据；考评结果库主要是所有入库技术转移机构历史考核结果的记录；整改信息跟踪库主要是指对于绩效考评不达标的机构，对所有不合格项整改情况的记录。

在数据维护的过程中，将针对不同来源的数据进行分类管理。部分数据将通过一次性普查的方式获取，部分数据将通过交换的方式从其他相关委办局获得，其余大部分数据将在系统运行过程中不断积累。技术转移绩效管理系统详尽的标准决定了机构评价数据库要具备较细的粒度。细粒度基础数据库将评价标准加以细分和量化，从而提炼出更加科学合理的对象模型，对量化技术转移绩效评价标准、减少非定量不稳定因素影响方面具有重要意义。

3.2.4 绩效评价标准的制定

在参照《卓越绩效评价准则实施指南（GB/Z 19579－2004）》、《卓越绩效评价准则（GB/T 19580－2004）》的基础上，同时参照 ISO 9000：2000、ISO 9004：2000 等国际标准，结合技术转移实际需求，设计技术转移绩效管理行业标准。从领导，战略，客户与市场，资源、过程管理，测量、分析与改进以及经营结果等方面定义技术转移机构绩效的评价要求，为技术转移机构追求绩效提供自我评价的准则，同时也为技术转移领域质量奖项的评定提供依据。

行业标准包括《技术转移绩效管理准则》、《技术转移绩效管理准则实施指南》两部分，其中《技术转移绩效管理准则实施指南》是对《绩效管理准则》所做的详细说明，为技术转移绩效提升提供实施指南。

标准将从运营过程和转移结果两个方面为技术转移绩效进行评价，其中过程用方法（Approach）－层开（Deployment）－学习（Learning）－整合（Integration）（简称 ADLI）的 4 个要素评价组织的运营过程处于何种阶段。同时突出评价结果的应用，即采用科学的方法进行数据和信息的分析，例如 SWOT（优势、弱势、机会和挑战）分析、KSF（关键成功因素）分析，CBI（主要障碍因素）分析等，对过程因素（人、机、料、法、环、测）和结果进行测量，在此基础上，运用适当的统计技术，控制和管理价值创造过程，如统计过程控制、测量系统分析等，充分利用数据、信息和知识，为组织各部门以及所有层次绩效的改进提供支持。如 QC 新老 7 种工具、统计过程控制、方差分析、回归分析、试验设计、标杆分析、精益生产、业务流程再造（BPR）等。

标准制定过程，将遵循标准制定的一般流程，即：通过标委会的批复，进行标准起草立项；起草标准草案、标准编制说明、标准项目任务数；开展有关单位及大专院校 20 家以上意见征询；国家标准化管理部门进行标准审查，召开标准审定会；审定通过后，编写标准报批稿及相关文件如标准编制说明书、会议纪要、意见汇总表等。

3.2.5 绩效指标体系的模型基础

以技术转移能力成熟度指标为例。我们将技术转移能力成熟度作为技术转移绩效保障的重要评价指标体系之一，同时也将成熟度模型作为绩效管理系统的重要支持工具。借鉴软件行业评估软件开发能力的成熟度模型 SW－CMM，研究技术转移能力成熟度模型 TT－CMM（Capability Maturity Model of Technical

Transfer），定义技术转移服务能力成熟度等级和等级特征以及每一个等级的关键过程域和关键实践，为过程能力提供了一个阶梯式的进化框架，为技术转移绩效管理和提升提供清晰的目标和路径（见图3—1）。

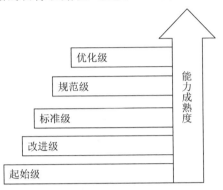

优化级

规范级

标准级

改进级

起始级

能力成熟度

图3—1　技术转移机构能力成熟度模型

能力成熟度模型共分为起始级、改进级、标准级、规范级和优化级总共5个级别。起始级是初创时期的技术转移服务阶段，改进级是经过培训和实践过的服务阶段，标准级是采用标准化管理的服务阶段，规范级则是有规划、有预后、有保障的服务阶段，优化级是可持续改进的、螺旋上升式的技术转移循环服务阶段。各级别阶段的基本特征如表3—4所示。

表3—4　技术转移各级别阶段基本特征

级别	名称	特　征
1	起始级	服务流程是随意无序的，对阶段没有确切定义，个人的才能和经验是绩效的主要影响因素，管理方式属于被动反应式
2	改进级	实现了基本的服务管理框架，建立了服务管理制度和进度、费用和功能特征记录，能够借鉴项目案例应用提高服务效率
3	标准级	服务流程实现标准化，全部业务能够整理为机构的标准服务过程，所有的中介服务过程都有标准可循
4	规范级	通过收集服务过程和服务质量的详细度量，对服务过程和服务质量有定量的理解和有效控制，人员和业务可按规范指南自行完成作业操控
5	优化级	服务过程的量化反馈、新的思想理念和创新技术能协调促进业务的不断改进，通过流程变更管理和技术变更管理不断提升组织绩效

3.3 技术转移动态绩效管理与计量模型

从定量角度对技术转移活动及其业绩与效果进行深入、全面的计量与评价，成为研究与促进技术转移绩效提升极具价值的一个重要方面。

3.3.1 技术转移绩效管理指标的动态链接

从定量角度，对技术转移活动及其业绩与效果开展深入、全面的计量与评价，需要按照"导向、合宜、客观、互补、相关、系统、可测"和目标、过程、条件与结果评价相结合的原则及思路，科学、系统地选取其相关的测量修正指标。

技术转移动态绩效管理指标的选取与修正，应特别注意以下几个方面的问题：

1. 不同环节和不同行为主体的绩效管理指标的有机链接

技术转移从创意、研发到成果转化的全过程，从价值链角度，具体由技术研发和技术成果产品化、商品化、产业化等既紧密衔接又相对独立的各环节活动所组成；从行为主体角度，则具体涉及政府与公共管理机构、技术运用企业、技术研发机构、技术转移转化中介服务机构等不同组织。技术转移过程不同环节和不同行为主体的活动内容不同、所承担的职能和作用不同，因此，各自的绩效表现及其内涵不同，绩效评价的具体指标也应当有所不同。

技术转移绩效是一个多变量输出的复杂系统，指标数据采集的局限性不能太大，指标分类也不能太细，以免给基层小微机构指标选择形成拘束。可操作性原则要求评价过程中所使用的数据均可从现有的会计核算、统计核算和业务核算数据中获得，以这些可验证的数据资料为基础，能够节省管理费用而又不失结论公允。内涵评价的正确性、指标体系的完备性、数学处理方法的逻辑性等可对繁杂指标群设计中的不足予以弥补。

2. 组织素质与能力的绩效量化链接

技术转移组织素质及其运营能力的高低，对技术转移绩效具有深刻而广泛的影响。素质高低、能力大小，类似这样的定性评价可以通过百分比、增长值、概率尺度等量化数据进行比较衡量。因此，对技术转移绩效的评价应当将从事技术转移活动的组织素质及其技术转移运营能力的评价纳入其中，使其成为整个绩效管理系统的重要组成部分。

3. 财务指标与非财务指标互补链接

技术转移是一个复杂过程。技术转移活动的有效展开及其运营绩效并不仅仅限于其财务方面，非财务活动及其作用也是不容忽视的一个重要方面。在绩效的动态管理中，由于非财务活动及其作用具有难以用货币计量、缺乏统计数据等缺陷，因此在绩效评价中使用的非财务指标极少。对技术转移绩效的评价应特别注意改变这一偏颇状态，使更多的非财务指标能够有效地纳入技术转移绩效动态指标体系。

4. 当前效益与长期发展的机制链接

绩效评价的内容及指标有其明显的导向性作用。为保障和促进技术转移当前效益与经济活动长期可持续发展的有机结合与统一，有效避免技术转移组织可能出现的急功近利行为，绩效评价系统需要更多地纳入市场培育、研究与试验发展、员工队伍培养、环境保护等有利于经济长期可持续发展的重要指标。

5. 营运结果评价与营运流程评价的对应链接

技术转移的最终结果源于其技术转移的活动流程，有什么样的技术转移活动过程，最终必将形成怎样的一种结果。因此，技术转移绩效评价必须将技术转移活动的结果评价及其流程评价置于同等重要的位置。

6. 定量计算与定性分析因果链接

全面、真实、系统地反映技术转移活动业绩及其效益的实际情况，绝非是少量的几个关键性指标所能够实现的，需要使用尽可能多的指标。现代信息技术的快速进步，电子计算机及其网络系统的广泛应用，使得任何组织对其众多活动的实时记录与量化成为可能。因此，在目前技术条件下，从事技术转移活动的各类型组织广范围、大量化地使用各种量化指标以便全面、真实、系统地反映和评价其技术转移活动业绩及其效益的实际情况是完全可能和可行的。

3.3.2 技术转移动态绩效管理指标分类

选取和确立技术转移绩效评价与计量指标，可从被评价对象即技术转移行为主体或活动环节的"质"（组织素质）、"能"（技术转移能力）、"绩"（技术转移业绩）、"效"（技术转移效果）4 个方面展开，进而形成由 3 个维度即技术转移成果、从事技术转移活动组织的素质与技术创新能力、技术转移活动及其业绩相对应的指标群所构成的技术转移动态绩效评价指标体系。

1. 技术转移成果指标

技术转移成果指标综合反映被评价对象技术转移活动的直接运营成果及其效益和被转移与转化技术成果有望实现的潜在经济社会效益。前者依据从事技术转移活动行为主体或技术转移活动环节的不同，分别采用与之相对应的成果计量指标，如技术成果产出数量与质量水平、技术成果转移数量及其收入额、技术成果商品化率等，后者则由能源节约、环境保护、市场竞争力和节支增效等方面的指标构成。

2. 技术创新能力指标

技术创新能力指标全面反映从事技术转移活动的组织素质及其技术创新的潜在能力，由技术创新资源潜力、技术研发能力、技术成果转移能力、技术集成与转化能力、技术创新管理与决策能力指标组成，涉及组织文化、人才与智力资源、技术装备与物力资源、财力资源与科技经费、技术合作、公共关系、科技信息、技术创新规划与控制等具体指标。

3. 技术转移活动及其业绩指标

技术转移活动及其业绩指标全面反映和体现技术转移从创意、研发到成果转化直至产业化落地全过程所涉主要工作及任务的完成状态。具体包括战略、综合计划、组织、信息化等综合管理活动和技术转移系统建设与技术创新、人力资源开发、技术研发及其成果转移与转化作业、技术市场开发与服务营销、财务管理，以及公共关系建设、科技组织文明建设、沟通协调与危机管理机制建设等。

3.3.3 技术转移动态绩效评价系统构建方法与测量模型

如前所述，技术转移从创意、研发到成果转化的全过程，从价值链角度，具体由技术研发、技术成果产品化、技术成果商品化和技术成果产业化等既紧密衔接又相对独立的各环节活动所组成；从行为主体角度，则具体涉及政府与公共管理机构、技术运用企业、技术研发机构、技术转移转化中介服务机构等不同组织。由此，技术转移动态绩效的计量与评价，可根据评价目的、意图及目标评价对象的具体情况，分别构建能够综合反映"质"（组织素质）、"能"（技术转移能力）、"绩"（技术转移业绩）、"效"（技术转移效果）4 方面情况，由 3 个维度即技术转移成果、技术创新能力和技术转移活动及其业绩所对应的指标和 5 个层级即"总量层、识别（维度）层、功能层、状态层、要素（变量）层"指标所构成的适于政府与公共管理机构、技术运用企业、技术研发机构、技术转移转化中介服务机构使用的动态绩效评价系统。系统量化从要素（变量）层指标开始，通过逐层（级）计量、分层加权汇总，状态层指标由要素（变量）层综合而成，功能层指标进而识别（维度）层指标分别由状态层指标和功能层指标综合得出，最后由 3 个识别（维度）层指标综合而成的指标值，即是全面反映该运营绩效的整体评价值。

依上述设定，以 Q 表示技术转移绩效量化值，A 为技术转移成果量值，M 为从事技术转移活动的组织素质与技术创新能力量值，S 为技术转移活动及其业绩量值，技术转移绩效测量模型可用下述方程式加以表达：

$$Q=g\ (A,\ M,\ S)$$

式中：g 表示一组复杂的函数关系。

设状态指标 F 为一标准指标组合：

$$F(P) = (P_1, P_2, \cdots, P_n)$$

$$P = \begin{pmatrix} (P_{11}, P_{12}, \cdots, P_{1n}) \\ (P_{21}, P_{22}, \cdots, P_{2n}) \\ \vdots \quad\quad\quad \vdots \\ (P_{m1}, P_{m2}, \cdots, P_{mn}) \end{pmatrix}$$

指标权重为 $X = (X_1, X_2, \cdots, X_n)$，且

$$\sum_{i=1}^{n} X_i = 1 \quad\quad\quad (i = 1, 2, \cdots, n)$$

其中 X_i 为第 i 个状态指标的加权系数。

则：

$$Fi = \sum_{i=1}^{n} P_i X_i \quad\quad\quad (i = 1, 2, \cdots, n)$$

式中：

Fi 为第 i 项维度指标综合叠加的量化值；

P_i 为第 i 个状态指标综合叠加的量化值。

其中：

$$P_i = \sum_{j=1}^{m} P_{ij} X_{ij} \quad\quad\quad (j = 1, 2, \cdots, m)$$

$$\sum_{j=1}^{m} X_{ij} = 1 \quad\quad\quad (i = 1, 2, \cdots, m)$$

式中：

P_{ij} 为第 i 个状态指标第 j 个要素（变量）指标规范化处理后的量化初步数值；

X_{ij} 为第 i 个状态指标第 j 个要素（变量）指标的加权系数。

功能层和识别（维度）层指标量值采用同样方法分别由状态层和功能层指标综合而成。继而，即可利用下式确定出技术转移活动的绩效整体量值：

$$Q = Ai \cdot Aw + Mi \cdot Mw + Si \cdot Sw$$

式中：

Ai、Mi、Si 分别代表技术转移绩效内涵的 3 个识别（维度）层指标即技术转移成果、从事技术转移活动的组织素质及其技术创新能力、技术转移活动及其业绩的综合量化值；

Aw、Mw、Sw 分别代表技术转移绩效内涵的 3 个识别（维度）层指标即技术转移成果、从事技术转移活动的组织素质及其技术创新能力、技术转移活动及其业绩的权重。

3.3.4 技术转移动态绩效评价系统适用范围与使用条件

技术动态绩效评价系统既可用于技术进步主管部门、事业所有权单位对所属组织的技术转移绩效测定与评价，也适用于从事技术转移活动的各类组织自身对其进行的技术转移活动及其业绩与效果的自我检查与测评，以便为组织及时改进和完善其经营管理提供重要依据。

技术动态绩效评价系统的指标量化采用百分制计分法。当量化得分低于 60 分时，表明技术转移活动存在较多问题，应当引起相关方面的高度重视，并采取必要措施加以纠正。

技术转移动态绩效评价系统按照"求大同，存小异"的思路及原则，依据从事技术转移活动各类型组织的具体情况，在所设定的动态绩效评价测量指标体系及其量化方法基础上，对反映和体现该类型组织技术转移活动所涉主要工作及任务完成状态的部分业绩指标和评价系统各测量指标间的权重配比进行相应调整，使之与被评价组织的内外环境条件、组织属性、理念、发展目标与具体任务和为实现目标与任务所需倚重的方法、措施与手段等相适应。不同组织，必然有着不尽相同的内外环境条件，需要有不尽相同的管理风格与办法，因此评价其业绩的指标配置和权重配比也需要有所不同，需要按照"一企一策"、"一个组织、一个方案、一个版本"的办法来设计技术转移绩效计量与评价的具体操作方案及其软件系统。

技术转移动态绩效评价系统的有效运用，需要有以下条件及方法的密切配合：

1. 完备的管理规范系统

按照绩效评价系统所设定的评价范围及其内容，对技术转移活动目标、任务、措施与规程等进行系统化、制度化的规范整理，建立覆盖到位、结构科学、职能分担清楚、上下左右前后衔接、协调的技术转移运营管理规范系统，为技术转移的规范化管理和其绩效的测量与评价提供依据及标准。

2. 日常运营活动信息报告与储存系统

借助现代信息技术及其手段建立技术转移组织信息化管理办公系统，组织的各部门、各职能岗位按照管理规范要求，通过预先制定的一套特有的日常工作报表报告体系实时地将其作业及任务实现情况信息输入计算机，并通过信息网络进入数据库进行存储，为日后的绩效评价储备所需数据。

3. 进行绩效计量与评价的计算机软件

依据绩效评价系统所给出的内容与要求，制作进行绩效计量与评价操作的计算机软件，由计算机系统对测量指标进行归一化处理并自动生成计量与评价结果，使绩效评价过程中可能出现的主观评判成分得以降低到最低程度，最大限度地确保绩效测量与评价的真实性和准确性。

3.4　技术转移绩效信息管理系统建设

3.4.1　技术转移绩效申报登记系统

为实现对技术转移机构绩效的宏观掌控和统一管理，建设"技术转移机构绩效网上申报系统"，技术转移机构的绩效情况据此按区域或行业申报、汇总至技术转移主管部门。

"技术转移机构绩效网上申报系统"提供在线自主申报、主要业务的分类统计、信息维护等功能。

主要由机构用户登录、机构用户资料修改、技术转让信息录入、技术转让信息修改、技术转让信息查询等功能模块构成。其主要功能：

"用户登录"模块提供机构用户登录的功能。所有合法的用户名和密码存储在基础数据库中，输入合法的用户名和密码登录系统；当输入错误的用户名和密码时，系统提示错误，并设定操作失误的允许次数。

"用户资料修改"模块为机构用户申请者提供查看并修改个人资料的功能。修改资料时，用户名、密码、机构用户（法人）真实姓名、用户 E-mail 地址、机构电话号码为必填内容。若资料填写不完善，应提示无法完成修改。

"技术转让信息录入"模块为机构申请者提供提交项目申请的功能，该功能模块应包括项目描述和项目文件，机构申请者在文本框中对其申请进行描述，详细机构申请文档以附件形式上传。

"技术转让信息修改"模块为机构用户申请者提供修改技术转让信息的功能。机构用户可以对已提交的转让技术信息进行修改和删除。"技术转让信息查询"模块为机构用户提供查询转让技术信息状态的功能。机构用户可以查看自己所提交的所有申请信息，并且能够查看各个申请的处理状态。

"技术转移业务统计"模块为机构提供主营业务计量统计和绩效登记的功能。绩效数据是行业管理和政策调控的重要参考，是机构享受财税政策优惠和项目后补贴直接依据。

3.4.2　技术转移绩效考评系统

基于技术转移机构绩效评价体系与评价方法、技术转移机构评价标准、技术转移机构能力成熟度模型等研究成果，绩效管理将对技术转移机构年度系统表现进行网络化在线考评，对考评优秀的机构进行总结表彰，对考评不合格的机构进行降级处理、反馈指导，并发布整改信息。

网上考评系统主要由考评登录、智能匹配、分类分级管理、整改信息发布等功能模块构成。

"考评登录"模块提供考评人员登录的功能。所有合法的用户名和密码存储在基础数据库中，由系统管理员提供考评申请者登录权限，输入合法的用户名和密码，登录系统；当输入错误的用户名和密码时，系统提示错误。初次登录要求输入考评人员姓名、证件号码、联系方式、专业领域等信息。"智能匹配"模块拟将转移技术类型与专家专业领域进行匹配，为同一转移技术匹配若干考评人员作为解决方案，若双方对解决方案有不同意见，由双方提出申请，由相关组织进行仲裁和调整。

"分类分级管理"模块为考评者提供量化考评依据及良好的用户交互界面，拟对依据进行细分，确保将非量化不确定因素带来的影响控制在最小范围。分类分级管理模块对技术转让机构申请进行最终量化考评，判定"优秀"、"良好"、"一般"、"合格"、"不合格"状态，或按"持续超过预期"、"超过预期"、"持续达到预期"、"部分达到预期"考量评级系统，为后续发布模块提供输入信息。

"信息发布"模块将根据分类分级管理模块所评定的申请状态进行信息发布，对考评"优秀"的技术转移机构，信息平台发布表彰等信息，以供技术提供者及技术转化者参考，并列入模块中集成的白名单表；对考评"不合格"的机构，发布信息进行警示，发布整改信息，并列入模块中集成的黑名单表。

3.4.3　技术转移绩效统计分析与发布系统

技术转移机构绩效统计分析与发布系统主要针对长时间跨度、大空间范围、微细节变动进行统计分析和信息挖掘。从而得到机构绩效提升、信誉分布、申请周期变化、申请需求预期等关键信息。并通过发布系统进行汇总和精练，作为参考提供给技术持有方和技术需求方，为辅助决策提供数据依据。

技术转移机构绩效统计分析与发布系统主要由管理员权限、统计分析、趋势预测、统计分析信息发布等功能模块构成。

"管理员权限"模块，统计分析与发布系统需要对多机构在长时间跨度的数据进行提取整理，需要管理员权限方可对数据进行操作。由系统管理员提供统计分析者登录权限，输入合法的用户名和密码，登录系统；当输入错误的用户名和密码时，系统提示错误。

"绩效统计分析"模块：统计分析模块对多机构在长时间跨度的数据进行过滤、降维、分类、聚类分析。拟得到考评"优秀"机构集中区域分布、考评"不合格"机构集中区域分布、技术提供者集中区域分布、机构申请量区域分布、单机构考评"优秀"集中时间分布、单机构考评"不合格"集中时间分布等信息。

"绩效趋势预测"模块：单机构多年数据是典型的时间序列，可以通过对时间序列的分析、回归、训练、拟得到下一步数据变化的趋势，通过数据得到技术提供者集中区域变化趋势、机构申请量区域变化趋势等信息。

"统计分析信息发布"模块：对统计分析模块和趋势预测模块所得到的数据进行发布，作为参考提供给技术转让机构，并为辅助决策提供数据依据。其中需要管理员权限，并考虑对开放用户的使用权限。

3.4.4　技术转移绩效全程跟踪与综合考评系统集成

系统将以"技术转移服务绩效管理"为主线，对上述关键技术及系统进行集成应用，为技术转移服务实现绩效管理提供平台支撑。

系统集成逻辑架构见图 3—2。

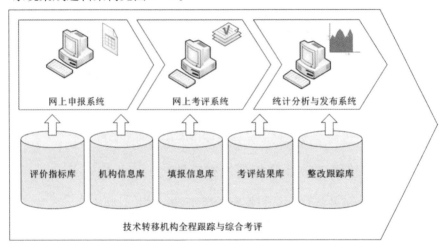

图 3-2　系统集成逻辑架构

在上述架构中，网上申报系统、网上考评系统、统计分析与发布系统形成递进式系统功能结构，即网上申报注册是网上考评系统的基础，统计分析与发布系统是网上申报、网上考评系统的拓展、深化。从功能的深度上看，3 个系统分别完成了基础信息的采集、基本业务功能的开发以及深入的数据分析挖掘功能的开发。

在系统集成过程中，数据预处理主要采用 ETL 技术，将不同数据源中的数据如关系数据、平面数据文件等抽取到临时中间层后进行清洗、转换、集成，最后加载到数据仓库或数据集市中，成为联机分析处理、数据挖掘的基础。

Extract，通过接口提取源数据，例如：ODBC、WebService、专用数据库接口和平面文件提取器，并参照元数据来决定数据的提取及其提取方式。Transform，将提取的数据按照业务需要转换为目标数据结构，并实现汇总。Load，加载经转换和汇总的数据到目标数据仓库中，可实现 SQL 或批量加载。

第四章　技术创新与技术研发绩效管理

引　言

技术创新与技术研发是两个不同的概念，但其作用与实质是相通的。技术创新强调创造与革新，更多用于体现创新理念与创新能力，创新理念支持技术创意，技术研发实现技术创意。

技术创新是社会经济发展主要驱动力之一，在国家科技体制的多年改革和创新战略全面实施的形势下，我国科技产业发展仍存在创新体系不健全、市场环境不完善等问题。从产业发展的国际情况来看，美国加利福尼亚的硅谷、印度班加罗尔的软件产业科技园等世界著名科技产业都是借助跨区域、跨行业的协同创新模式获得了成功。从高校科技发展的趋势来看，欧美一流大学也特别强调大学的科技产出要超出学术影响力层面，注重以科技创新的经济效益、社会效益服务于国家发展战略。强化技术的协同创新是实现技术转移持续发展的必然选择，也是推动科技产业成为国民经济支柱性产业的必由之路。

技术研发主要指技术的研究开发活动及其过程，技术创新是研发机构以创意灵感或利用自己所掌握的科技资源通过研发活动在生产经营流程中引入全新的技术要素，目的是通过领先的、正面的"差别化"来加强自己的竞争优势。差别化可体现在产品的品种、性能、质量等多方面，可以利用先进的工艺设备，提高产品或服务质量，扩展市场份额，或扩大生产规模，降低生产成本；也可体现在技术服务、售后服务、创新服务等方面，通过服务的差别化提高价格水平，增加收益。任何一项技术的领先差别都离不开技术创新，绝大多数的技术创新都是技术研发的结果，很多偶然的创新灵感也往往源于技术研发的知识储备。企业正在成为技术创新与技术研发的优势主体，技术创新与技术研发绩效取决于科技资源、企业的技术创新与技术研发能力、技术研发模式等综合因素的影响，其中，科技资源从宏观与微观对技术创新、技术研发造成多角度的影响；创新与研发能力发挥关键作用，决定着创新与研发的成败；技术研发的工作模式决定着创新与研发的高度。

4.1 技术创新与研发的资源整合

技术创新与技术研发是技术转移的基础，是技术产品化、商品化、产业化的源头。资源整合首先应从技术创新与技术研发的支撑开始。在规范的市场条件下，虽然技术创新与技术研发活动难度很大，存在巨大的投资风险，但丰厚的回报能够吸引足够的人财物力资源。在"大政府"的背景下，只要不严重偏离选题方向，科技资源的优化配置和开放共享是技术创新与技术研发最大的绩效保障，科技体制的"制度红利"仍在发挥着巨大作用。技术创新与技术研发绩效管理主要测量科技资源的配置与共享、科技成果的转化与产出、科技贡献的高效与低耗、科技决策的水平与高度、科技体制的改革与完善 5 个方面的能力与业绩。

4.1.1 科技资源：配置与共享

科技资源是技术转移活动的物质与信息基础，也是支撑国家社会经济发展的战略性资源。技术转移绩效源自配置科技资源能力逐步增强，研究设施、技术信息、科技知识共享程度不断提高。"十一五"期间，在电子信息、先进制造、新材料、新能源、生物医药等领域，每年有 20 余万项次科技成果通过技术市场进行转移和集成，大量科技资源利用市场机制转化为现实生产力，形成了大量具有国内外领先水平和自主知识产权的高新技术产品，催生了大批科技型中小企业，加速了我国高新技术产业化进程。全国经认定登记的技术合同成交额由"十五"期间的 5 637 亿元增加到"十一五"期间的 13 655 亿元。

技术转移需要调用的科技资源主要包括两大类，一类是与科技密切相关的知识和能力，另一类是以资金为主的科技财力与物质投入。具体到基层，科技资源的表现形态是资金、劳力、设施设备等常规物质供给之外能够促进技术转移的各种技术与服务，包括管理技术、服务技术及经验、信息等稀缺要素。知识与能力首先是 R&D 能力，同时包括创新与研发项目的组织能力、协调能力，还包括与供应链各环节合作者的沟通协作能力。

科技资源的优化配置及开放共享不仅为科技创新提供了重要的推动作用，而且极大地拓展了政府有关部门挖掘资源潜力、应用科技优势的职责空间，以及在科技资源整合开放共享中的主导及统筹规划，国家实施自主创新战略、实现协同创新对促进技术转移具有重要意义。

优化创新资源配置、增强服务于技术转移产业的能力，是提升创新与研发效率，促进价值实现的关键路径。

采取一系列有效的措施推动大型科学仪器设备、自然科技资源、科学数据、科技文献等科技资源整合，推动全社会科技资源的开放与共享是提升创新与研发绩效的直接手段。

科技经费投入是重要的绩效基础，是区域科技实力的主要评价标准。近年来，我国科技经费投入继续保持稳定增长。国家财政科技支出稳步增加，研究与试验发展（R&D）经费投入力度加大，强度进一步提高。

2013 年，全国共投入研究与试验发展经费11 906亿元，在上年高速增长的基础上又增长 15.6％。以2012年为例，研究与试验发展（R&D）经费10 298.4亿元，比上年增加1 611.4亿元，增长 18.5％；R&D经费投入强度（与国内生产总值之比）为 1.98％，比上年的 1.84％提高 0.14 个百分点。按研究与试验发展人员（全时工作量）计算的人均经费支出为 31.7 万元，比上年增加 1.6 万元。国家财政科学技术支出为5 600.1亿元，比上年增加 803.1 亿元，增长 16.7％；财政科学技术支出占当年国家财政支出的比重为 4.45％，高于上年 4.39％的水平。财政科学技术支出占当年国家财政支出的比重，是最重要的战略性绩效指标之一，这一指标实现历史性突破，说明国家层面对科技发展战略的高度重视程度。R&D 支出增长额度见图 4－1。

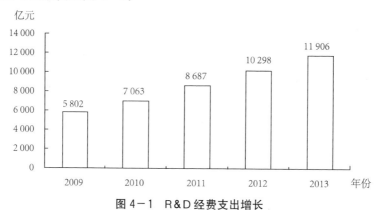

图 4－1   R&D 经费支出增长

科技资源的产出绩效应集中评价测量科技组织、设备、科技人才和科研经费的形成与投入 4 个方面的情况，重点是科技资源的科学配置与公平共享。

4.1.2 科技发展：转化与产出

重大、原始性的科技创新表现为群体突破的态势，对科技资源提出了更高的要求。科技成果产出绩效，包括研发成果、成果转移水平及其质量状态，涉及技术成果、专利、版权、科技论文数量与水平及其成果转移的经济效益情况，新的绩效理念还包括研发资金的投资回报和聚集投资的产出等。实施知识、技术创新等工程，推进创新驱动发展，政策导向和价值导向对于保障创新方向、保障研发的产出绩效具有重要意义。我国全社会研发支出占国内生产总值比重超过 2%。超级计算、智能机器人、超级杂交稻等一批关键技术实现重大突破，这在全球经济数年停滞不前的大背景下，科技发展表现出良好势头。

转化与产出绩效应设置多角度的管理指标，尤其要区分基础研究与应用研究的投入产出绩效。

基础研究是为了获得关于现象和可观察事实的基本原理的新知识（揭示客观事物的本质、运动规律，获得新发展、新学说）而进行的实验性或理论性研究，它不以任何专门或特定的应用或使用为目的，其考核评价指标主要以研究进度、预算执行、成果预期、报告及论文数量与质量等为主要内容。

应用研究是为了确定基础研究成果可能的用途，或是为达到预定的目标探索应采取的新方法（原理性）或新途径而进行的创造性研究。应用研究主要针对某一特定的目的或目标，其考核评价指标主要以任务目标、预算目标、产出目标的一致性，以研发周期、成本控制、需求变化的合理性为主要内容。

试验发展是利用从基础研究、应用研究和实际经验所获得的现有知识，为产生新的产品、材料和装置，建立新的工艺、系统和服务，以及对已产生和建立的上述各项做实质性的改进而进行的系统性工作。研究与试验发展（R&D）经费支出是年度内全社会实际用于基础研究、应用研究和试验发展的经费支出，其包括实际用于研究与试验发展活动的人员劳务费、原材料费、固定资产购建费、管理费及其他费用支出，产出绩效主要以中观与宏观的重大科技成果、产业支撑与形成、国计民生的直接改善为主要内容。

R&D 经费的产出绩效具典型的滞后性和社会公益性，因而其经济效益和社会效益很难进行直接的时空剥离。即使是使用动态有效性模型，与同为总量的产出指标 GDP 进行实证分析，也很难对 R&D 绩效贡献作出直接的科学测度。

GDP 是主要的宏观经济衡量指标，它是一个国家生产的所有产品和服务的总和。2013 年下半年，美国商务部下属的经济分析局调整国内生产总值（GDP）的规模和构成，其中，最大的变化将是对研发的投入进行重新分类，另一项改变来自知识产权领域，诸如电影、音乐和书籍等原创作品将首次被视作长期资产。美国国税局 2014 年 3 月针对比特币发布了首份指导原则，将在税务系统中将这种虚拟货币视作资产，适用股票和易货交易的相关规定。这是自 1929 年首次统计 GDP 以来对其构成内容的大手笔动作。研发被视作 21 世纪经济的生命线，研发在统计归类上不再仅仅被作为支出，这种理念大转折且不论会产生什么样的长远影响，但大大提升研发投入的地位这一点是肯定的。

将科技研发由支出统计调整为投资统计，在融资、投资等资源聚集中会发挥积极的引导作用。

技术创新与研发一直都被视为一项支出，是一项会冲抵利润的中长期开支，而从未被计入国民生产总值。无形资产获得承认的第一阶段是 1999 年人们将软件开发重新归类为投资。这是很恰当的举措，因为在电脑上安装的一个重要软件可能比工厂最结实的设备部件还要经久耐用。第二阶段是一个联合国工作组在 2008 年通过了新国民经济核算的国际统计标准。澳大利亚和加拿大已经采用了这个新标准，欧洲 2014 年开始实施。此次修订将带来立竿见影的效果。美国政府将研发和艺术创作计入投资，预计 GDP 将一次性提升 2.7% 左右，今后的 GDP 增长率可能也将微幅提升。

美国从专利权、版权、注册商标、设计、文化作品和企业流程当中获取了大量财富，知识经济的规模大大超过实体经济的规模，全球市值最高的 9 家公司的总部都在美国。苹果公司的资产负债表中：在该公司高达 4000 亿美元的市值中，房地产、车间设备这些传统形式的财富只占 150 亿美元，仅相当于总市值的 4%。

在计算折旧方面，支出转变为资产，有利于加速折旧而推动技术研发和技术引进。创意不像机器那样会锈蚀，但是，如果它们被模仿或替代，对创造者而言就失去了价值。美国经济分析局为制药行业的研发资产设定了每年 10% 的折旧率，而电脑系统设计的折旧率为 36%，电影为 9%，音乐为 27%。寿命较长的电视节目包括在内，如情景喜剧和电视剧集，而其他类型的电视节目将不会被资本化。

政策导向的依据是综合国情与地域特色，绩效指标的合理选取是政策导向最直接有效的工具之一。

4.1.3 科技贡献：国力与民生

科技进步贡献即科技成果转化为现实生产力的效率与效益，包括经济贡献、社会贡献和环境保护贡献，涉及能源节约、"三废"排放、企业竞争能力、企业增效等方面的情况及问题。科技进步的根本目的是加大社会财富的积累力度，不断增强国家的基础实力；加大民生环境与条件的改善力度，不断提高国民的生产生活质量。《十二届全国人民代表大会二次会议政府工作报告》指出：着力提质增效升级、持续改善民生。追求提高质量效益、推进转型升级、改善人民生活的发展。要在稳增长的同时，推动发展从主要依靠要素投入向更多依靠创新驱动转变，从主要依靠传统比较优势向更多发挥综合竞争优势转换，从国际产业分工中低端向中高端提升，从城乡区域不平衡向均衡协调迈进。完善政绩考核评价体系，切实把各方面积极性引导到加快转方式调结构、实现科学发展上来，不断增加就业和居民收入，不断改善生态环境，使经济社会发展更有效率、更加公平、更可持续。

鉴于金融危机后世界经济并没有实现预期中的复苏，诺贝尔奖获得者斯蒂格利茨对技术创新与技术研发的方向和作用发表了自己的观点。

以硅谷为象征的科技创新，代表着美国创造力的比较优势，其他国家都在尽力模仿。但这里有一个谜团：很难看出这种创新对国内生产总值（GDP）的贡献。也许GDP并不能真正体现电脑时代创新所带来的生活水平的提高，或者这一创新并没有其热烈支持者所相信的那样意义重大。事实显示，两者兼而有之。

雷曼兄弟倒闭前夕，金融部门以创新而自豪。金融机构吸引了全世界的优秀人才，但是审视结果显示，大部分金融创新无非在确保自身不承担责任（至少在相当长的时间里）的情况下设计虚假的表面现象蒙骗他人、操纵市场及利用市场力量。在资源纷纷流入这一"创新"部门期间，GDP增长却比此前显著地降低了。即使在最佳时期，除了银行家，它没有提高生活水平，最终导致了人们至今仍在努力摆脱的危机。这些所有"创新"的净社会贡献是负面的。互联网泡沫也打着创新的幌子，这次创新潮好歹还留下了管用的搜索引擎和光纤基础设施。但很难说在线购物所省下的时间，或者加强竞争所节省的成本（因为上网更方便对比价格），在多大程度上影响了人们的生活水平。

首先，一项创新的盈利能力，并不是衡量其对我们生活水平净贡献的优秀指标。网站对经济增长的净贡献，事实上可能相对很小。其次，如果一项创新，如银行界的自动提款机，增加了失业，这一社会成本（不管是被裁员员工的痛苦，还是给他们发放失业救济所增加的财政负担）都不会反映在企业的盈利中。同样，GDP数据也不会反映个人因丢掉工作风险增加而感受到的不安全感。同样重要的是它通常也无法准确反映创新对社会福利所带来的改善。

比如用汽车的生产成本评估一项创新的价值就比较容易。但如果创新影响的是汽车的质量，评估其价值的工作就比较困难了。其他领域就更是如此：我们要如何准确评估最新的科技创新对长期提高生活水平的贡献？大量智力被用在构思更好方法，将目标锁定在可能购买产品的客户，特别是生活丰裕人群。然而，如果创造力是用在更基本的研究上，或者用在能带来新产品的应用性更强的研究上，生活水平或许能得到更多的提升。的确，通过脸谱（Facebook）和推特（Twitter）更好地与他人互联是很有价值的。但我们如何将这类创新与激光、晶体管、图灵机和人类基因组图谱等创新相比？显然后者带来了潮水般的变革型产品。

技术创新与技术研发的产出绩效有时确实与GDP的正关联性不是非常明显，甚至有很多新技术还饱受诟病，如部分网络游戏技术给少年儿童带来的严重影响，很多民用技术在军事上的不当应用等，这一类的技术研发绩效肯定存在"负面价值"问题。解决创新与研发绩效的"定性难"、"评价难"问题主要还是要根据价值导向原则，建立全面、科学的评价指标，扩大指标涵盖范围，各种有讨论、有争议的产出也应列入评价体系。

科技进步贡献的内容体现非常繁杂，从经济、政治、文化、军事到普通百姓的生产与生活，科技的影响力无处不在。人类生存环境的自然资源是有限的，人类的生存的物质与文化需求则是无限的，劳动强度的降低、生活环境的改善，人们孜孜以求的技能延展及产能的提高，都是技术转移从创意到市场再到产业化的魅力所在。

4.1.4　科技决策：高瞻与远瞩

反映和体现科技发展决策的科学水平等方面的情况及问题，通过决策成功率、决策无误率以及研发周期、开发成本、市场开拓等方面体现出的非常规效率来加以判别和确定。

技术创新、技术研究开发通常是有路径依赖的。技术进步有一定的发展轨迹，具有经验性与规律性可循。这种技术发展轨迹的体现是技术规范。实体经济选择什么类型的技术，不能仅靠市场的趋势预测，更重要的是基于可利用的科技资源和自己的知识和技术水平。技术创新与技术研发、选择何种技术解决方案，要按照一定的技术规范进行。因此，技术创新是因循一定技术轨迹独辟捷径的技术变革与创造。芯片技术、新能源技术、互联网技术、大能量激光技术、航天技术等，很多技术自身难度并不一定是主要问题，开发决策者的层次定位才是第一位的问题。作为创新与研发直到产业化的典范，马斯克的网络支付、电动汽车、火箭发射、太阳城计划、超高速运输等多个项目，通过创新及研发实现了技术和成本的革命性突破。

科技决策的战略意义体现在所有产业领域的兴衰过程。一个典型的案例是乘用汽车技术创新。百年前亨利·福特的创新名言："如果我去问客户他们需要什么，他们会说需要一匹更快的马，而在汽车与快马之间，人们最终选择了汽车。"福特把汽车替代马匹，最终彻底改变人类的出行方式，并创造出汽车工业。1896年，福特亲手制造的第一辆只装有 4 个轮子、凭借链条传动、没有刹车、只能进不能退的"汽车"。1908 年，福特推出了改变了世界的 T 型车。1913 年，发明了现代工业革命史上具有里程碑意义的流水装配线，奠定了大规模生产方式的基础。与阿波罗登上月球、原子弹爆炸等相提并论的福特汽车技术，虽然在不断地变革创新，但最终仍陷入严重的产业衰落危机，旗下的沃尔沃也被中国的民营企业吉利公司收购。

乘用汽车在 20 年前就被世界权威研究机构列入"夕阳产业"名录，而中国四大汽车合资企业 2012 年乘用汽车销售利润高达 20%，高档轿车销售价格是国际市场的数倍，北京现代汽车竟然创造了不足两年收回全部投资的奇迹。还有一同被列入"夕阳产业"而被西方发达国家淘汰的钢铁等产业在中国"遍地开花"。这些启示从某种侧面印证，即技术的创新、技术研发的跟进，不仅能够催生全新的高新技术产业，还能为"夕阳产业"带来活力和新生。同样过剩的产业，某些技术与服务能够迎合市场需求，就可以大有作为。

另一个案例是智能手机和平板电脑的迅速发展。全世界的通讯业尤其是手机生产产能是严重过剩的，而苹果手机受到包括中国在内众多消费者的追捧，屡创销售新高。苹果公司的 iPhone 发布于 2007 年，谷歌的 Android 手机发布于 2008 年，都赶上了金融危机的爆发，但在此后销售一直持续增长。苹果公司的 iPad 发布于 2010 年，此后，这一产品进入高速成长期，世界各国随处都能见到 iPad 的使用。诺基亚曾经是业界占据全球手机市场的王者，也是世界最先研发触屏智能手机的公司，自 1996 年以来，诺基亚连续 14 年占据市场份额第一位。面对苹果公司 2007 年推出的 iPhone 和采用谷歌 Android 系统的智能手机夹击，诺基亚公司全球手机销量第一的地位在 2011 年第二季被苹果公司及三星公司双双超越。2011 年 2 月，诺基亚公司放弃经营多年的 Symbian 系统，转而投入微软的 Windows Phone 系统。2013 年 9 月，诺基亚中国官方微博发布消息称微软收购诺基亚设备与服务部门，此项交易于 2014 年第一季度完成，微软宣布以 37.9 亿欧元收购诺基亚的设备与服务部门，同时以 16.5 亿欧元购买其 10 年期专利许可证，共计 54.4 亿欧元，约折合 71.7 亿美元。该收购项目中包括诺基亚的手机部门和手机业务，以及诺基亚在全球的手机制造工厂、诺基亚的手机部门和工厂的所有员工，还有诺基亚的大量专利以及品牌的授权。诺基亚曾经占据全球 70% 的市场份额，最高市值 1 980 亿欧元（当年汇率相当于 18 810 亿元人民币），但由于高层决策延缓，研发成果应用滞后，最后以 90 亿美元的低价被微软收购，其手机"霸主"地位被电脑 PC 机生产商苹果公司取而代之，苹果公司完胜的新产品就是诺基亚未能及时量化投产的触屏式智能机型。而曾经与诺基亚竞争多年的摩托罗拉手机业务，则已经在 2012 年被谷歌收购；2013 年 5 月，在经历了近一年的破产保护后，曾在数码市场全面溃退的柯达申请退出破产保护，进行公司重组，但同样具有讽刺意味的是，世界上第一台数码相机是柯达发明的。

4.1.5 科技体制：主体与机制

由于科研体制存在的问题，高校和科研院所的研究能力薄弱，以及高校和科研院所科技成果转化的机制不畅，不能满足国内巨大的市场技术需求，另外还导致企业缺乏自身对技术路线进行规划和创新主导能力。以芯片开发为例，我国台湾地区与韩国的普通芯片研发，不论从起步时间还是经费投入与我国大陆并没有多少差距，但发展结果大相径庭，我国至今每年用于芯片进口的费用高达2 000亿美元，超过石油年进口总量的费用。科技成果转化率低下是技术转移绩效最大的体制与机制瓶颈。

深化科技体制改革，技术转移绩效管理一个重大理念突破是培育技术创新与技术研发的企业主体。各级科技管理部门做了大量工作，出台了多项政策法规。2012年各类企业经费支出为7 842.2亿元，比上年增长19.2%，所占比重达到76.2%；政府所属研究机构经费支出1 548.9亿元，增长18.5%；高等学校经费支出780.6亿元，增长13.3%。政府所属研究机构、高等学校经费支出所占比重分别为15%和7.6%。企业科技经费支出不但年增长速度超过事业性的科研机构和高等院校，而且经费支出的绝对量已占到总量的2/3。

自2001年以来，企业技术合同交易额一直稳居交易主体首位，企业参与技术交易的主体地位进一步巩固。

提高技术创新与技术研发绩效还须进一步深化体制机制改革，扩大开放，充分发挥政府引导作用与市场配置资源的基础性作用，在新一代信息技术、生物医药、先进制造等重点产业领域，改变服务市场机制的失效或低效状态，引导更多的行业（产业）服务机构向中小企业开放。聚焦创业企业实际需求和难点问题，完善创业服务机制，完善公共服务平台研发与建设机制，进而满足科技资源开放共享的社会需求。

体制改革与机制完善最直观的成效是制度红利的释放。作为重要生产力的科学技术在不健全或僵化的体制下，很难发挥出应有的作用。我们引进的全套设备，在生产率、能耗等多方面都往往达不到国外在用同类设备的效率水平，除了人力素质因素外，重要的原因是体制和机制问题。

在技术转移过程中，制度与竞争不健全导致知识产权保护和技术交易合同执行成本在总成本中的比重居高不下，削弱了技术转移的力度，通过完善制度和机制能够有效减少转移成本从而促进转移效率。健全体制和充满活力的机制和建立相应的政策法规制度，能够极大提高技术转移绩效。

我国社会主义市场经济体制已经初步建立，但离市场经济的法治要求还有很长的路要走，市场主体不对等，市场秩序不规范，被误导的市场会出现严重的后果。劣币驱逐良币，落后技术、淘汰技术以牺牲生态、透支劳动资源等不正当的手段谋取利润，久治无效。市场的规则不统一、不完备，部门保护主义和地方保护主义让局部独享制度"红利"，而扰乱全局市场秩序。市场竞争不平等阻碍了技术优胜劣汰和产业结构调整。制度红利是上层建筑对生产力反作用的绩效结果。寻求绩效提升的新动力，首先要在制度的改革和创新上做顶层设计，以深化改革来寻求推动技术转移的制度红利。

4.2　创新创业公共服务的体系建设

为了使创新创业活跃、专业服务需求旺盛，应围绕区域产业发展需求和企业创新需求，把健全创新服务机构、完善创新服务平台、改善对企业的公共服务作为提升企业的技术创新能力、促进企业快速发展的重要措施及目标任务。要面向创新、创业服务、经济社会发展需求，打造全链条服务体系。

以公共技术转移服务机构发展基础良好的北京市为例。北京市共有9 000多家科技中介机构，160多家相关行业协会，500多家各类公共技术转移服务机构，18万名从业人员，涌现出一批知名品牌机构。从整体规划上要以公共技术转移服务机构为发展基础，以专业化、市场化为发展方向，以创新资源共享服务、专业技术服务、技术转移服务为推进重点，以行业协会、科技中介机构、专业服务企业、科技企业孵化器、大学科技园等为主体，深入打造创新资源共享、技术转移、创业孵化、科技金融、生产力促进等五大服务体系，为企业创新创业的全过程提供公共技术服务。

4.2.1　创新资源共享服务体系

民营企业和中小微型企业占我国企业总数的95％以上，是制造业价值链的重要依托基础，创造了60％的国内生产总值（GDP），而"中国制造"模式的制造业核心技术又大多依托境外的研发技术，我国每年的对外技术交易量非常大，技术转让合同成交额年突破千亿元，但其中绝大多数都集中在央企或其他大型国际型企业中。

民营企业和中小微企业是技术研发和知识产权应用方面真正的弱势群体。我国的创新型国家战略，必须首先转变创造了60％GDP的中小企业为创新型企业，通过创新资源共享服务，提高这些企业的创新机能。2013年，全年研究与试验发展（R&D）经费支出11 906亿元，比上年增长15.6％，占国内生产总值的2.09％，其中基础研究经费569亿元。全年国家安排了3 543项科技支撑计划课题，2 118项"863"计划课题。累计建设国家工程研究中心132个，国家工程实验室143个，国家认定企业技术中心达到1 002家。全年国家新兴产业创投计划累计支持设立141家创业投资企业，资金总规模近390亿元，投资了创业企业422家。这些创新资源向增长潜力巨大的中小企业倾斜，将跨越式地提升技术转移绩效。

北京市在全国率先启动科技条件平台建设，初步探索了促进首都科技创新资源向全社会开放共享的"北京模式"，促进了近 130 个国家级、北京市级重点实验室和工程中心向社会开放共享科技条件资源，开放的科技资源总量达到 145 亿元。共有 4 700 多家科技型中小企业享受到了平台提供的研发实验服务，服务合同额达到 6.7 亿元，降低了企业的创新创业成本。

4.2.2　技术转移服务体系

技术转移服务体系的组织基础保障是成规模的职业服务机构和专业齐全的技术人才，制度基础保障是知识产权保护和鼓励自由竞争。

技术转移服务体系已奠定了坚实基础。全国共有 371 家国家技术转移示范机构，40 家技术产权交易机构，200 家常设技术交易市场，20 000 家其他技术交易服务机构；20 个技术转移联盟，包括环渤海、珠三角、长三角、东北振兴区、西部开发区等区域性、行业性技术转移联盟，跨区域技术转移网络组织；83 个中国创新驿站站点形成了为企业创新提供协同服务的技术转移（技术经纪、技术评估、技术服务）专业化队伍，从业专业人员约 50 万人。

制度保障一是知识产权制度，它保证了企业可以从创新中得到回报，是推动创新发展强有力的政策工具；二是鼓励自由竞争的制度，自由的市场竞争。为什么微软、苹果、戴尔、脸谱等许多知名企业创业时，很多都是在车库或者是学生宿舍中创业起家的？这与完善的自由竞争制度是分不开的，正是由于市场准入和退出的门槛设置很低，大量的创业人员和小微企业在竞争中形成将科技成果转化成产品与服务的巨大动力。

4.2.3　中小企业创业孵化体系

中小企业创业孵化体系的支撑基础是对创新的资助制度。欧美很多发达国家主要的大学都有自己的科技园区，不但科技园区建设有大面积的孵化园，社会化的各类孵化园也欢迎中小企业或创业者"拎着技术入驻"，为"孵化"技术提供各项专业服务。比利时孵化园与大学合作共同孵化科技成果，以市场和客户需求为导向，孵化出成熟的研发成果，能够大大缩短开发、应用新技术的周期，办出了与国家科技产业战略相一致的特色。

中关村国家自主创新示范区是中国高科技产业中心，是国家级高新技术产业开发区，国家自主创新示范区，"国家级"人才特区，是我国体制机制创新的试验田。中关村聚集了高新技术企业近 2 万家，形成了以下一代互联网、移动互联网和新一代移动通信、卫星应用、生物和健康、节能环保以及轨道交通等六大优势产业集群以及集成电路、新材料、高端装备与通用航空、新能源和新能源汽车等四大潜力产业集群为代表的高新技术产业集群和高端发展的现代服务业，构建了"一区多园"各具特色的发展格局，成为首都跨行政区的高端产业功能区。

国务院批复同意调整的中关村国家自主创新示范区空间规模和布局，由原来的一区十园增加为一区十六园，示范区面积由原来的 233 平方千米，增加到 488 平方千米。集聚 5 万名左右高端人才，中关村成为我国人才发展的战略高地。形成了若干战略性新兴产业集群；培育出一大批创新能力强的中小企业，涌现出一批年销售收入过 500 亿元的大型企业，总收入达到 10 万亿元。形成一批具有国际影响力的创新交流合作平台。在软件及信息服务、生物医药、新能源等领域中形成 2～3 个拥有技术主导权的产业集群，培育出一批国际知名品牌和具有较强国际竞争力的跨国企业，形成若干世界一流大学和科研机构，培养和聚集一批优秀创新人才特别是产业领军人才，成为具有全球影响力的科技创新中心。

4.2.4　科技金融服务体系

科技金融是科技创新活动与金融创新活动的深度融合，是由科技创新活动引发的一系列金融创新行为。科技金融工作是技术转移服务的重要组成部分，在利率非市场化的情况下，其业务运营兼具政策性和市场性，政府职能部门的作用在于引导、辅导和督导。我国科技金融发展存在的最大问题是制度的非系统性，政策不配套，制度不衔接。科技金融的快速、稳定发展，需《促进科技金融发展条例》等法规保障，需完善风险投资法律制度，突破不利于创新的政策性和制度性障碍。绩效管理重点包括：完善科技与金融的相互作用机制，提高科技与金融结合的有效性，加强科技金融服务体系参与主体之间合作竞争、收益分配、风险控制等；探索科技金融服务体系运行的内在规律，对我国科技金融结合效益进行定量分析，建立具有可操作性的评价指标体系。

科技金融服务体系，主要包括科技型企业信贷融资、创新创业银行、以联通创新创业信息孤岛为载体的科技金融内循环体系建设，以及科技金融服务平台的建设。在结构上形成以社会征信平台为基础、投融资平台为主体、中介服务平台和信用担保平台为支撑的新模式。见图 4－2 中关村科技金融服务体系。

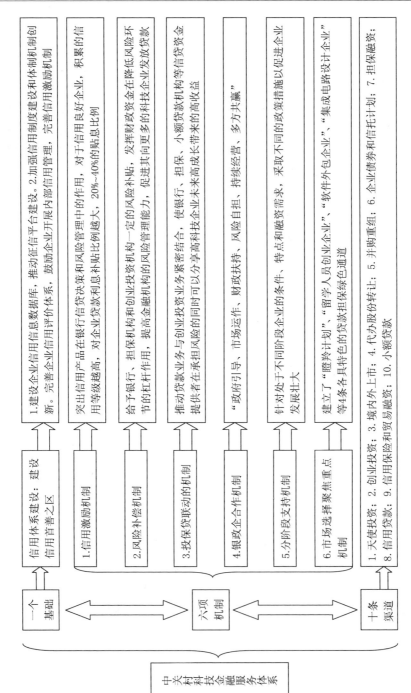

图4-2　中关村科技金融服务体系

4.2.5 生产力促进中心体系

生产力促进中心已经遍布全国所有的省级行政区域，形成了比较完善的生产力促进工作体系。我国生产力促进中心数量达到2 032家，从业人员 2.3 万人，总资产 155.6 亿元，服务收入过百亿元。生产力促进中心实现了持续、快速、健康发展，形成了组织网络化、功能社会化、服务专业化的创新服务体系。

生产力促进中心为企业，尤其是科技型中小企业的技术进步和发展作出了贡献，服务领域涉及决策咨询、信息服务、技术推广、技术支持、人才培训、企业诊断等方面。企业在从外部获取技术的同时，要加强自身的技术能力和 R&D 能力，加强自身的学习能力和消化吸收再创新能力，企业将产品销售收入的 10% 或总收入的 5% 用于 R&D，这是一笔很大的投入，将成为技术转移重要的绩效源泉。生产力促进体系成功引进联合国工业发展组织的工业分包与合作交流服务模式，积极参与清洁发展机制实施、创新方法理论研究、科技信用体系建设、技术转移和成果交易等科技专项工作，不断探索服务模式，丰富服务手段，拓宽服务领域。在支撑区域经济发展方面，生产力促进中心进入园区、服务产业集群、推广节能减排技术、实施制造业信息化工程等工作深入开展，促进了区域经济结构调整和发展方式转变；积极服务软件、动漫、创意等新兴领域的企业，促进了现代服务业的发展。在推动技术转移、促进地方生产力和社会经济可持续发展等方面作出了积极的贡献。

4.3 从创意到创新：最新的技术研发模式

技术创新从新技术创意的产生、创意筛选、技术概念形成直到技术研发实现，不同的创新组织形式就是相应的技术研发模式。

技术创意的原始刺激是市场需求预期和市场竞争程度，创意者的灵感受多种因素影响，来源于其所居社会环境内外部多种渠道。为数不多的奇思异想式、仿生感应式创意例外。前沿科学家的理论观点、社会学家的消费预测、顾客意见、销售主管和客户经理的反馈、经销商和代理商的建议等都可能是创意的主要信息来源。政府资助课题、行业竞争产品、商业性实验室的策划、专业报刊的论文、技术出版物等媒体信息等，更是重要的技术创意直接来源，其中应高度重视与顾客及潜在顾客的每次接触与反馈。需求预期和市场竞争各分两种情况，消费需求会出现哪些方面的改变？会在哪些方面出现新的需求？市场竞争在哪些方面最为激烈？有哪些方面的竞争空白？创意是另辟蹊径的开始，创新是创意的实现，也是技术研发的过程。

随着经济全球化的快速进展，技术研发模式呈现出新的发展态势。国内企业效仿跨国公司的科研体制与机制，正在成为技术创新与技术研发的主体。最新的技术研发模式多种多样，以企业为主体、市场为导向的项目研发模式是大势所趋。

4.3.1　部门一体化的研发模式

部门一体化研发模式是区别于传统行政事业单位资源配给型的技术研发模式，它的主要特点是任务整体承接、成本全面核算、打破行政藩篱、人员按需组合。部门一体化模式是在行政体制不变的前提下，以技术部门替代行政组织行使研发项目管理职能。近年来，以行政事业单位申报，首席专家领衔、学科带头人负责等政策要求，倒逼基层科研改革，这是在传统行政组织承接研发项目体制上的一种进步。

中国的科技力量主要分布在科研院所、大专院校，本应是技术研发主力军的大中型企业反倒成为薄弱环节，科研体制改革初衷的主要内容之一是科研机构的去行政化，因为，通过行政组织和手段协调、分配、考评研发项目，很难实现技术研发资源配置结果与研发目的的一致性。然而多年之后，科研院所、大专院校技术研发水平低下的致命症结依然是官本位日趋严重的科研项目行政化管理体制。

技术研发项目的组织体系不外乎有 3 种形式，一是传统的行政组织体系，行政管理与技术管理合二为一，单位的行政法人同时也是研发项目的责任人；二是常设技术管理组织体系，如研究院（所）下设的各类研究所（室），作为行政事业（企业）法人的组织层面不直接参与研发管理；三是独立于法人组织之外的临时组织体系。惯常的情况是：行政组织体系仍是研发课题管理的主体；技术管理组织体系作用越来越大，但仍处于次等地位；临时组织体系是一种非主流状态，整体作用可忽略不计。因为大量的研发项目与岗位薪酬、职称评聘捆绑在一起，对于研发专业人员而言，工作就是完成行政任务，技术需求、市场前景与工作无关；对于法人管理者而言，研发经费与短期的权利有关，与长远的商业化、产业化没有联系。

部门一体化研发模式能够充分发挥行政事业单位中的科研资源优势，按研发项目的需要组合专业人员，形成协同竞争局面，有利于在旧体制下形成新机制。

4.3.2　团队加外协研发模式

以互联网、汽车等产业为代表，企业内部的研发队伍不断壮大，参与市场化改革试点的事业型科研院所也在摆脱行政管理体制束缚，形成新的研发项目组织体系。新的研发组织主要有两种：相对独立的常设技术管理组织和临时研发管理组织。企业的研发组织和走向市场化的科研院所承接生产活动中的技术攻关和纵向或横向外来研发项目，有明确技术需求导向和自食其力的创业责任。在传统的行政组织中，研发流程比较稳定，组织内部的全体研发人员共同完成研发任务，是完成所有活动的主体，组织行政体系与组织技术体系重叠。在以项目为对象的技术研发管理组织中，在效率与创新动机的作用下，出现了发挥着重要作用的临时性组织——研发团队。研发团队多为双向选择的专业组合，对外是组织内部技术体系的组成部分，对内是具有责任与义务担当的甚至具有法律（合同）地位的管理组织，确切地说，研发团队是一种临时性、独立的非法人技术研发管理组织，市场化的技术组织体系应该包括常设技术管理组织和临时性组织两种形式。

很多企业和市场化科研院所的技术管理体系，容易和传统行政概念下的组织体系发生冲突，技术管理体系缺乏组织角色定位，在职责分工、流程调整和人员交流等方面，短期内还难以体现出有效的研发管理效率和经济效益。

从知识库供求角度看，每个研发人员都是知识库结构中的一个结构单元，研发团队由不同的知识结构单元组成。没有业务专长人力资源的知识结构是单一的"普通知识"或"综合知识"；加上专业知识，有业务专长的技术人员就是高一层级的"专业知识＋普通知识"或"专业知识＋综合知识"的结构单元。有两项及以上专业知识，意味着结构层次和创新水平更高、研发能力更强。由于体质精力和研发周期等条件限制，由少数具有多项专业的顶级专家独自完成跨专业研发没有实际可能，可行的办法就是通过研发模式的设计与选择，使具有不同专业知识的研发人员通过短期培训形成一个有机整体共同工作。研发团队就是这种可以实现临时组合、有序运行的研发模式之一。

出于提高研发效率和提高创新水平的考虑，研发团队不可避免地会利用外协模式。外协可以是分支项目，也可以是项目中的难题内容。外协能够体现专业化技术绩效、体现资源共享效应，任务明确、责任清晰。团队加外协研发模式越来越多地被研发项目管理者所采用。

4.3.3　一揽子配套外包研发模式

研发外包是业务外包的高端领域，是研发项目需求方以契约方式委托外部研究机构提供按规定要求为其提供"技术"成果或服务成果，互联网时代的企业再不能仅仅依靠自己进行研发，要保持绩效的持续增长就必须整合外部资源，特别是技术研发的国际合作。近年来，随着职业研发承包商专业能力的不断提升，承接外包成为研发承接机构的职业经济行为。同时，越来越多的公司为了分担风险、节约成本、缩短研发周期，倾向于从外部寻求技术来源，大量原本应属于自已投入资源的研究与开发项目被交与在该研发领域更加专业的外部企业、科研院所或职业技术学院去完成，为这些研发活动外部化的企业提供产品研发和服务的研发产业，以达到合理利用资源，增强竞争力的目的。研发外包已逐渐形成独立行业，逐步成为提高企业创新能力和建立外部知识产权网络的重要手段之一，一揽子配套外包研发也成为外包研发的成熟模式，是当前技术创新领域的研究热点。

研发外包是所有大中型项目管理的惯行做法，只是方式不同而已。随着技术的进步，产品安全舒适、操控简便、低耗高效等各方面的要求越来越高，技术结构也越来越复杂，任何一家企业，有时包括跨国公司都难以独自完成创新技术的研发。嵌入式、集成式技术的发展为研发外包提供了巨大空间。由最初的零部件加工集成外包逐步推广到整个核心技术的研发外包，以往的工具、模具、器件等研发外包，已演变成只向承包商提供分支项目的样式尺寸和材料、功能等标准要求，外包结果为能够直接集成的分支子系统。一揽子配套外包分支项目是系统相对独立的技术子系统，如大飞机的组装系统、信息平台的功能系统、宇航飞船的服务系统等都是研发外包的集成系统。

一揽子配套外包与研发团队模式相比，相同之处一是都有承包性质，外包模式是外部商业承包、研发团队是内部责任承包；二是面对发包企业或科研机构，二者同为临时性研发组织。不同之处却非常清晰，一是模式选择的空间区别，研发团队的骨干力量是组织内部所选，选择范围有限，配套外包可在世界范围挑选，专业技术含量会远超内部所选，否则外包会失去意义；二是管理的重点不同，内部研发团队模式情况比较复杂，事务性管理内容较多；配套外包模式管理重点是研发风险，更多的精力是外包承接机构的信用跟踪、知识产权纠纷、技术秘密与商业秘密保护、短期效益与长期发展关系的处理上。研发外包的成功与否很大程度上取决于研发发包方对整个系统的规划和整合能力和供应商的专业水平。

一揽子配套外包研发模式分为效益型和创新型两种，与人力资源、制造、营销的外包模式相比，它强调知识流动。技术结构越来越复杂，需要集中专业化技术，寻求国际区间优秀技术组织的交流协作，这是一种创新型外包研发；技术专业越来越多，组织管理职能过于庞杂，需要分散僵化的研发管理压力，从而降低冗员成本，提高研发效益，这是一种效益型外包研发。技术研发者在研发项目中，一揽子配套外包研发模式的极致形式是研发完全外包，除自己的核心专长由设计团队自行设计外，整个研发系统专注于技术的整合、集成和测试能力，成为一个纯粹的技术商品集成商，直接享用外包单位的研发成果。比如手机品牌商的完全贴牌，品牌商只关注价值差异和营销模式，完全不研发手机中的任何技术，利用外包研发的芯片、电路和手机外形，直接组装生产。另如类似于贴牌的汽车研发，车身结构和整车的安全、电子、制动、动力、悬挂等系统全部外包研发，标准化的技术（如汽车悬挂系统、架构锻压技术、电子音响视频等）由需求方给出明确的技术参数和设计要求，承包商根据给定的技术参数、性能和设计资料完成研发，属于效益型研发外包；而某些核心部件（如发动机节油技术、变速箱安全技术、泊车转向自动技术）因其设计内容相对复杂，需要选择最优秀的承包商在技术上有所更新与突破，属于典型的创新型研发外包。

4.3.4　招挂式云研发模式

云研发是一种前瞻式研发创新模式。云研发有两重含义，一是技术研发活动在不久的将来会全部分布于云架构之下；二是借助于云计算与云网络，遍布世界各地的研发者通过网络挂牌招标性的聚集，形成更广泛、更有效的技术研发合作。云研发酝酿着巨大的研发绩效，其标志是资源与成果的共同使用、技术需求方与专业技术持有者的共同研发、技术研发者与技术成果应用者的共同创新。云研发是让所有有意愿的机构和专业人员都能够参与研发互动，利用各种研发资源和网络技术手段，加快知识的流动，促进研发结果的社会共享和国际扩散，奠定坚实的技术转移绩效基础。

云研发的社会经济支撑是创新 2.0 即 Innovation 2.0 理念、技术研发基金、知识产权保护。招挂式云研发模式建立在三足鼎立的支撑基础之上。

创新 2.0，即面向知识社会的下一代创新，社会的进步、人类基本生存矛盾的缓解，推动了科技创新模式的嬗变。传统的以技术发展为导向、科研人员为主体、实验室为载体的科技创新活动正转向以用户为中心，以社会实践为平台，以共同参与、开放创新为特点的用户参与的创新 2.0 模式。创新 2.0 从 Web2.0 引申而来。Web2.0 使网络信息更容易被采集利用，以软件技术、智能设备的力量，让社会全体成员都能够参与。创新 2.0 是以人为本、以应用为本，是科学 2.0、技术 2.0 和管理 2.0 三者作用的综合。包括 Web 2.0、自由软件、开放源代码、微观装配实验室等，创新 2.0 理念其端倪已现。云计算与移动网络的融合加快了信息经济、知识社会进程，普通公众不再是科技创新的被动接收者，而可以通过云网成为创新角色，直接参与创新活动。

云研发还寄希望于世界各国政府力推包括财政支持的各类基金杠杆，争取对技术研发的最大支持，通过收买和解禁，开放普惠性、公益性民生应用技术。自由软件（Free software）是在共享软件（Shareware）、免费软件（Freeware）、开源软件（Open source software）等概念基础上进一步的开放，自由软件之父斯托曼给出了自由软件的 4 个标准：用户能够自由运行软件；能够按照自己的意愿改写软件，并与他人合作，进行软件的再次开发；能够自由传播、分发软件；能够自由传播、分发软件的修改版本。自由软件创新 2.0 理念在 IT 行业的具体体现，符合知识社会的发展潮流，其根本意义在于人们在技术交流、合作和发展上的共同追求。

没有知识产权保护就没有技术研发的原始动力，更谈不上虚拟网络中的实质合作。时空局限性的委托研发与技术需求者独立的研发并无多大差异，对技术转移商业绩效的提升也没有实质性的帮助。而云研发模式，则需采用更有力于提升商业绩效的研发方式——战略性研发合作，即技术研发在全球空间更多专业技术持有者之间的协作，实现商业绩效的最佳目标。在云研发模式中，研发项目不是把整体业务委托给固定的一家或几家合作商，任由他们自由发挥，而是和合作商签署合同后，在尊重合作方专业知识的前提下，在研发过程中不断吸收最新的相关成果，完善自己的商业设计。如何使研发成果提供者的特定专业知识、技术秘诀、实验经验在无国界的开放环境下得到保护，并共享规模经济效应和信息网络技术带来的最大效益，这是知识产权保护面临的严峻问题。

云研发的利益机制灵活多样，研发成果有偿应用与无偿应用相结合是其时代特征之一。

云构架下，研发成果无偿使用基础源自：类似游戏体验者、网络黑客"专业贡献"的副产品，很多免费游戏、网络安全技术都是这类"侠客"无偿研发的；越来越多的有志之士为信念与理想放弃自己的专利权利或技术诀窍垄断；越来越多的国际组织，如自由软件基金会（Free Software Foundation，FSF）支持软件技术的自由应用与传播；跨国集团出于各种原因的善举，放弃部分成熟技术的垄断。无偿应用带动无偿研发。

4.4 技术创新与技术研发绩效实务

通行的统计数据显示，中国产品市场上的失败率在 90% 以上。探寻这一严峻的问题根源，说法莫衷一是。IBM 对 1 700 位 CEO 的研究表明，将近 3/4 的 CEO 认为，在未来 3 年，技术将是影响他们组织机构的最大的外部力量。在企业为主体的技术转移模式中，创新与研发是最接近于市场的主动行为。

4.4.1 创新与研发的组织

创新与研发的组织需要有效地解决以下主要问题：如何平衡行业竞争的压力和研发项目多变的需求，尽最大可能压缩研发周期；建立一个真正的"以客户为中心、以市场为导向"的研发组织体系和高效率的组织流程；在研发过程中协同与人力资源、财务、外协等相关职能部门的关系；研发过程资源的均衡组织，协调优先级研发项目包括人才在内的资源保障冲突；如何在保证研发质量的同时降低研发成本。

1. 组织技术的应用

传统体制下的研发组织不仅追求大而全，小而全的现象也非常普遍。大小是指机构大小，全是指学科全。学科全本来是优势，但在科研院校、央企等行政化体制下，科研院系、所室都演变成事实上的行政机构。学科全的优势变成了架构空、资源缺的弱势，更为严重的是，行政化的学科之间只有竞争机制、缺少合作机制，科研联合的难度远大于与机构外部的合作。技术研发按专业整合的复杂程度可划分为单组织阶段和多组织阶段，单组织阶段的研发课题只需一个专业或外加少数相近专业的技术成员即可承接，多组织阶段的课题需要多专业的专家组成复合类型的研发团队共同完成。现行的做法是大多数课题都是由同一学科内纵向指定课题组完成，主要成员参与完整过程的全部活动，而无暇顾及单组织阶段还是多组织阶段的专业要求。结果是，技术的交叉发展，研发项目的类型越来越多，而课题组织类型减少，单一的课题组织类型完成多类型研发项目。组织形式是影响研发绩效的主要要素之一，决定研发绩效的目标高度，管理手段影响努力程度，很多科研机构仍然认识不到研发组织的重要性，过于纠缠于一般的管理手段上。很多类型的课题没有匹配最佳的组织形式，从而要么影响研发质量，要么影响进度或占用大量管理资源，组织类型单一的缺陷也就越发突出。深层次矛盾是，同单位、同学科项目研发成员的技术理念局限性相同、专业知识元的同构性程度近似，同一知识类的一群人占有同类的科研资源，这样的项目组在实践中被形象地比喻为"个人＋平台"课题组，"个人＋平台"尤其不适合创新型项目的研发。有些院、系（所、室）之间也会因特殊需要存在一些跨专业横向合作，同单位的横向组合名义上赋予了主课题组对分课题组一定程度的协调和管理功能，但大多只是应付行政性工作任务，由于部门利益机制和个体责任脱节等原因，每个人还是在干着自己的"零件级"工作，没有能够直接完成"器件级"和"组件级"任务的复合人才或激励机制，结局还是3种情况："零件级"成果验收，增加预算改造"零件"，另行申报"零件"组装课题。

体制矛盾的解决之道是组织手段的应用，组织流程的质量保障是最佳切入点，能力成熟度模型集成（CMMI）就是最常用的组织技术之一。

CMMI（Capability Maturity Model Integration）是一套融合多学科的、可扩充的技术集合，其研制的最初动机是为了利用两个或多个单一学科的模型实现一个组织的集成化过程改进。CMMI是在CMM的基础上发展起来的，本质上是一种过程质量管理。CMMI主要是面向研发部门的活动，如研发项目管理、软件开发、系统集成等。基于模型的过程改进是指采用能力模型来指导组织的过程改进，使组织机构也能变得更加成熟。

CMMI 的成功促使其他学科也相继开发类似的过程改进模型，例如系统工程、需求工程、人力资源、集成产品开发、软件采购等，从 CMM 衍生出了一些改善模型，比如 SW-CMM、S、IPD-CMM 等。CMMI 为改进一个组织的各种过程提供了一个单一的集成化框架，新的集成模型框架消除了各个模型的不一致性，减少了模型间的重复，增加透明度和理解，建立了一个自动的、可扩展的框架，因而能够从总体上改进组织的质量和效率。CMMI 主要关注点就是成本效益、明确重点、过程集中和灵活性等方面，CMMI 的主要关注点是执行，即所有的研发活动都不能偏离组织流程，而且 CMMI 对研发活动执行要求更规范、更细致。CMMI 是面向研发的，而且更多是面向软件研发的，是 SEI 针对质量保证制定的技术成熟度模型，同时又是一套全面的标准认证体系，与 ISO 9000 系列标准和 MIL 标准同属过程质量管理体系，主要倡导通过过程和活动规范来保证质量。CMMI 还是一套完整的组织管理技术与手段。对研发外协部门来说，掌握了 CMMI 技术可以有目的地考察研发项目合作机构和专业人员的执行能力，从而保证外协研发项目能够顺利完成。对于项目经理来说，掌握 CMMI 技术能够提高研发项目管理能力，从而能够高质量、低成本，按期限地完成项目任务。对于组织规划目标来说，CMMI 技术不仅能够提升业务管理水平，还能引入科学的组织理念，提升组织的整体绩效。对于软硬件相结合的高科技项目而言，软件研发的工作量往往占整个开发工作量的 $50\% \sim 60\%$，而硬件研发一般能占到 $15\% \sim 20\%$，所以，最新版的 CMMI 可以指导研发活动约 70% 的过程能力改善。

组织流程或组织技术为研发带来的绩效体现主要有以下方面：

通过对项目研发过程进行规范，减少不必要的环节，简化组织流程，保证软件开发的质量与进度。

每一个具体参与其中的职员，无论是项目经理，还是技术员工，包括高层管理者都遵循统一的标准与规则履行职责，不但会减少摩擦与矛盾，更重要的是能够提升研发者的职业技能，扩大合作范围，适应更多专业领域。

通过持续的过程动态改进，建立了知识库以共享研发成果和技术经验，依靠模块组件的标准化累进，要求每一个成员能够有创新成果，但不依赖每一个成员的创新。能够缓解专业人员流动所带来的令所有管理者都头疼的研发停摆问题。

强化成本控制。质量与成本呈纯粹反比，质量问题是费用失控的最大风险，规范组织流程是最大的质量保障，控制质量就是控制成本并且能够获取更高比例的绩效。

根据标准度量和分析研发过程建立机构相关的绩效指标，有利于提升组织管理水平，以持续改进研发效益。

2. 组织结果的评价

研发绩效是组织结果的直接体现。研发成果能否满足需求，必须由管理系统给出客观评价。技术研发成果评价的主要依据是技术研发成果与成果需求的匹配程度。技术需求可分两种情况：一是组织内部的项目研发，组织机构为技术研发成果需求方，项目组为技术研发成果供给方；二是外协及外包的研发项目，承接方与承包方为技术供给方。

技术研发成果评价系统亦可视同技术成熟度分析系统，基本原理相同，只是评价应用的角度不同。

通过技术信息分析研究，实现科技项目的成熟度评价由需求建议评价、管理可行性研究、评价合同管理、后评价管理、数据库管理以及标准数据库、云数据库、资源数据库等模块构成。见图4-3技术研发成果评价"总线"模型。

技术研发成果评价的程序与要求与技术转移接续管理中的绩效评价环节相同。

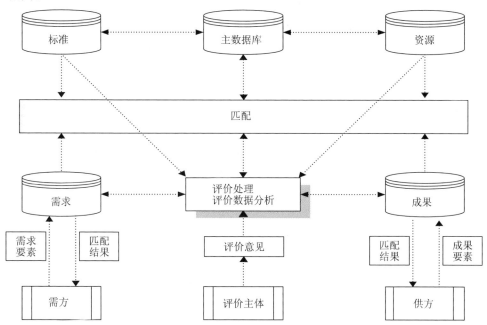

图4-3　技术研发成果评价"总线"模型

4.4.2　创新与研发的协调

创新与研发密不可分，二者具有目的的一致性。创新必须以研发体制机制、研发能力、研发资源约束等条件为前提。从2007年起，中央财政设立了国家重点实验室专项经费，从开放运行、自主选题研究和科研仪器更新 3 方面，加大对国家重点实验室的稳定支持。截至 2014 年中，中央财政累计安排专项经费203.75 亿元，其中 2014 年安排 259 个国家重点实验室 30.45 亿元，包括开放运行和自主选题研究经费 21.87 亿元，仪器设备购置和升级改造经费 8.58 亿元。

同时，中央财政支持机制和管理方式创新，实行以 5 年为周期的定期评估机制，结合评估结果，分类分档安排预算。同时，建立了仪器设备购置与全国科技资源清查结果相衔接的机制，避免重复购置。

创新路径与研发活动必须协调一致，加快建设产学研相结合的技术创新体系，是提高中国自主研发能力的组织保障。学术专职，联盟兼职，技术转移全职，产学研联盟是创新与研发协调一致的理想载体。

教育部于 2012 年 4 月正式发布"2011 计划"的实施方案，并开展"2011 协同创新中心"的认定申请工作。中央财政设立专项资金，对批准认定的"2011协同创新中心"，给予引导性或奖励性支持。

"协同创新中心"协调创新与研发优势和研发条件的关系，能够形成跨区域、跨行业的开放式研发机制。

"2011 协同创新中心"分为面向科学前沿、面向文化传承创新、面向行业产业和面向区域发展 4 种类型。

（1）面向科学前沿的协同创新中心，以自然科学为主体，以世界一流为目标，通过高校与高校、科研院所以及国际知名学术机构的强强联合，成为代表我国本领域科学研究和人才培养水平与能力的学术高地。

（2）面向文化传承创新的协同创新中心，以哲学社会科学为主体，通过高校与高校、科研院所、政府部门、行业产业以及国际学术机构的强强联合，成为提升国家文化软实力、增强中华文化国际影响力的主力阵营。

（3）面向行业产业的协同创新中心，以工程技术学科为主体，以培育战略新兴产业和改造传统产业为重点，通过高校与高校、科研院所，特别是与大型骨干企业的强强联合，成为支撑我国行业产业发展的核心共性技术研发和转移的重要基地。

（4）面向区域发展的协同创新中心，以地方政府为主导，以切实服务区域经济和社会发展为重点，通过推动省内外高校与当地支柱产业中重点企业或产业化基地的深度融合，成为促进区域创新发展的引领阵地。

经济的发展离不开技术创新，推进经济结构调整、改变经济增长方式是阶段性的永续话题，需要源源不断的新技术支撑。

4.5 技术创新与技术研发绩效管理指标体系

技术创新与技术研发绩效主要来自研发团队的知识水平和管理水平。但是，影响绩效的因素却有很多，指标的设置是针对影响研发团队绩效的关键问题和矛盾，选取影响绩效的关联因素和关键因素形成综合分析支撑体系，以进行公平有效的评价与改进。

技术创新与研发是国家竞争力的核心要素。现代科学技术研究经过高密度投入和快速积累，其深度、广度达到了前所未有的水平，无止境的探索和操作简捷的技术需求，使技术研发的难度和复杂性不断增强，学科之间的交叉和融合不断延展，技术创新与研发的国际化已形成主流趋势。我国目前影响技术创新与研发绩效的主要问题有以下方面：一是国际合作不均衡，外资企业在华设研发中心的多，中方在海外设研发机构的少，国内的技术人才流入外资企业与国外的多而国外的技术人才来中国的相对很少，来中国企业搞研发的更少；二是研发体制与机制的改革滞后，政府科技管理部门多年前就出台过相关改革政策，江苏、浙江、广东等省市也颁布过科技成果权属、无形资产股权等技术研发政策实施细则，但除了一批实力雄厚的集团企业研发部门和示范机构，很多高校和科研院所仍延续着传统的研发体制和利益机制，科研的机制驱动只是与评聘职称捆绑而远离市场；三是企业的技术研发能力提速缓慢，尽管政府的科技投入政策不断加大对企业的倾斜力度，产学研联盟在快速发展，企业的技术研发意识在不断加强，但受基础条件和传统观念制约，高等院校和科研院所仍是技术力量的主流聚集地，企业研发与使用先进技术的主体地位离市场体制的要求还相差太远。这些问题与矛盾看似对技术创新与研发的团队绩效没有直接关系，但其影响作用不可轻视。如果不能从体制与机制上寻求解决之道，而仅从常规的管理手段上突破，是不能解决根本问题的。

现代的技术研发团队除了国际化趋势外，系统化、系列化趋势也日益凸显。系统化趋势是指研发团队结构日趋复杂，不仅不同工科学科的相互融合，美学、力学、心理学等理科甚至社会科学的专业人员也进入研发团队；系列化指成果研发的持续开发和升级换代。作为一种有效的合作组织，技术创新研发团队通过分工协作和优势互补，能够极大地激发创新研发人员潜能，放大绩效倍增效应，这是研发团队绩效与其他组织绩效的不同之处。研发团队绩效评价指标体系的合理设置，能正确引导团队的共同努力方向和有效配置创新资源。

4.5.1 绩效管理指标设置

技术创新与技术研发的绩效指标主要是根据技术创新研发团队的业务特点和绩效要求选取。其绩效指标内容主要包括经费投入、技术人员投入、项目投入、研发产出、风险规避等方面。以学科带头人和项目专业责任人牵头的新型创新研发团队正成为主流形式，研发团队的绩效基础、研发团队的组织绩效、研发团队运行的流程绩效、研发成果的转化绩效、研发团队的学术贡献、团队文化与激励机制等将成为评价重点。

1. 研发团队的绩效基础

绩效基础主要指两部分：团队素质与研发条件。

团队素质包括学科带头人（项目专业责任人）素质和骨干成员素质，绩效评价的内容主要有 4 个方面：一是团队的素质，包括学术威望及信誉度、学术视野与造诣、科技创新能力、战略把握能力、组织协调能力、危机管理能力、合作与敬业精神等；二是研发团队的学习与创新能力，主要表现在创新能力（团队成员学习、研修的比率以及创新能力和学术水平的提高）、研发能力（完成和在研的研发项目、国际合作项目等各类研发项目规模、级别及其到位经费）；三是团队流动弹性（情况变化的预期之外，对专业人员一定的流动比例所能承受的程度），包括超出预期的幅度、影响项目质量与进度的程度、自行调整的接续时间等；四是团队成员成长进步的潜力（学习型团队建设投入、团队成员的资质与资格、可利用的培训与实训资源等）。

研发条件主要指技术团队依托的科研平台及内部创新研发环境。对绩效的主要影响因素包括能够方便使用的研发平台（公共服务平台、管理信息系统等），团队运行管理制度的完善及其有效落实（岗位职责、经费及其配套、成果权属分享等），团队有效运行必需的开发工具及其相关规范，民主平等的学术氛围，互通有无的学术交流，调配外部资源的渠道等。还有一项重要的软性条件是技术创新研发团队的规模和结构。团队规模包括团队合理的成员数额和团队骨干数额及其相对稳定性，团队合理的流动性，引进和交流的专业人才数量及其对团队的贡献；团队结构包括学术带头人、团队技术骨干、团队综合服务成员的比例以及团队成员的知识、学历、职称、技能、年龄和国籍等的结构合理性。

2. 研发团队的组织绩效

新型的研发团队是由相互依存的、为共同的目标而接受不同任务的多位成员组成的专业创新群体，是一支通过专业理论指导、知识技能的互补、实践经验的沟通，能够全面合作并承担相应责任与义务的职业队伍。创新精神和合作精神是研发团队组织绩效的最佳解读。

团队的协同性产生群体的协同效应，组织绩效是团队成员个体的工作业绩总和加协同绩效，从而获得大于个体成员绩效总和的团队整体绩效。组织绩效是能力、行为以及结果的综合，可以从能力、行为以及结果 3 个方面测度局部的、阶段的、个体的绩效，然后乘以协同效应系数得到组织能力、组织运行、运行结果等测度指标。要强调团队成员之间的协同性与研究目标的一致性。根据团队类型、研究目的、进展阶段的实际情况来选择各自最具指导意义的指标，区别选择，灵活对待。

技术转移的研发环节主要以应用技术为研究与开发的对象，组织绩效的首要前提是能够满足一定的转让需求，或者能够进入产品开发环节。因此，组织绩效指标的选择，必须能够在一定前提下发挥目标导向、作业规范、风险控制、整体绩效提升的功能。以往按行政组织体系承接研发课题、分摊研发任务的做法是影响组织绩效的最大弊端因素，易造成两头脱节，即研发活动与研发需求脱节，研发需求与市场需求脱节。研发组织通过行政协调而不是按技术专业需要组合，同一研究单位或教学单位的研发人员，专业相同或相近，很难满足跨行业、跨专业的技术攻关需要，很难实现组织资源配置结果与组织目标的一致，出现团队专业技术资源严重的"短板"现象，导致个体技术资源的专业能力过剩、使用效率过低，从而造成创新研发活动的进度慢、质量低的普遍问题。

没有组织的创新，就没有业务活动的创新。国际化、系统化、系列化的新型研发团队正逐渐成为我国技术创新和研发活动的重要组织形式，这将极大地提升技术创新和研发活动的效率和效益。

3. 团队运行的流程绩效

绩效因素包括：流程重组、流程规范与环节清晰、有效授权、流程管理工具的应用、信息平台及商业开发软件的借助应用等。

4. 技术成果转化绩效

技术研发成果转化绩效指标主要包括：成果质量（技术含量）、成果类别（鉴定级别）、知识积累（系统完善与文件归档等）、系列成果厚度（可衍生性）、产品化基础（可行性）、成果转让及其技术推广密度（数量与范围）、技术示范与服务的次数、成果推介的影响度（媒体宣传频率与受众知名度）、知识产权登记总量、成果（技术）的社会效益（奖项及学术贡献）和经济效益（外来经费、转让费、奖金、研发后补贴）等。技术成果转化绩效主要体现在研发进度、研发成本（技术推广费用）、成果转化质量 3 个方面。

5. 团队的学术贡献绩效

团队的学术贡献绩效指标比较规范，是成果转让和产品化经济效益以外的社会效益结果指标。技术创新研发团队的学术贡献主要包括课题验收鉴定成果、学术论文、著作教材、学科建设和人才培养等几个方面。课题验收鉴定成果包括：国家或省部级科技成果奖（含成果鉴定）、专利申请权和专利授让权、软件著作权、品种审定（认定、鉴定）或保护、颁布并实施的（国家、行业、地方、企业）标准等。学术论文包括：重要检索机构收录的论文、国内外学术会议报告、论文测度期影响因子（或被索引的总次数）、著作教材包括：主编或参编的学术专著、译著、论文集、教科书、工具书、科普著作的字数以及被引证、摘录或转载的次数等。学科建设包括：新专业开设、举办和参加国际国内学术会议、报告会和专题讲座的次数，在同行中的社会声誉和学术影响力（包括学术兼职、专业性荣誉称号）等。培养人才包括：直接培养和联合培养博士后、博士研究生、硕士研究生的数量，培训实训人次，岗前轮训与职业资格持证比率，指导研究实验和论文写作等。

6. 团队文化与激励机制

团队绩效的文化因素主要包括：团队成员的社会价值观、服务意识、品行道德、奉献精神、多文化包容理念等。团队文化维系成员研发行为准则和人际交往关系，团队文化需要渐进融合，需要坚持不懈地熏陶和培育利用。利用价值追求的导向性和研发目标的吸引力，提升团队成员的责任意识和协作精神，提升战略目标的协同性和团队士气，形成系列化研发的长期凝聚力。

团队文化绩效评价指标主要包括：团队分工的合理性、合作与交流的通畅性、学术氛围的民主性、竞争与合作关系的协调度、团队成员对团队的责任感、自我学习和研发工作的主观能动性等。

激励机制对绩效提升具有重要的促进作用，团队激励机制的奖项指标与责权利匹配有关，主要指标有：知识等资源的共享度、公共信息平台应用方便性、署名权（落实）、股份权属（有无）、薪酬分配的公正性（分配的公开性和合理性）、被认同感（尊重、成就等）、研发环境满意度、个人发展潜能预期等。

技术创新与技术研发的主要绩效指标见表4—1。

表 4-1 技术创新与技术研发绩效指标 A1

一级指标	二级指标
经费投入 A11	人均 R&D 经费 A111
	资金投入（技术创新研发总费用/产品销售收入）A112
	科研机构技术引进支出总额 A113
	自有资金投入 A114
	融资投入 A115
	科研机构国际合作科研项目经费支出总额 A116
	企业研究与发展支出占总收入比例 A117
技术人员投入 A12	留学归国人员占从业人员比例 A121
	人才投入（技术开发人员/职工总数）A122
	专业培训持证总量 A123
	外协及国际人员比例 A124
项目投入 A13	原创开发项目数 A131
	合作开发项目数 A132
	研发团队规模＝科研项目数量/从业人员数量 A133
	研发团队的体制与机制 A134
	创新与研发模式 A135
	火炬计划项目数 A136
	"863""973"计划项目数 A137
	研发周期 A138
	技术成熟度 A139
	经费预算达标率 A1310
研发成果 A14	科研机构技术输出收入总额
	产品化测度 A141
	成果先进程度 A142
	项目按期结题比率 A143
	项目验收合格比率 A144
	性价比率 A145

一级指标	二级指标
研发成果 A14	替代垄断产品程度 A146
	拥有发明专利数 A147
	技术发明（项）A148
	技术发现（项）A149
	专利申请数 A1410
	专利授权数 A1411
	准技术数量 A1412
	其他知识产权 A1413
	节能减排比率 A1414
	共用基础模块重用 A1415
风险规避 A15	风险发生概率 A151
	负面影响程度 A152
	人才流动（数、率）A153
	淘汰项目数 A154

4.5.2　绩效管理指标解析

技术创新与研发绩效指标的解析重点是研发成果，研发成果也是研发团队的整体性绩效。影响整体性绩效的首要因素是全体专业人员齐心协力的密切配合，绩效属于团队整体，而非个人或团队的领导。重要的影响因素是团队的技术能力和管理水平，间接的因素有团队成员的积极性和主动性、团队运行的体制与机制等。由于创新研发的技术难度很高，协作复合度很大，因此，团队成员的贡献和能力大小、内部体制与机制的运行效果，以及研发风险和危机管理等机制运行的成效难以量化和细化。间接的影响因素更是由于各个团队的人才结构不同而无法设置统一的考核指标。为了保证绩效评价的有效性，需要根据研发创新团队的绩效特点，从团队和团队成员两个层面对团队绩效状况进行定量与定性相结合评价分析，设置更多的弹性评价指标。

从承上启下的全过程意义角度，研发成果细化指标中，成果化为关键绩效影响要素，以评价打分为例（见表 4—2 成果化测度指标得分）：

表4-2 成果化测度指标得分

成果化绩效条件	权数（A）	机构绩效能力（B）	评分×100（C）
组织信誉	0.15	0.9	0.135
产品化条件	0.1	0.7	0.07
研究与开发	0.3	0.7	0.21
人力资源	0.2	0.6	0.12
现金流	0.14	0.9	0.126
产品线	0.02	0.8	0.016
集聚区	0.05	0.3	0.015
供应链	0.04	0.5	0.02
总计	1.00		0.712

注：

可以是多名专家对同一项目进行评价，也可以是同批专家对多个项目进行评价；

表中A、B项可由专家主观赋权，也可由数学模型计算而得；

表中A×B＝C。

其他主要指标可根据数量指标或质量指标采取不同方法评价，如：

研发创新能力\&. 研发机构设立\&. 有无设立研究机构A、有B、无\&. 百分比例法

研发人员比重\&. 研发人员总数/员工总数×100%\&. 功效系数法

研发人员股权激励\&. 该企业对研发人员有无股权激励A、有B、无\&. 百分比例法

研发经费比重\&. 研发经费/销售总额×100%\&. 功效系数法

3年研发经费增长率\&. 功效系数法

技术引进与改造经费比重\&. 技术引进与改造经费/销售总额×100%\&. 功效系数法

研发成果转化率\&. 近3年研发成功投产项目数/同期研发项目总数×100%\&. 功效系数法

专利拥有量比重\&. 组织拥有的专利数量/行业拥有的专利数量×100%\&. 功效系数法

员工学历比重\&. 员工大学本科及以上学历者人数/员工总数×100%\&. 功效系数法

员工培训经费比重\&. 员工培训经费/销售总额×100%\&. 功效系数法

案例：创新与研发的极客——马斯克

"苹果"创新与研发的巨大成功，让人们热议乔布斯时经常会提问："下一个乔布斯式的人物会是谁？"如今，很多人的回答是埃隆·马斯克，甚至有人认为，马斯克已经超越乔布斯。

从创新研发到产业化的典范

从创新与研发到产业化，马斯克既是天才工程师，又是卓越企业家。他首创网络支付平台 PayPal，31 岁成为亿万富翁；10 年时间制造出世界价格最低的运载火箭，开辟私人探索太空时代，同时制造出第一辆在商业上获得成功的电动汽车；新能源太阳城计划正在进展；45 分钟横跨美国的超级高铁已在构想中，这一革命性的运输方式将载入人类技术进步的史册。他完美地跨越了从创意到市场的产业化过程。

马斯克出身于种族隔离时代的南非比勒托利亚。1992 年，21 岁的他从加拿大转学来到美国，在宾夕法尼亚大学攻读物理学和经济学。宾大毕业后，马斯克前往斯坦福，本是去就读能源物理博士，但与许多硅谷创业者一样，他只有两天便很快辍学了。他还没有美国国籍，仅在美国待了两三年，是真正的外来者，从斯坦福辍学更让他获得了"极客"阅历。1995 年，他成立了 Zip2，做媒体电子业务，帮助全国性的网络媒体与地方化的商家合作，将产品地方化，客户包括《纽约时报》和《芝加哥论坛报》。由于预算很紧，他与哥哥及另一位朋友合租了一套公寓，就在公寓里办公。这一年，互联网的泡沫刚刚开始，还没有人知道在之后的几年时间里，网络创业公司的价值会直蹿云霄，动辄达到数十亿美元。1999 年，康柏的 AltaVista 部门用 3.07 亿美元现金和 3 400 万股票收购了 Zip2，马斯克的个人资产超过 2 000 万美元。那是硅谷不断诞生一夜暴富神话的时代，而马斯克幸运地成为硅谷传奇之一。

移动金融的颠覆创新

1999 年，马斯克创立了一家叫 X. com 的电子支付公司。2000 年，X. com 收购了 Confinity，更名为 PayPal，实现了安全的网上支付，马斯克作为最大股东，拥有 11.7％的股份。2002 年 10 月，eBay 用 15 亿美元的股票收购了 PayPal，PayPal 正式确立了马斯克在硅谷的地位。他与彼得·泰尔共同创立的 PayPal，培养了很多杰出的创业家，包括 Slide 创始人马克斯·列夫琴、LinkedIn 创始人里德·霍夫曼、YouTube 创始人陈世俊和查德·荷里等。这批人被称为硅谷的"PayPal 帮"。随着互联网文化的兴起，极客被用于形容对计算机和网络技术有狂热兴趣并投入大量时间钻研的人。马斯克用创新诠释硅谷极客精神并打上他个人烙印。马斯克打破一切知识的藩篱，回归到事物本源去思考基础性的问题，在互联网时代创造全新的商业模式、尖端技术与时尚潮流。

事后看，2002 年恰好是互联网泡沫即将达到最大的年份，爆破在即，预见与机遇的巧合，马斯克在泡沫顶峰实现了套现，实现了财富最大化。刚刚 30 岁出头，他已成为硅谷又一位年轻的亿万富翁，个人资产达到 1.5 亿美元。

PayPal 的创新奠定了 15 年后支付宝、余额宝等移动金融在中国的颠覆性产业地位。

低成本的"火星殖民"创意

2012 年 5 月，名为"猎鹰 9 号"的火箭成功发射升空，整个宇航界为之震动。它开启了一个新时代：第一架私人所有的商业运输飞船进入一直由国家垄断的"国际空间站"。美国航空航天局（NASA）商业轨道运输服务平台正式开始其太空之旅，取代了航天飞机向"国际空间站"补给货物和人员，这家公司叫SpaceX，首席执政官是埃隆·马斯克。科幻故事始于 10 年前。

马斯克是物理系毕业的，但从来都不是什么火箭科学家。他策划了一个叫"火星绿洲"的项目，计划将这个小型实验温室降落在火星上，里面有在火星土壤里生长的农作物。不过当他发现发射成本比这个项目的研发和工程成本都高很多的时候，他暂缓了这个项目，决定先把自己变成火箭专家。马斯克用 1 年时间读遍了所有相关的大学教材，2002 年 1 月，他利用里约热内卢的度假时间，读完《火箭推进基本原理》，列出了造火箭的计划进度表。这是他与乔布斯的不同之处：苹果电脑的技术灵魂是斯蒂夫·沃兹尼亚克，而马斯克本人就是一位天才工程师。

火箭工程师汤姆·穆勒是美国最大引擎制造商 TRW 的液体推进器专家，制造过世界上最大的发动机引擎。马斯克向穆勒询问了火箭的造价，把他招到了麾下。同时被招聘的还有在波音公司当了 15 年德尔塔火箭测试主管的蒂姆·布萨、麦道飞行公司里主持"大力神"火箭的结构设计师克里斯·汤普森，他们一拍即合。很难相信，企业巨头和 NASA 里最顶尖的一批火箭工程师都受到召唤似的来到了硅谷。一位 TRW 的工程师日后回忆，马斯克的卖点是"做实际工作的自由——造火箭"，而不是"成天开会，设备批条一等数月，搞办公室政治"。这位工程师说，他曾经"消耗在明知没有前途的项目上，精神都被拖垮，现在终于解脱了无聊"。一位 NASA 出来的工程师则回忆，在 NASA，"几年时间耗在一个小研究上，却根本不知道火箭造到了哪一步，而在 SpaceX，马斯克每周五向大家汇报火箭进度，感觉像在参与人类的历史进程"。

回到洛杉矶，马斯克把公司更名为 SpaceX，开始向家人、杂志记者、好莱坞明星和他身边所有的富人朋友宣布去火星的想法，说他将是第一个进入太空的私人公民，说"这是 45 亿年来人类第一次有可能将自己的触角扩张到地球之外，我们需要抓住这一机会"。他高调地把自己变成了一个公众人物，有人问，为什么要追求名气，他回答："如果人们不知道我是谁，就没有人会卖给我零部件。"硅谷文化欣赏这种疯癫，美国媒体盛赞："如果他成功，人类便成功；他不仅是在为他自己奋斗，而是为我们所有人。"

乔布斯代表着经典意义上的新一代极客精神，把小玩意儿的美感潜力发挥到完美的极致，直至有体验的欢愉和快感，使互联网、计算机与电子产品具有了触及人情感的灵韵，开拓了全新的商业机遇。这批极客也由此创造了消费时代的新宗教。马斯克也有这种品质，喜欢控制一切，并用品味和审美的原则来统率他的控制欲。他对特斯拉 Model S 的设计极其挑剔，自己设计了后视镜，坚持要求仪表盘上不能有按钮，因为对设计万般苛求，还拖延了下线时间。但马斯克与乔布斯有着根本的不同。乔布斯走向小的极致美，马斯克走向更宏大的雄壮美——他要造汽车，造太阳城，造火箭，狂人般的宏大工业英雄主义创造宏大新商机。马斯克喜欢谈"让人类跨星际"，"在宇宙中求生存"，"火星殖民"和"新世界"，"你可以拥有一辆很便宜但是很稳定的汽车，同样，这个规则也适用于火箭"。

随后半年，他个人出资 1 亿美元，共筹 3.2 亿美元投入公司，两年半里追加 5 000 万美元，造出了"猎鹰 1 号"。就像西南航空、戴尔和纽柯钢铁这样的创新企业一样，SpaceX 并没有大型的研发实验室，没有博士军团，没有政府资助，做的不是基础性的科技创新，采用的是成熟技术和设备，创新之处却在于生产流程中所作出的一个个成本最小化的小改进。马斯克的雄心是，把商业发射市场的火箭发射费降低九成，在未来把 10 万人送上火星，进行星际移民。成本是核心的核心，有没有专利并不重要。"猎鹰 1 号"用的主发动机是 20 世纪 60 年代的老古董，只有一个燃料喷射器，很老但很可靠。

在 SpaceX，任何省钱办法只要有效，都可一试。财务很灵活，只要可能降成本，就批预算、买设备。这里的每个人都是股东，都想方设法省每一美元。他们没有买新的经纬仪跟踪火箭轨道，而从 eBay 上买了个二手货，省下 2.5 万美元。第一截按设计应可部分回收，雇一个专业的火箭打捞公司要 25 万美元，但也有能处理敏感设备的商业打捞公司，只需 6 万美元。"猎鹰 1 号"运载小卫星的最终报价是 590 万美元，是当时美国市场价的 1/3。美国航空航天专家霍华德·迈克库尔迪认为："马斯克的秘密不在技术，而在预算控制。不像 NASA，他不受巨型组织和固定合同商的约束，也不受政府一年不如一年的航空项目预算的拖累。""猎鹰 1 号"造出来后，SpaceX 已经拿到了 3 个客户的订单，其中包括马来西亚政府和美国国防部。2004 年，时任总统布什推出了星座计划，按计划，NASA 将退出地球轨道的发射任务，全面转向深空，地球轨道运输则转交商业公司，"商业轨道运输服务"项目（COTS）应运而生，为 SpaceX 这样的公司开启了不可估量的商业空间。NASA 对 SpaceX 鼎力相助，开放了阿波罗计划的部分技术，"猎鹰"系列的"灰背隼"发动机就采用了登月舱下降级发动机的喷注器。

然而，接下来 SpaceX 的 3 次火箭发射却连续失败。马斯克面临巨大的压力：如果第四次还是失败，SpaceX 将无力承担第五次发射。硅谷文化一向对失败非常宽容，失败甚至是荣耀的经验。2008 年，马斯克陷入了人生的最低谷。不但 SpaceX 面临危机，他的另一家公司——特斯拉电动汽车，也濒临破产。

特斯拉的商业化研发

几乎在 SpaceX 公司建立的同一时期，特斯拉电动车公司（TESLA）成立。

来自硅谷的工程师、创业家马丁·艾伯哈德从停在车库中的丰田普锐斯以及保时捷 911 身上找到了自己创业的新方向。艾伯哈德认为，在美国市场，人们购买普锐斯不是为了节省油费支出，而是希望通过这款车来表达一种对环境问题的态度，于是乎便有了制造电动高性能车的念头。

AC Propulion 公司的 CEO 汤姆·盖奇得知埃隆·马斯克对电动车技术很感兴趣，将他介绍给了艾伯哈德和特斯拉团队。随即，马斯克为特斯拉公司注资 630 万美元，不过，他也开出了自己的条件——拥有特斯拉公司所有事务的最终决定权并出任董事长，创办人马丁·艾伯哈德则担任 CEO。在特斯拉公司发展过程中，因受 SpaceX 公司拖累，马斯克也曾忍受过如艾伯哈德的赤贫如洗之痛，但不同的是，他的坚持为特斯拉赢得了生机。2008 年金融危机爆发，加上 SpaceX 公司火箭发射试验失败，埃隆·马斯克没有能力维持特斯拉公司的现金流，回身乏术的他几乎为放弃特斯拉公司来保全自己的航天梦做好了准备。后来，戴姆勒公司正为加快对电动车的发展进程而寻求合适的合作伙伴，埃隆·马斯克的特斯拉公司成为最终选择，通过转让特斯拉公司近 10% 的股份，马斯克换得喘息之机。2010 年 6 月，特斯拉在纳斯达克上市，马斯克又一次渡过了财务难关。马斯克坦陈将所有的未来赌在火箭和电动车上很冒险。但他话锋一转，"若我不这么投入，才是最大的冒险，因为成功的希望为零"。

按照创办公司前的设想，特斯拉公司的产品定位于高端、高性能运动型电动车，Roadster 是特斯拉的第一款产品。从 2008 年推出了全球首款量产电动敞篷跑车 Roadster 到 2012 年量产版 Model S 的亮相，这一系列技惊四座的电动车产品在技术以及性能方面似乎并没有受到任何枷锁的束缚。从研发 Roadster 开始，埃隆·马斯克就把特斯拉电动车定位于高端消费产品，这是一个十分"务实"的战略部署。有钱人希望可以通过购买和驾驶电动车来表明自己的环保态度，这部分人群并不会在乎开一辆电动车会比日常驾驶的法拉利节省多少费用支出，驾驶体验才是他们看中的。所以，如果一辆性能出众且造型不凡的电动车摆在他们面前时，即便标价与跑车不相上下，大多数有钱人都会欣然接受它。埃隆·马斯克对此把握得十分准确，他就是要让高端市场来消化它的产品，以此在新能源领域谋得发展。

Model S 获得《Motor Trend》杂志评选的 2013 年度最佳车型大奖，当媒体问马斯克的获奖感受时，他说："相信多年后回顾这段历史，Model S 将会是从传统燃油时代向电动车时代发展的里程碑。"马斯克形容电动车这项事业"看起来很难，实际操作比看起来还要难"；"特斯拉 Model S 像 iPad 一样好用，电动汽车也可以成为全世界最好的车"。Model S 是第一辆从设计开始全程都由特斯拉自己完成的车。这款车的一些技术是专门针对 SUV 以及小型货车研发的，另外还尝试了电动超级跑车以及电动卡车的研发，希望把电动车技术运用在所有的车型上，覆盖所有的消费者。以配备 85kWh 电池组的特斯拉 Model S 签名版为例，其最高时速为 209 公里，续驶里程达 483 公里。这一组数字足以让 Model S 获得与传统燃油车一争高下的资格，更将同类电动汽车远远地抛在身后，预计其2015 年产量将超过 6 万辆。

特斯拉已获准进入中国市场，在研发方面与汉能集团开展了合作，在电动汽车超级充电站上应用汉能薄膜太阳能技术，近百万元一辆的电动车令中国消费者趋之若鹜。

第五章　技术集成与技术成果产品化绩效管理

引　言

技术集成与技术成果产品化是将自行研发或外购的分散的新技术进行组合优化，将这些分散的或不完善新技术通过整合与二次开发形成新的成果，是首次提供的能为消费者带来新的利益、能满足某种消费需求的整体产品的活动过程，是技术转化在新产品开发领域使用价值的实现。集成与产品化实现的使用价值，作为技术转移的新资源将进入商业化渠道。

技术集成和技术成果产品化是技术研发的后续环节，是商品化直至产业化的起始阶段，这一承上启下的重要阶段是提升技术转移绩效的关键环节，是每一个生产企业都必须把握的战略重点。

技术集成是技术成果产品化实现的前奏，产品化是技术集成的高级形式。有人曾言：形不成产品的技术都是伪技术。提升技术转移绩效，必须加强集成创新能力，形成单项相关技术的集成创新优势，努力实现关键领域的整体突破，必须充分利用全球科技存量，加快引进消化吸收再创新，形成后发优势，实现新技术的产品化。德国、荷兰等国家的世界顶级企业，无一不是新产品开发的典范。

5.1　技术集成与技术成果产品化流程

技术集成与技术成果产品化流程包括技术流程与组织流程两方面内容，是以技术流程为主导、组织流程相融合的制度化、标准化实施活动。科学合理的产品化流程是绩效管理的基础，对流程进行准确界定以及对流程阶段的清晰划分，目的是为绩效管理现代化手段的应用创造条件、提供用武之地。

5.1.1　对流程进行准确界定的意义

技术是建筑在既定的技术基础和过去的成功经验基础之上的，对技术集成与产品化流程进行准确界定是科技成果能否有效、快速转化的重要条件。技术集成与技术成果产品化流程是指研发部门或企业设计和成型一种整体产品（或服务）的活动步骤，也是把一系列投入变成一系列产出的绩效管理序列。

每一个组织的技术流程与其他组织的流程应是大同小异，同一组织对于不同的产品化项目也可能采用不同的流程。流程不要求相同而要求界定清晰、步骤完整、描述简捷。对流程进行准确界定能够保障质量、进度、成本等绩效计划的落实，实现任务分配的定量化、目标考核的标准化、进度推进的协同化、成本控制的责任化。

1. 任务分配的定量化

拟定技术流程是以设计中的产品标准为任务目标，无须按原有行政系统的人力资源进行绩效管理。产品标准决定目标任务，总体任务确定后再圈定职责岗位，根据质量、工期、预算等以岗定人，为岗位量化任务。

2. 目标考核的标准化

产品开发流程确定产品化项目的阶段及研发流程的节点，目标考核是按目标分解后的分层目标，以标准化的要求考核各阶段和节点的任务目标，按标准化的内容考核各个阶段和节点的岗位工作质量和工作进度。流程阶段和节点的选择是有规律性的，是经过专家和研发团队的经验验证的，每一期研发流程都会进行绩效评价和档案规整，其组织活动都会有经验教训的总结与借鉴，所以，遵循产品开发流程是一种保证最终产品质量的有效方式，也是一种目标考核的制度性保障。

3. 进度推进的协同化

研发进度是产品化绩效的重要影响因素，清晰的产品化流程界定发挥着总工期的标杆作用，总工期严格规定开发团队中每一个活动者的任务定量和作为合作者的责任与义务。产品化流程包含了任务完成每一阶段的时间衔接。这些前后交接的时间排列有助于整个研发项目工期进度表的落实与调整。当攻关出现难题、人员需要调剂或者团队成员之间原材料和反馈资讯需要交流时，流程阶段与节点是团队成员之间的信息沟通和资源传递的界限依据，是进度协同化推进的程序保证。

4. 成本控制的责任化

产品化流程是评估产品化活动绩效的参照标准，尤其是在成本控制的责任划分上，很容易明确流程中每一职位的权责利关系，控制简单，核算清晰。通过实际费用和事前已经拟定的流程规定的对比，管理者可以随时发现费用超预算问题和经费节流的潜力，识别出可能出现问题的原因和提前提出控制财务风险的举措。

5.1.2 产品化流程的绩效思路

技术集成与产品化的流程是经过几十年的经验积累和科学总结而成的，有其基本原理及技术规则。流程的起始是需求描述，结果是产品定型，流程完整结束的标志是产品进入市场。需求描述是为产品确定目标定位，识别产品的基本功能，预算实现各种基本功能的成本费用，并预判产品集成的商业价值，产品流程绩效为技术转移全过程的下一里程奠定基础。产品流程的绩效重点是效率，只要进入流程，时间就是绩效，压缩流程时间可以节省占成本比重很大的人才资源费用，更重要的是，在竞争日益激烈的信息网络时代，产品寿命周期越来越短，新产品的竞争决定着企业竞争的成败。

产品化流程要解决的首要问题是新产品生产质量的稳定性和制造工艺的特殊性。现代信息技术手段有条件支持一个通用平台，用于设计、制造流程的资源供给服务，通用的标准平台能够控制质量的稳定，是系列化产品批量化生产的基础前提。制造工艺的特殊性能够保证产品的特性，加大产品在短期内被市场仿冒的难度，同时，制造工艺的特殊性还指能够满足部分个性化定制的要求的特性。搭建规律是将其视为一个系统。其过程开始于各种输入，如公司目标、可用技术能力、产品平台及生产系统。多种行为对信息进行处理，形成产品特征、概念和设计细节。当所有生产和销售所必需的信息都产生并被传达，这一过程即告结束。

为满足稳定性和特殊性的流程要求，就必须有一套可置于平台之上的通用设计概念，应用数字化设计手段和信息管理系统的专业管理软件，不断扩大部件加工设备的可替代程度，提高系列产品形态、性能的稳定性；不断缩小产品的可替代范围，以提高产品的特殊性，直到该产品能够被稳定地、批量地生产。这种要求即使是个性化定制平台也不例外。所谓的个性化定制应该只是局部外观形态及次要使用功能等的增删，基本功能和新型外观产品的定制已经成为另一个产品化概念，单个或少量特需产品的定制不在技术转移全过程的研究范围。

产品化流程的绩效管理就是按照流程的规范要求"顺藤摸瓜"，对不同环节的绩效给予客观认定。不同行业的技术条件和产品项目的市场背景各不相同，管理理念与方式也存在较大差异，但技术集成与产品化的流程大同小异，差别在于各个环节轻重缓急的把握尺度不一，包括对资源投放优先度的把握。

5.1.3　技术集成与产品化流程的阶段划分

技术集成与技术成果产品化视项目的功能要求、配套系列和复杂程度等具体情况，项目有大、中、小之分，市场有生产资料、生活资料之分，消费有高端、低端之分，以及各种类别的其他区分。不同类别的集成与产品化项目，其流程有繁有简，但流程顺序与环节作用基本相同。

产品化的基本程序大致包括 6 个环节，或者讲可划分为 6 个阶段：

第一阶段：规划

规划是具体操作上务虚而宏观筹划则最为重要的阶段，不仅是整个过程的启动环节，还是整个过程的指导基础。这一阶段的要点是始终置任务于组织的战略目标之下，置任务于客户的潜在需求之上。规划阶段的成果是定义集成技术或产品化的客户对象和目标市场。要在相应的高度评估关键资源和制约条件，客观分析市场定位和开发价值，分析替代技术的可行性和目标体系构架。

第二阶段：创新设计

创新设计是以新的创意理念对潜在客户需求的成型描述，产生连贯的评估可替代的产品概念和相应技术概念。创新设计是企业产品战略中的重要组成部分，任务重点是对集成技术和新产品或服务模式的使用特性、功能、外观等进行定位，面向规模化、智能化制造与装配的工艺设计或可快速重组的个性化制造与装配工艺设计，并提供专业性、标准化的设计文本，同时提供对应的竞争产品分析和项目的商业经济分析。

第三阶段：系统设计

系统设计阶段主要定义集成系统或产品结构，以及产品子系统和零部件的构成。该阶段的成果主要是系统的几何设计、每个子系统的功能专门化设计、装配程序、外包外协衔接，以及集成过程的总控制流程。产品功能设计注重的是产品的性能和质量，要求在产品设计中充分考虑需求特性，体现产品的性价比，并以此为原则，保证品质设计，包括：配合度精确、性能优良、操作便利、稳定耐用、售后维护成本等。选用的技术手段包括价值工程、装配过程模拟、装配设计、质量功能选择和计算机智能设计等。

第四阶段：细节设计

细节设计阶段完成所有标准部件以及非标准部件的尺寸、材料、公差等数据的完整图像细目，制订供应商部件供应计划，设计选择生产系统中部件制造的工具。该阶段的成果主要是流程的控制文档（control documentation）——描述全部部件几何形状和制造工具的图纸和计算机文档、外购外协部件的名录，以及集成、制造、装配和服务的流程计划。

第五阶段：测试与完善

测试与完善阶段中，测试包括两大主要内容，一是是否达到规划设计的主要功能指标及外形工艺设计水平，二是对未达标或是超过规划设计功能测试其差距，分析其原因，确定其修正范围及关键成本。完善工作包括功能达标完善和功能增强程度认定。完善工作的前提是在既定功能和成本的允许限度内进行。

第六阶段：产品定型

产品定型意味着技术集成与技术成果产品化流程周期的结束，是技术转移下一个过程环节的开始，即进入批量化、商业化的环节。产品定型阶段还包括产品试用，创新总结，遗留问题处理，使用产品跟踪调查等。

表5-1标注了研发团队在不同集成与试制阶段各组织内部的主要职能和协作责任。由于这些职能密切关联，除了规划设计、工艺制造等主要功能外，其他辅助功能如流程问题研究、财务核算、知识产权、供应配套、资料提供、文档服务、销售跟进、外协外联等也在流程的各个阶段发挥着重要作用。工作虽有主次之分，但各负其责，缺一不可。

表5-1 技术集成与技术成果产品化流程表

规 划	创新设计	系统设计	细化设计	测试与完善	产品定型
市场计划： ·描述市场需求 ·分析消费群体 ·产品创意产生 ·确定风险界限	·搜集相关市场信息 ·了解潜在竞争商家 ·识别潜在竞争产品 ·新产品创意筛选 ·商业分析	·定义完善产品属性 ·扩展系列产品	·密切关注市场动态	·新材料选购与替代 ·便利性测试	·确定成型产品数量和样品分送对象
产品设计： ·选择开发平台和系统结构 ·评价集成技术或技术成果	·调研产品概念 ·开发设计概念 ·整合集成技术 ·设计并测试实验原型	·常规替代产品体系结构 ·定义子系统和界面 ·改进设计	·定义部件设计 ·确定材料 ·制定公差 ·完成设计控制	·模型可靠性测试 ·样品寿命测试 ·功能测试 ·设计修正	·评估不同批量生产能力
产品制造： ·生产资源评估 ·供应链搜索	·评估制造工艺 ·评估生产或服务可行性	·确定关键部件供应 ·确定自制与外购 ·最终装配设计	·定义部件生产流程 ·设计加工 ·集成或制造	·改进集成制造和装配工艺 ·人力资源调配 ·改进质量保障体系	·按计划需求提供合格产品

续表

规　划	创新设计	系统设计	细化设计	测试与完善	产品定型
支持职能： 研究： ·论证备用技术	·参与设计	·自制部件准备			·规范标准 ·认定专有技术
供应：		·调动项目资源 ·明确服务内容			
财务： ·安排资金计划	·盈利前景预测			·成本灵敏度 　测试	
法律：	·搜集相关专利				·确定专利申 　请权
营销：			·营销策划		·新产品试销

　　技术集成与技术成果产品化是一个复杂且重要的过程，表5－1中，其主要内容有：战略目标构架下的新产品规划创意、创意的产生与筛选、产品概念形成与测试、商业分析、产品研制、营销策划、市场试销和产品定型等。

　　有很多高新技术企业为加快产品化周期、降低成本、防范失败风险，购买或自行研发了产品化管理系统。企业是否应用了专业的信息管理系统已经成为评价企业绩效的重要间接性指标。

5.2　技术集成与技术成果产品化绩效实务

　　技术集成与技术成果产品化绩效的两大影响因素，一是产品化技术管理，二是产品化流程管理。由于产品化技术即产品开发的技术手段差异性太大，且基于IT技术基础的开发平台有很高的成熟度，故产品化绩效实务只对流程管理做重点研究。

5.2.1　技术集成与技术成果产品化流程管理

　　1. 按流程配置资源

　　在企业传统的产品开发管理中，资源配置并不针对单个的产品化项目。企业管理层根据计划职能部门安排的新产品开发计划选择并决策产品化开发项目，技术研发部门负责开发设计并形成方案，转由供应部门和生产部门完成材料、零部件采购和样机制造、测试等工作，再由技术部门多次反复，修改完善，其后市场部门负责销售、客户服务部门提供售后服务等一系列业务几乎都是平行移交，各自独立完成部门职责。各职能部门只负责新产品开发的某一阶段内容，每一个职能部门都有自己固定的业务操作流程和整体经费预算计划，虽然有些项目经理或形式上的项目经理和产品经理，但没有一个部门对产品市场的最终成败负责。

在直线职能制的产品开发管理体制下，各部门的业务重点是部门年度任务的纵向进展，对人、财、物、研、产、销一条龙盈利模式的横向关系缺乏必要的关注，使得产品的开发流程随着开发进度在不同部门间频繁横向移动，没有从企业战略目标的层面全面地来看待产品战略、产品的市场价值和开发手段引导机制。职能部门负责人只关心如何把开发中在制品顺利地移交给下一个部门，所以经常会出现环节之间推卸质量责任的扯皮现象，业务矛盾必须由上一级管理层进行沟通协调并最终调和拍板。在企业发展到一定规模，特别是在多个产品同时开发的情况下，管理高层往往在产品设计和内部协调的细节上耗费大量时间、精力，而忽略掉根据重点产品、重点时段的轻重缓急优先安排资源的管理要务。

按流程配置资源是根据流程的不同环节编制经费预算配置专业人才，协调相关职能部门人财物力的供给数额及供给时间，调节不同产品项目的并行与错峰运行，增减预算误差或进度失常导致的资源余缺。资源的配置同时需对占有与使用进行授权。

2. 专家四审的流程管理

产品化流程管理中的专家四审环节被公认为专业保障、必不可少，是一种简捷有效、事半功倍的管理手段。

专家评审流程是在决策高层批准施行的前提下的一项主体保障，是对新产品的开发过程作出的把关决策。专家评审决定整个流程的启动与终止，它通过在产品开发周期过程中的规定决策点上进行审评并作出决策，认可、修改或否决产品化的下一步开发流程，规避产品开发风险。审批、审核、审评、审定4个环节中，审批是根据立项分析研究报告和决策批复意见，提出专业决策意见，给出明确的原则建议，结果是继续施行或项目撤销。审核环节是项目团队将计划执行过程出现重大问题后的处理意见或重大修改方案以及对指导意见的回复，按程序规定提交专家组审核。审核结果是提出针对性的处理意见和建设性的指导建议，授权项目团队执行下阶段项目计划。审评是对项目阶段性成果的审议评价，根据可操作的对照标准，给出评价结论，并提出具体的时间进度和质量要求，以便监督下一步的绩效进展，或者是作出中止决定。审定是对项目团队任务完成情况的结论性评价（见图5-1）。

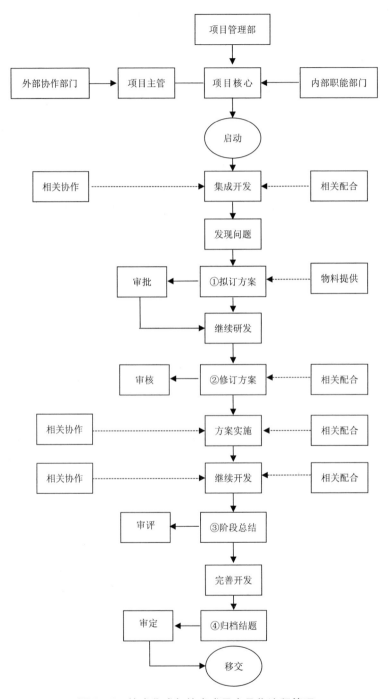

图 5-1 技术集成与技术成果产品化流程管理

3. 流程管理工具的比较应用

产品化流程管理正在由基于市场需求价值的系列产品开发阶段，向基于盈利模式、客户价值的集成产品开发阶段发展。在 IT 技术的支持下，PACE、SGS、PVM 等新产品开发流程管理工具不断完善创新。

（1）产品及周期优化法（PACE）。PACE（Product and Cycle-time Excellence）是新产品开发过程的一个计划模板和参照模型。它把新产品开发过程定义为：一个综合的流程，它将子流程、组织结构、开发活动技巧和工具融入到一个单一的结构框架。PACE 是美国管理咨询公司（PRTM）提出并应用于指导企业产品开发流程改进的管理工具，PACE 作为参照，以便于企业在改进产品开发流程中清晰自己所处的典型阶段。然后确定进一步改进的目标。PRTM 公司创始人迈克尔·E. 麦克哥拉斯在 *PACE-Product and Cycle-time Excellence* 一书中全面系统地介绍了 PACE 的理论和知识体系。认为产品开发是 21 世纪的商业主战场，今后将是"研发生产率年代"，即新产品是可以批量开发出来的，企业将更多地关注新产品开发的资源管理、项目管理、技术管理与产品战略。PACE 适用于新产品市场需求比较明确的企业，其应用能够大幅度提升开发过程管理的能力。

其基本思想有以下主要内容：①产品开发是由一个可以不断改善的决策和管理流程来推动的，管理流程通过一个完整的结构框架、通用要素和标准的术语实行规范管理，产品化绩效的获取并非单纯依靠少数资深技术人才和高层管理者。②产品开发过程需加以定义和实施，以保证企业相关人员都能有共同的认识，每个部门、每个岗位的沟通与协调都有规章约束、有规章可遵循。③产品开发是一个分层次和进度表的结构化流程，技术开发和活动管理需纳入一个逻辑流程框架中，在流程演进的每个阶段都需要按部就班，将下一阶段的某一要素过早地引入到现阶段毫无意义。绩效问题必须通过综合的方法来解决，任何零打碎敲的改进方式都是不可取的。④强调信息系统平台（基础设施）对设计手段及自动化开发工具的支持作用，产品开发流程的改进，设计手段和自动化开发工具发挥基础辅助作用而不是主导作用。⑤产品开发需在一个公共决策流程中予以管理，高层管理者的管理重心就是决策和均衡产品化的流程结点。管理高层与产品开发项目团队需建立新的组织体系（核心小组方法）以应用新的管理工具，产品开发团队应有一位经授权的产品经理和若干跨职能的成员，管理高层行使（或授权）专家产品审批（管理委员会）权限。

PACE 的系统结构有 7 个互相关联的支撑要素：即 4 个项目直接管理要素和3 个跨项目管理要素。4 个项目管理要素为阶段评审、核心小组、结构化开发流程、自动化开发工具和技术，它们构成 PACE 的基础。3 个跨项目管理的要素为产品战略、技术管理、管道管理，把产品战略作为一个流程来管理能与企业发展战略目标进行有机对接。技术管理使技术开发既能执行产品战略，也能在预期时间内迅速地把产品推向市场。管道管理可以帮助公司部署、平衡各种资源以支持多项战略。

PACE 提供了必要的基本管理框架，将应用企业的发展战略与产品战略置于框架管理中，管理并指导全部产品开发活动。这些要素对于每一个产品的开发项目都是必要的，掌握这些要素可以减少产品投放市场的时间，准确安排项目完成的时间进度，提高开发效率，减少产品化投资。

阶段性审核、核心小组、结构化开发以及开发工具和技巧等，这些直接要素对快速、高质、可预见项目快速高效地执行均起到重要作用，其中的核心小组既是一种管理方法要素，又是一种特定的组织体系，使 PACE 具有了高绩效的组织特点：有效的沟通——横向跨越部门界限，纵向跨越等级界限；有效的协调——利用核心小组结构形成新的组织体系，直接隶属于最高管理层的核心小组是专门针对产品化开发需要组建的协调管理组织；有效的决策——有明确的决策授权、决策程序和及时的决策周期，包括管理组织、保障组织、执行组织纵向与横向的授权。

核心小组一般由一个核心小组负责人和具有不同技能的小组成员组成，采用非传统的职能分级管理，所有成员没有等级区分，职责平等，平等交流、沟通持续到整个开发期结束。高层管理人员就产品作出重大战略性决策，核心小组为产品开发重大实施决策和战术性决策。所有开发职责根据各成员的技能分配于各个成员，核心小组成员管理所负责的项目活动的资源。权责利关系使全体成员都关注于如何实施项目任务并取得项目的最终成功，核心小组对项目的成功负责。

（2）门径管理系统（SGS）。SGS（Stage-Gate System）门径管理系统，由 Robert G Cooper 于 20 世纪 80 年代创立，并应用于美国、欧洲、日本的企业新产品开发的工具，适用于新产品技术相对简单、市场风险较大、产品更新较快的企业，以灵活的市场机会点来牵引新产品开发。Cooper 长期致力于产品开发管理研究，认为通过广泛调查和统计分析，可以发现产品开发规律，他的许多实证研究报告成为理论界和企业界进行新产品成败分析的重要依据。

SGS 的基本思想是做正确的项目——进行严格的项目筛选和组合管理；把项目做正确——听取消费者的意见，做好必要的前期准备工作，采用跨职能的工作团队。

SGS 的主要核心内容有以下方面：①非常关注有效的门径决策和组合化管理，新产品开发流程——门径管理流程设计，在产品开发流程的每个阶段都要进行 0/1 决策，即决定继续开发还是终止开发，以杜绝没有价值的产品浪费更多资源，此外还需要进行多个产品的优先级排序，发挥企业资源的组合优势。②重视寻求突破性的新产品构思和产品概念，认为有创意的新产品将有助于提升企业的战略竞争力。同时强调投放市场前的营销工作，产品的价值最终通过市场营销来实现，因此从开发的最初阶段就应该考虑如何营销，在开发完成前完成市场分析、制定产品目标、定位核心战略和完善营销方案。

企业制定产品创新战略，制定有远见的产品创新战略和产品规划将有助于每个新产品的开发和决策。对企业而言，持续竞争力表现在不断推出成功的新产品。

（3）产品价值管理（PVM）。PVM 的基本思想是基于盈利模式、产品管理理论以及 SGS 门径管理系统创立的最新产品开发和产品管理工具，适用于较难实现差异化、行业竞争激烈的中小型企业和创新型科技企业，在欧洲、美国、日本被许多全球知名品牌企业及中小企业所采用。它强调做正确的事——战略决定方向，模式决定绩效，重视产品规划和产品管理；正确地做事——流程决定方法，关注产品需求分析、产品策划、技术开发和营销组合管理；正确地做成正确的事——能力决定成败，成功才能体现价值，认为项目管理是成功的保证。

PVM 的主要核心内容有以下方面：①PVM 基于商业模式的价值链和价值流分析，十分重视盈利模式和价值链分析，突出产品需求分析、产品概念和营销组合的协调，以实现顾客价值，发挥企业资源的组合优势。认为"成功基于优秀的组织，卓越源于非凡的盈利模式"。把研究重心从具体的产品开发层面提升到产品价值和战略层面。在解决问题的同时形成有核心优势的研发管理体系和新产品开发流程。②PVM 从概念构思到商业化的整个过程，以顾客、需求和市场为焦点，以竞争和利润为导向，提出了盈利模式及其设计方法，从企业愿景、战略落实到产品规划，围绕产品管理和产品生命周期轴线，讨论了新产品合理的战略与严密的评价程序是产品创新（开发）的可靠保证。③强调产品规划和产品管理，通过有效的产品开发流程入口管理和决策评审，把产品开发流程和市场管理流程有机地融合在一起，以减少没有价值的产品浪费有限的企业资源。④强调项目管理对于产品研发的核心作用，主张产品管理实行产品经理制。⑤重视技术开发平台建设、核心技术开发和成本价值工程，认为系统化的思维方式是改善研发绩效的正确途径而非 KPI＋BSC。认为企业就是经营核心竞争力，倡导 R&D 策略联盟，企业间的竞争将转向产品管理的竞争。

从以上 3 种新产品开发管理工具的比较中可以看出，其应用各有特色，都强调按一种标准的方法来划分产品开发流程的各个阶段，以便准确地管理开发进程，尽管流程阶段的划分不尽相同；强调利用跨职能部门的团队通过沟通、协调和决策，管理和开发产品，以便在一个团队内充分考虑到市场效用、生产可行性、可服务性、质量及财务指标等重要因素，将一些工作并行处理以提高效率；强调对产品开发各阶段进行决策（中止、暂停、推迟、重做上一阶段工作），按优先级别控制资源投入的节奏，从根本上保障资源的有效利用和规避开发风险；强调多个产品开发时的组合管理（PACE 称为管道管理，SGS 称为组合管理，PVM 称为战略协同），从企业层面建立多个产品的优先级别，以匹配、协调企业资源，均衡外部市场机会与企业内部能力间的矛盾。

5.2.2　集成产品开发优化方法

集成产品开发优化方法（IPD）由 IBM 在实践中创建，其思想来源于PACE，在此基础上，杜邦、波音、摩托罗拉等公司在实践中继续加以改进和完善，国内成功应用该优化方法的有华为等大型技术产品开发企业。IPD 集成产品开发流程概括要点是"1 个结构化流程、2 类跨部门团队、3 个系统框架集、4 个主要决策评审点、5 项核心理念、6 个重要阶段、7 个关联要素和 8 项定位工具"，其核心思想是流程重构和产品重构。

1. IPD 的基本思想

IPD（Integrated Product Development，集成产品开发）作为先进的产品开发理念与优化方法，其基本思想有以下主要内容：

（1）新产品开发是重要的投资活动，需按程序进行决策。要对产品开发进行有效的投资组合分析，并在开发过程设置检查点，通过阶段性评审来决定项目是继续、暂停、终止还是改变开发方向。

（2）基于市场的开发。强调产品创新一定是基于市场需求和竞争分析的创新。要把正确定义产品概念、市场需求作为流程的第一步。从另一种意义上讲，产品开发应该首先是市场开发，然后才是技术开发，技术成果产品化最忌讳"闭门造车"。

（3）跨部门、跨系统的协同。采用跨部门的产品开发团队（Product Development Team，PDT），通过有效的沟通、协调以及决策，尽快实现新产品的商业化。

（4）异步开发模式，即并行作业。通过严密的计划、准确的接口设计，把原来的许多后续开发业务提前进行，尽量缩短产品开发周期。

（5）重用性。采用公用构建模块（Common Building Block，CBB）提高产品开发的效率和产品质量，减少重复做功并减少开发费用。

（6）结构化的流程。产品开发项目的相对不确定性，要求开发流程在非结构化（随意性、无标准）与过于结构化（官僚主义、缓慢）之间找到平衡。

2. IPD 的核心内容

IPD 核心内容包括异步开发与共用基础模块、跨部门团队、结构化流程、项目和管道管理、客户需求分析（＄APPEALS)、优化投资组合、绩效衡量指标共7 个方面，与 PACE 有很多共同之处，其中，异步开发与共用基础模块是 IPD 特别强调的。框架是 IPD 的精髓，它集成了业界最佳实践的诸多要素。其他的内容还包括业务决策评审、技术评审、发布阶段和生命周期阶段的工作，以及产品开发团队（PDT）中各角色职责的定义。

IPD 将 7 个内容要素置于 3 个框架中，以框架归类要素性质以便于分类管理。

（1）市场管理。市场框架从客户、投资、市场等产品的客观环境因素影响产品的特性和寿命周期的角度提出客户需求分析、投资组合分析、绩效衡量指标 3大要素的分析。

①客户需求分析。IPD 使用一种了解客户需求、确定产品市场定位的工具——＄APPEALS 进行需求分析。＄APPEALS 从 8 个方面衡量产品对客户的吸引力，确定产品的哪一方面对客户需求是最重要的。＄APPEALS 的含义如下：＄－产品价格（Price）；A－可获得性（Availability）；P－包装（Packaging）；P－性能（Performance）；E－易用性（Easy to use）；A－保证程度（Assurances）；L－生命周期成本（Life cycle of cost）；S－社会接受程度（Social acceptance）。

②投资组合分析。把新产品开发作为一种投资行为进行有效的投资组合分析。如何选择、评价、决策新产品项目开发，在客户需求分析基础上，需要测定新产品的投资利润率。只有明确了投资利润率的各种静态和动态的决定因素和计算出不同影响因素变动情况下的利润增减幅度，企业才能对产品战略作出正确的判断和决策，进而确定产品开发的投资，以及正确地决定对各个新产品的资源配置。

企业能否取得较高的产品资金收益，是一种投资技巧，也是企业业务投资组合计划的任务。尤其是经营多种产品的生产企业，要正确地决定资金投入对策，需要分析市场需求、收益目标、服务方向、企业优势、资源条件、竞争环境等因素，还必须研究产品结构。研究企业各种产品的投入、产出、创利与市场占有率、市场成长率的关系，然后才能决定对众多产品如何分配资金。这是企业产品投资组合计划必须解决的问题。

投资组合分析贯穿整个产品生命周期，在开发过程设置检查点，通过阶段性评审来决定项目是继续、暂停、终止还是改变方向。在流程的各个阶段完成之后，做一次审评决策，以决定下一步的终止或继续，从而可以最大地节省资源消耗，避免后续资源的无谓浪费。

③绩效评价指标。投资分析和评审的依据是事先制订的评价指标，包括对产品开发过程、不同层次人员或组织的工作绩效进行评价的一系列指标。如产品开发过程的评价标准有硬指标（如财务指标、产品开发进度等）和软指标（如产品开发过程的成熟度）。评价标准有投资效率、新产品收入比率、被终止的项目数、产品开发周期、产品上市时间、共用基础模块的重用比率等。

（2）流程重构。IPD 中的流程重构主要关注跨部门团队、结构化流程、项目和管道管理。在结构化流程的每一个阶段及决策点，由不同功能部门人员组成的跨部门团队协同工作，完成产品开发战略的决策和产品的设计开发，通过项目管理和管道管理来保证开发项目的有序进行。

①跨部门团队。组织结构是流程运作的基本保证。在 IPD 中有两类跨部门团队，一个是集成产品管理团队（IPMT），包括市场经理、研发经理、客户经理在内形成一个产品开发团队，属于高层管理决策层，其工作是确保企业在市场上有正确的产品定位，保证项目资源配置、控制投资。IPMT 同时管理多个 PDT，并从市场的角度考察他们是否盈利，适时终止前景不好的项目，保证将企业有限的资源投到高回报的项目上，这个跨部门的团队对产品成功负责；另一个是产品开发团队（PDT），实施具体的产品开发，可以是项目经理负责的项目单列式组织结构，也可以是一个虚拟组织，其成员在产品开发期间可以在不同空间协同工作，属于项目执行层，由项目经理组织，其工作是制订具体产品策略和业务计划，按照项目计划执行并保证及时完成，确保团队按计划完成产品化任务。IPMT 和 PDT 都是由跨职能部门的人组成，包括开发、市场、生产、采购、财务、制造、技术服务等不同部门的成员。传统的组织结构经常会出现技术人员开发产品"闭门造车"，而销售人员又不能理解产品的需求定位，对外宣传千篇一律，不得要领，导致"完美"产品无人问津的困境。

②结构化流程。IPD 产品开发流程划分为概念、计划、开发、验证、发布、周期 6 个阶段及 4 个主要决策评审点（DCP），流程中有定义清晰的决策评审点。评审点上的评审不是技术评审，而是业务评审，更关注产品的市场定位及盈利情况。决策评审点有一致的衡量标准，只有完成了规定的工作才能够由一个决策点进入下一个决策点。IPD 流程阶段的划分更为宽泛，涵盖了技术转移从研发到商品化 3 个环节的管理。

③项目和管道管理。项目管理是在组织跨部门团队并协调其顺利运转的前提下，细化产品化目标，让全体相关成员明了项目所要达到的效果，即将客户的需求转化为对产品开发的需求，将产品需求转化为对团队与资源的需求。根据需求细化计划，将产品计划中的各项内容划分为每个职能部门的工作任务，明确产品

化计划不只是开发团队的计划，而是企业各职能部门共同的计划。一个产品从概念形成到上市，不同职能部门在整个周期看似各不相同的活动，实际上是同一个开发项目中的共同活动，他们彼此之间的活动是有密切关联的，所有活动的连续就是整个的产品开发过程。项目管理是安排活动的时间，然后对每个活动进行预算和资源的调配，并在项目开发过程中对照计划，不断地对计划进行一定幅度的调整。

管道管理是一个专用术语，指多任务处理系统中的资源调度和管理，类似于产品组合管理，是根据企业的业务策略对开发项目及其所需资源进行优先排序及动态平衡的过程。

（3）产品重构。IPD 提高开发效率的重要手段是产品重构。产品重构的主要工具有异步开发和共用基础模块（CBB）。

①异步开发。异步开发模式的基本思想是将产品开发在纵向分为不同的层次，如技术层、子系统层、平台层等。不同层次工作由不同的团队并行地异步开发完成，从而减少下层对上层进度的制约，每个层次都直接面向开发的终极目标。传统的开发方式，在产品开发过程中，由于上层技术或系统通常依赖于下层的技术，因此，开发层次之间的工作具有相互依赖性，如果一个层次的程序延误，将会造成整个开发时间的延长，这是导致产品开发时间延迟的主要原因。通过减弱各开发层次间的依赖关系，可以实现所有层次任务的异步开发。

②共用基础模块。为了实现异步开发，建立可重用的共用基础模块非常重要。共用基础模块（Common Building Blocks，CBB）指那些可以在不同产品、系统之间共用的零部件、模块、技术及其他相关的设计成果。由于部门之间共享已有成果的程度很低，随着产品种类的不断增长，零部件、支持系统、供应商也在持续增长，这将导致一系列问题。事实上，不同产品、系统之间，存在许多可以共用的零部件、模块和技术，如果产品在开发中尽可能多地采用了这些成熟的共用基础模块和技术，无疑产品开发的质量、进度和成本会得到很好的控制和保障，产品开发中的技术风险也将大为降低。因此，通过产品重整，建立 CBB 数据库，实现技术、模块、子系统、零部件在不同产品之间的重用和共享，可以缩短产品开发周期、降低产品成本。CBB 策略的实施需要组织结构和衡量标准的保证。

不管是异步开发还是共用基础模块的实现，都需要很高水平的系统划分和接口标准制订，需要企业级的构架师进行规划。

3. IPD 的实施

IPD 适用于技术复杂度较高、管理能力相对成熟的企业，由此可以创建全面的体系竞争优势。集成产品开发是从企业的流程重组和产品重组的角度，保证产品的立项开发、产品开发的人力资源有效调配。依据一个完整的框架和管理流程，给企业新产品开发绩效带来大幅度的提升。绩效优势表现在：产品研发周期显著缩短；产品成本降低；研发费用占总收入的比率降低，人均产出率大幅提高；产品质量普遍提高；花费在中途废止项目上的费用明显减少。国内企业成功实施 IPD 的经验主要突出在两个方面：

（1）整体规划、各取所需。IPD（不包括升级版）流程共涉及 7 个方面内容，异步开发与公共基础模块共用两部分合二为一。实际上这两个部分很重要，确切地讲共涉及 8 个部分的内容。如果全面深入实施，一是需要投入比较多的时间和成本，很多中小型企业承担不起；二是国内大部分企业没有实施 IPD 的基础，8 个实施要素相互关联，又彼此独立，企业可以根据自己实际情况和需要，先急后缓，分步实施。结合国内企业的产品化能力，从理念的学习吸收开始，结合需求分析、组织结构调整、异步开发模式等历史数据依赖性较小的模块实践，探索 IPD 方法的应用。

（2）构建 IT 技术基础。没有一定的信息平台基础，实施 IPD 是不可思议的。制定一系列流程、制度、方法、模板，尤其跨部门项目团队、分层分级的计划管理、衡量指标的落地执行都需要借助 IT 技术手段，这不是一个降低操作难度的问题，没有计算机网络和各种应用软件系统的支撑，将会耗费大量的人财物力，IPD 方法的采用将得不偿失。信息平台及功能软件包主要满足以下基本要求：

①支撑开发决策管理。工具能够自动汇总资源、财务、进度等数据，同时要能跨项目对比分析，从而有效支撑高层商业决策分析。

②同时满足产品、项目、部门的管理需要。产品开发需要资源计划、产品规划、市场情报收集分析支持；项目需要计划、团队沟通、交付文档管理、需求测试管理支持；部门要提供资源配置分析管理支持。

③报表分析支撑功能。能够自动汇总进度、财务、交付、质量等量化数据，并且按照不同维度对比分析，满足多项目管理的需要。

此类商业性功能软件系统已完全能够满足应用要求，关键的问题还在于企业是否有相应的技术与管理皆通的复合型人才予以应用配合。

5.2.3　技术集成与技术成果产品化绩效管理要务

技术集成与技术成果产品化对一个企业的发展十分重要，决定着生产企业的兴衰存亡。日新月异的科学技术发展和激烈的市场竞争，是企业不断创新产品和改良产品的压力与动力，技术成果的产品化是规模以上企业可持续发展的唯一途径。所有的发达国家都十分重视前沿学科的基础研究和公益项目研究，政府不直接进行商业性技术开发的投入，而是由企业主导进行一般性的应用研究，以及完成将科技成果转化为产品与服务的任务。但众所周知，新产品开发的失败率极高，无论是有形的消费品还是无形的服务。有研究数据表明，美国开发新的消费品的失败率是95%，欧洲90%以上新产品开发以失败告终。所谓的新产品开发存在很高的风险性并不是指技术集成与产品化自身的中止或失败，而主要是因为大多数新产品未能顺利进入技术交易市场或产品消费市场。由于无法形成规模，产出无法弥补高额的产品化投入而又没有强大的后续支撑从而导致计划的半途而废。新产品的失败是多种原因共同作用的结果，其中最主要的原因有：市场需求分析失误，投资回报率规划失控等。技术集成与技术成果产品化绩效管理应抓住主要矛盾。

1. 确认新产品的市场特性

市场特性是满足特定消费群体的产品品质特征，新产品能够被消费者认可是因为该产品自身具有的市场特性。新产品的功能并非越全越好，零部件的寿命并非越长越好，外观造型也非越奇越好，作为一个理性的消费者，经济上看重性价比即物有所值，产品功能上关注适用性、各趋所爱。确认新产品的市场特性是新产品战略中规划阶段的工作，对于产品化团队来说，在规定的时间、经费范围内，产品性能、外观等方面符合各项技术参数的设计要求，完成全部任务即达到了绩效管理的分支目标或过程目标，结果目标是产品能否具备进入市场的条件。确认新产品的市场特性是实现整体结果目标绩效管理工作。

"产品应该由谁协助设计？从根本上说，理应是顾客。"这是营销专家菲利普·科特勒给出的前提。从根本上说，科特勒的这句话千真万确。但是，从表面现象看，垄断资本确实能引导或创造消费。例如在一段时间内，连锁影院提供的产品，其作品内容对于固定消费群体来说完全是被动消费；另如，对很多消费者来说，某些手机80%的功能是多余的，但是，如果没有这些多余的功能，手机的定价将是一件很尴尬的事情。业界流传："三流企业做产品、二流企业做营销、一流企业做标准"。诸如此类的所谓创新之谈，只是特定时期中国与西方不同体制下非公平竞争条件下的表面现象而已，这种表象绝非经验，更不是创新，不可能长久。我国很多颇具规模的合资或外资企业不是真正意义上的"做产品"而是在做产品组装（封装）工作。靠销售起家的企业，缺乏做开发的基础，产品的销售能力胜于研发能力；靠研发壮大的企业，更多的是做国家科研项目，没有把技术成果产品化的实践。完全市场条件下的公平竞争，价值规律作用下的社会平均利润率波动曲线相对平稳，如果不讨论管理水平和技术水平的差异，企业绩效并不会因为行业或业务类别不同而分出三六九等。没有规模产品的企业就不可能制定出权威的标准。实体经济中，产品与服务的市场特性是生命线，产品标准是行业协会或行业公共管理部门为节约公共资源、便于市场监管等制定的参照依据而非企业的"正业"。消费行为与产品标准没有直接关系，适销对路的产品就是具有市场特性的产品。

中国在两种体制交替过程中屡现波折，市场规律始终不能正常发挥作用。正常的市场中，只有一流的企业才能做好"产品"。做"产品"首先是技术成果的产品化，即原创新产品的开发，做传统产品、落后产品，企业不可能有好的绩效，不可能长期生存。做"产品"其次是新产品持续的"系列化"开发。产品概念是可用文字、影像、模型等清晰阐述的已成型产品创意，一个创意可以发展出系列化的产品概念。换代产品、改进产品、新品牌产品、再定位产品等系列化新产品，实质就是在原创新产品的基础上推出的不同内涵与外延的产品。市场的灵魂是竞争，竞争导致新产品层出不穷，产品的更新换代周期越来越短，企业的可持续发展必然要求新产品的持续开发。从长远看，市场终归会回归理性，为保证新产品拥有更广泛的市场吸引力，必须进行新产品市场特性的确认。

2. 规避产品战略的市场风险

技术成果产品化的成功与否，主要取决于新产品市场特性的确认，除市场定位和市场预测结果的影响因素外，新产品定型后的商业计划、营销策略、促销手段以及可供机动的资源条件也起到重要的影响作用。

（1）及时摒弃可行性弱化的项目方案。企业选定了具备产品化条件的技术成果，就需要制定一个针对特定市场的产品化商业计划和可行性报告，产品化只是投资盈利的初始步骤。市场分析以及营销规划等大量盈利数据都是建立在经验预测、理论演算基础上的，如目标市场的结构与规模、产品销售量、市场占有率、营销费用、新产品利润率等，尤其在商业计划分析中，利润是根据预测销售额和设定的成本推算而出。这些主观预测与数字计算，增加了产品化成功的不确定性。产品化能否形成技术上和商业上真实可行的产品，风险来自主观预测的科学性、开发条件的改变以及产品开发过程中多种关系的平衡结果。

在产品项目方案审批或者多个项目的筛选比较中，一旦发现商业计划中某些条件或预测发生了具有负面影响的变化，产品化项目的所有参与者都应引起警觉，各层通报，直至管理高层作出决策选择，对可行性明显弱化的项目方案必须及时撤销。这是产品开发高失败率得出的经验之谈。

（2）适时淘汰或转让成熟产品技术。适时淘汰或转让产品技术是规避产品战略市场风险的重要举措之一。有持续不断的新产品开发，就有适时不断的次新产品、落后产品的淘汰。淘汰不等于报废，发达区域的淘汰技术是欠发达区域技术输入的重要技术资源。在产品管理的 3C 时代（客户，Customer、竞争，Compete 和变化，Change），产品生命周期的缩短意味着成本的攀升和竞争的加剧，企业的发展战略已开始从"制造"向"智造"转变，从"制造产品"向"创造产品"转变。如硅晶太阳能光伏板发电方兴未艾，同时，可折叠、可印刷生产的有机太阳能薄膜光伏板产品开发已接近商业应用，其光电转化率提高到了近 20%，发电成本已接近火电成本。

企业之间的竞争将聚焦于产品开发的竞争，新产品的开发将成为企业可持续发展的主动力之一。

今日还是抢手的成熟技术，明日就有可能成为无人问津的淘汰技术。适时淘汰或转让产品技术一是能够在已控市场为新产品腾留空间，二是回收部分转让收入，集中相应的财力、人力等资源投入新产品市场营销。

（3）随时中止风险增大的开发项目。投资回报率的大小与风险概率成反比，项目风险征兆各种各样，只要发现风险隐患，经评估达到某个界限，必须随时作出中止开发的决策。新产品开发巨高的失败率与风险处置不力、勉强维持项目开发有直接关系。

产品化后期的商品化开发直至产业化阶段所需的投资，会远远超过产品化阶段的投入。为减小开发过程存在的各种风险，新产品开发有一系列的风险防范措施，消费测试是预测产品市场定位变化趋势的最佳方法之一，能为新产品成功开发提供最有价值的信息，为决策者提供最有效的决策依据。但是，消费测试自身就存在一定的风险，这种风险隐患往往会被忽视。第一，不规范的市场不可能给出真实的测试结果。精确地预测消费倾向本来就是一项艰难复杂的工作，尤其是存在不正当竞争的市场条件下，点击率、订货量、折扣返点等测试数据掺杂的不可知内容太多，这使得正确预测某一新产品的正常市场反应变得异常困难。第二，在买方市场，消费行为挑剔和易变，市场测试的成本和测试时间都会成为消费测试工作的巨大障碍。第三，测试市场会泄露新产品开发的相关商业信息。

5.3 技术集成与技术成果产品化绩效量化评价

从理论上讲，所有的绩效都可以被量化。技术集成和产品化绩效量化要根据评价目的和评价重点选取评价指标，评价目的通常有项目立项、项目过程检查、项目资金后补贴、项目任务考评、项目绩效审计等方面。对于技术转移过程的投资分析和评价，其依据是事先制定的衡量指标，包括对产品开发过程、不同层次人员或组织的职能绩效进行衡量的一系列指标。评价重点比较容易确定，重要指标大同小异，辅助指标需要根据评价目的做适当增减。

5.3.1 评价指标体系结构

1. 评价指标体系构建依据

项目绩效评价的主要作用：一是通过项目投入资金的使用效果分析，提出客观公正的评价结论，按等级排序，为资金回收和扩大融资等管理业务实施奖惩职能；二是将技术集成和产品化绩效评价作为技术产品商品化推广的选择依据，为下一步的产业化推进打下坚实基础。三是为项目管理自身诊断问题总结经验，进一步提高项目管理水平。为此，项目绩效评价指标的构建应综合考虑以下问题：（1）项目评价的客观性。项目评价结果会影响到多方面的工作成果和实际利益，会涉及后续大量关联工作的成败，客观性还包括评价内容的科学性和价值取向的公正性。评价内容不但要与项目绩效有直接联系，还要能够体现评价的核心要求。（2）指标选择的系统性。高新技术产品开发的复杂性决定了管理绩效的复杂性，指标系统必须能够完整反映项目影响因素的作用关系、主次顺序、轻重比例，包括计划任务的完成情况、目标实现程度以及产生的社会、经济、条件环境效益和可持续性等内容。（3）数据处理的程序性。技术集成和产品化绩效评价客观性和系统性，要求指标计算与分析必须能够应用信息系统的关联数据，能够应用计算机操作，简洁易懂、快捷可行。

2. 评价指标体系的构建

根据相应的评价指标构建原则，选择产业化条件、产品化效率、产品化效益和可持续开发作为技术集成和产品化绩效评价的准则，每个评价准则有若干个关键评价问题，每个关键评价问题又有若干个评价指标反映。图5-2中，项目绩效评价指标体系结构共有3个层次，4项评价要素、8项关键评价内容、若干个细化指标。

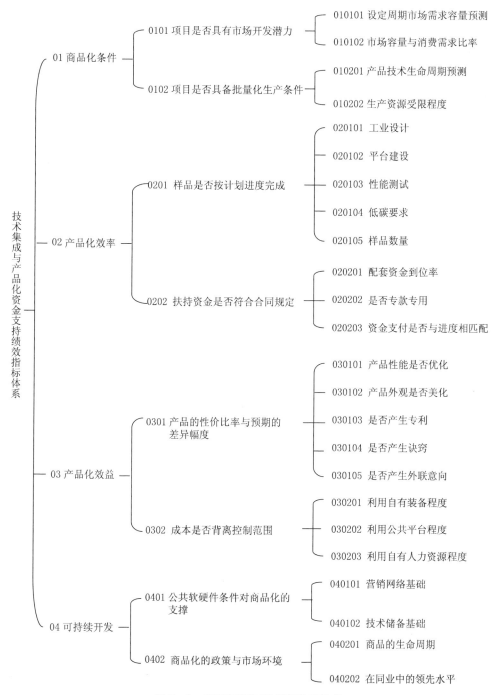

图5-2　项目绩效评价指标体系结构

5.3.2 设置评价指标权重

权重是综合评价的关键。项目绩效评价指标权重以层次分析法为基础，再结合专家咨询意见适当修正来确定权重，即先用层次法计算权重，再咨询行业专家意见，对层次法计算结果进行适当修正，经多次反复，最终确定权重。项目绩效指标的权重参见表5-2。

表5-2 技术集成与产品化资金扶持绩效指标权重

指标要素	权重	指标关键内容	权重	指标分解	权重
商品化条件	0.20	项目是否具有市场开发潜力	0.50	设定周期市场需求容量预测	0.45
				市场容量与消费需求比率	0.55
		项目是否具备批量化生产条件	0.50	产品技术生命周期预测	0.65
				生产资源受限程度	0.35
产品化效率	0.40	样品是否按计划进度完成	0.60	工业设计	0.35
				平台建设	0.25
				性能测试	0.10
				低碳要求	0.20
				样品数量	0.10
		扶持资金是否符合合同规定	0.40	配套资金到位率	0.45
				是否专款专用	0.35
				资金支付是否与进度相匹配	0.20
产品化效益	0.30	产品的性价比率与预期的差异幅度	0.55	产品性能是否优化	0.35
				产品外观是否美化	0.10
				是否产生专利	0.25
				是否产生诀窍	0.20
				是否产生外联意向	0.10
		成本是否背离控制范围	0.45	利用自有装备程度	0.45
				利用公共平台程度	0.35
				利用自有人力资源程度	0.20
可持续开发	0.10	公共软硬件条件对商品化的支撑	0.70	营销网络基础	0.55
				技术储备基础	0.45

续表

指标要素	权重	指标关键内容	权重	指标分解	权重
可持续开发	0.10	商品化的政策与市场环境	0.30	商品的生命周期	0.60
				在同业中的领先水平	0.40

5.3.3 确定评价等级标准

综合定量分析评价有很多种方法，我们采用模糊综合评判法进行综合评价。技术集成和产品化绩效受多种因素的综合影响，很多因素不能直接定量，难以明确划分影响因素的作用界限，采用模糊评判方法得出的结论虽然不是绝对精确，但评判趋势和大比例内容能够保证是科学合理的。评价模糊综合评判可以是一次性综合评价，在指标细化层次较多的情况下，可以采用逐层分析计算进行综合评判。

评价等级可视具体项目的绩效评价范围和评价结果涉及的利益程度而定，一般可分为"优"、"良"、"合格"、"较差"、"差"等5个等级，总体评价为"差"，即意味着该指标为一票否决指标。在实际评价中必须制定各指标评价等级的评判标准。模糊综合评判法中，其评价结果可逐层计算，评价指标要素层各指标需根据总的评价等级评判标准分别制定评判标准。

1. 商品化条件指标要素的等级标准

技术集成和产品化绩效考评相关性准则下，商品化条件指标的评价标准主要依据是立项当时的国内外的市场空白或消费需求空缺分析和预测数据。

（1）项目是否具有市场开发潜力。这是一项带有前提条件性质的评价标准。主要包括市场需求容量预测和市场容量与消费需求比率。国际市场、国内市场、特定的预期市场是否出现更好的趋势或逆向的变化，产品的市场占有能力是否出现增强或减弱的因素。市场开发潜力明显增强为"优"，有所增强为"良"，变化趋势稳定为"合格"，市场开发潜力趋向模糊为"较差"，市场开发潜力趋弱为"差"。

（2）项目是否具备批量化生产条件。这是一项动态的项目评价标准，主要包括产品技术寿命周期和生产资源受限程度。如果在评价周期内即出现产品技术寿命周期预测因素和生产资源条件的重大变动，说明项目的立项研究或项目的运作存在失误。项目完成时与批量化生产条件完全一致为"优"，基本一致为"良"，项目条件与计划部分大部分相符为"合格"，项目与批量化生产条件负向波动较大为"较差"，项目目标与批量化生产条件严重背离为"差"。

2. 效率指标要素的等级标准

效率准则的标准划分，主要考评各指标任务细分内容的完成情况，指标的考评标准以计划任务书中的数据为基准。效率包括项目的工作效率和保障效率，以工作进度为主，辅以数量和功能度量。

（1）样品是否按计划进度完成。这也是产品、工艺、技术与转化技术之间的配合程度调动技术产品研究开发和生产所需的各种资源能力的检验。将项目实际完成的时间及工作量与项目任务书的要求相对照，评价项目任务的完成情况。全部按期按量完成的为"优"，基本按计划完成的为"良"，主体设计和主要生产加工设施按计划完成、其他任务基本完成为"合格"，主体设计和主要生产加工设施按计划完成、其他任务未完成为"较差"，主要工作未按计划完成或样品完全达不到测试条件为"差"。细化内容包括工业设计，平台建设，性能测试，低碳要求，样品数量等。如计划进度是将项目各项任务实际完成时间与项目任务书要求的各阶段性任务完成时间相对比，提前或按时完成为"优"，延迟 3 个月完成为"良"，延迟 6 个月为"合格"，延迟 6～12 个月为"较差"，无正当延迟理由或延迟 1 年以上为"差"。

（2）扶持资金使用是否符合合同规定。将项目投入的全部资金与实际支出相比较，看是否符合任务书中的合约规定。完全合乎规定要求的为"优"，主要指标完全达到考评标准为"良"，主要考核指标基本达到考评标准为"合格"，主要指标部分没有达到考评标准为"较差"，主要指标大部分没有达标为"差"。主要指标或重要指标由评价专家预先确定。细化内容包括配套资金到位率，是否专款专用，资金支付是否与进度相匹配。配套资金到位率是与计划投资相比考察项目配套资金到位情况。配套资金足额到位为"优"，配套资金到位率 80％以上为"良"，配套资金到位率 60％～79％为"合格"，配套资金到位率 40％～59％为"较差"，配套资金到位率 39％以下为"差"。

3. 效益指标要素的等级标准

效益准则标准的划分，各指标主要考察项目的实施对企业发展产生的作用及对行业、地区经济、社会发展产生的影响，各指标评价标准以项目实施前和实施后的变化情况为基础确定。

（1）产品的性价比率与预期的差异幅度。以产品的实际性价比率与预期指标进行比较，评价各指标的提高程度，正面差异显著提升的为"优"，有所提高的为"良"，无差异为"合格"，出现负面差异的为"较差"，负面差异较大的为"差"。

（2）成本是否背离控制范围。以实际成本为计划成本上下限的中间数据，明显低于成本下限的为"优"，低于计划成本的为"良"，与成本计划相符的为"合格"，高于计划成本的为较差，明显高出成本上限的为"差"。

4. 可持续开发指标要素的等级标准

可持续性开发指标主要考评社会公共资源对该类产品生产的支撑力度以及政

府政策、市场环境等经营条件的预测变化。与企业能力对项目后续发展的满足程度及国家或自治区政策、市场环境对项目持续发展的影响，分析确定政策、公共资源、市场环境指标评价标准的变化程度。

（1）公共软硬件条件对商品化的支撑。考评公共信息系统平台、外协技术进步等对项目持续开发的满足程度。公共软硬件条件完全能够保障项目持续开发为"优"，基本能够保障项目持续运行为"良"，经协调可保障项目持续开发为"合格"，经多方努力能够持续的为"较差"，无后续开发保障可能的为"差"。

（2）商品化的政策与市场环境的影响。主要考评创新基金、高新技术税收优惠、技术标准等政府政策与市场环境对项目继续开发的影响程度。新产品完成后政府政策、市场环境等变化情况对产品持续开发的影响结果，商品化政策、市场外部环境等变化不断优化为"优"，有所完善为"良"，无不良影响为"合格"，有制约因素为"较差"，有所限制为"差"。

5.4　综合定量分析

5.4.1　方法选择与模型建立

以模糊综合评判法为例。

1. 评估因素集与对应权重向量的确定

建立评估指标体系，确定对评估对象的评估因素集：$U = \{x_1, x_2, \cdots, x_m\}$（$U = \{u_1, u_2, u_3 \cdots u_n\}$）。

式中：$x_1, x_2, \cdots, x_m$ 为对应评估对象的 m 个评估指标。

确定每个评估指标的对应权重系数 $W = (w_1, w_2, \cdots, w_m)$。

每个评价指标的评价等级隶属度用比重法确定。由若干名专家组成评价组，通过全面考察、听取汇报意见、获取质询结果后，根据掌握的集成研发实际情况，按照评价等级评判标准分别对各评价指标作出"优、良、合格、较差、差"不同等级的评判；为便于计算机数据处理"优、良、合格、较差、差"的 5 个等级，可分别以 0.9、0.7、0.5、0.3、0.1 相对应，再对所有评价专家的评判结果进行统计，各评价指标被评判为"优、良、合格、较差、差"的比重分别为各评价等级的隶属度，即用某具体指标评价为"优"的个数除以评价专家总数得到该指标"优"的隶属度，其他评价等级隶属度依此类推，得到单指标隶属度集；综合各指标的隶属度集得到评价指标隶属度矩阵。

$$\Sigma r_{ij} = 1$$

矩阵 R 中的数据 r_{ij} 表示待评价对象从第 i 个属性考虑对第 j 个评判等级模糊

集的隶属。

2. 模糊综合评判集的确定

每个评判对应一模糊集，评判等级数一般在 1~9 取奇数值，如数值过大，难以定性描述，不易界定等级归属；取值太小又不能满足模糊综合评判的性质要求。如只选取"合格"与"不合格"两个评判，就有可能出现评价对象大部分被选留或者大部分被淘汰的现象，而这种"0"、"1"选择无法分出绩效差别。技术集成和产品化绩效评价等级分为"优、良、合格、较差、差"5 个等级，因此每个评价指标相应为 5 个等级，其评价集为 $V=$ ｛优，良，合格，较差、差｝。

设 $V=$｛v_1，v_2，…，v_n｝为刻画每一因素所处状态的 n 种状态，取 $V=$｛优秀，良好，合格，较差，很差｝5 种状态，即 $n=5$。

此外，还可根据需要确定对应评语的参数列向量 $C=$（c_1，c_2，…，c_n）^{T}。该得分可以根据评估级别的需要，灵活确定。

3. 评价指标隶属度的确定

统计、确定单因素评估隶属度向量，构建模糊关系矩阵。第 i 个指标等级隶属度为 r_{ij}，第 i 个指标评判集 $r_i=$（r_{i1}，r_{i2}，r_{i3}，r_{i4}，r_{i5}），m 个评价指标评价集构成评价矩阵 $R=$（r_{ij}）$_{m\times n}$。

确定多个评估主体对某个评估对象在隶属度向量 $R_i=$｛r_{i1}，r_{i2}，…，r_{im}｝构建模糊关系矩阵：

$R=UV$

$$R=(r_{ij})_{mn}=\begin{bmatrix} r_{11} & r_{12} & \cdots & r_{1n} \\ r_{21} & r_{22} & \cdots & r_{2n} \\ & & \vdots & \\ r_{m1} & r_{m2} & \cdots & r_{mn} \end{bmatrix}\quad(i=1,2,\cdots,m;\ j=1,2,\cdots,n)$$

4. 进行模糊综合评判

由 $B=WR$ 可得综合评判向量。从 B 中可看出某个评估对象对评判尺度的综合隶属度，而且还可以得到综合评估值 $A=BC$，从而能够根据实数 A 的大小对多个评估对象进行排序。

5.4.2 运算输入与结果确认

在信息管理系统的相应数学模型软件表格中输入指标权重和各位专家给出的评价分数，信息管理系统会自动生成评价结果，本例是两组专家对多个项目的绩效评价，该项目是其中之一。确定 A_1，A_2 分别为两个专家组的评价方案。每个评价小组由 10 位专家组成，采用模糊综合评价法对技术开发项目进行评价，两个小组的打分平均值为项目的最终得分：

1. 评价指标选择及评估尺度输入

为手工计算举例方便，本例不从第 4 级分解指标逐级推算评价结果，而假定专家组直接选用产业条件（B_1）、产品化效率（B_2）产品化效益（B_3），可持续开发（B_4）4 个 2 级评价指标。同时将每个评价指标划分为"优、良、合格、较差、差" 5 个等级，对应尺度向量 0.9，0.7，0.5，0.30，0.1。记评价尺度向量 E 为：$E = (0.9 \quad 0.7 \quad 0.5 \quad 0.3, 0.1)$。

2. 评估指标权重输入

专家组对各评价指标的相对重要性进行综合评定：产业条件指标的重要性占比为 20%，产品化效率的重要度是前者的 1 倍，而产品化效益又次于产品化效率，可持续开发又次之。最终认定，评估指标 B_1，B_2，B_3，B_4 的相对绩效权重之比为 0.20：0.40：0.30：0.10，因此，评价指标 B_1，B_2，B_3，B_4 的权重依次为 0.2，0.4，0.3，0.1。

3. 构造评估方案的隶属度矩阵

专家组在进行了充分酝酿讨论后，就评价方案在指定的评价指标下应归属哪个等级的问题进行了投票，投票结果如表 5－3、表 5－4 所示。表中评价等级栏下的数据是得票数。

表 5－3 技术项目 A_1 组得票分布

评价指标	指标权重	评价指标				
		0.9	0.7	0.5	0.3	0.1
产业条件	0.2	2	4	3	0	1
产品化效率	0.4	1	5	3	1	0
产品化效益	0.3	2	3	2	4	0
可持续开发	0.1	3	4	2	1	0

表 5－4 技术项目 A_2 组得票分布

评价指标	指标权重	评价指标				
		0.9	0.7	0.5	0.3	0.1
产业条件	0.2	1	5	4	0	0
产品化效率	0.4	4	3	2	1	0
产品化效益	0.3	3	4	1	2	0
可持续开发	0.1	4	3	2	1	0

设方案 A_k 的隶属度为 R_k，$k=1$，2，则 R_k 是 4 行 5 列矩阵，其元素 r_{ij} 为：

r_{ij} ＝得票数/总人数

由表 5－3 和表 5－4 可得隶属度矩阵为：

$$R_1 = \begin{pmatrix} 0.3 & 0.4 & 0.3 & 0 \\ 0.2 & 0.5 & 0.3 & 0 \\ 0.1 & 0.3 & 0.2 & 0.4 \end{pmatrix} \qquad R_2 = \begin{pmatrix} 0.1 & 0.5 & 0.4 & 0 \\ 0.4 & 0.3 & 0.2 & 0.1 \\ 0.3 & 0.4 & 0.1 & 0.2 \end{pmatrix}$$

4. 计算评估方案的综合模糊评定向量

综合模糊评定向量表示各评价专家对各评价指标意见的加权平均数，即各评价指标综合隶属度的向量，记为 S_k，由 S_k 的含义，有：

$S_k = WR_k$

W 为评价指标的权重向量

这里，W 为行向量形式。

$$S_1 = (0.6 \quad 0.3 \quad 0.1)\begin{pmatrix} 0.3 & 0.4 & 0.3 & 0 \\ 0.2 & 0.5 & 0.3 & 0 \\ 0.1 & 0.3 & 0.2 & 0.4 \end{pmatrix}$$

$$S_1 = (0.25 \quad 0.42 \quad 0.29 \quad 0.04)$$

$$S_2 = (0.6 \quad 0.3 \quad 0.1)\begin{pmatrix} 0.1 & 0.5 & 0.4 & 0 \\ 0.4 & 0.3 & 0.2 & 0.1 \\ 0.3 & 0.4 & 0.1 & 0.2 \end{pmatrix}$$

$$S_2 = (0.21 \quad 0.43 \quad 0.31 \quad 0.05)$$

5. 计算评估方案的综合得分（优先度）

要计算综合得分，应当将技术方案归属于每个等级的隶属度与该等级的分数相乘，然后把所有项相加。如果记综合得分为 Z_k，则

$Z_1 = 0.9 \times 0.25 + 0.7 \times 0.42 + 0.5 \times 0.29 + 0.3 \times 0.04 = 0.676$

$Z_2 = 0.9 \times 0.21 + 0.7 \times 0.43 + 0.5 \times 0.31 + 0.3 \times 0.05 = 0.66$

5.4.3　综合评价与分析解读

对技术集成与产品化项目进行绩效评价，可以是若干专家对同一项目打分投票，也可应用于多个专家对多个相同项目进行比较评价。影响项目开发绩效的因素很多，采用模糊评价法能够克服其他评价方法需要解决评价等级界限划分的定量难度。综合评价结果为被评价对象的综合值，其结果为模糊向量，可包含待评对象更多的细分信息，可从不同的侧重点解读评价结果，按照隶属度最大原则确定评价等级，即 5 个评价等级中，若"优"的隶属度最大，则项目评价等级为"优"级；若"良"的隶属度最大，则项目评价等级为"良"级，依此确定项目

的评价等级，然后按评价准则、评价关键点和指标的评价等级隶属度分布情况逐步进行分析解读。若有多个评价对象，可根据综合分值对被评价对象进行排序。按排序可以确定绩效的大小、扶持的对象、工作的奖惩等。

5.5 技术集成与技术成果产品化绩效指标体系

技术集成与技术成果产品化主要是一个投入过程，它的产出是少量的有形产品或无形的服务技术、服务模式等，不产生直接的经济效益和社会效益，这是与技术转移其他环节绩效管理的最大区别。产品整体概念中任何一部分的创新、变革和改良，都可提升绩效。提高产品使用的便捷性、缩短产品化开发周期、降低研发成本、进口产品的替代率、稀缺资源的置换率等都是技术集成和技术成果产品化绩效的关键影响因素，但最大的绩效影响要素是产品化流程的规范完整，最重要的绩效指标之一是产品化成功率。

5.5.1 绩效管理指标设置

之所以说产品化成功率是最重要的绩效指标之一，是因为产品化失败率一直居高不下。这一世界性的难题表面上看是激烈的市场竞争造成的，其实质缘由是生产的扭曲过剩和管理的急功近利。计划经济时代几乎不存在产品开发失败的问题，世界知名百年老店的产品与服务一直在推陈出新，但仍能保持很高的成功率。扭曲过剩是生产相对过剩的形式之一，管理的急功近利常见的表现是管理与技术的严重脱节。绩效管理指标的设置必须紧紧围绕产品化失败率高企这一主要问题，细剖根源，根据提高绩效的最有效举措设置管理指标。

产品开发过程的绩效标准主要分为过程效率标准和行为结果标准。指标设置如产品化成功率、产品开发周期、产品开发过程的成熟度、产品化投入总量、项目完工投产比率、共用基础模块的重用比率、被终止的项目数等。产品化投资收益的第一步是减少产品化开发的失败率。产品化绩效管理的主要指标见表5-5。

表 5-5　技术集成与技术成果产品化绩效指标 A2

一级指标	二级指标	三级指标
技术集成与技术成果产品化绩效指标A2	项目投入（A21）	科技总投入中的企业投入 A211
		购买国内技术经费支出 A212
		引进国外先进技术经费支出 A213
		技术改造经费支出 A214
		消化吸收投入 A215
		新产品开发投入 A216
		返工返修费用 A217
		技术服务费用 A218
	项目建设 A22	开工项目数 A221
		开发计划完成率 A222
		技术要素评审通过率 A223
		技术文件齐套率 A224
		技术集成度 A225
		产品集成度 A226
		过程集成度 A227
		模块共享度 A228
		器件复用率 A229
		器件替代率 A2210
		物料清单（BOM）准确率 A2211
		平均单板设计过程不规范点 A2212
		项目完工投产率 A2213
		新开工项目强度 A2214
		SQA 检查合格率 A2215
		编程规范合格率 A2216
		流程检查不合格点数 A2217
	项目效率 A23	产品化成功率 A231
		开发周期 A232

一级指标	二级指标	三级指标
技术集成与技术成果产品化绩效指标 A2	项目效率 A23	年度产品计划完成率 A233
		产品化开工率 A234
		正规检视计划完成率 A235
		新产品性能优化力度 A236
		知识产权申报与批准数 A237
		集成技术转让率 A238
		新产品上市率 A239
		系列产品比率 A2310
	风险规避 A24	产品项目终止比率 A241
		成本波动幅度 A242
		负面影响程度 A243

5.5.2 绩效管理指标解析

1. 产品化项目投入指标解析

没有投入就没有产出。技术集成与技术成果产品化环节的投入是再生产的投资活动，更多地体现一种能力，是一种经济实力与决策能力，产出是阶段性的物态结果，没有直接的利润回报。绩效考核的内容主要以规划数据为标准，考核投入的时空范围是否符合计划安排、投入的资源数额是否超出预算等，即考核包括以专业人员和资金为主的项目资源投入的合理性。产品化项目投入指标见表5－6。

表 5－6　产品化项目投入指标 A21

科技总投入中的企业投入 A211	指标导向是体现企业科技研发投入的主体地位
购买国内技术经费支出 A212	鼓励支持采用国内先进技术，节省有限的经费支出
引进国外先进技术经费支出 A213	利用国外先进技术是缩短产品国际化差距有效手段
技术改造经费支出 A214	这是一项传统的产品开发配套考核指标，能够充分利用原有设备，节省开支
消化吸收投入 A215	主要指除引进设备以外的配套软性费用
新产品开发投入 A216	包括人财物力总费用，可分所有新产品或单项新产品

续表

返工返修费用 A217	产品化过程非正常流程因失误产生的补救费用
技术服务费用 A218	产品制造以外的咨询、评估、培训等方面费用

2. 产品化项目建设指标解析

产品化项目建设指标（见表 5-7）设置的主要目的性是考核投入资源使用的合理性，是绩效保障的间接指标。指标范围涵盖建设基础、管理流程、开发应用工具、信息应用平台、建设效率及建设质量等。

表 5-7　产品化项目建设指标 A22

开工项目数 A221	双刃指标，一定条件下开工项目数并非越多越好，可用"开工数占立项数之比"替代
开发计划完成率 A222	百分比直接显示任务完成情况
技术要素评审通过率 A223	检验计划水平和专业技术水平
技术文件齐套率 A224	检测流程规范和可持续开发能力
技术集成度 A225	体现技术、协作水平，决定产品集成程度
产品集成度 A226	代表产品开发方向，体现智能制造水平
过程集成度 A227	体现工艺流程设计水平和成本降低潜力
模块共享度 A228	减少"硬软件"空间占用，提高效率
器件复用率 A229	减少工作量，节省费用
器件替代率 A2210	通用性能带来多方面益处
物料清单（BOM Bill of Material）准确率 A2211	物料清单是产品结构的技术性描述文件，它标明产品组件、子组件、零件直到原材料之间的关系，以及每个组装件所需要的各下属部件的数量。
平均单板设计过程不规范点 A2212	检验流程管理工具应用的规范程度
项目完工投产率 A2213	建成项目个数/开工项目数
新开工项目强度 A2214	新开工项目数/开工项目总数
SQA 检查合格率 A2215	软件质量保证（Software Quality Assuranc）
编程规范合格率 A2216	流程设计的专家评审环节决策指标
流程检查不合格点数 A2217	流程管理指标

3. 产品化项目效率指标解析

产品化项目效率是绩效的直接体现指标，除个别效益指标外，其他均为产出效率指标，主要反映时间进度和质量保障效率的管理水平。效率指标见表 5-8。

表 5-8 项目效率指标 A23

产品化成功率 A231	经过专家审定的完全具备上市条件的产品占全部开工项目的比例
开发周期 A232	从立项到审定定型，产品开发平均耗用的天数
年度产品计划完成率 A233	目标任务的数量与效率指标
产品化开工率 A234	产品化开工项目占立项项目总数的比例
正规检视计划完成率 A235	通过社会权威或企业资质机构质量标准检视、检测产品的比例
新产品性能优化力度 A236	实际性能比设计性能的进步，是技术管理与流程管理的双重绩效
知识产权申报与批准数 A237	重要的绩效指标之一，可申报多达数十项的受保护权益
集成技术转让率 A238	可产生直接经济效益或社会效益，是产品化阶段少有的几项效益性指标
新产品上市率 A239	进入消费市场产品占全部开工产品的比例，区别于已形成规模的商业化产品
系列产品比率 A2310	形成系列产品（品系、品种、品型）占单品产品的比例

4. 产品化风险规避指标解析

产品化风险规避指标虽少，但作用不可忽视。风险性指标是鉴于技术转移绩效管理实践中抵御风险的脆弱性和技术风险对经营绩效影响的严重性而精心设置的，如果说技术转移投入与产出指标大多都很重要的话，风险规避指标则是必不可少的考核内容。风险规避指标见表 5-9。

表 5-9 风险规避指标 A24

产品项目终止率 A241	经立项后直至专家审定前因各种原因退出开发程序项目占总开工项目的比例
成本波动幅度 A242	产品定型或分阶段实际费用支出与经费预算的差额
负面影响程度 A243	相关应急危机、重大事故、严重损失等对企业形成损害的等级

第六章 技术交易与技术产品商业化绩效管理

引 言

技术交易与技术产品商业化通过市场实现技术和技术成果的交换价值。技术交易是技术转移的关键环节也是重要手段，技术交易通过经纪服务和市场场所平台服务实现技术使用权或所有权的有偿转让。技术产品商业化既包括科研成果经过交易环节实现的有偿转让活动，也包括技术产品化以后批量进入消费市场，以成型的服务模式或以一定的产量规模进入流通领域而被消费者认可接受的过程。占有一定市场份额的技术产品，随着质量的稳定和市场的成熟将形成产业化基础。

商业化与产业化是一个量变到质变的关系，产业化是形成规模的产品商业化。商业化强调满足或引领市场需求，强调消费者支持的市场占有率；产业化强调行业规模、结构优势，强调价值链整体绩效。在一定的资源条件下，商业化是一个关键的中继环节，绩效管理的主要活动是为技术交易和技术产品商业化调动资源、精细化市场推进管理、防范风险的发生等。

6.1 技术交易与技术产品商业化的实现形式

技术交易与技术产品商业化的实现形式分三部分，一是技术和技术载体的直接买卖，即技术交易，如专利技术的转让、先进设备的引进与输出以及专业服务的引进与输出；二是将受让后的技术进行产品开发，成型产品通过媒体广告、人员推销等实现形式进入流通领域；三是通过掌握公共技术和公益技术等，进行商业推广与扩散，如利用农业、林业、畜牧、渔业以及特种种植养殖技术的传授和技术载体（新品种等）的供应等实现形式获取商业利润。

技术交易是狭义的技术转移，其实现的规范形式是技术贸易与技术服务。

6.1.1 技术贸易

技术贸易通常指国际间、地区间遵循一定商业规则进行的技术引进和技术输出活动，是狭义技术转移最主要、最直接的实现形式，技术贸易主要以技术许可方式，即通过许可协议（合同）实现技术使用权或技术所有权由供应方向需求方的转让与流动。传统的技术贸易主要有专利许可、商标许可、专有技术许可 3 种方式，这 3 种许可方式一般与机器设备引进输出密不可分，但也可以是独立于载体的单纯许可证贸易。随着西方国家知识技术概念的不断更新，产权保护范围不断扩展，技术壁垒问题的日益复杂，技术许可亦涵盖了知识产权的全部类别，其变化可谓日新月异。技术许可不仅包括了著作权（版权）的全部内容，还包括了工业产权中的服务标识、厂商名称、原产地名称、制止不正当竞争、集成电路布图设计专有权等新的内容，传统的专利许可也延伸出"专利池"等复杂内涵、骤增大量专利申请权许可业务等。

6.1.2　技术服务

技术服务是技术转移的另一重要形式，其业务规模在快速增长中。技术服务与技术转移服务是两个不同的业务范畴，随着现代服务业的迅猛发展，技术服务的内涵与外延都发生了极大的变化。技术服务已由捆绑于先进设备进出口的附加服务这一特定概念，发展为"知识型技术"独自的引进与输出，或为他人的设备系统提供升级改造等方面的专业化技术服务，如技术咨询、智力劳务输出、工艺设计、质量控制、引进输出项目的专业培训等。狭义的技术服务是指为先进机器设备进出口进行的相应配套服务；广义的技术服务既包括依附于机器装置、设备设施交付的配套服务，还包括作为第三方向已转移技术提供追加的深度服务和直接向需求方提供专门的软件服务等，是技术供给方向技术需求方提供技术劳务的行为。广义技术服务的很多业务内容，最典型的如技术咨询，同时也是技术转移信息服务的业务范畴。

随着生产制造业的转型升级，电子化、数字化集成度提高，操作简便，技术精度和结构原理却更加复杂，机器设备技术含量越来越高，技术服务的比重也随着越来越大。但是，导致技术服务由量到质的蜕变不仅仅是制造业技术含量的变化，经济全球化与生态资源环境恶化导致世界性产业结构的调整，技术转移推动着现代服务业迅猛发展，技术咨询、专有权利使用费和特许费等新兴服务所占比重增长迅速，技术服务内涵的扩张，与传统技术贸易相比大有并驾齐驱并超越后者之势。

花费 40 亿美元巨资构建零售连锁供应链系统，零售巨头沃尔玛创造了净有形资产 255 亿美元，而市场价值达 2 703 亿美元的奇迹，被称为世界企业中最有影响的软件实施者和购买者。技术服务专家对沃尔玛的评价是：沃尔玛采用的 i 技术不是最新的，更不是最前沿的，但当它同组织创新结合时，影响是巨大的。

6.2　为技术交易调动资源

技术交易的内容包括技术研发委托、技术转让、技术培训、技术咨询等，技术贸易与技术服务是技术交易的两大实现形式，具体形式包括专利许可、商标许可、专有技术许可、技术服务协议等。最传统也是最频繁的技术交易是专利技术及衍生权利的转让。

存量的科技成果、新颖的科技创意、研发中的课题项目、技术服务模式、工艺流程重组等等都是交易资源或潜在交易资源，技术转移服务通过信息的挖掘整理、需求双方的联系沟通、技术集成、技术改造、融资中介等一系列专业服务促成技术交易。专利技术是科技成果典型的存量状态。2013 年，全国共受理境内外专利申请 237.7 万件，其中境内申请 221.0 万件，占 93.0%。受理境内外发明专利申请 82.5 万件，其中境内申请 69.3 万件，占 84.0%。全年授予专利权131.3 万件，其中境内授权 121.0 万件，占 92.2%。授予发明专利权 20.8 万件，其中境内授权 13.8 万件，占 66.6%。截至年底，有效专利 419.5 万件，其中境内有效专利 352.5 万件，占 84.0%；有效发明专利 103.4 万件，其中境内有效发明专利 54.5 万件，占 52.7%。

6.2.1　专利技术的价值评估

专利技术的价值评估是专利资源调动的核心环节。专利技术价值评估针对专利的法律、技术和市场三方面为重点进行系统化分析，专利技术受让方可以根据专利技术评价报告作出合理的判断和决策，专利权人也可以根据该报告对将用于出资、转让、许可的专利价值作出合理判断，有利于市场双方形成对价及合作基础。同时专利技术价值评估作为专利资源管理的基础性环节，对专利的交易、许可、转让、融资、出资、实施及分级分类管理等方面将发挥重要的支撑作用。

开展专利技术评价的前提和基础性工作是要建立一套科学、严谨的分析指标体系。

专利技术评价体系，是指一套能够反映所评价专利价值的总体特征，并且具有内在联系、起互补作用的指标群体，它是专利在交易中的内在价值的客观反映。而一个合理、完善的指标体系，是对专利的价值进行评估与分析的先决条件。根据"专利价值度"来评判专利的价值，对所关注专利技术的法律状态、技术水平、市场价值进行科学评估与分析，基于该分析体系，为政府部门、园区、企业、投资人等提供权威、科学的专利技术评价报告，最大程度减少信息不对称问题。

专利技术的价值评估遵循系统性、可操作性、时效性、独立性、层次性等基本原则，并基于这些原则划分为两层指标：第一层指标，从专利自身属性的角度，分为法律、技术和市场3个指标；第二层指标，从专利功能的角度，将第一层的3项指标分为18项支撑指标。这些指标综合了静态评价与动态评估，既体现了稳定的要素，也包括变动的要素。

如表6-1所示的指标体系能够满足两项功能：第一，基于指标体系进行信息披露，全方位地关注专利各方面的要素，解决信息不对称问题；第二，专家综合评价。指标体系应分割合理，层级简繁适度，成为一个标准的并可扩展的模板。

表6-1 专利技术评估指标

指 标	内 容		
第一层指标	法律	技术	市场
第二层指标	稳定性、不可规避型、依赖性、专利侵权可判定性、有效性、多国申请、专利许可状态	先进性、行业发展趋势、适用范围、配套技术依存度、可替代性、成熟度	市场应用情况、市场规模前景、市场占有率、竞争情况、政策适应性

6.2.2 专利价值度的三维度解析

根据专利的检索报告、行业分析报告以及其他后备材料，由专家按照指标逐个评分，这些分数经汇总后，形成对专利进行衡量的一种标准、统一的度量——专利价值度（Patent Value Degree，PVD），这是相对表征专利自身价值大小的度量单位。专利价值度（PVD）可以为专利的适用度进行定义，支持对于多个专利进行横向、纵向的对比，以便从最直观的意义上对专利价值进行度量。法律价值度（Law Value Degree，LVD）、技术价值度（Technology Value Degree，TVD）和市场价值度（Market Value Degree，MVD）是专利价值度计算中的3个重要一级指标。

专利价值度（PVD）的计算方法是：$PVD = \alpha * LVD + \beta * TVD + \gamma * MVD$，其中，$\alpha$、$\beta$、$\gamma$相加之和为100%。图6-1是专利价值度的三维度解析模型。

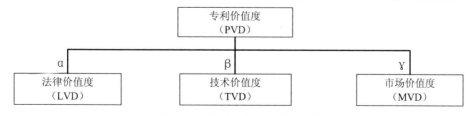

图6-1 专利价值度三维度解析

（1）法律价值度（LVD）

法律价值度是指从法律的角度来评价一项专利技术的价值。一项授权的专利是一个法律文件，其中通过文字描述限定了要求保护的发明创造的具体特征。法律价值度指标体系主要针对发明专利进行分析。发明专利包括权利要求书、说明书、附图和摘要。权利要求限定具体的保护范围，说明书和附图用于解释权利要求，在专利审查、无效或者诉讼过程中，专利权人对权利要求的解释都会影响到权利要求的保护范围。

为了使得法律价值度的分析具有可操作性，可将法律指标细分为7个支撑指标，包括：稳定性、不可规避性、依赖性、专利侵权可判定性、有效性、多国申请、专利许可状态。每个指标的分值介于0～10分。

法律价值度指标如图6-2所示。

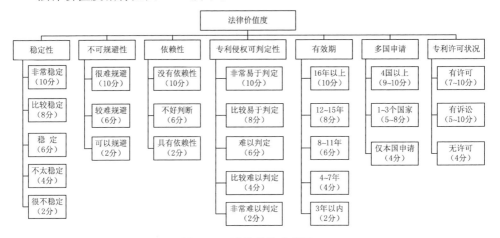

图6-2　法律价值度指标

图6-2中的法律价值度的指标解析：

稳定性指标，是指一项被授权的专利在行使权利的过程中被无效的可能性。

不可规避性，是指一项专利是否容易被他人进行规避设计，从而在不侵犯该项专利的专利权的情况下仍然能够达到与本专利相类似的技术效果。

依赖性，是指一项专利的实施是否依赖于现有授权专利的许可，以及本专利是否作为后续申请专利的基础。

专利侵权可判定性，是指基于一项专利的权利要求，是否容易发现和判断侵权行为的发生，是否容易取证，进而行使诉讼的权利。

有效期，是指基于一项授权的专利从当前算起还有多长时间的保护期。

多国申请，是指本专利是否在除本国之外的其他国家提交过申请。

专利许可状况，是指本专利权人是否将本专利许可他人使用或者经历侵权诉讼。

鉴于专利稳定性的分析评价结果将直接说明待评专利在法律意义上能够存在的前景，专利稳定性的价值度较低表明专利被宣告无效的风险较大，因此将稳定性指标作为参数因子，其他 6 个法律价值度支撑指标所具有权重各不相同。上述 6 个指标在法律价值度中所占的权重见表 6－2。

表6－2 法律价值度支撑指标权重

不可规避性	依赖性	专利侵权可判定性	有效期	多国申请	专利许可状况
30％	15％	20％	15％	15％	5％

法律价值度的计算公式为：法律价值度（LVD）＝稳定性×（不可规避性×30％＋依赖性×15％＋专利侵权可判定性×20％＋有效期×15％＋多国申请×15％＋专利许可状况×5％）。

（2）技术价值度（TVD）

技术价值度是从技术的维度来评价一项专利的价值。除去专利的法律因素之外，技术因素是决定一项专利价值的重要因素。为了便于分析，把影响技术价值度的指标细分为 6 个支撑指标，包括：先进性、行业发展趋势、适用范围、配套技术依存度、可替代性、成熟度。每个指标的分值都介于 0～10 分。如图 6－3 所示。

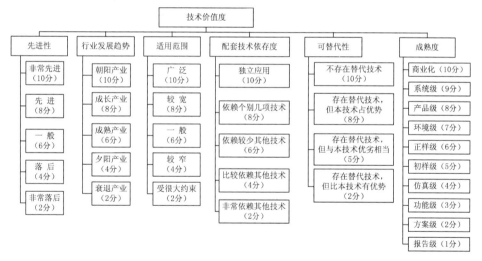

图6－3 技术价值度指标体系

先进性，是指一项专利技术在当前进行分析的时间点上与本领域的其他技术相比是否处于领先地位。

行业发展趋势，是指一项专利技术所在的技术领域目前的发展方向。

适用范围，是指一项专利技术可以应用的范围是否广泛。

配套技术依存度，是指一项专利技术是否可以独立应用到产品，还是经过组合才能用，即是否依赖于其他技术才可实施。

可替代性，是指一项专利技术在当前的时间点是否存在解决相同或类似问题的替代技术。

成熟度，是指一项专利技术在分析时所处的发展阶段。

每个技术支撑指标在技术价值度指标中所具有的权重各不相同。上述 6 个指标在技术价值度中所占的权重如表 6-3 所示。

表 6-3　技术价值度支撑指标权重

先进性	行业发展趋势	适用范围	配套技术依存度	可替代性	成熟度
15%	10%	20%	15%	20%	20%

技术价值度的计算公式为：技术价值度（TVD）＝（先进性×15%＋行业发展趋势×10%＋适用范围×20%＋配套技术依存度×15%＋可替代性×20%＋成熟度×20%）。

（3）市场价值度（MVD）

市场价值度是从市场经济效益的角度来评价一项专利的价值。专利的价值最终会体现在产品和生产产品的工艺方法上，而产品和工艺方法的价值受到市场状况、竞争对手、政策导向等因素的影响。因此需要考虑影响专利产品或工艺的经济价值的各种因素来分析专利的市场价值度。

经过归纳和筛选，把影响经济价值度的指标确定为如下 5 种：市场应用情况、市场规模前景、市场占有率、竞争情况、政策适应性。其中，市场应用情况、市场规模前景与该项专利的市场应用情况相关；市场占有率和竞争情况与该项专利的相关产品和工艺的竞争对手的情况相关；政策适应性与政策导向相关。

市场价值度指标体系如图 6-4 所示。

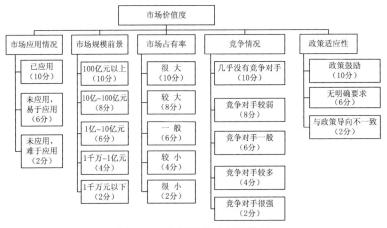

图 6-4　市场价值度指标体系

图 6-4 所示的市场价值度指标解析：

市场应用情况，是指一项专利技术目前是否已经在市场上投入使用，如果还没有投入市场，则指将来在市场上应用的前景。

市场规模前景，是指一项专利技术经过充分的市场推广后，在未来其对应专利产品或工艺有可能实现的总共销售收益。

市场占有率，是指一项专利技术经过充分的市场推广后可能在市场上占有的份额。

竞争情况，是指市场上是否存在与目标专利技术的持有人形成竞争关系的竞争对手，以及竞争对手的规模。

政策适应性，是指国家与地方政策对应用一项专利技术的相关规定，包括专利技术是否是政策所鼓励和扶持的技术，是否有各种优惠政策。

每个指标的分值都介于 0～10 分。每个市场价值度支撑指标在市场价值度中所具有权重各不相同。上述 5 个指标在市场价值度中所占的权重如表 6-4 所示。

表 6-4　市场价值度支撑指标权重

市场应用情况	市场规模前景	市场占有率	竞争情况	政策适应性
25％	20％	20％	20％	15％

市场价值度的计算公式为：市场价值度（MVD）＝（市场应用情况×25％＋市场规模前景×20％＋市场占有率×20％＋竞争情况×20％＋政策适应性×15％）。

专利技术价值评估评价体系由行业专家对相应的法律、技术、市场 3 个维度的 18 项指标进行分析和评分。基于指标体系进行信息披露，全方位地展现出专利技术的要素特征，有效解决信息不对称问题。同时请专家评分，体现专家的综合评价。组织专家开展专利技术评价指标的研究和设计，并经过广泛地征求意见和修改完善，形成具有专业共识的指标体系。专利技术的价值评估能够进一步发现或重新认定专利价值，将有效促进专利技术的转让。

6.3　技术产品的市场化过程

瑞士洛桑管理学院 Vijay K. Jolly 教授通过对 IBM，ICI，RayChem，Sony 等数十个公司新技术商业化成功与失败实例的研究与分析认为：新技术商业化是由新技术的构想、孵化、示范、推广和持续等 5 个子过程以及子过程之间的 4 个衔接环节组成。5 个关键的价值增值子过程包括：洞察技术和生产之间的联系，构想技术创意；孵化技术以确定其商业化的潜力；在适宜的产品和工艺过程中示范技术；推广技术，扩大市场需求；实现技术的可持续商业化。子过程相对独立但密不可分并且能使技术不断增值。发明者激发投资意愿获取支持、调动资源、调动市场要素、调动互补资产的衔接环节是子过程持续推进的保障，这个具有 5 个子过程的商业化实际就是从技术研发起始的产业化过程。

6.3.1 技术的商业化孵化

全国 2013 年共签订技术合同 29.5 万项，技术合同成交金额 7 469.0 亿元，比上年增长 16.0%。如此巨量的技术交易总量如果在一定的时间内不能进入商业化环节，不仅技术受让方的交易价值面临缩水的风险，而且，技术创新与技术研发环节大量的基础研究、应用研究、实验发展等前期投入也将失去产出保障。技术的商业化孵化是成型技术产品或技术服务进入消费市场的关键一步。

1. 技术产品的商业需求

历史上数次经济危机都刺激发生了重大的技术创新和技术发明，且发生于通信技术和新的能源系统的结合契机。新的通信技术和新的能源系统结合将再次引发新的科技革命，互联网技术和可再生能源被称为第三次产业革命的两个轮子。

以新能源页岩气为例。

我国天然气缺口预计到 2020 年将达 1 350 亿立方米，对于天然气的强劲需求，推动着页岩气产业的快速发展，积极有计划地开发非常规天然气资源将是满足天然气需求的重要途径和保障。页岩气革命不仅能够改变能源结构，还将深刻影响全球能源与地缘政治格局，将重塑国际能源版图。作为最具潜力的传统能源替代者，页岩气能同时替代煤和油，发展潜力巨大，2014 年达沃斯论坛勾勒出世界经济发展四大趋势，其中之一就是预测页岩气革命将重塑国际能源版图。

页岩气是从页岩层中开采出来的天然气，是一种重要的非常规天然气资源。与常规天然气相比，页岩气开发具有开采寿命长和生产周期长的优点，大部分产气页岩分布范围广、厚度大，且普遍含气，这使得页岩气井能够长期地以稳定的速率产气。

中国是全球页岩气储藏量最丰富的国家之一，资源潜力巨大，常规天然气储量为 3 万多亿立方米，而页岩气的储量达 36 万亿立方米，可开采约占全球总储量的 20%，页岩气的储量相当于常规天然气的 10 倍左右，所以未来的空间非常大。根据美国能源处的数据，中国页岩气储藏量超过美国，居世界第一。页岩气一旦突破形成产能，对满足不断增长的能源需求、促进节能减排、优化能源结构、保障能源安全和促进社会经济发展都具有重大战略意义。

页岩气革命被誉为新能源技术革命的前奏，尽管在现有勘探、开采设备技术条件下，页岩气的产出潜力和开采成本备受争议，但中国页岩气勘探与开采的商业化孵化终于露出了曙光。2014 年 5 月，中国首个大型页岩气田提前实现商业化开发，第一口实现规模化、商业化生产的页岩气井——焦页 1HF 井实现稳定生产。随着页岩气层的勘探推进，初步评价重庆涪陵页岩气田埋深小于 4 500 米的有利区面积近 4 000 平方公里，资源量 2.1 万亿方。在 280 平方公里一期产建区，已开钻页岩气井 82 口，完钻 47 口，投产 27 口，投产井全获成功，平均单井日产气 11 万立方以上。年内规划投产 100 口井左右。涪陵焦石坝页岩气田计划建成 2017 年国内首个年产能 100 亿方的页岩气田，相当于一个 1 000 万吨级大型油田。这标志着我国页岩气开发实现重大突破，提前进入大规模商业化开发阶段。

2. 技术产品的商业储备

尽管国内页岩气开采与普通石油开采所用设备相通率达 80%，但包括水平井技术和压裂技术等关键技术制约着页岩气的开采。非常规天然气的勘探开发依赖于新技术和新装备，只有技术装备真正实现了国产化和自主化，我国页岩气开采才能突破勘探与开采成本瓶颈。

通过近 10 年的技术储备，引进页岩气勘探开发综合技术，设立关键开采技术研发项目，加大科技攻关力度，突破设备制造核心技术等一系列战略性举措绩效卓著，工艺技术体系和装备研发制造等取得重大进展，关键技术已经实现了重大突破。我国已完全掌握最核心的长水平井分段压裂技术，自主研发的 3000 型压裂车达到世界压裂装备领先水准。国产的页岩气压裂成套系列产品主要由压裂车、混砂车、管汇车、智能仪表车及其他辅助设备组成，具有超高压（最高达 140MPa）、大排量和长时间连续工作等特点，产品技术已达到国际先进水平，可广泛应用于页岩气开采和陆地、海洋油气田开采作业。辽宁将推进压裂成套装备生产基地建设，并向压裂成套装备中的高端核心零部件、钻井装备和油气田服务等领域拓展。实现年产 300 台（套）的目标。

3. 商业孵化的政策支持

作为新兴能源，页岩气得到中国政府的高度重视，国务院批准页岩气为新的独立矿种。国家能源局发布《页岩气产业政策》，将页岩气纳入战略性新兴行业，页岩气的商业化开采有了明确的产业政策。并将对页岩气开采企业减免矿产资源补偿费、矿权使用费，研究出台资源税、增值税、所得税等税收激励政策。国家能源局正式发布的《页岩气发展规划（2011－2015 年）》指出，到 2015 年，国内页岩气产量将达 65 亿立方米，2020 年力争实现 600 亿～1000 亿立方米，我国的页岩气将成为能源重要支柱。通过参与全球能源"页岩气革命"，开采进入快速发展阶段，将改变我国油气资源开发及对外依存度过高格局。我国页岩气资源战略调查和勘探开发的战略目标是，到 2020 年在全国优选出 50 个至 80 个有利目标区和20个至30个勘探开发区，页岩气可采储量稳定增长，达到1万亿立方米；页岩气产量快速增长，达到常规天然气产量的8%至12%，成为重要的清洁能源资源。计划用10年时间开发中国3 000亿天然气来替代中国3.2亿吨煤。

4. 商业价值链的拓展

页岩气勘探与开发形成了价值链中新的商业环节，钢铁行业、装备行业、电力行业等成为页岩气价值链上的重要环节。

开采页岩气直接拉动几年来一直低迷的钢材需求。页岩气特殊扣油井管2012年需求还基本是零，但到2015年，页岩气带来的特殊扣油井管需求增量将达到6.5万吨，预计到2020年，将达到60万～100万吨，油井管市场容量扩充2至3倍。开采页岩气钻井使用的特殊扣油井管主要是高端特殊扣油井管（非API油井管，主要品种为13Cr、超级13Cr、双相不锈钢管、镍基油井管等），高增值优特钢是需求重点。此外，页岩气产业链上的工程机械装备、电力、水资源供应等，都需要消耗大量钢材，页岩气的发展将会促进装备制造和钢铁行业的发展。国内不少钢铁企业已经瞄准这一巨大的市场，积极研发页岩气业所需的钢材，共同研发和推广页岩气用钢管。将在勘探、钻井装备和管道建设等方面带来巨大机会，已有企业成立研发中心，全力开发页岩气行业用材料和不锈钢、工模具钢产品以替代进口产品。钢铁企业可以利用自身优势为页岩气的开发和输送管网建设提供钢管和钢板。加快页岩气开发拉动LNG油气装备制造业的发展，形成新的经济增长点。

在重庆，已把页岩气装备制造确定为重点发展方向。在页岩气产业发展成熟的美国，其页岩气开采成本，2013年约为每立方米1.1元人民币，成本中的80%是装备和勘探成本，以此估算，重庆2万亿立方可开采页岩气可带动装备和勘探产业产值约1.7万亿元，以开采10年计，年均产值约为1 700亿元。时下重庆两江新区已在紧邻长江的鱼嘴工业园区规划了页岩气装备园区，启动区域2.5平方公里，并已引入多家页岩气装备制造企业。

国内页岩气开采主要是中石油和中石化，页岩气开采投资情况和装备计划投资合计200亿元以上，2013年页岩气产量分别为4 000万立方米和1.55亿立方米。中石油计划2014年产量达18亿立方米，2015年达50亿立方米；中石油在两年内建成20亿～25亿立方米/年的产能，中国页岩气产量将达到发改委要求65亿立方米/年的指标任务。

重庆涪陵"国家级页岩气开发示范区"首个110千伏变电站在涪陵区焦石镇动工。该变电站设计用电容量约25 000千伏安，建成后可同时为10余个钻井平台提供开采动力。预计今年内，当地将新增页岩气井100口。新建的110千伏变电站，将配套建设全长14公里的110千伏输电线路与涪陵220千伏白涛变电站连接，满足焦石当地大功率钻井设备的用电需求，无疑这将带动电力器材的供给。

5.技术产品的商业扩散

目前世界上的创新型国家中，除了美国、德国、荷兰等国家以外，大部分创新研发能力很强的国家如瑞士、瑞典、芬兰、新加坡等，都缺乏先进制造基础，如果把这些国家的创新能力和中国的制造能力优势相结合，"中国制造"将走向"中国智造"。页岩气勘探、开采技术已在贵州等地展开商业性应用，通过典型的商业化运作，中国的一大批存量技术产品将与当年华为、中兴等公司的程控交换机技术产品一样，得以迅速扩散，并在国际专业市场形成领先优势，奠定民族产业的国际地位。

6.3.2　技术产品的商业化推进

技术成果一旦转化为新产品（或新型服务），定型试产就应当在第一时间进入市场，商业化推进的首要任务就是迅速把产品铺进销售渠道，按策划策略把新产品推向规划市场并抓住时机向定向需求的消费者进行量化推广。没有推进的努力就没有绩优的结果。

技术产品的商业化推进过程是新产品在市场上取代老产品或填补新增市场容量的过程，是新产品逐步被越来越多的消费者接受和认识的过程。新产品不是指某个单独的产品，只有系列概念和系统概念的产品才具有商业化、产业化意义。

新产品的商业化推进必须因循消费者接受新产品的基本规律，根据新产品的特点和目标消费者的心理因素，采取系列的推进举措，在产品生命周期中的导入期和快速成长期实现产品化开发预期，创造高于市场平均利润率的经济效益。

新产品能否为市场普遍接受，有很多制约因素，除了产品自身在诸如功能适应性、质量可靠性、操作便利性、使用安全性、结构新颖性等方面对比原有产品所具有的超越性以外，市场开拓主要有以下方面：

1.入市时机的确定

技术产品商业化入市时机的选择在信息化高度发达的时代成为意义非凡的营销举措。新产品开发是研发单位重要的商业秘密，守密工作是入市时机决策内容之一，有时能直接决定技术成果投资的成败。

新产品上市时机的选择有几种情况，没有竞争对手的前提下，在产品基本成型后应尽快选择入市时间，在产品接受市场的检验过程不断推出升级版本或新的改进产品。在掌握竞争信息，得知对手即将推出类似新产品的情况下，既可以抢先进入市场，也可以延后跟进，还可选择同时进入。抢先进入，先入为主，能够赢得消费者的品牌意识和体验偏好，建立新产品在行业中的主导或支配地位；延后跟进能够节省广告费用，了解市场需求量的反应，减小市场的不确定性；与竞争者同时进入市场能够降低营销费用，与竞争者分担风险。企业的环境条件比较成熟或具有较强的实力，新产品抢先进入市场被认为是最佳策略之一。而后期跟进市场主要是企业实力明显弱于竞争对手，紧随其后能够根据市场的产品水平和需求反响状况，完善或改造自身的产品，甚至可以直接模仿不存在知识产权的适销产品，这是与领先进入市场者展开的一种针对性的竞争策略。市场竞争日趋激烈以及现金流日趋紧张导致的研发资金短缺，越来越多的中国中小企业选择后期跟进的市场策略，但国际化的大企业还是以创意、储存、研发、生产、淘汰的商业化周期不断领先推出新产品。如果把所有产品都做到完美以后再推向市场，往往会错过最佳时机。产品需要制定周期规划，按照细分客户，确定产品开发周期，参照软件产品规律，推出系列版本。为快速占领市场，国内很多科技型企业已意识到快速开发的策略价值，即快速推出第一个产品版本验证商业预测和真实的消费需求，继而推出第二个版本紧跟热点，持续改进的第三个版本稳固市场，类似于系列产品模式的商业化推进，能够很快形成行业规模。

2. 入市区域的确定

技术产品商业化入市区域选择的实践依据是企业自身产品的寿命周期和技术转移区域战略，其绩效意义主要源于产品寿命周期的营销策略，以及技术转移区域级差收益策略。很多新产品区域布局战略案例显示，新产品区域布局有一种规律性趋向，如国际区域：欧洲——北美洲——亚洲大都市；国内区域：一线城市——二线城市——三线城市与农村。由欧洲到北美再到亚洲的主要大都市、再到其他洲的区域布局路径，基本与国内的首发地、次发地区域布局相似。

入市地域布局可将全球化市场概括地划分为3个梯度，梯度的划分依据主要是消费能力，消费能力取决于经济发展水平，如欧美市场、亚太市场、其他洲域市场等。国内市场可概括为一线城市市场、二线城市及其市郊市场、三线城市及广大农村市场等。第一梯度主要是发达地区市场，发达地区消费水平高、新技术产品接受认知速度快，是超额利润来源的主打市场。由于不确定因素的制约和生产（服务）规模的限制，发达地区市场主要容纳导入期与成长期的前期阶段的高新技术产品，通常采用高营销成本、快流通速度的入市策略。中间梯度市场消费需求大、价格敏感度高、市场竞争激烈，通过规模推进，降低成本，能够最大限度地保障平均利润率和最大现金流。末级市场是争取最大市场份额、清销库存、排挤竞争、承接新一轮技术产品入市的重要环节，末级市场即第三梯度市场主要容纳进入成熟期后期阶段和衰退期的产品。市场需求趋于饱和的成熟期，产品产量规模化，营销模式趋向标准化，边际成本降低达到极限。产品普及、竞争加剧，导致销售增长速度不断下降，营销与服务成本不断上升，产品将进入售后服务和同行竞争全面努力时期，进入市场淘汰最后阶段。

3. 入市价位的确定

新产品定价必须与目标市场消费者的收入水平以及价值理念相一致，在既定的消费层面，产品特性、产品价格、广告宣传、服务内容等因素与产品销量呈典型的正相关关系，决定着不同的市场占有率。产品的入市价位就是根据不同产品的特性表现为确定依据，以不同的营销策略追求最佳的商业化绩效。但技术产品尤其是高新技术产品入市价位的确定，总的原则是宜高不宜低，具体情况主要视产品的价格弹性而定，视产品的垄断程度而定。

产品的需求价格弹性的影响因素包括替代品的数量和相近程度；产品的稀缺程度；产品性能的多样性等。

假如不考虑生产规模受限条件，入市产品是采取薄利多销的低价策略还是实行获取超额利润的高价限量策略，重要的分析依据是入市产品的需求价格弹性对总收益的影响。价格弹性，即需求量对价格的弹性是某一商品价格变动时，该商品需求量相应变动的灵敏度。不同商品的价格弹性不同，价格变动引起的销售量（需求量）的变动不同，从而总收益的变动也就不同。

以某非知名品牌山寨版普及型手机与苹果 iP3 智能手机为例，分析价格富有弹性的入市产品与价格缺乏弹性的入市产品的定价比较，可见二者之间商业化绩效的巨大差异。

山寨版普及型手机主要功能与品牌智能手机近似，普及型手机面向青年群体的低收入者，以 500 元/部为目标价位，品牌智能手机以新潮白领为需求主体，目标价位5 000元/部。

产品价格弹性系数的大小与销售的总收益有着密切联系：如果需求价格弹性系数小于1，价格提升销售总收益增加，价格下调销售总收益减少；如果需求价格弹性系数大于1时，价格提升会使销售收入减少，价格下调会使销售收入增加；如果需求价格弹性系数等于1，那么价格变动不会引起销售收入变动。

价格弹性较高的技术产品价格弹性与销售绩效之间的关系：

（1）产品价格下调对销售绩效变动的影响。如果技术产品的价格弹性较高，该产品的价格下调时，销售量增加的比率大于价格下降的比率，销售绩效会增加。

（2）产品价格提升对销售绩效变动的影响。如果技术产品的需求是富有弹性的，那么该产品的价格提升时，销售量减少的比率大于价格提升的比率，销售绩效会减少。

价格弹性较低的商品价格弹性与销售绩效之间的关系：

（1）产品价格下调对销售绩效变动的影响。如果技术产品的价格弹性较低，该产品价格下调时，销售量增加的比率小于价格下降的比率，销售绩效会减少。

（2）产品价格提升对销售总收益的影响。如果某商品的需求是缺乏弹性的，那么当该商品的价格上升时，销售量减少的比率小于价格上升的比率，销售绩效会增加。

设某新产品价格销量存在线性关系，即：$Q=Q（P）$是线性的。若价格由 1 元上升到 3 元，需求量由 1000 个单位下降到 800 个单位。求该商品的需求弹性。

解题：

$\triangle Q=800-1000=-200$（单位）

$\triangle P=3-1=2$（元）

$Q=1000$（单元）$P=1$（元）

$$E_d=\frac{Q_2-Q_1}{P_2-P_1}\times\frac{(P_1+P_2)/2}{(Q_1+Q_2)/2}=\frac{Q_2-Q_1}{P_2-P_1}\times P_1+P_2 Q_1+Q_2$$

式中，P_1，Q_1 是基期数据；P_2，Q_2 是即期数据。

$$E_d=\frac{Q_2-Q_1}{P_2-P_1}\times P_1+P_2 Q_1+Q_2=\frac{1000-800}{1-3}\times\frac{1+3}{1000+800}\approx-0.22$$

价格弹性系数方法应用的间接影响因素还包括产品垄断破解时差与需求变化时差。

产品的垄断程度主要是技术难度、知识产权涵盖幅度、销售渠道掌控程度等。

垄断程度高的产品如市场需求大的专利技术产品，可以采取高价格定位、低费用促销的营销策略；反之，垄断程度低的产品可以采用低价格定位、高费用促销的营销策略。

4. 营销策略的组合

营销策略的有效运用依战略目标规划而定，营销策略的组合形式视市场营销实践而定。

技术成果商品化推进就是制定产品策略以及营销策略，加速新产品的市场扩散，并保持新产品有一个较长的销售周期，以便获取足够的利润产出来补偿该产品研发投入和风险成本，为成长期产品的改进和后续系列产品的推出赢得时间机会，赢取竞争实力。商品化推进依据产品的生命周期理论，将产品的销售周期划分为产品生命周期的不同阶段，在导入期、成长期、成熟期、衰退期 4 个阶段中，商业化的营销努力关键是在导入期。导入期的营销策略组合方式是营销策略有效性的主要内容。

导入期的特征是产品销量少，营销费用高，制造成本高，销售利润低，有时甚至为负值。根据这一阶段的特点，企业应努力做到：投入市场的产品要有针对性；进入市场的时机要合适；设法把销售力量直接投向最有可能的购买者，使市场尽快接受该产品，以缩短导入期，更快地进入成长期，进入下一过程产业化布局。

在产品的导入期，一般可以由产品、分销、价格、促销 4 个基本要素组合成各种不同的市场营销策略。仅将价格高低与促销费用高低结合起来考虑，就有下面 4 种策略：

时尚新产品策略。以高价格、高促销费用推出新产品。实行高价策略可在每单位销售额中获取最大利润，尽快收回投资；高促销费用能够快速建立知名度，占领市场。实施这一策略须具备以下条件：产品有较大的需求潜力；目标顾客求新心理强，急于购买新产品；企业面临潜在竞争者的威胁，需要及早树立品牌形象。一般而言，在产品引入阶段，只要新产品比替代的产品有明显的优势，市场需求对其价格就不是特别敏感。

高新技术产品策略。以高价格、低促销费用推出新产品，目的是以尽可能低的费用开支求得更多的利润。实施这一策略的条件是：市场规模较小；产品已有一定的知名度；目标顾客愿意支付高价；潜在竞争的威胁不大。

升级换代产品策略。以低价格、高促销费用推出新产品。目的在于先发制人，以最快的速度打入市场，取得尽可能大的市场占有率。然后再随着销量和产量的扩大，使单位成本降低，取得规模效益。实施这一策略的条件是：该产品市场容量相当大；潜在消费者对产品不了解，且对价格十分敏感；潜在竞争较为激烈；产品的单位制造成本可随生产规模和销售量的扩大迅速降低。

专利区域授权产品策略。以低价格、低促销费用推出新产品。低价可扩大销售，低促销费用可降低营销成本，增加利润。这种策略的适用条件是：市场容量很大；市场上该产品的知名度较高；市场对价格十分敏感；潜在的竞争者是制假仿冒生产商，但非法竞争威胁不大。

6.4 技术产品商业化绩效实务

技术产品商业化的绩效体现，首先是大幅增加供需信息透明度，供应者有市场渠道选择，能够"待价而沽"；需求者有技术成果选择，能够"货比三家"。其次是规范技术成果的评价体系，做到交易标的的客观真实、性价匹配。再次是设计专业的交易流程，便于监管，做到交易过程的公开、公平、公正。工欲善其事必先利其器。供需信息交互、技术成果评价、交易流程设计都必须借助于先进的信息技术手段——信息系统平台的构建。

6.4.1　知识产权信息交互

技术交易市场的现状是技术成果持有方的转让渠道不畅，急于将技术成果商用化，但往往无法获取正规、可靠的需求信息；有产品销售市场的技术成果需求方又很难搜集到适合自己的准确信息；大部分技术投资人包括天使投资、高智、VC/PE 等，掌握大量的专项资金，由于找不到职业的买办代理而增加了获取优质技术资源的难度；有专利布局准备的企业意在收购同族专利，以便巩固自己的专利壁垒，但由于查找和检索的手段和地域范围局限，而浪费了有限的人财物力。技术交易服务为技术成果供需双方解决上述存留问题提供了这样一个汇聚信息资源的交互平台。

实现知识产权信息交互流通是技术交易的重要基础。全球化技术交易背景下，很大比例的技术成果交易都是以知识产权转让的形式进行的，是专利权人作为转让方，将其发明创造专利的所有权或将持有权移转受让方，受让方支付合同所订立的约定价款。通过专利权转让合同取得专利权的当事人，即成为新的合法专利权人，可以与他人再行订立专利转让合同，专利实施许可合同。在成果转化的过程中，以专利许可的方式转让技术是一条有效途径。为了保证前期投入获得回报，除了技术诀窍外所有的科研成果都需要有效的专利保护。从申请专利到后期的专利保护应该由专业的专利运作机构来提供服务。

技术成果信息交互展示了供需双方提供的具体信息，能够直接查询所需要的知识产权技术以及需要这些技术的买方，缩短供需双方寻找专利技术的时间和成本，提高交易的成功率。交互平台将会为供需双方提供信息匹配服务，努力寻找符合双方供需的技术成果信息。供需双方也可以通过交互手段随时查看进展情况。如果供求信息匹配成功，线上或线下都能通过特约的形式通知供需双方，并在线下安排双方共同商谈转让或者许可的具体事宜，供需双方意见达成一致后，与第三方服务者共同签订交易协议。

6.4.2　技术评价业务流程

以专利技术评价为例。专利技术的评估依据专利技术评价指标体系，衡量专利所具有的内在价值，并以特定的度量单位来表示，生成专利技术评价报告。总体来说，专利技术评价流程分为以下 8 个环节：

（1）确认需求

专利技术评价的委托方需通过系统在线注册，经审核通过后，通知委托方登录系统，选择专利技术评价服务，进行待评价技术项目具体信息的填报。

专利技术评价项目经理浏览客户需求，分析客户目标，启动技术评价服务工作流程，如果项目经理认为客户需求不清晰，应及时和客户取得联系，确认实际需求。

（2）分配任务

在确认客户的具体需求后，项目经理将任务分配给项目负责人，由项目负责人进行下一步工作。

（3）协调专家

项目负责人从专家库中遴选法律、技术、市场 3 方面相关领域的专家，协调适合该项目的专家参与评价工作；收集、检索和分析行业信息，形成相应的工作报告，结合从咨询机构等渠道收集的行业分析报告等其他相关材料，为专家评价工作提供参考。

（4）专家评分

项目专家确定后，由法律、技术和市场 3 方面的专家分别对所评价的专利进行系统分析。专家根据现有检索报告、行业分析报告以及其他后备材料，为第二层指标逐个评分（每项指标将至少分配两名专家），并写出专家意见。

（5）一致性检验

由于每个专家的技术水平不同，所涉及的技术领域不同，考虑问题的角度不同等因素，会导致同一件专利不同专家的评价结果有很大的差距，为了综合所有专家的评价意见，去除偏离点，由项目负责人对法律、技术和市场 3 方专家给出的分数和意见进行一致性检验，如果各维度的专家所作出的评价结果没有明显的分歧，则视为该维度分数确定；如果出现严重分歧，则应重新对有问题的维度进行分析，并给出重新分析和评分的原因和建议。

（6）专利价值度计算

项目负责人根据专利价值度（PVD）的计算方法，得出法律、技术和市场 3 个维度的分析结果。计算公式是：

$$PVD = \alpha \times LVD + \beta \times TVD + \gamma \times MVD$$

其中，$\alpha + \beta + \gamma = 100\%$

（7）程序审查

项目经理对项目分析结果进行程序审查，审核通过形成专利技术评价报告；如果发现在报告形成的过程中有某个环节不符合流程规范，则返回到开始阶段重新进行。

（8）出具报告

对于顺利完成的项目，系统根据流程产生的分析数据形成评价报告，业务人员下载专利技术评价报告，并对内容进行修改，将形成的终版评价报告上传系统。业务人员也可以根据相关查询条件，对已上传的终版评价报告进行查询和下载。

专利技术评价业务流程如图6-5所示。

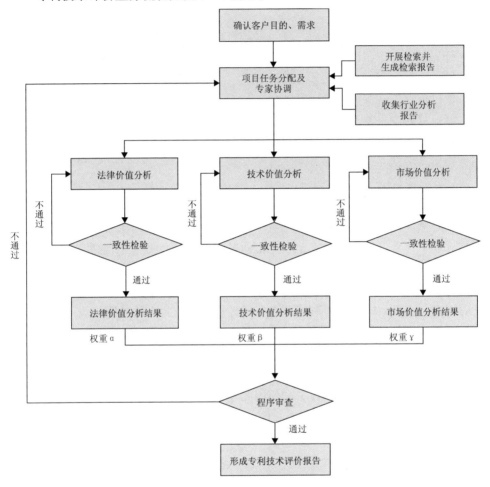

图6-5 专利技术评价业务流程

6.4.3 技术交易业务流程

1. 专利技术在线交易流程

专利技术在线交易业务应尽可能满足专利供需双方的各自所需，促进专利技术的交易和商用化。在线交易系统受理的专利技术包括授权发明专利、实用新型专利和外观设计专利。具体业务流程如图6-6所示。

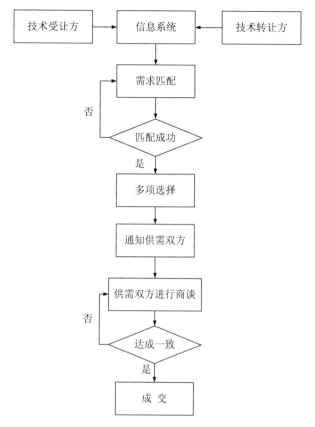

图 6-6　专利技术在线交易流程

（1）账户管理。专利技术供需双方在线注册建立相应账户，经系统审核，对其身份认证后，分配相应的操作权限。系统管理员对用户账户进行管理。

（2）需求提交。专利技术供需双方在登录系统后，选择专利技术交易服务，在线填写项目需求单并提交系统。

（3）需求匹配。项目经理在项目数据库中针对用户提交的需求信息进行多选择查找、匹配，使其可以通过多方比对，提高匹配成功率。若匹配成功，项目经理则通知供需双方，按照流程向下推进工作。

（4）知会。项目经理在对供需双方匹配成功后，通过邮件告知供需双方，并准备三方商谈文件。

（5）商谈。项目经理邀请供需双方进行线下当面商谈，具体商谈专利技术转让、技术支持、专利技术许可的价格等问题。项目经理在商谈中要起到协调、沟通作用，为双方提供客观、中立的咨询服务。如果不能达成一致，则准备组织下一次的商谈。

（6）成交。在专利技术供需双方达成一致的情况下，项目经理将协助供需双方做好专利技术转让或专利技术许可合同、转让手续及结算工作。

2. 商标交易业务流程

注册商标的转让是商标注册人在注册商标的有效期内，依法定程序将商标专用权通过合同转让、继受转让和行政命令的转让3种方式转让给另一方的行为。商标权人为转让人，另一方为受让人。受让人取得商标专用权，支付一定的价款，原商标人不再享有商标权。商标权的转让不同于一般财产的转让，除双方当事人同意外，还必须履行法定手续。

合同转让：转让人通过合同，规定转让注册商标的内容、相互间的权利、义务和违约责任等，这种形式的转让一般是有偿的，即转让人通过转让注册商标的专用权而收取一定的转让费用。

继受转让：注册商标的继受转让，有两种情况：一是注册所有人（自然人）死亡即其生命结束后，有继承人按继承程序继承死者生前所有的注册商标；二是作为注册商标所有人的企业被合并或被兼并时的继受移转。

行政命令转让：这种转让形式一般发生在公有制国家。这里说的行政命令主要是那些引起财产流转的计划和行政。例如我国国有企业根据行政命令发生分立、合并、解散或转产，必然会发生注册商标主体变化的问题。

商标交易的风险小，成功率较高，转让商标只需通过在线交易就可以实现商标所有权的转移。商标转让成功率的提高，风险的降低，使企业能够迅速进入品牌化进程。

商标交易业务包含了注册商标分类表中的45类商标，商标交易系统为用户提供在线注册商标转让及商标信息查询的服务，根据用户需求找到具有市场价值的注册商标，为注册商标的转让提供交易服务。具体交易流程如图6—7所示。

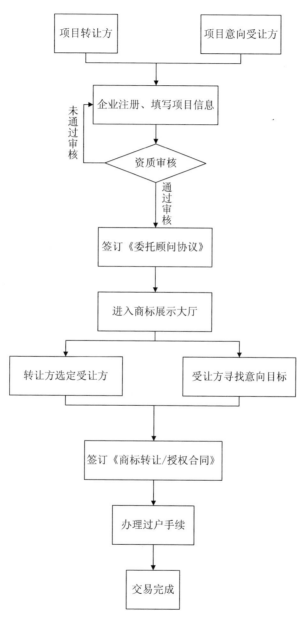

图6-7 商标交易业务流程

（1）提交资料。项目转让方和意向受让方在线提交注册申请，经系统审核后通知注册申请用户，用户点击通知链接地址登录系统。登录系统后，项目转让方需要提交转让商标的项目信息。

（2）资质审查。项目经理对项目转让方和项目意向受让方的资质进行审核，审核通过后进行后续工作流程。审核未通过，委托人需重新提交相关信息或者补充相应的材料。

（3）签订委托协议。资质审核通过后，项目经理与委托人在线下签订《委托顾问协议》，确定委托关系。

（4）商标展示大厅。取得资格的项目转让方和项目意向受让方进入系统商标展示大厅，项目转让方以价格优先和时间优先为原则，选定意向受让方；项目意向受让方浏览待转让的商标，寻找意向转让目标，并对有意向的商标进行报价。

（5）签订转让/授权合同。确定商标并商定转让价格后，由项目经理协助转让方与受让方签订《商标转让/授权合同》，并办理转让/授权的相关手续。

（6）交易完成。

6.4.4　技术交易服务信息系统

绩效评价一看系统的投入产出比率、二看提供的公共服务总量、三看信息服务的开放程度。快速发展的信息技术不但提高了交易的时间效率，还极大地推动技术转移的国际化水平。

线上、线下并行运营技术交易与技术产品商业化服务系统为用户提供技术评价服务、技术交易服务两大主营业务服务，以及系统后台的项目信息管理、专家管理、合同管理、用户管理等服务。系统功能架构如图6-8所示。

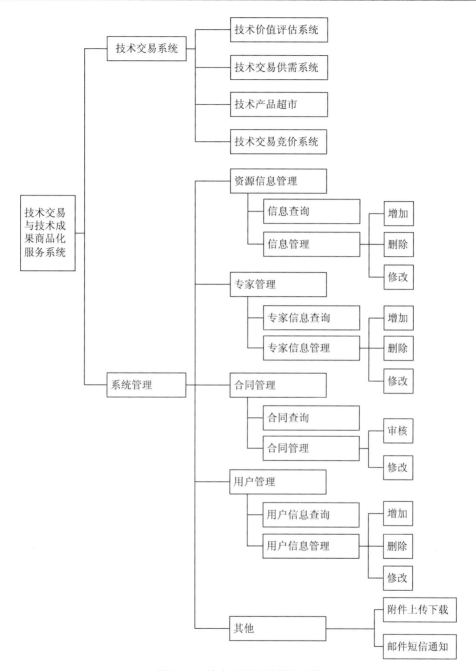

图6-8　技术交易系统基本功能

（1）技术价值评估服务

用户将专利信息提交到系统中，由相关领域的专家对技术进行实质分析，并对分析结果出具意见，由项目负责人汇总专家评分及意见后出具分析报告。这份报告将会使用户清晰地看到其拥有的专利技术在技术、法律、市场3个方面的整体情况分析，有利于技术持有者调整自己的待沽预期，有利于技术收购者把握自己的技术布局和风险预警。

（2）技术交易供需服务

用户将需要转让或许可的技术信息在线填写，上传到系统，由系统按照行业进行分类归纳。同时，技术经纪项目经理在项目信息库里寻找与之相匹配的买方，经核实后邀约供需双方进行商谈。有需求的用户也可以将自己对技术的实际需求提交给系统，项目经理在项目信息库里寻找与之需求相对应的技术成果，对供需双方有可能达成共识的相关技术信息进行评判后，安排供需双方进行商谈。

专利技术包括发明专利、实用新型专利和外观设计专利。专利供需双方除提交自己的需求外，可以浏览展示的其他专利信息，整个匹配过程都是由项目经理来完成的。这样既避免了供需双方的信任危机，也保证了供需双方的信息不被泄露。

商标交易主要为用户提供商标转让服务，视企业需求可以提供商标创意、策划、设计、申请、变更、续展等服务。根据企业需求找到具有市场价值的注册商标，为注册商标转让提供安全的交易服务。

（3）项目信息管理

对用户提交的项目做有序的管理，由系统管理员负责所有有效项目的日常维护及管理，包括对所提交专利、商标信息的筛选、分类以及相关通知。

（4）专家管理

对行业专家的个人信息进行审核、管理，确保每一位专家身份的真实性，可以承担相关知识产权服务的专业能力和专业素养，并对每位专家的信用度进行打分和记录。对专家信誉度有问题的专家，收回其系统使用权限，永久删除该专家的所有信息，并不再聘用。

（5）用户管理

对系统内的所有用户信息进行维护和管理，包括对用户信息的真实性进行审核等，对不符合要求的用户，及时删除相关信息，并取消该用户的使用权限。

（6）合同管理服务

合同管理的一种形式是对企业之间的合同进行管理，另外一种形式是对服务系统、企业、各类服务机构三方中的两两合同管理。可以通过多字段关联查询合同修改信息。

（7）其他服务

其他服务包括文件批量上传下载、邮件发送和短信发送等功能。专家通过邮件或短信与项目负责人沟通专利分析的事项；项目负责人通过邮件告知委托人分析的结果，并接受委托人提出的问题、建议、投诉等，同时可以随时下载项目信息及用户信息作为备份；用户通过上传专利或商标图片，使项目信息更加丰富和完整。

6.5　技术产品商业化的风险控制

风险是指在一定的资源条件下，在未来某一特定时间段内，某种损失发生的可能性，是因为决策质量造成人们所期望的绩效目标与实际出现结果之间产生的负面差异。技术成果商业化的风险控制是指管理决策者采取措施和方法，杜绝或减少风险事件发生或者减少风险事件发生时造成的损失。

风险控制是技术成果商业化的重要管理手段，从某种角度讲，风险控制是技术成果商品化成功的关键。一方面，每天都有大量的新产品问世，另一方面，能够实现商业化的产品却寥寥无几。全世界每年有 90％以上的新产品被市场淘汰，在留存市场的商品化新产品中，仅有 5％的新产品能够形成规模化产业。越是高新技术成果，商业化的不确定影响因素越多，所隐含的风险越大。

传统的技术成果商品化过程有一个被大多数人所忽略的悖论：每一个独立环节工作流程设计的都很完美，每一个独立环节都有各自顶尖的专业人员领衔，且新产品或完工项目大多都有较高的绩效评价，但大多数所谓的高绩效技术成果都终结于市场的导入期。未进入商业化的技术交易和技术成果前期各环节的高绩效，叠加的绩效为零，确切地讲是负值，大量的资源耗费没有产出回报。究其原因，各个子过程按照各自的逻辑分析问题并负责解决各自的问题而缺少全过程的顶层设计，这似乎是悖论的根源。恰恰相反，有研究表明，全过程的顶层设计中，越是重大的决策环节，风险意识的空白现象越是严重，下级（基层）过于谨慎（不自信），上级（上层）过于自信，忽略了重大决策的风险控制，这是技术成果商品化高失败率的根本原因。资金短缺、竞争激烈、环境变化等都构不成理由。过于谨慎会抵消创新，并会浪费有限的人财物力资源；过于自信会轻视困难和矛盾，会误判并不乐观的市场环境和竞争对手实力。没有规避、转移和应对风险的心理准备，更谈不上物质准备，情景变化，机会稍纵即逝，来不及弥补错误，众人辛辛苦苦创造的绩效将大打折扣。

风险控制主要是量化风险和处置风险。

6.5.1 风险量化

风险是指事件发生与否的不确定性。不确定性就是指事先不能准确知道某个事件或某种决策的结果。或者说，只要事件或决策的可能结果不止一种，就会产生不确定性。不确定性是指对于未来的收益和损失等经济状况的分布范围和状态不能准确预知。

技术产品商业化风险的最大值是导致企业的破产或机构的重组，从认知学上讲，风险的损害发生与否，损害的程度取决于人类主观认识和客观存在之间的差异性。在这个意义上说，风险指在一定条件下特定时期内，预期结果和实际结果之间的差异程度。风险发生的可能性可以用概率进行度量，假如商品化决策者是风险中性者，即决策者的风险观念既不冒险也不保守。风险的预期值为风险发生的概率与损失的乘积。

风险量化的方法主要是数理统计应用与分析

量化大师恩里科·费米是"蒙特卡洛模型"（Monte Carlo Simulation）的早期使用者之一。蒙特卡洛模型用计算机产生大量基于概率的前提数据作为输入。对每个情境来说，它的每一个未知变量会随机产生一个特定值，然后将这些值用在一个公式中计算该情境的输出值。

任何新进入市场产品的成本和收益不确定性构成了销售风险的成因，所有市场和营销风险最终可用一种方法表达，即风险和收益的范围以及可能对它们产生影响的其他事件的发生概率。如果你能精确掌握每笔投资的风险和收益的数量，理论上说就不存在任何风险。因为收益如果比你预想的低，损失比你预想的高，你就不太可能选择这个方案。但经营中不论是决策者还是财务专家对这些数值的把握都不是精确值而只是一个大致范围，计划期产品成本因素尤其是产量和销售量在多数情况下只是预测数据，因此就有出现亏损的可能。计算风险的基础就是计算这些可能出现的范围，蒙特卡洛模型就是被用来计算这些范围的。

寻找盈亏平衡点：

例如，引进一项新的专利技术，用于某特种车辆的整车生产流程。引进技术的成本费用是1 000万元，不随产量变动而增减，由于专利技术转让后不能退订或随意授让，新专利技术引进后不论盈亏与否，技术转让费都将成为既定费用。因为引进的专利技术能够节省原先单车计交的专利费用，而且汽车的维修成本和安装费用也比现在生产流程的成本要低。决策的风险分析是在成本费用没有确切数据和产量不能随意增减的情况下，决策是否引进这项专利。这个决策问题涉及多个专门问题，如不同的绩效预期，会有不同角度的成本、利润计算方式。

下面初步估计一下单项专利、维修和安装方面所节省的成本范围，同时还要估计出该流程的年产量：

节约单项专利成本（SPS）：每辆 200～600 元

节约维修成本（MS）：每辆－100～300 元

节约安装成本（IS）：每辆－350～750 元

年生产量（PL）：每年 10000～25000 辆

引进技术成本：1000 万元（以此为盈亏平衡点）

如果成本项目和产量都是确定的数值，每年节约的费用的计算公式：

年节约费用＝（SPS＋MS＋IS）×PL

这只是一个虚构的简单例子。实际上变数很多，例如年产量也许每年都不同，随着使用新机器的经验日益丰富，一些成本也许反而更高。但为了简化问题，我们选用这个例子。

如果把中值带入，就得到：

年节约费用＝（400＋100＋200）×17500＝1225（万元）

1 225万元看起来比收支平衡点好，但这里存在不确定性。首先，让我们定义"风险"的含义，即未来存在损失的可能性。

有没有风险、或者说风险有多大就看取得收支平衡的机会有多大，也就是说，能不能节约足够的钱以弥补1 000万元的引进技术成本。和引进技术成本相比，节约得越少，损失就越大。如果我们选择各个不确定变量的中值，一年能节约1 225万元。由于没有精确值，要确定是否达到了节约目标，通常不能只作一个计算。为了解决这一问题，蒙特卡洛模型通过使用计算机，使得近似计算成为可能。我们随机挑选大概几千个确定值，这些值需在指定的范围内，然后使用这些随机选取的值，计算出一个结果。计算了几千次可能的结果后，就能估计不同的结果的概率了。

用本例具体说明。在本例中，每一个情境都是随机产生的节约的单项专利费用、维修费用等的一个集合，每个集合的值可计算出一个可能的年节约费用，随机产生多个集合，可以计算出多个年节约费用。一些结果可能会高于1 225万元，而另一些可能会低于1 225万元，甚至低于1 000万元的收支平衡点。通过数千次情境，我们就可以确定这个引进技术行为有多大可能产生净收益了。

用 Excel 运行蒙特卡洛模型（见表 6－5）：

表 6－5　Excel 中一份简单的蒙特卡洛清单

情景号	节约单项专利成本	节约维修成本	节约安装成本	生产量	节约总值
1	568	133	235	10370	9706320
2	403	36	416	19079	16312545
3	258	155	－349	16781	1073984
4	257	110	－34	9372	3120876
5	561	67	750	14197	19563466
6	382	78	－321	20897	2904683
7	440	248	－115	22211	12726903
……	……	……	……	……	……
2999	318	－18	724	17883	18312192
3000	459	116	190	23394	17896410

　　在表 6－5 中变量是以列的形式显示的，最后两列就是根据前面各列计算出来的结果。节约总值列是根据前面的年节约费用公式，计算每行中的具体值得出的。

　　例如，情境 1 的节约总值是（568＋133＋235）×10370＝9706320 元。在 Excel 中使用函数"＝countif（）"可以计算出满足一定条件的值的个数，在本例中，也就是小于 1 000 万元的值的个数，为 1 213 个；同样，在 Excel 分析工具包中使用直方图来展现更全面的图像，如图 6－9 所示。

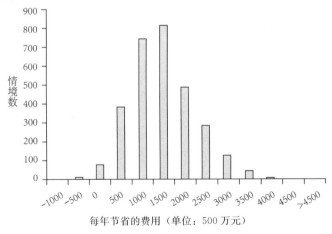

图 6－9　每年节省的费用

　　该图显示每年节约费用的分布情况，例如，节约费用在 500 万～1 000 万元的情境数超过了 700 个。

我们发现大概有 40% 的结果比 1 000 万元的盈亏平衡点少，意味着亏损的概率是 40%，如果计算各种损失水平的概率，这就是"风险分析"，该量化对风险控制来说很有意义。

6.5.2　风险处置

事前筹谋为主，事后举措为辅。技术成果商品化风险处置的主要手段基本有：风险规避、损失减防、风险转移和风险担当。

1. 风险规避

风险规避是技术转移主体在风险量化的基础上的有意识作为，最简单的风险规避是放弃商业运作，完全避免特定的损失风险，这种消极的风险处理办法在放弃风险的同时也放弃了潜在的投资收益。正常的风险规避包括规避方法、损失减防手段、风险转移渠道和风险担当责任等。风险规避的方式取决于以下因素：投资决策者的风险偏好；投资主体承担该风险造成后果的能力；是否存在风险更低且可实现同样目标的其他方案选择；投资主体消除或转移风险能力与举措，或承担风险能否得到足够的补偿。

2. 损失减防

"两害相权取其轻"。商业化过程的风险损失包括较高的交易费用因产品上市渠道不畅无法回收；高额的前期营销费用导致资金链断裂；产品因设计或制造的严重缺陷销售受阻；新技术出现造成的竞争压力等。损失减防不是放弃风险，而是制订计划和采取措施降低损失发生的可能性或者是最大限度地减少实际损失。控制程序包括事前、事中和事后三个阶段。事前控制的目的主要是降低损失的概率，按照估算概率的大小做好应对准备，事中和事后的控制主要是为了减少实际发生的损失，当损失不可避免时选择损失较小的应对方案。

3. 风险转移

风险转移是指通过契约，将让渡人的风险转移给受让人承担的行为。通过风险转移可大大降低商品化过程的风险程度。风险转移的主要形式是合同和保险。

合同转移。通过签订合同，将可预见的风险及不可预见的风险可能明确地写进合同文本，以法定责任的形式将部分或全部风险转移给一个或多个利益参与者。如销售代理的选择条件中，加入最低销售量保证的协议条款就能大大减轻技术交易和成果商品化的风险

保险转移。保险是最为广泛的风险转移方式，也是风险最为可控的转移方式。不仅技术转移主体中的利益交易双方，甚至交易行为有可能涉及的第三方，都会成为专业保险公司业务的服务对象，保险公司的业务覆盖范围越来越广，产

品质量保险、品牌声誉保险、第三方伤害（如新型啤酒瓶自爆）保险等。

4. 风险承担

风险承担，即风险担当。也就是说，损失实际发生，投资主体将以可利用的任何资金（资产）进行填补。风险担当包括无计划承担、有计划承担。

（1）无计划承担。指风险损失发生后从收入中支付，即不是在损失前作出资金安排的风险应对。当投资主体没有意识到风险，认为损失不会发生时，或将意识到的风险损失显著低估时，就会采用无计划承担应对方式承担风险。一般来说，无计划承担是一种被动的应急承担，如果实际总损失远远大于预计损失，轻则引起资金周转困难、打乱经营计划，重则项目下马，甚至连锁反应导致企业破产。

典型的网络安全决策风险防范案例：某信息系统安全保障要求很高，大投入购买了防病毒软件，进行了全员保密培训，建立了"双员、双钥"、"双签、三审"等规章制度，形成了万无一失的安全保障体系。但就在安全验收后的不久，由于其他单位失火造成楼房坍塌，导致信息系统和建设主体的灭顶之灾。

（2）有计划承担。指可能的损失发生前，通过作出各种资金安排以确保损失出现后能及时获得资金以补偿损失。有计划自我保险主要通过建立风险预留基金和再保险的方式来实现。

6.6　技术交易与技术产品商业化绩效指标体系

技术交易与技术产品商业化过程是资金需求最迫切但融资又是最为困难的阶段，这个阶段的主要努力是信息的交互和营销策略的实施，由于市场的不确定性而导致投资行为的格外谨慎，资金的收缩反过来加大了前期投资的风险。公共信息平台的技术交易系统建设刚刚起步，国家也很少有专项的营销资金支持政策，金融机构更偏向"眷顾"于技术转移产业化阶段的项目，这是技术转移中继阶段最大商业风险的客观原因。

6.6.1　绩效管理指标设置

除了常规的营销手段和营销资金的支撑外，商业模式、网络营销、产品质量、市场开拓能力、对外贸易等要素都是商品化成功的综合保障。常用指标见表6—6。

表 6-6 技术交易与技术产品商业化绩效指标 A3

一级指标	二级指标	三级指标
技术交易与技术产品商业化绩效指标 A3	经营投入 A31	商业化营销费用总额 A311
		营销费用占总营销费用比重 A312
		售后服务费用占总营销费用比重 A313
		行业人均管理费用 A314
		商业模式创新 A315
		营销网站投入 A316
		专用生产设备等硬件投入总额 A317
		专利等软件投入总额 A318
		培训费用总额 A319
	产出规模 A32	新产品销售总收入 A321
		新产品销售收入占产品总销售收入比例 A322
		网络营销比重 A323
		人均新产品产值 A324
		技术改造能力 A325
		市场开拓能力 A326
		技术贸易总量 A327
		对外输出的技术数量 A328
		对内引进的先进技术（项目）数量 A329
		技术交易成交合同单数 A3210
		技术交易成交合同总额 A3211
		国内技术交易额 A3212
	产出效益 A33	赢利能力 A331
		市场竞争能力 A332
		规模产品合格率 A333
		技术交易年增长率 A334
		新产品市场占有率 A335
		新产品出口总额占全部产品总额的比重 A336

续表

一级指标	二级指标	三级指标
技术交易与技术产品商业化绩效指标A3	产出效益 A33	盈利现金比率 A337
		形成新型外观等知识产权件数 A338
		现金流量 A339
		消费满意度 A3310
	风险规避 A34	商品项目停产率 A341
		成本波动幅度 A342
		债务偿还能力 A343
		合同交货率 A344
		合同退货率 A345
		负面影响程度 A346

6.6.2 绩效管理指标解析

商业化绩效管理之所以重要，是因为太多的商业化推进项目的失败造成了从应用研发开始到产品创意、技术集成，产品开发漫长过程的人财物资源的极大浪费，严重稀释了成功项目的绩效努力。通过商业化过程层层指标的设置与考核，能够尽量减少人为的市场预测和目标计划失误、避免心存侥幸心理在资金不足情况下贸然推进项目、减少因配套失联埋下的各种风险隐患。成功的经验主要有认真和努力，失败的理由或者说因素有成千上万，如此等等，防不胜防，唯有科学地设置指标标准，按规范和流程进行管理，加强绩效风险的控制，才是绩效提升的根本。

1. 商业化经营投入指标解析

技术交易与技术产品商业化投入的高风险性表现为各种费用的支出，只是建立在调研、预测或高层管理者个人经验的基础上，并且这种基础受制于变幻莫测的消费需求，为了尽力消除需求变化的不确定性，需要根据自身的产出预期和资源条件，寻求理论研究和公共经验的支持，遵循成功经验和高标准绩效水平设置指示和指导标准，确定适当的投入要素和耗费额度。在表 6—7 的 7 项指标中，首要指标是商业化营销费用的总额度。

表 6-7　经营投入 A31

商业化营销费用总额 A311	投入产出的基础指标，决定着产出的大致规模和不确定事件的保障概率
营销费用占总营销费用比重 A312	反映该项技术产品的投资力度
售后服务费用占总营销费用比重 A313	双向指标，比重大意味着成本高，但服务利润率往往更高
行业人均管理费用 A314	间接成本中的一项主要内容，伸缩性较大，可机动费用分摊
专用设备等硬件投入总额 A315	直接成本中的一项主要内容，可机动性差的商品化程度越高，成本分摊越薄
专利等软件投入总额 A316	很多专利协议均有产量挂钩条款，绩效考核因协议而异
培训费用总额 A317	必不可少的成本，包括营销培训、技术培训、客户培训、售后服务培训等费用总和

2. 商业化产出规模指标解析

产出规模是产出效益基础，在既定的投入项目和投入额度条件下，表 6-8 所显示的 12 项指标基本涵盖了需要考核的全面内容。

表 6-8　产出规模 A32

新产品销售总收入 A321	核心指标之一，既是产能规模指标，又是收益财务指标，是利润的获取前提
新产品销售收入占产品总销售收入比例 A322	反映新产品在产品结构中的位置及在市场战略中的重要程度
网络营销比重 A323	大势所趋的必设指标，线上线下并重、线上取代线下都是可能的，越来越受重视的指标
人均新产品产值 A324	劳动生产率对照指标
技术改造能力 A325	决定新产品产能、性能的设计实现
市场开拓能力 A326	营销预算、市场目标、广告效应、宣传手段等的实现效果
技术贸易总量 A327	国际技术引进、输出总额，反映技术转移活力与趋势

对外输出的技术数量 A328	成熟技术（项目）、专项技术（技术诀窍、专利、专门技术等）国际输出的合同数量或金额
对内引进的先进技术（项目）数量 A329	填补国内空白的国际先进技术引进的合同数量或金额
技术交易成交合同单数 A3210	包括国内外技术交易的合同总数，与合同金额分别统计，有助于了解技术的集成规模、配套程度以及配套技术的需求变化
技术交易成交合同总额 A3211	反映技术转移的成效和技术需求的市场波动
国内技术交易额 A3212	反映国内技术的发展水平和技术需求的变化

3. 商业化产出效益指标解析

技术交易与技术产品商业化产出效益一是企业或区域的经济效益的直接度量，二是科技职能部门的管理绩效，尤其是政策水平的体现。产出效益见表6—9。

表 6-9 产出效益 A33

赢利能力 A331	利润总额、毛利率、资金周转率、净资产利润率等
市场竞争能力 A332	企业有无自主品牌，技术的垄断性，知识产权保护等关联指标
规模产品或服务合格率 A333	重要的质量考核指标，与品牌知名度、占有率、满意度等系列指标直接关联
技术交易年增长率 A334	技术市场的中观、宏观绩效评估与考核指标，是科技发展目标、技术转移政策制定的参考标准和依据
新产品市场占有率 A335	新产品销售总额/该产品行业销售总额×100%，是产品策略、市场策略、营销组合策略的晴雨表
新产品出口总额占出口总额的比重 A336	该指标具有多重意义，反映市场潜力、扩大销售范围、获取政府退税等
盈利现金比率 A337	经营现金净流量/净利润，在经济不景气、银根紧缩时期尤其重要，关联指标包括库存、应收应付等

续表

形成新型外观等知识产权件数 A338	这是容易被欠发达区域企业忽略的绩效因素,知识权益登记注册费用甚少,却是市场竞争的重要武器
现金流量 A339	现金为王,但错误的概念是现金流量比率越高越好,偏高的指标会降低赢利能力
消费满意度 A3310	是产出效益的因果性关联指标

4. 商业化风险规避指标解析

商业化风险规避指标是 4 个过程、5 个主体同类指标中意义更大,新产品开发的高失败率,实际就是商业化过程的高失败率。只要新产品学生达到一定规模,成本得到一定补偿,风险降低,其后环节的推进压力就会相对减轻。在表 6-10 的 6 项风险性指标中,商品项目停产率是最大的风险压力。

表 6-10 风险规避 A34

商品项目停产率 A341	新产品上市后因各种原因停产清算项目占在售产品的比例
成本波动幅度 A342	产品上市实际费用支出与营销预算的差额
债务偿还能力 A343	负债率、现金流量比率、产量与利润预期系因果关联
合同交货率 A344	交货率受专用设备、次残品率、储运多种因素影响,设备开工率、产出率设计量是主要效率指标
合同退货率 A345	退货率受产品或服务质量、发货期、储运质量等因素影响,产品或服务是第一关联指标
负面影响程度 A346	相关应急危机、重大事故、严重损失等对企业形成损害的等级

案例:国家技术转移示范机构交易模式

我国技术转移示范机构经过多年的发展,在技术转移价值链的各个环节进行了积极的探索和创新,形成了各具特色的服务模式,极大地丰富和延伸了技术转移的内涵。

（一）科研成果直接转移模式

科研成果直接转移是指高校院所将自有科技成果不通过第三方机构，而直接向企业进行推广与转化的模式。这是高校院所技术转移实践中最常采用的方式，其最典型的特征是点对点的直接转移。

【案例1】水煤浆气化及煤化工国家工程研究中心多喷嘴对置式水煤浆气化技术推广

水煤浆气化及煤化工国家工程研究中心（以下简称中心）是根据国家能源发展战略及煤化工发展方向，以兖矿集团有限公司为主要依托单位而建立的国家工程研究中心。中心研制的多喷嘴对置式水煤浆气化技术是目前我国唯一能够实现单炉日处理煤2 000吨以上的水煤浆气化技术，是我国煤炭高效洁净利用的龙头和核心技术。中心通过积极开展专利实施许可工作推动多喷嘴对置式水煤浆气化技术的转移。2012年先后与宁波中金石化有限公司、鄂尔多斯市国泰化工有限公司、伊泰伊犁能源有限公司、新疆心连心能源化工有限公司、江苏灵谷化工有限公司、内蒙古京能锡林煤化有限责任公司等6家企业签订专利实施许可合同。截至2012年年底，该技术已经成功运用于31家企业，建设气化炉86台，专利技术实施许可合同累计金额41 885万元，国内市场占有率超过30%，成为我国煤化工行业发展的重要技术支撑。

（二）技术熟化推广模式

技术熟化推广是指高校院所为提高技术成熟度和适应性，通过强化共性技术、商业应用技术的研究，加强小试、中试环节的投入，以促进技术成果产业化应用的技术转移模式。随着产学研合作的不断深入，该模式已成为高校院所推动技术成果转移的重要方式。较为常见的技术熟化服务平台包括中试基地、公共技术服务平台、院地合作、校企合建研发机构等。

1. 中试基地推广模式

中试基地推广是指高校院所或者有实力的大型企业通过提供设备以及共性技术支撑服务等搭建中试基地平台，有效推动自主科研成果的工程化和产业化应用的模式。中试基地可以同时将不同创新主体的成果通过中试服务这个统一"接口"推广到市场，实现更为高效的产业协同，成为打通技术成果产业化最后一公里的关键步骤。

【案例2】山东大学中试基地公司化运作模式

山东大学围绕胶体材料关键技术的工程化与产业化，与济南市政府合作在济南市黄河北济南新材料产业园区建设中试基地。基地占地45亩，总投资7000余万元，通过采取公司化运作，以股份制形式参与产业化项目建设与合作，推动实验室小试技术真正转化为产业化技术，增大政—产—学—研结合实效性。目前，基地开展中试项目 16 项，已具备产业化转化基础的 4 项，小批量生产项目 3 项，未来将打造成为济南化工产业园区现代产业体系的强大科技引擎。

【案例 3】北京中科前方科技发展有限公司中试基地模式

北京中科前方科技发展有限公司以市场为导向积极探索技术中试和市场中试模式。公司通过合理有效地利用中试基地现有设备和研发条件，把院所已有的实验室成果进行进一步中试、熟化，形成可生产的技术，再向企业推广，从而大大降低了企业引进技术的风险；同时将小批量中试产品进行市场中试，改进后定型生产线、工艺、产品配方，实现产业化综合配套后，再建立规模生产线。2012年，公司与企业合作设立了北京房山食用菌精深加工产业化基地、贵州核桃精深加工中试与产业化基地等，开展了核桃、油茶、食用菌、肉兔等产品的研发，将无形技术变为有形产品，取得了明显的社会经济效益。

2. 公共技术服务平台模式

公共技术服务平台指研究机构基于自身研发优势，在政府支持下构建的为中小企业提供技术开发、试验、推广，共性技术支撑，产品设计、加工、检测等服务的公共技术支持系统。基于公共技术服务平台的技术转移模式打破了科技资源分散、封闭、垄断状况，有利于促进应用技术转化。

【案例 4】中科院选矿冶金技术综合服务平台

中北国技（北京）科技有限公司建设的"中科院选矿冶金技术综合服务平台"，结合了自身节能环保和材料类技术领域优势，集中整合了一批低品位、复杂难选矿产或矿业废弃物的资源化利用技术，为矿产冶金企业集中提供中科院技术服务的项目，包括浮选、磁选、湿法冶金、生物冶金等各类型的选矿冶金技术，以及为各类贫旧矿免费提供的检测、实验、中试、技术指导等服务。该平台在服务过程中，通过实样示例为企业提供技术的直观展示，引导企业自愿采购技术，实现整套技术的转移。

3. 院地合作/省校合作模式

院地合作/省校合作指高校院所对接地方产业需求，与当地政府、龙头企业共建合作实体，共同推进科技成果熟化和产业化应用，带动地方科技创新与经济发展的技术转移模式。

【案例 5】中科院院地合作模式

中科院依托强大的专业研发优势，鼓励与地方共建技术转移中心，形成上下联动、合作竞争的院地合作工作体制，逐步形成了"实验室—中试孵化—工程化推广—生产基地"环环相连的创新链，构建起了多层次、立体化的院地合作网络。2012 年，中科院所属的 32 家示范机构共促成技术转移项目 2 646 项，金额 48.6 亿元；促成战略性新兴产业项目和公共财政计划项目分别为 1 670 项和 886

项，成交金额 32.7 亿元和 14.6 亿元；服务企业 9 269 家。

4. 院企/校企联合研发模式

院企/校企联合研发是高校院所通过与企业共建实验室或研发中心，针对市场需求进行联合研发和技术熟化，以促进成果转移的模式。该模式大大缩短了科技成果转移的周期并提高了转移的成功率，是产学研合作体系中针对技术需求和供给对接最有效的方式之一。

【案例 6】北京化工大学成立校企联合科研机构实施技术转移

成立校企联合科研机构实施技术转移，是北京化工大学科技处技术转移的重点模式。学校和企业基于联合研发平台，通过固定研发计划、研发团队、研发经费等，实现了科学研究、人才培养等为一体的全方位、长久性合作关系。如2012 年 8 月，学校与新疆中泰化学股份有限公司基于双方资源优势共建了"北京化工大学—新疆中泰化学研发平台"，平台包括联合实验室及中试基地两大部分，以氯碱产业、聚合物材料和节能环保技术研发为重点，以技术推广、项目合作、分析检测、技术研发、人才培训为合作领域，面向产业化开展应用科学和工程研发，实现技术成果直接转化。

【案例 7】中科院大连化学物理研究所的大企业牵引模式

中科院大连化学物理研究所深化与大型企业集团间的战略合作，共同推进能源化工、节能减排等领域的项目合作及产业化应用，形成了一批新生长点，为我国相关领域的科技发展作出了重要贡献。2012 年，研究所与延长石油集团继续开展更深层次的科技交流，双方互访十余次，签署合同金额近 6 000 万元；与天业集团成立催化联合研发中心，深入合作，并将在人才交换以及培养上进行全面的合作；与中石油在化石能源、新能源以及分析测试等领域均开展合作，合同金额超过 1 200 万元；与江苏飞翔集团的合作更为紧密，飞翔集团苏州飞翔新材料研究院暨飞翔集团—大连化物所联合研发基地于 5 月在苏州工业园区正式揭牌成立，双方将在多个精细化工项目上进行合作，并有望在近两三年内使一批科技成果在企业得到成功应用，为企业创造效益。

（三）技术集成经营模式

技术集成经营是以客户需求为导向，以专业的技术经营和服务能力为前提，通过购买引进、集成相关技术，进行二次开发或整合打包后进行成果转移的模式。目前，一些转制院所或有较强研究开发能力的专业技术转移机构，通过不断创新经营服务模式，注重对技术的引进和集成，大大拓展了技术转移的价值空间，成为技术转移重要的发展方向。

1. 集成技术二次开发模式

拥有较好产业化基础和经营经验的机构通过购买有市场前景的技术成果，进行二次开发形成成熟技术后，自己投资生产、合作或转让，实现产业化。

〖案例8〗中北国技（北京）科技有限公司技术挖掘、买入与经营模式

公司为把握技术转移的主动权，加强了对某些专业领域技术的筛选与评估，以技术转移收益共享等方式，引进了部分技术的所有权或经营权，再通过对技术的孵化与中试，将成熟技术包对外转让获取收益。随着近期多个孵化器、中试科研基地的建设，公司已选定和引进了多项待中试、孵化项目，在基地建成后开展熟化工作，其中不乏具有国内或国际领先水平的技术，公司自主技术库大幅扩充，技术经营能力不断得到加强。

2. 技术整合经营模式

部分机构依托技术或行业地位优势，将相关环节的技术资源进行集成和整合，为企业提供整体解决方案或"交钥匙"工程服务，实现成果的推广和转移。

〖案例9〗中国农业科学院技术转移中心技术集成与整合经营模式

中国农业科学院技术转移中心基于农业技术散、小、单一技术科技含量低的特点，在传统的点对点单个技术服务的基础上，进行综合升级，对多个技术进行集成，如将农作物品种、果蔬花卉品种、畜牧水产品种等与生物农药、采后保鲜、高效灌溉、生态养殖、抗逆制剂、环保肥料、农业信息、胚胎工程众多农业共性技术集成，通过结合地方农业环境与区域经济发展要求，作出一份完整的科技园区规划，从而将产品与高科技整合，整体转化到农业科技园区或示范基地。该模式通过对技术集成及技术的整体打包转移，使技术转移服务更有保障，效率更高。目前，中心的技术转移模式在天津滨海傲绿生态农业科技园区规划、华彬庄园生态综合体的构建、巴彦淖尔农业生态项目整体策划等项目中均发挥了积极有效的作用。

（四）高校院所衍生企业模式

高校院所衍生企业模式是指高校院所依托现有科研成果，通过创办新兴企业，从而直接推动成果转移的方式。现阶段，为充分保证科研成果的产业化进程，高校院所更多的是通过技术入股方式引入有战略眼光的投资者合资成立衍生公司。

〖案例10〗中国科学院计算技术研究所企业孵化模式

企业孵化是计算所最早尝试的技术转移模式，也是技术转移最直接的方式，主要以专有技术入股、吸引社会资本成立新公司的方式进行技术转移。这种模式主要以社会方为主进行孵化，计算所提供技术成果以及后续的技术支持。进入知识创新工程以来，计算所以无形资产入资近1.5亿元，吸引社会资本超8.8亿元，相继孵化成立了30余家企业，曙光、蓝鲸、龙芯等相继规模产业化。

（五）平台型转移模式

平台型转移模式指示范机构通过搭建技术转移平台，面向特定技术对象、产业或区域范围，集聚技术供需双方，提供综合服务，开展的技术转移活动。现阶段各地区产业转型升级的发展，需要围绕当地特色产业集群的需求开展整体的技术转移服务，以提升产业综合竞争力。

1. 国际技术转移平台模式

经济全球化背景下，技术转移机构通过与国外相关机构合作，搭建国际技术转移合作平台，开展技术联合研发、智力引进、产学研互访、技术商业化等综合服务。

【案例 11】科威国际技术转移有限公司国际技术转移业务

科威国际技术转移有限公司（COWAY）受清华大学委托，承担清华大学国际技术转移中心的商业化运作，是中国大陆境内最早以国际技术转移为主营业务的企业。公司致力于成为国内外企业间技术合作与技术转移的桥梁，为国外企业的产品和技术进入中国，以及其在中国的本土化问题提供全方位的服务；为国内企业的国际化提供强大的支持，帮助国内企业将其产品推向国际市场；同时广泛开展国际间的人才交流与培训，研究国际技术转移的成功案例，并通过技术转移在实际操作中发生的问题和总结，逐步形成一套相对完整的、适用的、符合中国国情的技术转移理论。2012 年，公司收入 3 001 万元，技术性收入 2 685 万元。利税总额 700 万元。

【案例 12】上海新生源医药研究有限公司的"王朝计划"

上海新生源医药集团有限公司和英国国家医学研究院科技部（MRCt）作为中英双方的商业合作伙伴，共同开展了针对中英生物医疗领域国际合作开展的"王朝计划"（Dynasty）。"王朝计划"其核心目标是将国际领先的新药研发能力与中国巨大的成长性医药市场需求对接，整合国际领先的新药研发关键技术平台和项目，逐步向中国进行转移，实现创新药物在中国率先上市并继而全球化发展，共建中国与全球医药产业价值链全面合作伙伴关系。目前，"王朝计划"整合了欧洲的研发机构与投资基金，形成项目、技术、投资、培训为一体的国际合作内容，通过对接中国主流的生物医药产业园区，合作建设创新药物国际创新研发平台，形成一批参与国际市场竞争的重大新药品种，迅速提升我国的生物医药创新能力和产业竞争力。

2. 军民融合模式

以军用技术民用化为重点，整合军工企业、地方地府、民用企业以及其他各方优势资源，构建技术成果展示与交易、项目孵化、关键技术研发等技术转移服务平台，实现军民技术双向互动。

【案例 13】中国航天系统工程公司军转民技术平台

中国航天系统工程公司承担着中国航天科工集团公司军转民生产力促进中

心、技术创新投资管理中心的职能，是集团公司科技与质量部科技创新信息管理与服务的支撑机构。公司构建起"拉寓军于民、推民技军用"的技术服务模式推动军转民技术转移：一是利用浙江省、江苏省等地方科技主管机构的业务渠道，组织征集地方中小企业技术需求和支持资金，由军工提供技术，通过地方技术需求拉动军工技术提供；二是由地方中小企业根据其对军工行业的分析、了解，通过"军工之门"网络平台，向军工企业推广技术、产品；三是依托航天支撑技术基金作为项目牵引，军工中小企业提出技术需求，通过定向发布机制，向地方高校、科研机构征集技术解决单位，对地方项目承担单位给予资金支持，实现地方向军工的技术转移。

3. 区域技术转移平台模式

围绕区域科技创新和产业升级的发展需求，通过整合内外部创新资源，强化科技、资金、人才等领域的全面合作，搭建区域技术转移综合服务平台，促进技术成果转移转化。

【案例 14】新疆申新科技合作基地有限公司东西部技术转移服务平台建设

新疆申新科技合作基地有限公司是东西部合作和技术转移的公共服务平台。平台通过建立上海等发达地区与新疆的合作关系，推动科技成果转化，提升企业核心竞争力，是新形势下有新疆特色的适应区域一体化的技术转移模式。公司充分挖掘和组织上海及长三角地区大学、科研院所的科技资源，把先进技术、科技成果、项目引进与新疆企业技术创新的需求紧密结合，先后搭建"上海研发公共服务平台——新疆服务驿站"、"上海技术交易所——新疆创新驿站"、"上海电力学院——新疆工作站"等技术转移服务平台。同时以科博会、高交会、沪乌对接会等活动为契机，公司组织企业带技术项目走出去，通过远程视频培训交流活动邀请上海相关专家为本地企业开展各类培训及指导活动等，促成项目对接。东西部合作和技术转移的公共服务平台对于推动东部高校和科研院所技术成果转化，帮助和提高乌鲁木齐小企业的技术创新能力，为新疆的区位优势、资源优势转化为经济优势起到促进作用。

【案例 15】浙江火炬星火科技发展有限公司搭建浙江区域块状经济与 863 计划成果对接服务平台

基于浙江的块状经济存在产品层次低、结构散、创新弱等一系列结构性问题，从 2009 年起，浙江火炬星火科技发展有限公司以浙江块状经济与 863 成果对接为主题，重点选择绍兴地区电声产业、厨具产业、新材料产业，台州地区机电产业，杭州地区数字娱乐产业，以及舟山地区海洋经济等区域特色、支柱产业，面向产业内企业技术需求、块状经济转型升级发展共性需求开展技术转移服务。目前，中心已建设 863 成果和技术信息、企业需求信息等多个数据库，开通了"国家863计划产业化网上信息互通服务平台",以会员制的形式聚集了浙江省重点民营企业、风险投资机构、863计划研究机构等创新资源,形成了863计划研究和成果产业化的服务网络,并为企业打造了从863成果的对接、孵化、中试到产业化的一条龙专业化全程服务,初步形成了企业需求、块状经济发展需求和国家科技计划的良性互动和长效服务机制,为带动企业创新积极性和自主创新能力提升,推动浙江省区域块状经济转型升级作出了显著贡献。

4. 技术创新联盟模式

技术创新联盟是产业内相关企业、高校和科研机构等围绕产业技术方向,开展技术合作,建立公共技术平台,加速科技成果商业化运用的技术创新组织形态。产业技术创新联盟以关注产业需求为出发点,成为推动行业内外技术转移、提升产业层级的重要平台。

【案例16】北京中农博乐科技开发有限公司的产业联盟转移模式

北京中农博乐科技开发有限公司通过向上下游产业组织者联动,建立饲料产业技术创新链,发展成饲料产业技术创新战略联盟模式。在饲料产业联盟技术转移的模式下,技术由上游开发,到中游孵化,到下游转化,形成畅通快捷运行的技术创新链,技术的研发和成果转化效率都得到大幅度提高。通过这一模式,企业与科研院所有效地组织在一起,开展联合研发、成果转化、联合采购、联合培训、联合参展等多种形式的活动,提高了本机构的凝聚力和号召力,同时,建立了一条畅通的技术转移渠道,多项国家重大科技成果(国家"863"重大科技成果,如植酸酶发酵技术、木聚糖酶发酵技术等成果)得到有效转化。因技术转移成效显著,2012年在科技部组织的全国56家已认定的产业联盟评估中,饲料产业联盟被评为A级,并列入重点支持范围。目前,正接受科技部委托开展国家"十三五"科技规划的研究和饲料产业技术路线图的研究制定工作。

(六)技术市场交易模式

技术市场交易模式主要通过技术交易所、技术成果交易会、信息网络式技术市场等形式,为技术供需双方提供公共交易平台,实现技术的市场化转移。

1. 产权交易所模式

产权交易所模式指由政府批准设立的知识产权交易中心、技术交易所、产权交易所等机构,为技术产权交易提供特定的场所、设施,进行技术产权的评估、鉴证、交易、咨询等专业化交易服务行为。产权交易所是目前我国进行技术市场化交易的主要载体。

【案例17】中国技术交易中心技术转移业务模式

中国技术交易中心于2009年由国务院批准,由北京市人民政府、科技部、国家知识产权局和中科院联合共建的技术交易服务机构。中心采取企业制,拥有技术交易服务、知识产权与科技金融、中关村服务、科技交流合作、支撑服务 5个中心，以及全国 7 个工作站，实行区域合作分工。截至目前，中心输出成交额突破了千亿元大关，其中大部分流向北京以外的省份和国家，体现了较高的辐射带动能力。中心业务覆盖电子信息、生物医药等高新技术产业，涉及作价入股、技术集成、交易咨询、集中采购、融资并购等全流程的综合服务。中心下设六大知识共享平台：技术产权和知识产权两个平台，分别从需求方和提供方的利益出发，设立各自目标，独自运营；金融服务平台，为小企业融资提供了新的融资渠道；股权激励服务平台，为创新者提供咨询服务与制度设计，形成有效的创新制度激励；整合注册登记平台，为规范市场秩序，落实政府政策方面起到了巨大作用；跨区域合作平台，拓展了平台的网络，实现了技术的跨区域转移。

2. 网上技术市场模式

网上技术市场模式是指技术转移机构基于互联网技术，为技术供需双方提供信息发布、信息查询、信息交流，以及线上交易的网络化技术交易服务平台。目前该服务模式在我国尚处于起步阶段。

【案例 18】厦门中开信息技术有限公司网上技术交易平台

公司经营的科易网是从事技术交易和科技成果转化服务的门户网站，是目前国内真正实现网上技术交易的平台。科易网以提供技术交易全流程服务为根本目标，通过制定良好的信用管理体系、建立多方的服务纽带，从而成为技术供需双方和"第三方"服务机构开展技术转移与科技服务的依托平台和活动场所。科易网以环节流程服务和关联配套服务为增值服务点，其环节流程服务包括宣传展示、技术交易价格评估系统、电子合同签订、技术资料交付、数据的存证与取证、款项支付等；关联配套服务包括科技平台建设、科技展会活动、知识产权、政策应用、数据库等。

3. 会展交易模式

会展交易模式是指技术转移机构利用诸如技术成果交易会、博览会、对接会、洽谈会、技术难题招标会等，为技术供需方提供科技成果的展示、对接、交易的平台以及相关咨询服务，从而推动技术成果转移。

【案例 19】广西壮族自治区技术市场会展交易服务平台

广西技术市场被认定为中国创新驿站广西区域站点，主要通过举办各类科技会展活动，搭建技术转移服务平台作为该机构技术转移的重要方式。广西技术市场通过建立中国—东盟博览会科技专题展、广西科技活动周、深圳高交会、北京科博会、重庆高交会、杨凌农高会、西博会、广西发明创造成果展览交易会等各类大型会展平台，组织更多有市场潜力的优秀成果项目参展、参会，为企业技术创新成果提供一个窗口，为产、供、需各方相互交流和共谋发展提供平台，促进了高等院校和科研院所为技术供体、企业为受体的产学研技术转移机制的形成。本机构2012年共承担11项展会活动的筹备和组织，展示项目2 601项，共组织签约的科技项目92项，签约金额19.32亿元。

（七）第三方经纪服务模式

第三方经纪服务模式指技术转移机构以促成技术供需双方完成技术转移为重点，为企业提供技术引进、成果推介、信息咨询、技术培训等技术服务，以及政策咨询、管理咨询、融资等深层次服务的经营模式。

〖案例20〗广州博士科技交流中心有限公司利用云科技打造科技服务业运营新模式

广州博士科技交流中心有限公司是我国第一家科技资源整合服务商。公司集聚了国内外5 000名博士，涵盖自然科学、人文哲学、管理等学科，通过打造成果转移平台、资金投资平台、项目融资平台等知识交易平台，为国内科技创新服务。博士科技率先将云计算技术运用于科技服务，通过建立博士科技"云服务"平台及"顾问社区"，为各类科技企业提供全面、便捷的科技服务："云服务"借助强大的后台运作，突破地域局限，聚拢各方资源，通过把分散在产学研和市场等方面的技术、设备、人才、资金的各类创新要素聚拢起来，向"顾问社区"输送，实现资源共享，满足社区服务对象的个性化需求；"顾问社区"把政府部门、产业集聚区、协（学）会、社会中介机构等知识经济链条贯通，促使创新资源与知识经济链条的融合，提升社区科技产业技术水平。此外，博士科技把社会责任作为企业文化的一部分，充分利用博士资源，打造包括"博士论坛"、"专家委员会"、"博士科学使者"、"博士沙龙"等活动的博士俱乐部品牌，将博士的智慧、文化传播到社会各个角落。

〖案例21〗济南市产学研协作管理服务中心一站式、全方位服务模式

济南市产学研协作管理服务中心与山东济南生产力促进中心合署办公，是隶属济南市科技局的公益性技术转移服务机构。中心围绕技术转移过程中的信息发布、成果展示、仪器设备服务、技术交易、项目评价、项目申报、信用评估等相关流程进行服务体系节点设置，先后建设综合服务中心、网站、县区分中心、行业分中心、信用评估等体系节点，基本形成配置合理、运转流畅的技术转移服务产业链，涵盖全市科技局系统面向社会服务的资源，实现技术转移项目从信息发布到立项支持的"一站式"服务，取得了良好示范带动效果，正逐步成为区域科技服务体系建设的中坚力量。

第七章 技术商品产业化绩效管理

引 言

只有落后的技术，没有落后的产业。技术产业化是指对科技研发所产生的有实用价值的成果进行产品开发、技术扩散、市场推广、消费应用等环节，将科技成果转化为新产品、新工艺、新材料和新服务并逐步形成一定商品规模的过程，是技术和人财物资源等生产要素及其相互联系形成社会生产劳动的基本组织结构体系的过程。科技成果产业化在宏观上可以看成一个由技术供求系统、技术转让系统、技术产品消费系统和技术环境系统构成的技术转移系统，其良性运行需要建立健全的动力机制、收益分配机制、约束机制、激励机制、调控机制。科技成果产业化从微观环节中可视同产品创意、商品制造、营销开拓、市场占有的规模化经营活动，是科技成果产品化、商品化、规模化的动态流程。技术成果产业化有两种实现途径，一是通过技术引进或技术合作优化经济结构，转变发展方式，提升改造能力，实现产业升级与调整，利用较大的技术势落差让夕阳产业焕发朝阳活力，钢铁和汽车是中国通过技术转移形成支柱产业的典型案例；二是通过技术研发和技术创新快速形成量产能力满足具有强劲消费趋势的市场需求，或者引导乃至制造消费需求，以掌握中的垄断技术控制市场，获取高消费的超额利润，形成全新产业。正如超额利润是所有权集中的直接结果一样，产业绩效受制于产权规模，技术是新兴产业的产权源泉，技术转移的速率很大程度上决定着产权规模垄断产业绩效。例如互联网、新能源、转基因、医药器械、通信制式等新兴技术不断翻新并不断形成新的产业。

科学技术成果从形成到转化为现实生产力过程中，各个环节的科技活动或经济活动往往有不同的目标、组织形式和工作方式，因而它们之间存在时间上和空间上的分离，这也是科学技术发展的一种规律性表现。技术成果产业化绩效是指新技术存在并发展于社会生产过程中的业绩与效率。

7.1 为技术商品产业化调动资源

产业化是一个复杂的系列的经济实体化过程，从实验室的成果到中试，再到正式投入工业生产，形成批量，投放市场，最终形成产业，这需要预算量化资金和配套的物质投入，还需要解决一系列技术难题，跟进一系列的市场开拓工作，并随时调控可能出现的风险。

技术商品产业化是一种质的飞跃，使技术成果真正实现其价值。高技术只有实现产业化，才能产生巨大的经济效益和社会效益。人类积累的科学技术知识和管理知识，以及蓬勃兴起的高新技术，都应当转化为商品，实现产业化，从而大规模满足社会成员日益增长的物质与精神追求，满足不断翻新的生产和生活的需要。技术成果迅速产业化除了具备足量的市场需求和拥有科研成果转化的顺畅机制外，至少还需要以下 3 个方面的资源支持。

7.1.1　技术商品产业化的人才储备

1. 科技咨询师

科技咨询师是由国家人力资源与社会保障部批准、公布的新的国家职业资格，国家职业资格编码为 4－07－01－03。科技咨询师职业资格培训是专业人才培训的重要组成部分。

科技咨询师职业等级分别为：助理科技咨询师（国家职业资格三级）、科技咨询师（国家职业资格二级）、高级科技咨询师（国家职业资格一级）。科技咨询师培训按照中国就业技术指导中心等相关机构编写的教学大纲，按照国家职业资格三级、二级、一级的培训要求，有针对性地因人施教，应需施教，使之适应科技咨询工作岗位的需要。

科技咨询师培训内容：信息选择处理、科技咨询项目的管理、机构规划和组织、市场分析与调研、科技咨询谈判、技术创新能力、科技咨询项目投融资与评估，对政策环境的应变、协调与沟通及知识产权保护等各方面内容。

科技咨询师资格鉴定：通过科技咨询师国家职业资格鉴定考试并合格者，按照有关规定统一核发《中华人民共和国职业资格证书》，并实行统一编号登记管理和网上查询。并可申请获得国家《专业技术人才知识更新工程》结业证书。

2. 融资规划师

融资规划师是指经过国家统一组织的融资规划师专业培训，并依法取得融资规划师的证书，掌握金融市场一般规则，并能运用金融产品、金融工具为企业进行融资规划、咨询服务和实务操作的专业人员。国家劳动和社会保障部将融资规划师列入了国家新职业、新知识、新技术、新技能示范性培训项目。融资规划师等级标准分为：初级融资规划师（助理级、国家职业三级）、融资规划师（国家职业二级）、高级融资规划师（国家职业一级）等 3 个等级。

融资规划师专业能力包括：研究金融产品，系统运用各类信贷市场或资产市场融资工具，运用融资原理和方法，为企业在创立、成长乃至发展的各个时期，建立由信用建设规划、财务规划等内容组成的完整、系统和可实际操作的融资规划方案。

3. 技术评估师

技术评估通常着重于研究该技术潜在的、高次级的、非容忍性的负影响，设法采取对策、修正方案或开发防止和解决负影响的技术。技术评估是解决技术社会发展问题的方法和决策活动，也是新兴的管理技术和政策科学，具有多重价值观以及跨学科和预测性质。

技术评估不同于一般资产评估。由于技术的领域广，专业性强，其先进性、成熟度等，需要有该领域的专家才能判明，技术的经济效益和社会效益，需要既懂技术，又懂技术经济分析的人员。因此，技术评估师须以专家支撑，经过政府组织的评估理论培训，参加多次技术评估实践，经考核认定。

4. 信息服务人员

信息服务是指为满足技术或相关信息的供、需双方需要，技术转移服务机构或技术经纪人利用自身的生产要素优势或社会资源优势，按产业发展规律，促进技术贸易与技术服务系统有序发展的"第三方"服务行为。继续教育、岗位培训是对从业人员进行现代服务知识和专业技能的主要培训方式。

5. 技术市场管理与技术交易服务人员

技术市场管理与服务人员由技术市场执法管理和技术合同登记人员等构成。进行相关业务培训的重点是技术转移发展战略与相关技术市场理论与实践，通过培训学习，提升宣传、贯彻、执行有关技术市场管理与服务的法律、法规和政策的水平，增强业务素质，提高业务服务水平，胜任技术市场管理与指导工作。

6. 技术经纪人

技术经纪人在技术市场中，以促进成果转化为目的，为促成他人技术交易而从事中介居间、行纪或代理等，并取得合理佣金的经纪业务的自然人、法人和其他组织。具体包括技术经纪人事务所、技术经纪人公司、个体技术经纪人员兼营技术经纪的其他组织。

技术经纪人在技术市场的作用是：开拓市场空间，捕捉市场机遇；在议价和双向选择中的特殊地位；组织并参与技术成果的工业化、商业化开发；在签订和履行技术合同中的全方位服务；在融资中的参谋、协调和监督作用。

技术经纪人要比技术发明人，或者技术持有者更了解技术能够达到的市场规模；要比技术需求方，或者技术求购方更了解技术能够带来的效益增长；要了解技术的基本原理和关键细节，了解技术的核心价值所在；要掌握技术达到相应的市场规模、带来效益增长的同时必须克服哪些困难，以及在这个过程中会遇到哪些法规、营销方面的瓶颈。

技术转移机构的丰富资源与技术经纪人熟练的资源整合力有机结合，将会促进技术转移机构服务的专业化、全链条发展。技术转移服务的专业化发展，将出现一批高端领军人物；技术转移服务全链条的不断完善与发展，有望涌现出类似于德国史太白公司的一批大型跨国技术转移机构。

技术经纪人培训内容：科技创新政策导向的分析研究、知识产权的司法保护、知识产权诉讼知识培训、知识产权管理与经营战略、商务谈判中的技巧及成功案例分析、技术经营与实务、技术合同登记与技术经纪实务、商业计划书、项目可行性报告、科技立项分析、现代新兴技术、技术转移信息服务等。

7. 后备人才培养

后备人才培养群体包括技术转移行业待入的潜在群体和职业升级中在职待调岗人员。后备人才一个重要群体为高等院校与技术转移相关的在校学生。在读研究生以培养具有较高业务水平和实务技能的专业型技术转移信息服务人才为基本目标。采用"双导师"制（高校专业教师＋经营与管理实践专家）的培养方式设立培训体系；每年分别从科技管理部门、研发机构、工程中心、重点实验室、企业技术中心、技术转移服务机构和高新技术企业遴选技术管理人进行培训；每位学员必须在系统学习技术转移相关理论的基础上，依照自己工作职能分别选择科技计划、研发经营、信息服务、市场营销和产业投资等方向进行专业化的系统学习。

7.1.2　技术商品产业化的环境优化

良好的产业集聚环境是技术成果产业化的重要条件。当前，无论是发达国家，还是发展中国家，都注意根据本国国情，把握世界高技术产业发展的趋势，采取各种措施，加速高技术产业化的进程。科技成果转化和产业化是我国实施创新驱动发展战略、实现科技与经济紧密结合的关键环节，是加快转变经济发展方式的有效途径。科技成果产业化的内涵非常丰富，它涉及政府规划、企业主体、投资融资等诸多层面，涉及技术、产业、市场、金融、法律等诸多因素，是一个庞大的系统工程，需要深入的理论研究和大量的实践探索。主管部门要通过改革，突破科技成果转化和产业化的制度性障碍，大力推进科技成果转化和产业化的体制创新、机制创新。要充分发挥市场配置科技资源的基础性作用，全力营造有利于科技成果转化和产业化的市场环境。要加强规划和统筹协调，完善科技成果转化和产业化的组织保障体系。要坚持"全链条、全要素、全社会"的发展思路，充分发挥政府的组织协调作用，对科技成果、资金、人才、信息、政策、空间载体、基础设施、市场等要素进行优化组合，实现多渠道发现科技成果，多因素评价科技成果，多途径培育科技成果，多主体推进技术商品产业化。促进形成全社会共同参与、协同推进科技成果转化和产业化的新局面。鉴于区域创新网络对技术创新和区域发展具有重要的作用，地方政府在区域创新网络发展中，需要根据情况为其营造一个适宜的学习环境，包括法律环境、政策环境和文化环境，协调区域内各创新主体之间的利益，促进各创新主体的联系和合作，为中小企业发展营造一个良好的外部创新环境。一方面，应充分发挥政府资金的杠杆作用，并制定出台有关支持鼓励政策，保证财政科技投入稳定增长，进一步加大对科研的投入力度，在财力上给予一定的支持，同时进一步完善金融体制机制，拓宽投融资渠道，加强对中小企业的信贷投放，降低中小企业自主创新风险；另一方面，积极引导企业和全社会增加科技研发投入，完善科技投融资体系，大幅度提高中小企业区域创新网络内的科技投入水平。

7.1.3　技术商品产业化的资本运作

完善的资本市场是技术成果快速产业化的必备条件之一。资金短缺是科技成果转化及产业化的重要掣肘。技术商品产业化通常要经历研发、中试、产业化 3 个阶段，市场化耗费巨大。有研究数据表明：发达国家从基础科研的实验室阶段，到成果转化的中试阶段，再到形成生产力的产业化阶段，这 3 个阶段的投入比大致约为 1 : 10 : 100。而在我国，资金投入比仅为 1 : 0.7 : 100，中试阶段的投入明显偏低，融资渠道不畅、投资体制僵化仍是制约科技成果转化及产业化的重要原因之一。

我国2014年上半年广义货币（M2）余额再破历史新高，达到 120.96 万亿元，同比增长 14.7%；狭义货币（M1）余额 34.15 万亿元，净回笼现金1 620亿元；而 GDP 半年绝对值为269 044.0亿元，同比增长 7.4%。在 GDP 增速放缓的前提下，人民币存款余额 113.61 万亿元，增加 9.23 万亿元，同比增长 12.6%；人民币贷款余额 77.63 万亿元，同比增长 14.0%；外币存款增加1 286亿美元。国家外汇储备余额为 3.99 万亿美元。社会融资规模 1.97 万亿元。跨境贸易人民币结算业务发生 3.27 万亿元，直接投资人民币结算业务发生4 699亿元。上半年，以人民币进行结算的跨境货物贸易、服务贸易及其他经常项目、对外直接投资、外商直接投资分别发生 2.09 万亿元、1.18 万亿元、865 亿元、3 834亿元。

这一组数据从任何角度看都是一种"不差钱"状态，然而实体经济尤其是中小科技企业融资难确成燃眉之急。新兴产业资本运作极度困难有其深层原因，众目所见的是巨额资金急功近利地进入房地产、汽车等成熟产业以及进入金融运作，2014 上半年，每月"冷冻"的股市"打新"资金高达近万亿元。技术商品产业化资本运作要从信用基础做起，从规模银行之外的广泛渠道融资、融股，以银行借贷之外的多样方式吸引吸收资产聚集。非货币资金是产业化起步阶段资本运作的重要资本形态。

7.2 技术商品产业化的模式

世界技术商品产业化发展模式主要有以下两大类：一是国家规划大型项目。二是建立区域产业开发区。国家规划大型项目是美国、日本、西欧等国家和地区通常采用的模式。政府对一些大科学项目进行战略选择，制定发展目标，统一组织大学和企业、科研机构，在一定期间按照规划的要求和时间进度分工合作，联合攻关。建立区域产业开发区是以专业知识聚集区为依托，以开发高技术和开拓高技术产业为目标，促进科技、教育与生产的结合，促进科技成果与区域资源的结合，推进产业化带动经济社会的协调发展。

随着技术进步，例如操作系统等战略性技术，虽然国产产品与世界先进水平仍有差距，但已具备产业化条件，可以通过政策支持加以培育，并通过搭建产业联盟，产业链上下游合作，打造完全自主可控的国产软硬件成熟技术产品，推动快速实现产业化发展。要形成系统生态圈的突破点在于产业主导技术实际使用占有率超过 3%，一旦突破这条关卡线，市场这只无形的手就能调动起各家厂商共建产业生态系统。

技术商品产业化的商业模式较多，国内多见的产业化模式有以下几种类型：

7.2.1 企业自主创新的产业化模式

这是企业依靠自身的科技资源和科技力量进行技术创新，根据市场需求和企业发展的需要，对研究开发出的科技成果在企业内部进行成果转化的一种模式。其特点是：企业根据自身的发展需要，结合企业自身经济结构构建方案，组织研发队伍开发研究适合本企业的新技术、新工艺和新产品，并组织科研、生产的综合技术力量实施科技成果产业化。由于选题阶段即是以企业自身需求为前提，充分考虑了市场及自身技术水平的适应性，因此该模式产业化成功率较高。其优点是科技成果的成果源与吸收体融为一体，将市场交易内部化，消除了中间环节，科技成果转化交易成本较低、转化效率较高。同时，由于企业内部的科研人员对本企业技术和生产状况比较了解，从而使科技成果更为适用、配套和完善，在行业中处于技术领先地位的企业常采用此种模式。缺点是难以吸收外部其他创新机构的新思想，在企业产业发展期创新机制大多不灵活，产业化动力往往不足。

7.2.2 科技创业产业化模式

这一模式的转化主体是科研机构或高等院校，即科研机构或高等院校依靠研究开发的科技成果，实现自办科技型企业靠自身的力量创业。其特点是：①科技成果转化迅速。研发机构本身就是科技成果的创造者，对科技成果的了解要比社会其他组织（如企业）早得多，也清楚得多。因此，在科技成果的转化过程中，行动也会比较快。②能为科技成果转化提供足够的技术支持。研发机构自身拥有一定的科研实力，成果转化过程会有较多参与科技成果创造的人也参与其中，可以为科技成果的转化提供更多的背景资料和可衔接的知识，加大科技成果产业化成功的可能性。③研发机构自己创办的科技企业，拉近了研发机构科研活动与市场的距离，对研发机构的科研活动起到一定的示范和激励作用。这一模式转化的成功率较高，但限于资金、风险和产业基础所限，产业化规模一般都较小。

7.2.3　产学研联盟产业化模式

这一模式的转化主体有 3 种情况，其一是企业委托科研机构或高等学校研究开发科技成果，企业为产业化主体；其二是科研机构或高等学校研究开发的科技成果，向企业转让；其三是产学研联合开发。其特点是：①以市场需求为导向，能做到有的放矢，把科技成果转化的市场风险降到最低。②能使科技资源的优势互补。一般来讲，大学具有理论分析和计算优势，研究院具有开发、设计、试制等优势，企业具有进行中试、形成工艺以至规模生产等优势，3 种优势结合有利于科技成果顺利转化。③降低了技术风险。大学和企业的科研人员从实验研究到中试直至规模生产，全过程参与，有利于形成成熟的工艺和产品。④有较好的利益共享和风险共担机制。在一个共同目标之下，技术、资本和管理要素紧密结合，各方权利、利益和责任明确，成果和收益密切相关，有利于调动各方的积极性。缺点是项目合伙制模式在合作伙伴的选择、合作体的管理和创新成果的分享等方面完全由合伙各方协商进行，交易成本较高，往往会产生无法通过协商解决的矛盾和纠纷。

7.2.4　区域创新网络产业化模式

区域创新网络也称区域创新环境，是指在某一特定区域内，在业务上相联系，在地理位置上相对集中的利益相关多元体共同参与组成的，以创新为核心、以横向联系为主的一种新的技术创新空间组织形式。常常被用来作为一种为增强企业创新能力而进行区域调控的公共政策措施，目的是推动区域内新技术或新知识的产生、流动、更新和转化。区域创新网络是指经济网络行为主体之间的正式的经济合作。

区域创新网络由主体、资源、功能、环境等要素构成，其特征主要包括①系统性：主要体现在各种创新主体之间是相互联系、互动的，创新资源可以在创新主体之间进行多向的流动，从而使创新网络产生整体大于部分之和的经济效益。②开放性：主要体现在区域内各种创新主体之间的联系不仅仅局限在本区域内，它们不断地与外部发生相互作用，从而获得创新所需的资源。③动态性：指其内部各种构成要素的数量、规模、相互联系的方式和格局等，都处在不断发展变化中，主要表现为新企业的加入、新兴企业的诞生，以及被淘汰企业的退出等。④平等性：指区域内部的各种创新主体不论大小、强弱在网络中都处于平等的地位，不存在主宰一切的中心，而是一种平等共生关系。⑤本地化：体现在区域创新网络的主要结点是本地的行为主体，而所有这些网络结点及其参与活动过程都与区域内的环境保持密切联系。

区域创新网络是一种在中小企业集中、行业集中度比较高、企业个体的技术与资金力量不足的地区形成的在某种程度上可以实现优势互补的成果产业化模式。主要产生于企业需要新技术补充来增强市场竞争力，而单一企业又无法实现的情况下。其要点是实行企业技术联盟，通过合约的形式，共同对科技成果进行产业化，在资金与技术上实行分工分摊、风险共担、成果共享。其特点是：以一个中心技术企业为主，在技术上建立联盟，在经济上建成松散的联合体。通过技术引进或者技术开发，对某一科技成果或者系列科技成果进行产业化，其特点是可实现优势互补，并可能由此产生规模较大的新企业。模式的核心要点是需要有较好的协调，最好是以一个与中心技术关系密切的企业为主，在产业化过程中明确技术与产权关系以及利益分配的形式，否则易在产业化的过程中半途而废。

7.3 运用市场力量促进技术商品产业化

技术商品产业化是一个动态的进化过程，它的 3 个主要连续环节都与市场和商品化紧密相关。技术的发明与研制环节，即产生出技术样品或设计思想的阶段，就需着眼于两条出路，一是技术转让，技术转让是一种直接的市场行为；二是面向市场的产品开发，面向市场开发产品必须具有良好的市场潜力预期。

一项科技发明，可以催生一个产业，甚至可以影响到世界范围的生存条件。新中国成立以来被国家授予第一个特等发明奖的籼型杂交水稻科研协作组，在民生的市场需求刺激下，迅速完成了新技术产品的商业化、产业化推进，杂交水稻团队的袁隆平又成为首届国家最高科学技术奖的得主，并获得 500 万元的高额奖金。中国的杂交水稻项目促进中国粮食平均亩产提升到 800 公斤以上，推广到印度、孟加拉国、印度尼西亚、巴基斯坦、埃及、马达加斯加等众多国家，技术引进区域的大面积水稻产量提高 15%～20%，为人类保障粮食安全、减少贫困发挥了重要作用。

7.3.1　完善技术商品产业化的市场运行机制

完善技术商品产业化的市场运行机制主要是真正发挥"看不见的手"的市场调控功能，逐步解决体制与观念等固化矛盾。一是科技与经济两张皮、技术开发与工程应用脱节的现象比较普遍。由于科技计划项目实施缺乏设计单位、生产部门、配套单位以及技术成果用户的有效参与，因此增加了科技成果的开发成本，降低了技术的实用性、先进性和成熟性，影响了后期的成果转化。二是科技项目审批环节缺乏严密的技术经济论证。科研立项、成果转化和市场开发三大环节缺乏有机统一，资源相互分割、脱节现象比较严重，直接造成了相当一部分成果不成熟，经受不住生产实践的检验，无产业化推广价值。三是高等院校和科研院所在科技成果产业化方面的相关政策、制度不健全。在现有的制度框架内，存在科研单位"重理论、轻实践，重学术、轻应用"和以项目带头人的学术地位评价科研成果质量的导向，导致很多科研人员将研发重心放在提高科研论文水平和追逐科研成果获奖上，由此淡化了对科技成果转化的产业要求。四是宏观科技管理机制和组织结构不合理，造成体制分割，有限的科技资源难以实现优化配置，科技资源短缺与闲置浪费并存，资源利用和投入产出效率不高，难以把科研成果转变为市场可接受的商品。五是对科技成果转化中的利益分配不合理，缺乏可操作性，影响了产业化的有效推进。

7.3.2　提升企业主体产业化技术的吸纳能力

推进技术商品产业化的最大动能源自广大的中小型科技企业，体现于企业主体吸纳产业化技术的能力。成熟产业受地方政府、主流银行和海外游资的"青睐"，占有资源充裕。但成熟产业终究会被新兴产业赶超，中小科技企业的失败风险中孕育着未来的成熟产业，提升企业主体产业化技术的吸纳能力是推进技术商品产业化的内因，是成功的根本。吸纳能力主要体现在创新水平与新技术的消化吸收能力。

知识管理作为一种现代化的科技管理手段，基于组织而实施，它与组织创新是密不可分的。企业知识管理是通过促进企业内部、企业之间等区域内各行为主体间的知识联结和知识流动，来实现和推动知识的创新，最终推动区域创新能力的提高。由于企业对高等院校和科研院所的管理体制和运行机制了解不深，缺乏对科技成果产业化路线图的经验解读，不易找到合作的切入点，对企业之外的管理与服务组织来说，首要职责就是依据规划目标，加深沟通，选取支持与合作对象，为此，我国的中小企业区域创新网络，应该以区域内的高等院校和科研机构为核心，在增加知识基础储量的基础上，创新区域内人才培养和管理模式，健全完善自主创新的制度环境，积极引进专业技术优秀人才，与此同时，提高全员创新意识，加强对现有专业人员的知识培训和技术培训。完善和发展市场机制下以企业为中心的产学研联盟，建立完善区域内企业与科研机构创新资源共享机制，实现区域内的知识共享，形成支持中小企业开展发明创造和产品外观、实用新型等相关产业化技术的合力，实施品牌战略，促进产品的提档升级，提高产品的科技含量和附加值。

7.3.3 提升技术转移服务机构市场服务能力

产业化能够形成新的社会经济运行系统，需要大量各种类型的中介机构为其提供配套服务。科技中介机构是科技、经济活动中发挥细化服务功能的专业组织，它们介于政府与企业、企业与市场之间，是科技成果市场化、产业化必不可缺的环节。我国大多数科技中介机构早期都与政府有着千丝万缕的联系，采取的是行政事业制的运作方式，因此大多存在依附性强、独立性差，缺少发展活力；专业化、市场化程度不高，产业化的服务能力有限，能够提供高端增值服务的机构不多；营利性及非营利性界限不清，市场化及公益化概念模糊，管理和运行缺乏明确清晰的政策指导、行政监督和法律约束等问题。提升技术转移服务机构市场服务能力，一靠市场机制，优胜劣汰；二靠法制约束，守法经营；三靠政策引导，扶新抑旧。

7.4 技术商品产业化绩效实务

技术商品产业化是建设创新型国家、实现科技与经济紧密结合的关键环节，是调整产业结构、转变经济增长方式的有效途径。近年来，我国高度重视科技创新的体制机制建设，有效地整合科技创新资源，促进了科技成果转化和产业化的发展，为国家经济社会发展提供了有力的科技支撑。但是，有关资料显示，目前我国科技成果转化率平均仅为25%，真正实现产业化的成果不足5%，与发达国家80%的转化率相去甚远。科技与经济脱节的问题还没有从根本上得到解决，科技成果转化和产业化的体制、机制还需进一步改革完善，科技成果转化和产业化的市场环境还需进一步优化。因此，开展科技成果产业化的理论研究和实践探索对促进我国经济社会科技进步水平提高有着重要的意义。

7.4.1 技术商品产业化的绩效特征

1. 战略性

技术商品产业化是以获取利润为目标。与一般贸易和生产不同的是，贸易和生产往往看重的是单笔收益或短期效益。而科技成果产业化着眼的则是长期获利，并且期望从所获取的利润中提取一部分继续投入到产业化活动中，以形成规模、形成品牌，达到持续发展的目的。

2. 长期性

科技成果产业化必须经历产品化、商品化过程。一项科技成果由技术变成新产品，需要时间；新产品被人们所认识，再到认同，也需要时间；成熟产品的产业化成长制约因素更多，需要时间更长。因此科技成果产业化是长期的过程，一般要几年，甚至十几年的时间。

3. 高回报性

技术商品产业化能够萌生序列的利益增长点。新兴产业能够带来丰厚的超额利润，能够引领消费潮流，能够拓展附属价值链，还能够掌控衍生产业发展的主动权。高回报性是指科学技术形成产业化趋势后带来的系列利益聚集效应。包括人才、后续技术的聚集，采购供应、仓储物流等相关企业的聚集，风投等资金的投入，政府优惠政策的支持。这些优势的综合会给掌握核心技术的产业投资者带来意想不到的高额回报。科技成果能否转化并形成产业化，其必要条件是具有较高技术含量的核心技术和一系列的配套技术。单项的、一般性的科技成果无法形成产业支撑。

4. 区域性

尽管现代化的国际企业，其资源可在世界范围调动与流通，但大多数资源有其天然的地域性。除资源的地域性外，区域性还包括习俗、语言、文化和产业技术基础等差别造成的同等管理条件下的产业化绩效差别。产业化绩效的特点是技术优势与产业规模，等质等量的技术优势与产业规模在不同的地理条件、经营环境下会有不同的绩效表现，这就是产业化绩效的区域性特征。

5. 风险性

风险性不是产业化固有的特征。技术商品产业化需要扎实的基础、稳固的供应链条，较长的推进过程中存在许多不确定的因素，如技术发展的不确定性、市场竞争的不确定性、资金供应的不确定性等，因而伴随着较高的技术风险、市场风险及经营风险。企业往往难以独自承担这样的风险，在产业化过程中，经常会出现产业化主体更迭、产业化重组造成巨大损失的现象。但是，产业风险与不确定性没有必然的因果关系。独木不成林，产业化是数组或数十组企业群共同的事业，快节奏的信息时代，缺乏耐得住 10 年甚至 30 年创业艰苦和名利寂寞的企业群体，急功近利的非理性经营行为人为地加大了产业化的绩效风险。

7.4.2 技术商品产业化的未来竞争

技术商品产业化绩效首先源于竞争优势，其次才源于业务管理。竞争优势是整体技术优势、运作模式和市场潜力的综合体现。未来的竞争是技术基础与运作模式相融合的产业竞争。技术商品产业化必须放眼未来，聚焦竞争制高点，把握大方向，重构技术基础，重塑产业模式，布局产业方向，顺应颠覆性产业转型。

1. 技术商品产业化的基础重构

技术商品产业化未来的业态变化是服务经济产业化，实体经济虚拟化，这些变化将导致产业技术基础重构。

典型的高端服务经济业态之一是互联网产业化。技术创新的意义是把创新技术推广应用，商品化的意义是把应用商品形成产业。互联网的每一次技术进步都能让人们经历从商业化到产业化的深切生活体验。互联网本意是作为通信工具和应用平台工具研发发展的，然而随着互联网衍生产品的系列开发，互联网成为几乎所有新兴产业的平台基础，互联网自身也被产业化。回望 20 年前的互联网技术实践，不难发现应用技术的推广路径。满足通信需求是互联网的主营业务，由于网络频宽有限，线路占用成本高昂，只能下载少量的信息以满足通信的刚性需求，而音频数码化技术的出现，突破了客观条件的限制，压缩后的音频信息进行商业传输成为可能。首先是音乐娱乐的尝试，下载后的音频可以重复利用，与唱片相比，技术优势明显。世界上大多数唱片公司了然数码化开发却无动于衷，直到苹果公司把数码化音乐作为商品开发并向产业化推进，以 iPod 播放器、iTune 应用管理软件为代表的系列技术，奠定了互联网虚拟化产业的基础，其推广普及过程历时 10 年，唱片公司目睹实体经济的虚拟化而无可奈何。由于科技不断发展创新，通信光纤、交换器技术的连续突破，一代到二代，网络频宽不断增长。二代互联网技术与四代通信技术的融合，移动网络以及智能手机的"意外"普及，加快了技术的整合速度，从而形成新兴细分化产业和转型产业的共同基础，第二代互联网技术应用的推广，图书纸媒的数字化由亚马逊（Amazon）公司的电子商务图书城开始，照相摄像的数字化由柯达（Kodak）公司的影像产品数字化开始。更多的服务经济实体化，更多的实体经济虚拟化。

第三代互联网的产业衍生方向是视频虚拟化。频宽过剩、数据沉冗催生了大数据、云产业专线与无线移动兼容，网络专线将与其他多种专线"合多为一"，无线移动的未来潜能会更大。实体经济虚拟化导致产业比重下降，买方市场的主动优势将转化为消费行为的控制优势，传统的经销渠道及营销手段将导致市场开拓的错位。第三代互联网技术应用正处于快速起步阶段，丹麦技术大学（DTU）一个研究团队利用尖端多核光纤技术，成功实现了 43Tbps 的数据传输速率。利用这一技术，下载一部 1GB 大小的电影只需 0.2 毫秒。43Tbps 的数据传输速率相当于每秒可传输 5 300GB 数据。相比之下，美国的平均网速为 10Mbps。使用 DTU 开发的技术下载一部大小在 10GB 的完整 1 080P 高清电影所需要的时间，不到一眨眼的工夫。DTU 使用的是单根光纤和单个激光发射器数据连接技术，该技术现在被用于多数互联网基础设施的搭建中。相比其他实验室实验，DTU 的技术在现实世界中更具可操作性。

在重构的基础上，衍生的"云研发"、远程种植、线上消费、"移动金融"等虚实结合的产品、商品，以前所未有的速度形成新的产业，过去使用的一些硬件、软件、资料库等专用名词将被全新的概念所替代。单从民生需求和技术发展趋势讲，只要存在民生需求和技术的可行性，价值规律会组合出最佳的产出效率和经济效益。例如传统银行针对移动互联技术和消费群的移动金融需求变化，如何在没有政府行政保护的环境下参与竞争。首先，技术是不存在问题的，管理水平也会一步一步地提高，关键的问题是利益重新分配与相应观念的转变难度很大。

2. 技术商品产业化的颠覆转型

"调整产业结构，转变经济增长方式"是一个永久的课题。改革开放初期，调整产业结构的中心点是解放农业劳动力，产业结构由第一产业向第二产业调整；鼓励多种经营，经济增长方式由劳动密集型向技术密集型转变。第二次工业革命让西方国家的经济与技术远远领先于中国，西方国家大规模的技术输出很快就改变了中国的产业结构。中国基本生活的轻纺电器消费品不仅能够自给自足，还在短时期内发展成为"世界工厂"。随之带来的资源枯竭、环境恶化、经济效益滑坡等矛盾使"调整产业结构，转变经济增长方式"再次成为改革的焦点。十年的"调整、转型"努力收效甚微，在其他改革措施继续深化的同时，技术商品产业化是传统产业转型升级"久医不治"的最好解决办法。

美国产业研究与管理学家多弗·塞德曼（Dov Seidman）提出："技术是创新的一个有力驱动，并加速了新型模式的发展和布局，由新技术驱动的产业革命最终将颠覆现状"。新型的技术力量驱动，新的商业模式、新的竞争，通过颠覆性的转变淘汰老旧生产力，进化出新的产业形态，这是彻底的、最有效的转变。《经理人》杂志 2013 年从一百多个行业中筛选出互联网、移动金融、新能源、智能机器人和 3D 打印等可能重塑未来竞争的 5 大行业，并回答了在当今的转型升级困境中，为什么是这些行业率先进行自我颠覆。

（1）传统行业："大数据＋互联网"化

大数据不仅是互联网企业，也是传统企业的战略方向。例如传统的商业公司利用网络与大数据技术改变颠覆了自己，由传统零售转型为线上与线下结合的零售模式。行业的主要竞争者已从线下的实体商场变为线上的电商。传统商业的最大颠覆就是通过架构"大数据＋互联网"的新型战略和数据化跟踪、监察、分析、储存和利用，打破过去粗放的经营模式，并在服务业态、消费者定位、商业模式和竞争关系上重新定义自己。"大数据如何给企业创利"？赢利点着重在商机获取、提升客户满意度、规避经营风险3大环节。在互联网企业之后，传统企业也将最终完成互联网化，并通过"大数据＋互联网"战略模式，创造全新的利润来源。

（2）移动金融产业将颠覆传统的银行业

利率市场化是金融改革的重要内容之一，移动金融加快了金融脱媒趋势。由于忽视需求与技术的变化，始料未及的网上支付与用户的直接对接似乎一夜之间将传统银行业置于十分被动的境地。由支付宝为首的网上支付革命通过捆绑各家银行卡，将银行变成自己供应链中的辅助环节。移动金融之所以轰动一时，是因为利用移动智能终端及无线互联技术处理金融企业内部管理及对外产品服务的移动金融能极大地提升业务绩效，并给广大金融用户尤其是青年一代的消费者用户带来极大的便利；另外，由于利率市场化改革缓慢，非银行业的移动金融对利率市场化起到了倒逼和促进的作用，因为在现有的金融体制下，银行体系外的影子银行体量庞大，非银行金融市场包括PE、私募基金、个人借贷、活期理财等，其活力都超过原有的国有银行。以智能手机为主的包括平板电脑、无线POS机等各类移动终端的普及应用，使影子银行和第三方支付机构利用移动金融手段完全可与主流抗衡竞争。假设金融监管部门水平提高、监管到位，开放市场，新兴的互联网金融机构完全有可能取代传统的银行产业。以余额宝为例，自阿里巴巴集团支付宝上线的存款业务开始仅仅1年时间，余额即超过1 000亿元的规模。合规合法的"余额宝"可以有上百或上千，竞争迫使银行需要支付更高的成本吸收存款货币。所以移动金融倒逼金融监管的改革，促进利率的市场化，同时倒逼传统银行，尤其是国有改制银行的产业转型。

随着资本需求的超强劲增长，以资本市场为中心的新金融商品的开发和需求的创造，国民储蓄转化为投资更多地采用证券市场等直接融资方式，而不再主要依赖银行媒介的间接融资，银行的媒介作用趋于萎缩，利差收入减少，传统的业务受到巨大冲击，即所谓的"脱媒"现象。在3G/4G技术触发的移动互联时代，部分股份制发起银行改革的思维是引入移动通信资源战略伙伴，进行资源、信息、系统、认证、数据、安全等资源交互，形成"银行支付系统＋移动网络资源"组合模式，登录互联网商用入口，希冀在移动金融新生产业链中，跻身环节之中。用大数据、电子商务等技术开发更标准化的产品，移动互联将是所有银行的必由之路。

移动金融通过与移动通信跨界的技术与信息交互，直接进入到与用户消费行为对接，后果是给传统的银行业带来3种颠覆性挑战：洞开金融服务边界；逐步消灭传统银行卡；夺取移动金融商用入口。未来3～5年内，各银行都将在移动互联领域扩大基于内外管理的移动金融业务。互联网金融的兴起还对传统的金融监管提出了挑战，对现行的货币政策产生了巨大冲击。从货币的供给和需求两方面看，互联网金融毫无疑问会提高资金的流动性，提高支付的速度，增加货币乘数，减少现金漏洞，而且可以降低 M2 的现金和国际存款的比重，即内生性促进货币增量。从需求方面，互联网金融实现商品交易和消费货币的即时支付，速度快，效益高，减少了交易对货币的供给需求，另外资金变现的能力也减少了投机性方面的货币需求。例如美国的 P2P 平台可以提供一对一或者多对多的自动交易，提供交易的技术服务。但是如果平台自建资金池、提供担保公司的担保业务，甚至直接参与交易就改变了性质，破坏了运营规则，一旦出现 P2P 的倒闭，将直接侵犯到消费者的利益。这是监管的问题，与移动金融技术的安全保障无关。

（3）新能源逆袭：重设技术和市场新模式

我国国家主要领导人首谈能源生产和能源消费革命，具有重要的战略意义。新能源产业，无论争议与否，无论产业化如何艰难，有一点是肯定的，那就是新能源革命必将缩短替代能源的研发周期以减少并最终停用石油、煤炭等储量有限的化石燃料。究竟哪些新能源最终能成为替代首选？太阳能、页岩气、核能、生物质能、水能、风能等，技术都在不断地完善与突破之中，仅水能的开发技术就有几十种之多，成熟的产业化技术如落差水电、潮汐水电等能效也在不断提高。备受争议且已经被商业化、产业化利用的光伏产业颇具竞争优势。

最早出于专利成本和市场定位考虑的第一代、第二代生物能源技术发展较快，最近几年基本处于被否定状态。第一代生物燃料是在粮食相对过剩的年代以玉米、小麦等淀粉类作物直接生产酒精替代汽油燃料，第二代主要用玉米的茎叶根和木质等纤维原料生产酒精等，而第三代则是以原料海藻等制造生物柴油等燃料。世界上技术较为成熟的生物质能利用方式，主要包括生物质发电、液体燃料和生物质燃气等。由于生物燃料作为接近零排放的绿色能源，在碳税高企和能源需求上升的推动下，世界能源龙头纷纷进军生物燃料领域。美国能源部预计，到 2017 年，全球生物燃料市场规模将达到 811 亿美元。为减少碳排放和提高能源自给率，国际能源巨头加大生物燃料研究力度，埃克森美孚在斥资 1 亿美元投资以藻类为原料的生物能源产业后，将注意力转向更有效率的藻类生物燃料。杜邦在美国爱荷华州设立的商业化纤维乙醇生产基地接近完成，2014 年该基地有望形成 3 000 万加仑以玉米秸秆为原料的燃料乙醇产能。根据国际航空运输协会的最新预测，2020 年生物航煤将达到航油总量的 30％。未来 10 年，全球道路运输方面对生物燃料的需求也有望激增近六成。

国内方面，政府加大了页岩、光伏、风能、生物能源等多领域的扶持力度。

国内中石化在生物航煤、生物柴油等生物质燃料的研发力度也较大。中石油化工研究院等单位联合完成了以浮萍为廉价原料炼制生物燃料的研究。2013年中国首家自主研发生产的生物航煤用于商业客机的首次试飞成功，成为继美国、法国、芬兰之后第四个拥有生物航煤自主研发生产技术的国家。生物航煤在整个生命周期可实现减排二氧化碳55%～92%。

（4）智能机器人：将"人类思考"变成商业

在一个大交互时代，不仅通过社交工具、媒体、软件实现交互，同时人机交互也已从实验室进入到全应用的商业时代。全球对智能机器人的需求在快速上升，2013年，全球工业机器人销售即达17.9万台，同比上升12%，创历史新高，中国市场售量达36 860台工业机器人，同比上升36%。美国、日本智能机器人产业化处于领先地位。

据中国"小i机器人"的案例介绍，该智能机器人是一种基于智能人机交互技术上的智能软件系统。其功能主要是在客户服务、社交平台、智能手机、智能电视上应用，进行人机语音、对话、文字、图像、局部体感等"思考要素"的人机交互。"小i机器人"最大创新就是，将人的"思考要素"运行在电脑、网络中，从而使得一切机器设备有了"准人类"的沟通能力。就产业生态来说，涉及电信、金融、云计算、电器、移动互联、手机终端等无数产业集群之间的技术交互。

（5）3D打印：走出替代制造第一步

尽管现有的3D打印技术完全替代制造还停留在探索阶段，但它已为当下制造业的精益生产和个性化生产提供了明晰的产业化方向，调动了世界范围前所未有的开发激情。3D打印能够用来制造从眼镜到植入式医疗设备的各种物件，无须模具和焊接，人们只需将模型数据输入计算机即可得到想要的东西。3D打印就是通过电脑辅助设计技术（CAD）完成一系列数字切片，然后，把信息传送到3D打印机上，后者会将连续的薄型层面堆叠起来，它使用的"墨水"是实实在在的原材料，直到一个固态物体成型。《科学报告》发表的论文披露：美国国家航空航天局（NASA）喷气推进实验室的科学家开发出一种新的3D打印技术，可在一个部件上混合打印多种金属或合金，除度身定制零部件外，该技术还能用于研究各种潜在的合金，如果一个零件的一侧要具备耐高温特性，而另一侧要具备低密度特性；或只能在一侧具有磁性，需要定制各种复杂的、有特殊要求（如在同一零件上使用多种不同性质金属）的部件，制造这样的零部件此前只能采用焊接的方法，先分别制造出不同的部件，然后再将它们焊接起来。但焊缝具有缺陷，在高强度压力下极易导致零件崩溃。借助这种新型3D打印技术，能够顺滑地从一种合金过渡到另外一种合金，将这些复杂材料制造成现实的零部件。

按照 3D 打印的技术逻辑，现行的"制造"都是人力、财力、物力、材力、智力的消耗，为节省这些资源，企业的做法是转型升级，降低消耗。而 3D 打印带来的变革是形成 3D 打印的新产业链群，彻底颠覆目前制造企业的工艺技术。另外，随着 3D 打印的崛起，不仅在工业与科技领域中形成了一个全新的行业类型，同时还有助于带动制造业的根本性转型。

7.4.3 促进技术商品产业化绩效的综合举措

科技成果转化和产业化是建设创新型国家、实现科技与经济紧密结合的关键环节，是调整产业结构、转变经济增长方式的有效途径。技术商品产业化是一个较复杂的过程，是政府、企业、研究机构及金融机构通过一定的途径把技术商品与资金、设备、原材料、劳动力、信息等生产要素通过科学的管理组织结合在一起以达到社会资源的有效配置与合理使用，以获得与传统经济相比高得多的经济社会效益的系统工程。因此，必须从体制、机制、条件和环境入手着力解决以下问题。

1. 完善技术商品产业化的投融资体制

新近几年，我国科技投入总量逐年提高，但是在投入渠道、分配方式上尚有较多不科学、不完善之处。要借鉴国际上其他创新型国家的建设经验，完善科技成果产业化的公共财政及金融投入机制。一是通过立法，而不是仅仅依据政府工作计划规定财政科技投入占财政支出、政府支出中的比重。二是优化财政科技投入的结构，要支持国有大型企业的技术创新活动，更要支持中小民营企业的技术创新活动，着力提高中小企业财政投入的比例；要支持吸引先进技术和先进装备，更要支持消化吸收与再创新，着力提高消化吸收与再创新财政投入的比例。三是要创新财政科技投入方式，加大政府对科技金融的投入规模和力度，引导社会资本投入，如增加科技投入中的后补助、偿还性资助比例，对社会资本设立的天使投资等面向产业化的投融资给予税收减免优惠。四是政府采购要加大对新技术产品的倾斜。要深入研究和借鉴国外的做法，制定《购买中国产品法》，在自由贸易原则的基础上，加大对一些重大的关键性技术的政府采购力度，推动技术商品的产业化。

2. 建立产业化技术创造与应用激励和评价机制

要深化科技管理体制的改革，建立有利于科技成果转化及产业化的激励机制，从源头上解决科技成果转化及产业化难的问题。一是建立科技投入稳定增长的长效机制，确保企业研发投入随营业收入的增长而不断加大。将科技投入纳入全面预算管理，建立科技发展专项资金制度。二是建立公平合理的评价机制，完善科技成果转化的评价体系。探索将重大科技成果、成果应用与转化纳入企业负责人的业绩考核，将"科技成果转化率"作为一项重要指标，考核和评估科研单位的团队建设和学科建设；建立和健全政府、科研单位、企业三位一体互动共赢的合作机制，使技术商品产业化通过政府、企业的提前介入得到政策环境和资金的及时支持。三是创建科学合理的产业化激励机制。探索建立对骨干科技人员的中长期激励机制，落实管理、技术等重要生产要素按贡献参与分配的制度，有条件的企业开展股权、期权、分红权等激励试点工作。四是完善科技评价和奖励制度，设立科技奖励专项资金，表彰作出突出贡献的先进集体和个人。建议在国家及省市科学技术奖励中，设立促进技术商品产业化贡献奖，对在技术创新和技术商品产业化中作出突出贡献的组织和个人给予重奖，营造有利于自主创新和产业化的良好氛围。

3. 以产业链和价值链为纽带构建产学研技术联盟

当今发达国家企业正积极通过各种联盟形式强化已有的竞争优势，发展中国家企业也在效仿和创新中形成新的联盟，其中产学研技术联盟已迅速发展成为企业市场竞争的重要组织形式。同发达国家企业相比，我国企业数量众多，规模偏小，产业的行政区划突出。出于 GDP 政绩考核的需要，地方政府的财政科技支出主要以行政区划为投放范围，产业化支持资源投放分散，这也是至今国内许多产业、产品的核心技术形不成规模优势的重要原因。加强产学研的技术交流与合作，通过研发联盟等形式进行合作研究和联合开发，不但能增强企业的研发力量，避免重复研究，加快研发速度，还能共享创新成果，从整体上提高产业领域的科技水平，增强产业竞争力。相关政策法规的制定，应鼓励和引导企业、大学和科研机构以紧密型、准紧密型、松散型等方式，以产业链和创新链为纽带，构建链条完整、供需衔接、包容性强、吸引力大、稳定性高、利益有保障的产学研技术联盟。一是围绕产业技术创新的关键问题开展技术合作，突破产业发展的核心技术，形成重要的产业技术标准。二是建立公共技术平台，实现创新资源的有效分工与合理衔接，实现知识产权共享；实施技术转移，加速科技成果的商业化运用，提升产业整体竞争力。三是鼓励高等院校和科研院所采用市场机制，向企业开放科研基础设施和大型科学仪器设备、自然科技资源、科学数据等资源，鼓励社会公益类科研院所通过政府购买服务的方式为企业提供检测、测试、标准以及科技文献查询等公共科技资源服务，以提高全社会科技资源的共享水平。四是要鼓励企业、大学和科研机构技术人员在全国范围内双向流动，联合培养人才，为产业化持续创新提供人才支撑。

7.5 技术商品产业化绩效指标体系

截至 2014 年 7 月底，全国 215 个国家级经济技术开发区拥有 7 800 多家高新技术企业。加上 115 个国家级高新区，在 330 个国家级开发区中，上万家高新技术企业的总产值超过 10 万亿元，接近全国 GDP 的 1/5。我国高新技术企业产值占到农业、工业、服务业国内总产值的 20%，这一量变将带来质的改变，高新技术企业无论是在产业管理的宏观规划上，还是在基层统计的分类汇总上，都将重新审视其在国民经济的地位，随之会出现更多的相关统计指标，这些指标将成为各级职能部门重要的绩效管理内容。

7.5.1 绩效管理指标设置

技术商品化绩效指标见表 7－1。

表 7－1 技术商品化绩效指标

	高新技术产业规模 A41	高新技术企业（认定）数量 A411
技术商品产业化绩效指标 A4		高新技术产业从业人员数量 A412
		高新技术产品与服务总产值 A413
		高新技术产品与服务出口总值 A414
		高新技术产业资产总值 A415
		资本运营能力 A416
		年度投资总额 A417
		高新技术企业产值占 GDP 比重 A418
	高新技术产业化水平 A42	高新技术产业增加值占工农业增加值比重 A421
		高新产业增值占 GDP 增值比重 A422
		主营产品市场占有率 A423
		主营产品市场占有率增长速度 A424
		产业利润总额 A425
		税收应缴总额 A426
		FDI 实际利用额 A427
		FDI 控股权益 A428
	技术转移贡献率 A43	产业劳动生产率 A431
		产业技术进步率 A432
		高新技术产值年增长率 A433
		产业盈利水平 A434

	产业技术成熟度 A435
	环保责任达标率 A436
可持续发展能力 A44	成长能力 A441
	市场综合竞争能力 A442
	主营业务竞争能力 A443
	股本扩张能力 A444
	品牌知名度 A445
	抵御风险能力 A446

7.5.2　绩效管理指标解析

1. 高新技术产业规模指标解析（见表7—2）

表7—2　高新技术产业规模 A41

高新技术企业数量 A411	高新技术企业需经科技职能部门认定并有权威的发布渠道，是产业规模的数量指标
高新技术产业从业人员数量 A412	从业人员按产业系统统计，如大学科技园、技术经济开发区、经认定的科技企业等而非按职业或专业统计
高新技术产品与服务总产值 A413	高端服务已成为高科技产业重要的业务构成，包括服务产业产值和为技术产品提供的技术服务产值。分级指标可设超亿元企业总收入、总收入年增长大于15%企业比例等
高新技术产品与服务出口总值 A414	是落实科技发展战略和转变经济增长方式的考核指标，替代资源性产品和低产值劳动密集型产品的出口，体现产业规模的质量内涵
高新技术产业资产总值 A415	资产总值是产业规模的主要考核指标之一，是重要的产业绩效基础和产出保障
资本运营能力 A416	可有多项细分指标，融资额度、风投、信贷、融股等占自有资金的比重，融资长、短期限的比例等

年度投资总额 A417	固定资产追加投资、技术改造投入、技术引进经费支出、技术消化吸收经费支出、国内技术交易经费支出等
高新技术企业产值占 GDP 比重 A418	彰显科技发展战略和产业结构调整战略的落实力度

2. 高新技术产业化水平指标解析（见表 7－3）

表 7－3 高新技术产业化水平 A42

高新技术产业增加值占其他增加值比重 A421	高新技术产业增加值/工业、农业、服务业增加值，指示一种发展方向
高新产业增值占 GDP 增值比重 A422	高新产业增值/GDP 增值，该指标由于统计范围过窄，与 GDP 增值的关联性失真
主营产品市场占有率 A423	是被很多方面有意或无意忽略的一项重要产业化指标，显示竞争能力更显示行业地位
主营产品市场占有率增长速度 A424	表明产业化规模和扩张趋势
高新技术产业利润总额 A425	技术转移战略目标的关键体现，直观反映产业化水平及其绩效水平，也是技术转移贡献率与产业可持续发展能力的直接考核指标
税收应缴总额 A426	采用税收应缴总额指标与已税指标的区别在于高新产业有诸多税收优惠政策，统计数据应反映减税、退税、转移支付等其他形式的产业贡献
FDI 实际利用额 A427	（Foreign Direct Investment，外商直接投资）获取或控制相应的企业经营管理权是产业化控制的通常做法
FDI 控股权益 A428	通过获得高额利润或稀缺生产要素达到产业化目的绩效潜力指标

3. 产业化技术转移贡献率指标解析（见表 7—4）

表 7-4　技术转移贡献率 A43

产业劳动生产率 A431	行业从业人员从事生产或服务活动的效果或效率，表示从业者在单位劳动时间内生产或服务所提供的质量合格的成果数量
产业技术进步率 A432	近年来该指标研究应用渐少，由于影响产出的因素越来越复杂，指标的有效性减弱
高新技术产值年增长率 A433	这一指标有可能成为与 3 个产业指标并列的产值指标
产业盈利水平 A434	新兴产业技术增值能力指标，由一组细化指标体现
产业技术成熟度 A435	系列评估指标的参照标准
环保责任达标率 A436	技术转移重要的贡献指标，除绩效管理外还是政府公共责任的考核指标

4. 产业化可持续发展能力指标解析（见表 7—5）

表 7-5　可持续发展能力 A44

成长能力 A441	再投资比率：经营现金净流量/资本性支出，资本保值增值率、3 年资产总额增长率、3 年净利润增长率等
市场综合竞争能力 A442	
主营业务竞争能力 A443	由总资产周转率、经营性现金流量增长率、存货周转率、应收账款周转率等指标构成
股本扩张能力 A444	由净资产、资产净利率、销售利润率、优质资产比重等指标构成
社会责任 A445	新增就业率、员工社保覆盖率、人均工资增长率、产品故障率等
抵御风险能力 A446	负债率、投保率、品牌知名度等

案例：国产龙芯计算机系统产业化实施路径

《国产龙芯计算机系统产业化》是中科院计算所 863 计划科技成果的一项重大技术转移服务项目，是高新科技产品商品化、产业化转化模式的一项大胆创新。在科技部、北京市科委和有关部门的通力支持下，产业化项目的全链条协作取得显著成效，其产业化模式和产业绩效走出了中国技术转移的一条创新之路。

龙芯成果的技术转移途径

1. 企业孵化。计算所以专有技术入股、吸引社会资本成立新公司的方式进行技术转移。这种模式主要以市场化运作进行企业孵化，计算所提供技术成果以及后续的技术支持。这是计算所早期探索的技术转移模式，也是龙芯计算机系统在天津、江苏常熟形成规模产业化最直接的转移方式。

2. 技术辐射。在龙芯计算机系统产业化落地地区成立计算所分部，以部分龙芯技术的积累作为无形资产入股、代加工等形式，将相关技术通过分部辐射到当地中小企业和代加工企业，同时派出分部管理团队和技术骨干，对当地企业核心竞争力的增强和产品利润的提升起了关键作用。辐射技术得到了当地政府以及企业的普遍认可。

3. 专利许可。龙芯技术的产业化过程中，专利许可已成为计算所的主要技术转移形式，专利许可收入已占技术入股总额的 52.38%。

龙芯技术的产业化模式

1. 大幅降低制造成本

为了实现高性能的 64 位龙芯 2 号微处理器的低成本计算机系统的研发与产业化，调研可用的各类芯片及其性能成本，完成验证板开发和调试，并进行各项产业化验证；与大型代工厂合作有效地解决模具设计和量产等方面的问题；将基于龙芯 2F 的样机设置为低于 150 美元的 BOM 规格配置，把成本控制在 1 000 元左右。项目的实施聚集中科院、地方政府和企业等多方资源，由江苏中科龙梦科技有限公司联合新华科技（南京）系统软件有限公司、无锡永中科技有限公司负责产品研制以及产品应用解决方案；项目前期由江苏中科梦兰电子科技有限公司负责产业化技术开发、产品的生产、测试及销售，随着生产销售规模的扩大，大规模量产采用产品代工模式，形成完整产业链，有效地降低了成本。

2. 以软件实力扩充产品的应用价值和系统功能

可定制、可扩展的龙芯 Linux 内核开发平台的建设，是中国对 Linux 内核的一个重要贡献，对龙芯的国际化产生了较大影响。

龙芯平台的应用软件和行业应用软件的开发，以及对浏览器移植及优化、字处理器软件移植及优化，为高校 Loongson&Linux 嵌入式教学平台及软件包、农业信息化专家系统等应用提供了系统支撑。

建立的产品定制的软硬件开发支撑平台，为软硬件产品的进一步研发和量产奠定基础。在线用户支持和服务系统提供产品跟踪、用户交流等售后服务。根据产业化需要，自主设计研发在线车间生产管理测试系统，提高了生产效率，为龙芯规模产业化打下了扎实基础。

产业化已显现可喜的增长势头

1. 产业化带来的经济效益

初步建立了龙芯产业链，改善了龙芯产业生态环境，为课题产品的更大规模推广奠定了基础。中科梦兰公司完成了1条SMT贴片线、1条SKD组装线、1条老化线建设，建成了年产40万台龙芯低成本计算机的产能。与台湾广达集团、苏州利华公司等建立了生产代工合作关系，建立了龙芯低成本计算机生产专线，在产品品质和产能上获得了充分的保障。

项目产业化初期，计划生产销售产品26万台套，实现新增销售收入52 000万元，新增利润2 812.1万元，新增税收3 343.6万元。4年后形成年产销50万台套模的供应链。目前，已在一定区域范围内形成了产业规模。江苏省实施了15万套龙芯低成本计算机的应用工程；常熟市以政府首购模式在教育和农村信息化领域推广应用了龙芯产品1万台套；签署产品销售订单16万余套，已完成销售10万套，部署应用近10万套，超额完成预期的产业化目标。龙芯教育信息化解决方案已在全国11省市试点应用，有望在国家农村远程教育二期工程中全面铺开。

2. 产业化带来的社会效益

采用国产"龙芯2号"芯片和国产Linux操作系统，低成本计算机的规模化市场推广对于促进经济结构调整和拉动内需，缩小数字鸿沟具有多重意义。自主集成计算机产品的完全国产化，对改变我国信息产业的核心技术地位具有深远意义。

低成本先进计算机系列产品的定型量产产品包括：逸珑8089/8010系列、灵珑9001/9002/9003/9013等系列，产品通过了CCC、FCC、CE认证，填补了国内自主知识产权计算机的空白，入选了国家自主创新产品目录，被认定为国家高技术产品。

具有中国特色的产学研合作模式，促进了企业技术创新能力的提升。中科梦兰公司技术研发中心升级为国家级企业技术中心，建立了国家级博士后科研工作站和江苏省院士工作站；龙芯产业化基地成为为江苏省电子信息产业园；中科梦兰公司被认定为国家级高新技术企业。

技术转移的服务成效

在技术转移服务方面，建立了一支从事芯片设计、产品研发、生产管理、市场销售的涉及完整IT产业链的人才队伍，培养博士、硕士等高级人才31人。产业化过程中实现23项发明专利或实用新型和外观专利；6项软件著作登记；58篇学术论文和技术报告。

在产业链形成方面，中科梦兰公司先后与PCB加工企业扬宣公司、春炎公司；PCBA 代工企业苏州利华公司、苏州微盟公司、精成公司、东莞彩煌公司；组装代工企业苏州方正、台湾广达公司；以及存储器供应商华芯、美光、现代，LCD 供应商京东方、龙腾、友达、映美等企业建立了产业链合作关系。

在市场应用方面，课题各承担单位都积极进行应用模式拓展：与国家农业信息化工程技术研究中心合作，结合农业专家系统，在农村信息化领域进行推广应用；协同办公系统在北京市科委、淮南市信息中心、郁南县信息中心等用户进行试点应用；新华系统软件公司的 RAYS Linux 操作系统成功应用于江苏省信息产业厅、省新闻出版局/版权局及南京市各级政府机关。中国石油大学（华东）开发的龙芯实践教学平台系统将龙芯产品应用于高教领域，拓展了龙芯联合实验室协同创新。

在国外市场开拓方面，中科梦兰公司与委内瑞拉公司就龙芯电脑在南美地区的应用推广达成了合作意向；部分成果与法国 Dexxon 公司达成有偿转让；与古巴、博茨瓦纳等国家的机构和学校建立了龙芯联合实验室。

在人才培养和队伍建设方面，形成了市场、销售、生产、资材、品保、售后和技术支持等团队，建成了从研发、生产、推广、销售直至售后服务的产品服务链。

国产龙芯计算机系统产业化的带动效应还包括：自主核心芯片设计产业和集成电路加工制造业的快速发展；电子元器件、电脑周边产品等整机配套产业的快速发展；自主核心软件产业的快速发展；数字内容、教育软件等计算机信息服务产业的快速发展；提高教育信息化、新农村信息化、安全电子政务的普及水平；在加速形成我国自主可控的计算机产业软硬件标准体系方面有望打破国外技术壁垒和技术垄断。

《国产龙芯计算机系统产业化》是中科院计算所 863 计划科技成果的一项重大技术转移服务项目，是高新科技产品商品化、产业化转化模式的一次创新。在政府有关部门的大力支持下，产业化模式和效益得到行业专家和社会各界的充分肯定。

第八章　技术转移公共管理部门绩效管理

引　言

技术转移公共管理部门以政府科技主管机构为骨干主体，包括政府各级科学技术委员会和政府其他职能部门中的科技管理机构，非骨干主体包括从事技术研发转化、技术交易、相关技术产业化等管理服务的事业单位以及部分为实现技术转移特定目标而存在的一些非营利组织。技术转移公共管理部门确切地讲应该称为公共管理服务部门，之所以应该将相关管理部门及部分非营利组织称之为"管理服务"部门，一是新一届政府以新的执政理念要求各级管理部门简政放权、转变职能，增强服务意识成为大环境下对科技管理部门提出的新的要求；二是在新的市场经济中技术转移内涵的扩展，有一批数量可观的从事技术转移服务工作的事业机构仍兼有技术转移行政监管职能，还有部分契约性的"非政府"、"非营利"组织营运着财政或社会专项资金提供技术转移服务，如部分高新区的"孵化器"机构。在"大服务"概念前提下，这3类部门可列入同一活动主体。为了将"技术转移公共管理服务部门"区别于"技术转移中介服务部门"，本书以公共管理部门涵盖了政府科技管理职能部门、兼有科技管理职能的事业单位及受托履行相关职责的部分"非营利"社会组织，即为实现技术转移公共利益为目标而存在的非营利组织或者第三部门；将"技术转移中介服务部门"通称"技术转移服务机构"。

技术转移公共管理部门在技术转移全过程活动发挥宏观管理和全面服务的主导作用。"技术转移公共管理部门、科技研发部门、技术转移服务机构、技术转让方、技术受让方"5大主体中，技术转移绩效管理重点关注技术转移5大活动主体的运行效率、经济效益的同时，还越来越侧重对政府及相关机构提供公共服务的质量和服务对象满意度的评价，绩效管理越来越趋向规范化、科学化，趋向于社会效益、社会责任的界定和量化。

政府为引导产业调整而对研发活动的支持以及出于科技发展战略考虑对高风险技术领域的投入已成为技术转移的重要组成内容。技术转移公共管理服务部门的绩效是根据管理的效率、能力、服务质量、公共责任和社会满意度等方面的判断，对技术转移公共部门提供管理服务的能力、过程、结果所反映的绩效进行评定和等级划分。

技术转移公共管理部门绩效管理的实质是按照切实转变职能的要求，根据政府科技管理部门和技术市场的新型关系，厘清技术转移宏观调控、技术市场监管、提供公共信息平台和经营环境改善服务等职能，真正提升技术转移管理与服务水平，体现公开透明、公平高效的绩效结果。

8.1 技术转移公共管理的内涵

技术转移公共管理的内涵是对应管理部门外示的职能与责任而言的作用机理，以跨产业、跨地域的协同管理为特征。技术转移公共管理是面向技术转移公共组织、公共利益的管理与服务，是政府科学技术相关管理部门、相关事业机构和部分非营利组织履行权责的一种专业职能，具有明确的产业管理目的性，是为技术转移全过程提供公共资源和业务指导的组织活动，这种组织活动自身不直接获取技术转移产出回报。

8.1.1 技术转移公共管理的内涵基础

技术转移公共管理是一种非市场行为，但其重要作用的发挥必须遵循市场规则和价值规律，其作为不仅要求优质高效，而且更强调资源配置的公平合理。建立在公平公正的法律和经济基础之上的管理与服务有以下几方面要点：

1. 协同绩效量化

协同绩效是技术转移区别于其他领域公共管理的重要理论概念。经济全球化和产业区域化的大趋势中，全链条、全要素、全方位的技术转移首先是跨区域、跨国际地域的经营管理活动，涉及全部产业部门的科技管理与技术扩散，需要全社会科技人力资源、科技物质资源、科技政策资源等全方位的产业支持。由此引申出协同绩效的概念，并会逐步发展形成技术转移的区域协同管理和产业协同管理理论，成为管理理论重要的分支研究成果。

技术转移公共管理协同化的社会背景是中国高度的行政地域划分并据此各自为政的地域行政管理体制。产业区域需要跨越行政地域，统筹科技资源配置。新的区域战略规划中，北部湾经济区、成渝经济区、关中——天水经济区已全面实施，整合新区内丰富的人力资源、自然资源，推动战略规划的联动实施，是技术转移协同化公共管理的重要职能。大到"京津冀一体化"，小到西（安）咸（阳）一体化，不打破行政地域的藩篱，招商竞争、产业重叠、开工不足、污源遍布等老大难问题还会接踵而至，部分技术转移还会继续造成产业分散、污染扩散。协同化公共管理是产业化和信息化的必然要求，除了少数发达国家对发展中国家的高端技术封锁，技术市场几乎完全是无疆界的，技术信息可以实现无隙化连接，技术转移形成区域乃至全球化"有卖就有买，有进就有出"的相互依托状态，跨产业、跨区域的技术需求达到前所未有的强度，协同管理呈现出高度的跨产业、跨区域渗透的趋势。

协同管理绩效很多是隐形的，很多都是没有被纳入社会经济统计范围的，既然公共管理自身不直接获取技术转移产出回报，协同管理者的主观能动性从何而来，这是协同绩效量化的难点，也是协同管理的难点。公共管理自上而下的职能转变进而形成的"五个转变"是解决这一难点问题的前提。公共管理组织职责要点如果放在政策、法制层面，技术转移经营层面的联合与协作变作技术转移（中介）服务机构的市场行为或半市场行为，管理就比较容易，产业链及产业链参与者的利益关系可交由"看不见的手"去组织协调。通常情况下，采用提高地方产业能力来创造税收、就业等内生工具推动协同管理，其绩效水平较高，而采用行政命令、宣传指导、补贴竞争等方式推动协同管理，其绩效水平相对较低。不管采用何种管理方式，关键是绩效能够被确认并且能够被定量或定性度量。

2. 公共利益定位

技术转移公共管理专业职能和组织活动具有明确的公共利益定位，财政科技经费支出及技术转移管理与服务投入不为任何特定的行业集团、企业和个人谋取增长或创收利益。对全民性质的高等院校、科研院所常规的财政科技拨款，是为满足非物质生产部门发展需要对物质生产部门原始收入的转拨，属国民经济中收入再分配范畴，对商业性研发机构、中介服务机构和其他非公益性相关组织的财政支持，不论是有偿还是无偿、有息还是无息，无论是先行拨款还是后期补贴，都只是作为一种对产业发展贡献的补助、奖励和激励。所有非常规的财政预算支出，都需在专项或专用资金渠道内运作，进行严格的绩效考核。研发机构或中介服务机构投入的产出回报是技术转让收益和中介（经纪）佣金，财政性科技支出政策针对的是技术转移的服务导向，而不是研发和中介机构自身的经营行为。

3. 管理与服务重心的转变

管理与服务重心的转变是根据技术转移的客观规律，促进其担负的职责、功能、作用、内容、方式的转向变化。管理与服务重心的"五个转变"将极大地提升绩效量级。转变之一是管理与服务理念由管理型理念向服务型理念转变；管理与服务是两种职能，这种转型并不是不要管理只要服务，观念要先于工作重心转变。由计划执行向市场调控转变；转变之二是管理与服务内容由微观过程向宏观结果管理服务转变，价值取向由注重效率、追求投入产出比的最大化向注重结果和受众满意方面转变。转变之三是管理与服务功能由资源的行业分配向资源的社会集聚转变，动员社会科技管理资源参与管理与服务，动员全社会相关的科技物质资源进入技术转移价值链，组织建构网络型技术转移社会服务体系。转变之四是管理与服务权责形式由全能形式向专业形式转变，充分发挥行业协会和职业服务机构的服务功能。转变之五是管理服务手段由行政监管向市场引导转变，实行管办分离、管监分离，将部分管理操作职能由行政机关向事业单位或经营企业转移，行政管理资源更多地用于技术转移绩效考核与产业监督管理。

4. 规划调控前置与绩效评价后延

一般组织的绩效管理，以年度为周期，年初制订计划，年末考核评价并兑现奖惩。技术转移包括技术研发过程、技术交易过程、项目落地过程、商品化过程、产业化过程等相对独立的过程，研发可适用年度计划管理，而其他的活动过程如果单纯以年度作为管理周期，则弊端非常突出。一个年度考核为优秀的产品化项目，有可能是一个完全没有市场的失败项目；一个产能落后、中途下马的产业化项目，前期获取绩效重奖的事例并不少见。因此，公共管理必须把技术转移项目的规划调控步骤同步提前，给可行性研究、商业考察等环节留出更多的专门时间而不受年度计划的限制。同样，绩效的考核评价也打破例常的周期规定，把绩效责任评价延后，离职不离责，延长责任与奖惩的挂钩周期。就公共管理与私人管理的区别而言，绩效过程甚于绩效结果，但就目标管理的重视程度而言，绩效结果是评价说话的依据，绩效结果与绩效过程同样重要。公共管理必须改用项目任务与绩效目标方式取代传统的预算编制拨款方式，管理与服务的目标必须明确，绩效目标能够被确立，没有明确目标的专业职能应进行精简或归并，界定模糊的绩效目标应重新规划或分解。对技术转移公共管理目标评价的价值理念、评价方法、评价指标等方面进行量化分析。

5. 有限公共资源的合理利用

技术转移公共资源是人财物市场资源以外的可投入要素，包括私有权益之外的技术存量资源、技术转移体制与政策等。公共资源利用最直观的评判依据是技术交易价格的波动和制度红利的体现。价格的波动是技术存量资源增减的反应。价格由技术交易双方的供求关系确定，即由技术供应方的技术存量、适宜程度，技术受让方人财物力存量与管理水平等因素共同作用形成。公共管理的职能之一是根据技术需求方的紧迫程度，组织相关技术资源的开发与供给（如技术研发的财政科技支出等）；根据技术供给优势组织技术推广和技术扩散（如政府领导人"推销"高铁技术等），成本制度红利就是在技术转移过程中制度的不健全导致由于知识产权让渡保护和技术交易合约执行两个方面的交易成本在总的交易成本中占了很大的比重，通过完善制度减少交易成本从而能有效促进绩效提升的状况存在，即存在"制度红利"。改革开放初期，制度红利是非常重要的软性资源，随着改革进程，制度红利在衰减。但技术转移国内外体制背景积弊日久会出现新一轮的"红利"。公共管理通过新一轮的改革开放，制定、修订、完善技术转移政策法规，推动不同形式（红利）的释放是有限公共资源合理利用的最有效举措之一。在资源配置方面，引进市场机制，降低业务成本，提高资源占用效率；在业务监管方面，将审批审核业务从改革后的"一站式"管理继续向"一表制"管理推进，进而实现"负面清单制"管理体制。

技术转移公共管理协同职能的科学界定、公共利益服务宗旨的定位以及面向长远发展的"五个转变"奠定了技术转移公共管理服务绩效提升的管理基础；规划调控前置与绩效评价后延、有限公共资源的合理利用，不仅增强了技术转移绩效考核依据和评价标准的科学性，同时对提升技术转移公共管理能力也具有重要作用。

8.1.2　技术转移公共管理服务创新

技术转移公共管理服务创新是促进技术转移的重大举措，政府科技管理部门支持多种形式的创新模式与创新手段的实践活动，技术转移示范机构、大学科技园、中小科技企业孵化器、瞪羚计划、天使风险基金（angel investment）等系列创新成为技术转移绩效的重要支撑。

《关于进一步推进科技创新加快高新技术产业化的若干意见》提出了重点加强共性技术研发和公益性服务、推动科技投融资体系建设等6个方面举措；《关于鼓励和促进科技创业的实施意见》也提出着力构建并完善科技创业孵化服务体系、加大公共服务覆盖面和效率、提升孵化服务功能、营造鼓励科技创业的孵化环境等创新实施办法。

上海市科技管理部门是全国技术转移公共管理服务职能转变先行的省市之一，技术转移公共管理服务创新内容主要包括以下方面：

1. 引导中小企业提高创新能力

在技术转移公共管理服务创新领域以公共服务平台为牵引，通过培育专业化公共服务机构，构建支撑力强、辐射面广、资源集聚、适应转型发展，并对接我市战略性新兴产业的中小企业服务平台网络体系；引导建立健全公共服务规范和协同服务的机制，提高中小企业创新能力。

2. 建设技术转移公共服务平台

建设"技术研发公共服务平台"、"技术交易公共服务平台"等5大类技术转移公共信息服务平台，努力提升服务平台的服务内涵、服务能力和辐射能力，建立积极参与的推进机制，引导中小企业使用服务平台服务，扩大服务的覆盖面和受益面；推动形成服务平台可持续发展的长效机制。

3. 建立公共科技服务体系

作为完善创新支持体系的主要任务，为进一步强化企业技术创新主体地位，扩大科技资源开放共享，深化科技管理体制改革，从制定法规、政策等方面有效保障公共技术转移服务机构的发展，扎实推进创新服务体系，并逐步形成专业化、网络化的公共科技服务体系。建立健全以企业为主体、市场为导向、产学研相结合的技术创新体系，其中包括建成研发公共服务平台开放式和一门式服务系统；大力提升技术创新服务平台专业能力和服务水平，打造四位一体创新服务平台。

4. 健全企业主导产业技术研发创新的体制机制

健全企业技术创新主体的体制机制，是科技支撑经济社会发展的重要保障。确立企业在技术创新决策、研发投入、科研组织和成果转化中的主体地位，发挥企业在创新目标提出、资源配置和组织实施过程中的主导作用。全面加强支撑技术创新和技术转移的公共信息和专业技术服务，加快推进创业孵化、科技金融、研发与转化等服务功能建设等。

5. 加快培育和发展战略性新兴产业

产业技术需求及技术服务需求是提高国际竞争力、掌握发展主动权的迫切需要。世界各主要发达国家和经济体均选择了生物、新能源、新材料、物联网、云计算等不同的新兴产业作为突破口，提出以复兴制造业为核心的"再工业化"战略思路。破解瓶颈难题，一是满足企业技术创新和创新管理能力提升的需求，既要推动企业建设高水平研发中心和研发队伍，增强研发能力，还要促进企业提升技术管理和创新组织的水平；二是大力支持民营企业开展创新和参与新兴业态，引导科技型中小企业需求与高校、科研院所创新资源的对接，促进科技与经济紧密结合。努力摆脱对传统发展路径的依赖，工作重点包括在新一代信息技术、高端装备制造、新能源等领域促成一批重大项目取得技术突破。积极发展现代服务业，支持重点工业企业向研发、销售和高端制造转型，建设高技术服务产业带，形成区域特色产业集聚发展。

8.2　技术转移公共管理部门的职责范畴

技术转移公共管理服务部门行使管理与服务的双重职能，按照"依托区域基础或重点产业、管理整合资源、引导技术创新方向、公共服务、市场化运作"的基本思路，重点支持专业技术转移中介机构，积极推进具有区域特色的中小型技术转移中介服务机构建设，全面促进科技型企业及战略性新兴产业的快速发展。

技术转移公共管理服务主要分两大类：行业管理服务业务和专业指导服务业务。

行业管理服务业务：如政府部门的科学技术管理、专利登记管理、技术市场管理、相关政策法规研究制定、技术转移（科技成果转化）基金的运行管理等方面的服务等。专业指导服务业务：如政府部门在技术壁垒、反垄断、反倾销等国际事务中对行业和企业的指导服务，对技术转移行业标准规范的推荐、制定指导；有关专业机构对发达国家最新技术标准的解读辅导，非营利组织的产业化跟踪指导服务等。

技术转移公共管理服务部门主要包括政府科学技术管理部门、技术市场管理机构、生产力促进中心、技术交易促进中心、技术协作中心、技术推广中心、事业型孵化器、创新基金管理办公室及各技术转移专项或专业资金管理机构等。

8.2.1　政府科学技术管理部门主要职责

职责与任务是绩效评价的标杆，是绩效考核基础与依据。不同层级的管理部门由于职责权限和管辖范围不同，职能幅度也有所差异，其差异主要表现在规划与执行层面，职能类别大同小异。以科学技术部为例：

牵头拟订科技发展规划和方针、政策，起草有关法律法规草案，制定部门规章，颁布各项政策文件并组织实施和监督检查。

会同有关部门组织科技重大专项实施中的方案论证、综合平衡、评估验收和制定相关配套政策，对科技重大专项实施中的重大调整提出意见。

提出科研条件保障的规划和政策建议，推进国家科技基础条件平台建设和科技资源共享。

制定政策引导类科技计划并指导实施，会同有关部门拟订高新技术产业化政策，指导国家级高新技术产业开发区建设。

会同有关部门拟订促进产学研结合的相关政策、制定科技成果推广政策，指导科技成果转化工作，组织相关重大科技成果应用示范，推动企业自主创新能力建设。

提出科技体制改革的方针政策和重大措施建议，推进科技体制改革工作，审核相关科研机构的组建和调整，优化科研机构布局。

负责本部门预算中的科技经费预决算及经费使用的监督管理，会同有关部门提出科技资源合理配置的重大政策和措施建议，优化科技资源配置。

负责国家科学技术奖评审的组织工作，会同有关部门拟订科技人才队伍建设规划，提出相关政策建议。

拟订促进技术市场、科技中介组织发展政策，负责相关科技评估管理和科技统计管理。

组织拟订对外科技合作与交流的政策，负责政府间双边和多边及国际组织间科技合作与交流工作，指导相关部门和地方对外科技合作与交流工作。

8.2.2 科技协作中心主要职责

科技协作中心是经政府批准成立的负责联系科研院所、高校及其他科研机构的唯一综合性事业单位，由科学技术委员会归口管理。经机构编制委员会办公室批准，科技协作中心为全额拨款事业单位，设置办公室、合作处、项目管理处、公共服务处、技术合同登记处、政策研究室、财务审计职能处室。

主要工作职能包括：

（1）根据党委、政府科技工作的方针政策，围绕首都经济社会发展需要，集合首都科技创新资源，促进创新型城市的建设；

（2）协助政府有关部门研究制定和贯彻有关科技创新、科技体制改革、科技成果转化、科技与经济结合等政策、规定，并协助组织科研机构和高校的实施工作；

（3）协助政府有关部门制定和实施地区科技协作的规划、计划和政策、措施；

（4）负责联系科研机构，协助政府有关部门为其提供本地科技创新、科技与经济结合等各项政策的综合服务工作；

（5）围绕本地承担的重大科技项目，组织科研机构进行科技协作和联合攻关，为产业发展提供技术支持；

（6）受政府委托负责了解科研机构科技发展动态及科技需求，协助开展与本地及兄弟省市的科技合作；

（7）承办科研机构技术合同的审核、认定和登记工作；

（8）受政府有关部门和国家有关部委委托，围绕社会发展需求组织开展前瞻性、综合性专题调研和科技专项实施工作；

（9）受政府有关部门的委托，协助承担本地自主创新产品的认定等工作；

（10）承办国际及港澳台地区的科技合作与交流，推动高新技术和产品出口；

（11）完成政府委托的其他工作。

8.2.3 技术市场管理办公室主要职责

技术市场管理办公室（以下简称管理办公室）由政府批准成立，是参照公务员法管理的全额拨款行政事业单位。人大常委会通过的《技术市场条例》，规定市科学技术行政部门是本技术市场的主管部门，管理办公室在市科学技术行政部门的领导下，具体负责技术市场的管理、监督工作。主要职责是：

（1）负责宣传贯彻和组织实施有关技术市场的法律、法规和政策，组织调查研究并制定相应规章制度；

（2）负责对技术市场发展与技术交易活动实行规划管理与协调指导，负责技术市场表彰奖励工作；

（3）负责管理技术合同认定登记工作，管理技术合同登记机构并办理设立、撤销事宜，审核认定重大技术合同；

（4）负责审核技术交易中介服务机构和技术经纪人的资格，培训、考核技术市场经营管理人员；

（5）负责管理技术市场发展资金；

（6）负责技术市场统计和分析，发布技术市场信息；

（7）会同有关部门检查技术交易活动，依法处罚违法行为，调解技术合同纠纷，参与技术合同纠纷的仲裁；

（8）会同财税部门落实技术市场财税优惠政策；

（9）会同有关部门开展国内外技术转移和技术市场的研究与交流；

（10）负责联系技术市场协会。

8.2.4　技术交易促进中心主要职责

是直属于科学技术委员会的事业单位。

通过组织实施"提升技术交易参与者的交易能力、通畅技术交易的渠道与环节、建立健全技术交易服务体系"等各类促进业务活动，以有效带动地区技术交易的规模扩大和质量提高，从而促进科技成果产业化和科技与金融的高效结合。

技术交易促进中心"依托政府、面向社会、立足科技、促进交易"，通过集成与整合技术交易资源，构建权威的技术交易信息网络平台和规范运作的技术交易创新服务联盟，以"创新、敬业、诚信、协作"的精神竭诚为海内外技术交易客户的技术转移、技术融投资提供全面专业的服务。

8.2.5　生产力促进中心主要职责

为了建立和完善中小型企业技术创新服务体系，结合我国科技体制改革和实践，并借鉴外国成功经验，于1992年开始建设生产力促进中心，经过20多年的实践，全国行业性和地域性生产力促进中心已达2 381家，从业人员 3 万多人，每年支持和服务的企业达数十万家。

生产力促进中心是科委直属的面向中小企业提供全方位、多层次、综合性服务的不以盈利为目的的公益性社会化科技服务机构，中心是国家技术创新服务体系的重要组成部分。

中心秉承"背靠政府、面向企业、集成资源、顾客至上、诚信科学、持续发展"的宗旨。努力发展成为满足中小企业共性和个性化需求的服务集成中心、技术创新与创业辅导的开放式服务平台，具有专项特色精品服务的国际化品牌的一流生产力促进组织。

服务职能：

（1）生产力促进中心面向政府和企业两个主体提供服务；

（2）面向政府的主要服务职能

（3）加强地区生产力促进服务体系和服务窗口建设；

（4）加强产业共性技术及综合解决方案的开发与研究，搭建产业支撑平台，完善政府服务功能；

（5）研究现代服务业发展理论，为政策研究、规划编制及决策制定提供咨询及调研服务；

（6）研究生产力发展的理论、模式及趋势，为宏观决策提供咨询服务；

（7）组织实施政府指导性的科技开发计划；

（8）接受政府委托，对区县生产力促进中心进行资质认证；

（9）承担政府委托交办的其他事宜。

面向中小企业的主要服务职能：

（1）信息化服务：充分利用现代信息技术和手段，帮助中小企业进行信息化建设，促进企业提升经营管理水平，提高市场竞争力；

（2）技术支持服务：引入关键共性技术和先进适用技术，改造传统产业，帮助企业提高研发及技术创新能力；

（3）管理咨询服务：为中小企业提供企业诊断、战略策划、流程管理、人力资源管理、财务管理、质量管理、市场营销等咨询服务，帮助企业提高现代管理水平；

（4）科技成果转化服务：组织科技成果转化项目认定，实施动态跟踪和督查管理；搭建科技成果转化服务平台，为转化项目快速发展提供与社会相关机构连接的政策服务通道，为企业营造良好的创新环境；

（5）科技人才培育服务：围绕企业对科技人才的共性和个性化需求，为企业提供猎头及人才培训服务，建立专业化的科技人才数据库及管理平台，并应用现代经营管理理念、管理方法和工具、信息化技术和知识、有关政府扶植企业政策等方面的培训辅导；

（6）国际合作服务：组织企业境外研修考察、培训交流和展览展销，为中小企业开拓国际合作渠道，引进智力和输入输出技术，提供全方位的发包及外包服务。

具体业务：

生产力促进中心具体业务分为面向政府和面向企业两个层面。

面向政府的具体业务：

（1）协助政府相关部门完成光机电项目及自主创新企业申报；

（2）开展区县科技进步专项、国际合作以及国家863计划等相关领域的项目申报及项目管理工作；

（3）协助政府开展现代服务业促进主题计划，承担科技咨询专项的项目申报与管理，承担市文化创意产业发展专项资金支持项目申报等工作；

（4）开展相关领域的发展调研，为各领域的政策制定及规划编制提供研究基础及咨询服务。

面向中小企业的具体业务：

（1）以科技咨询业协会为依托，集成在京咨询行业资源，组织会员单位为部分中小企业提供诊断、咨询及调研服务；

（2）以SPX中心为媒介，为中小企业寻求国际合作、发包商，并提供项目对接及监管服务；

（3）以863计划产业化促进中心为平台，为企业实施863计划成果产业化在融资、信息、咨询、人力资源、国际交流等方面提供服务；

（4）以现代服务业科技促进中心为基础，加强现代服务业企业的交流，提高服务创新及管理水平；

（5）以市科委人才交流中心为载体，整合科技人才资源，加强人才数据库管理及对接服务，并提供科技人才所需的专业培训服务。

发展规划目标：

生产力促进中心致力于发展成为服务优质、品牌突出、创新能力较强的首都经济创新服务体系的核心枢纽，成为掌握高端科技资源服务于政府的核心咨询服务机构，成为灵活应用业务资源满足中小企业发展共性需求的服务集成中心。

要发挥政府的战略导向、综合协调和服务功能，创造更好的创新环境。强有力的创新激励体系是增强自主创新能力的根本性制度保障，要深化科技体制改革，加快建立以保护知识产权为核心的激励体制框架，建立和完善创业风险投资，增强税收制度对创新的激励作用，努力吸引集聚高层次创新领军人才，为提高自主创新能力提供强大的动力来源。

8.3　技术转移公共管理部门与服务机构绩效管理的异同

技术转移公共管理部门与服务机构绩效管理有共同的管理和服务对象、政府和市场背景、减耗和增效要求，二者的绩效管理肯定会有很多共同点。共同的基础形成管理的同一性，各自的特点构成管理的差异性。从理论规范的角度探讨二者绩效管理的异同，厘清二者管理之间的内在联系，对于区分绩效要素、修订绩效目标、提升绩效水平都是十分必要的。在技术转移实践中，公共科技管理部门与中介服务机构的职能界限由于再（转移）分配职能与事业单位的存在仍有部分交叉，二者同为技术转移过程中不可或缺的活动主体组成，共同为技术创新研发主体、技术交易供求双方提供支持与服务，以及为市场环境的优化付出共同的努力。公共管理部门的协同性职能更多地体现在与服务机构的联系和互动。但是公共部门与企业毕竟是两种不同类型的组织和实体，西方管理学将其界定区分为公私相互对应的两类组织，组织性质决定了二者之间存在的绩效区别，反映在绩效管理中，不可避免地会出现形式和内容上的差异。绩效管理既要清晰地把握二者的相同点，又要着力区分二者的差异。

8.3.1 同一性

技术转移公共管理部门的绩效是在一定的期间内由特定的管理职能或服务活动得出的记录结果。公共管理理论的发展趋向是强调以绩效与公平为核心，企业管理理论强化以绩效与客户为核心，既然绩效已经成为现代管理的核心内容之一，那么除去规划目标、考核重心、标准指标等差异外，绩效管理的共性追求应该是一致的。同一性主要体现在绩效理念、绩效流程、绩效约束、绩效方法等方面。

1. 绩效理念的同一性

传统的公共管理主要满足宏观政治经济发展需要，以综合统计数据的编制、发布为主要职能，事无巨细，均纳入审批、监管的权利范围，其结果可想而知。现代管理将德、能、绩、勤、廉等个性标准引入公共管理具体部门及其成员的绩效考核指标体系中，这是公共管理与企业管理绩效理念趋同的良好开端。把企业适应市场需求、重视客户反馈、讲究成本核算、规避市场风险的理念引入技术转移公共管理之中。这不仅可以更科学地衡量管理人员的工作业绩，提高其责任感，同时能够促进相关组织的职能转变和技术转移协同机制的不断完善。

2. 绩效流程的同一性

技术转移公共管理部门与服务机构绩效管理的一般流程特征上有高度的同一性，绩效管理首先要在组织内部目标和能力、成果等评判标准上达成一致。比如，无论是公共管理部门还是服务机构，绩效管理都需要制定明确的绩效目标，尽管目标有战略目标、中长期目标、年月度目标的区分，但目标规划、目标实施等追求意识是一致的；绩效管理具有决策、计划、协调、控制、评价、反馈、改进等程序与职能，是一个个首尾相接的连续循环过程，任何组织只要实施绩效管理，都需要按照基本的流程规则和程序完成管理循环；另外，技术转移公共管理部门与服务机构都必须制定各种规章制度来规范组织及其成员的行为，这也是绩效管理流程的内容之一，如此等等。要想切实提高公共管理部门的绩效水平，还必须让具体部门甚至具体岗位的个性职能进入绩效流程。绩效管理的连续过程将业务流程形成整体，各环节通过熟悉上下环的业务内容，改进各自的业务质量，以理顺进入新环节后的障碍，变纯粹的手续交接为沟通交接。它不仅能提高职能效率，还可改善人际关系。连续、规范的绩效流程意味着组织成员更清楚地知道自己工作的优先顺序，清楚不同阶段的目标任务以及现在应该做什么，清楚完成目标任务应该达到的能力水平、应该付出多大的努力以及自己的表现对部门绩效的影响程度。

3. 法规约束的同一性

技术转移专业的法律法规性如《国际技术转移行动守则》、《公司法》、《合同法》、《环境保护法》、《科学技术进步法》、《农业技术推广法》、《国家技术转移促进行动实施方案》、《促进科技成果转化法》、《专利法》、《反不正当竞争法》、《仲裁法》、《关于加快发展技术市场的意见》等，以及大量的地方性相关《条例》、《办法》、《意见》等，是技术转移公共管理部门与服务机构共同的框架约束和权益保障。跨地域和跨行业特征最为凸显的技术转移两大管理与服务主体对法律法规的依赖最为强烈，希冀在同一法规约束和保护下，技术转移的绩效能够不断地得以改善。当然，法规的依赖前提是法制的完备社会结构、技术转移主体理性的法制意识和行之有效的司法监督。

4. 绩效方法的同一性

政府绩效管理重视管理方法与技术。传统的公共管理研究和运用行政手段、法律手段、经济手段和政治思想教育等手段成本畸高但难以收到理性效果，症结在于手段的孤立使用以及使用这些手段部门的独立存在。绩效管理讲求方法与目标的统一，积极寻求和开发可操作性的管理方法，提高管理绩效。作为一种目标结果，绩效是对公共部门运用管理方法是否有效的验证，管理的有效性和管理方法的有效性是一致的。绩效评价既是绩效管理的环节，又是为获得一个更高的业绩水平而使用的重要管理手段。绩效评价是根据预定的管理目标，运用一套力求全面、客观、公平的评价指标，对特定时期公共组织和人员的管理状况进行测评的过程，绩效评价不仅可以反映管理信息，而且通过公共部门成员之间管理绩效的纵横比较，形成沟通学习的通道，可以产生激励推力，提高全员绩效水平。技术转移服务机构应用的一些科学的绩效管理方法，如目标管理、全面质量管理、战略管理、关键业绩指标考核（KPI）、平衡计分卡、360度考评等被大量引入公共管理部门，同时，层次分析法、功能系数法、线性规划法等绩效评价技术也在公共管理部门绩效管理中得到广泛应用。

8.3.2　差异性

由于职能性质不同，技术转移公共管理部门与服务机构绩效管理还是存在明显的差异性，具体差别主要体现在以下几个方面。

1. 绩效目标的差异

绩效目标是达到行为目的标准期望值。技术转移公共管理的绩效目标（目的）：改进公共管理质量、提高公共资源的配置效果、全面履行技术转移的社会责任。

公共管理的绩效目标是谋求科技产业的共同利益，包括科技资源的科学配置、技术产业规模的推进、产业秩序的维护等，绩效管理更强调全面责任，尤其对上级的责任和区域技术转移的社会责任；技术转移服务机构的组织属性决定了它必须把追求经济利益放在第一位，以维持"再生产"，扩大服务规模，服务的绩效目的必须谋求组织利润，追求利润的最大化，为提高利润最大化的保障程度，服务机构需要兼顾企业社会责任。从大绩效观来看，技术转移公共部门和服务机构都有 3 个绩效层次（见表 8-1）。

表 8-1　公共部门与服务机构绩效目标的差异

技术转移公共部门绩效目标（指标标准）		技术转移服务机构绩效目标（指标标准）	
部门总体绩效	上级部门周期规划、部门年度计划、任务完成百分比、全面社会责任等	服务机构绩效	利润率、服务对象满意度、股东回报率、兼顾社会责任等
部门中层绩效	系统故障率、流程的连续性、任务的时效性等	机构团队绩效	团队对机构的效益贡献、对员工的因才施用等
部门成员绩效	出勤率、表彰率、投诉率、工作达标率等	机构员工绩效	包括管理层的全体员工各自对团队任务的贡献、能力的提升、自我实现的满意度等

目标差异是技术转移公共部门与服务机构绩效管理的最显著差异，公共管理的绩效要点是明确目标标准和能够对目标进行测量，需要明确描述目标并委以责任，通过确立目标并设定标准指标，对责任进行明确的区分并对责任行为授权。提高效率需要与目标保持高度的一致，需要在绩效层次的三者之间就如何提高总体绩效达成一致。

2. 绩效对象的差异

技术转移公共管理绩效对象即业务职能，其具体内容为社会公共科技资源的合理配置与公平占用、技术转移项目的落地支持、技术转移相关产业规划与政策的制定、技术转移矛盾与问题解决对策与绩效提升等。为支持技术转移服务业的加速发展，公共管理部门采取了扩大创新创业政策的扶持范围、扩大技术转移绩效后补贴规模、促进中小型科技企业发展等配套措施，科技财政投入支出中包含了相当比重的转移分配资金，这与服务机构的商业投资具有质的区别，绩效量化没有可比参考。服务机构的绩效对象的具体内容为中介经纪、技术咨询、产权代理、孵化转化等几十种专业服务分类，由于技术转移服务专业性很强，每个服务机构的服务对象单一，绩效量化比较简单，但寻求绩效对象的难度较大。与具有垄断性公共管理相比，两者的具体差异在于：绩效对象的复杂性与单一性，绩效对象选择的主动性与被动性以及绩效量化没有可比性。

3. 绩效利益的差异

绩效利益是组织绩效的高低给相关被考核者带来的实际影响。影响结果涉及薪酬等物质奖惩、荣誉等精神褒贬以及职位调整等职能基础的改变等。

公共部门提供的管理或服务，接受者往往是没有选择的，只能被动接受，因此公共部门责任的约束大于竞争的压力，部门成员的经济收益与部门的绩效没有对应关系。服务机构提供的服务，是经过接受者严格选择的，服务机构处于被动地位，而服务机构的动力通常来自利益激励和竞争压力越来越国际化的服务机构提供的产品和服务，竞争参与者越来越多。

公共部门的主要行为动机是职位提升，职位的提升与部门的经济效益没有直接联系；服务机构的行为动机是获取利润，职位的提升与机构利润贡献直接相关。

公共部门的大部分收入来自行政地域内的全体纳税人，税费的收缴大部分直接转记财政，与具体的公共部门绩效没有直接关联；而技术转移服务机构的主要收入来自其服务领域的客户对象，服务报酬的收取由服务机构直接计入机构账户，由机构的责任人按财务规定自由支配。

8.4　技术转移公共管理部门绩效管理的基本要求

加强技术转移绩效管理，进一步提高公共管理的科技资源调动能力和配置水平，是促进技术转移的重要举措，也是落实转变增长方式、调整经济结构的必然要求。

管理、引导技术转移实现战略目标是以政府科技主管部门为主的技术转移公共管理部门的重要职责，各级技术转移工作的主管部门要把绩效管理纳入转变管理职能的创新重点。加大技术转移政策的完善、修订力度，调动与配置技术转移公共资源，对有限的资源科学分配、合理利用、严格管理。

技术转移公共管理机构涉及全部的国民经济部门，跨地域、跨行业、跨专业。要遵循"统筹规划、各负其责，改革创新、突出重点"的原则，将绩效观念和绩效要求贯穿于技术转移全过程，形成技术转移战略有目标、技术转移过程有控制，技术转移服务有考评、考评结果有反馈，反馈结果有接续的技术转移全过程绩效管理机制。贯彻落实上述指导思想，按科学化、制度化、精细化管理的总体布局，把握实践中的以下基本要求。

8.4.1　服务于国家技术创新与转化的发展战略

围绕国家科技发展战略目标，技术创新与技术成果转化要将绩效理念和绩效要求落实于科研经费、专项拨款、项目后补贴等技术转移全过程的支持中。加大绩效管理法规和制度建设，明确绩效管理的发展方向、基本目标、工作任务。根据区域、行业技术流动特点，研究制定技术转移绩效管理规划和实施方案。技术转移绩效管理需要共同营造"讲绩效、重绩效、用绩效"的专业管理氛围。必须调整"两头（原料与市场）在外"的所谓外向型发展模式，严控技术含量低、恶化环境条件差的技术（贸易）引进。着力提质增效升级，绩效增长从依靠要素投入向更多依靠创新驱动转变，从依靠传统比较优势向发挥综合竞争优势转换，依靠从国际产业分工中低端向中高端转型。完善政绩考核评价体系，把管理与服务重心引导到调整经济结构、转变增长方式的正轨，促进经济社会公平有效、可持续发展。

8.4.2　提高技术转移资源配置的有效性

坚持产业链上下兼顾、价值链前后均衡的原则，根据轻重缓急安排资源投放。要科学设置绩效目标，根据绩效目标配置资源，切实解决科技资源"重分配、轻管理，重支出、轻绩效"等问题。积极建立专家库、中介机构库、技术需求信息库和技术转移人才培训基地，加大人才培训力度，提高人才综合素质。

8.4.3　推进重点绩效管理

技术转移对一个国家的经济增长起着核心推动作用，政府对科研领域增加资金投入，可以确保国家在全球研发领域的竞争中占据优势地位。德国州政府和联邦政府约 1/4 的预算都被投入到研究机构，比如马克斯·普朗克学会、弗劳恩霍夫应用研究促进协会、亥姆霍兹联合会以及莱布尼茨学会。2012 年，这 4 个研究机构的经费大约有 85 亿欧元。

在全面推进绩效管理的同时，找准重点和切入口。要积极开展技术转移扶持资金和还贷资金管理绩效综合评价，逐步推进部门整体支出管理绩效评价，加强技术转移支出项目绩效评价，重点推进技术转移机构使用财政性资金的绩效管理。

8.4.4 强化绩效监督控制

要建设监督指导制衡机制，切实加强执行监控，强化对所有技术转移公共资源分配、占用和回报各个环节的监督控制。要充分发挥项目评审专家和第三方专业评估评审机构的作用，重点对资金等重要资源的支配情况进行绩效监督，不断强化绩效监督检查和评价成果的利用，主动接受社会监督，提高绩效监督质量。要加强专项资金的预算编制和预算执行监督，尤其对无偿拨款和低息无息贷款的效益进行严格监控，要加强宣传力度，扩大技术转移绩效监督管理影响幅度。

8.4.5 积极运用绩效评价结果

要逐步建立绩效报告机制、反馈整改机制和绩效评价结果与预算安排相结合的机制。加强对绩效目标的审核、审计，推行绩效信息公开，细化技术转移绩效的责任主体。把技术转移绩效纳入国家科技绩效管理体系。要强化激励约束机制，建立考核和评价结果通报制度，监督"负面清单"执行力度审计问责绩效结果应用，促进评价结果的客观、公正和公平。

8.4.6 健全技术转移绩效管理指标体系

在技术转移绩效管理的指标体系中，公共管理部门指标体系最为重要，它关系到国家整体科技资源的多行业、多部门共享问题。技术转移公共管理部门绩效的优劣，不仅仅是部门自身利益的多寡，它直接影响到国家发展科技战略目标的实现，影响到以科技为引导的国民财富增长速度。因此，公共管理部门的绩效管理指标应重点关注宏观性、战略性、科学性的管理要素，公平性、合理性、量化性的服务要素。完善与健全技术转移绩效管理指标体系，指标内涵要反映经济效益与社会效益兼顾，行业产业与地区部门协调，计划调节与市场竞争互补，高新技术与适用技术共存等行业的特色要求。同时，要加强绩效管理信息系统等公共信息平台建设，为指标体系的信息化管理奠定基础。

8.5 技术转移公共管理部门的绩效改进

8.5.1 优化服务机构发展的营运环境

进一步研究制订促进和规范技术转移服务机构发展的政策法规，健全政策法规体系。明确技术转移服务机构的法律地位、权利义务、组织形式，建设治理结构规范、政策扶持到位、监督管理科学、市场竞争平等的发展环境。制订鼓励民营非营利技术转移服务机构发展的指导意见，梳理相关的政策文件，修订或撤销不利于技术转移服务机构健康发展的相关规定。鼓励技术转移服务机构按照公平竞争、诚信服务的原则开展业务。

行业职能管理部门要严格执行技术转移服务机构的行业准入与退出规定，加大行政执法力度，严禁不符合执业资格条件的机构和人员进入技术转移服务行业，对不具备继续执业资格的机构和执业人员要及时依法停止执业。促进技术转移服务机构健康有序地发展。

保障技术供给与技术需求双方的合法权益。技术交易委托人对受委托的技术转移服务机构或人员未履行合同义务或对其服务质量有异议的，可向行业职能管理部门或行业协会进行投诉，管理部门或行业协会应按规定及时进行处理，在规定的时间内得不到妥善处理的，应向当事人推荐其他形式和渠道解决。

进一步疏通技术转移服务机构获取公共信息的渠道。明确技术转移服务机构在技术转移活动中的各项功能作用，把可以由技术转移服务机构承担的社会职能由行政职能部门移交技术转移服务机构。结合政务公开工作的推进，明确界定政府政务公开的具体内容和形式，实现公共信息资源社会共享，提高技术转移的业务质量。

加快政府职能转变，为技术转移服务机构创造发展空间。一方面政府职能要按照强化、弱化和转化的要求，能够具备面向企业和面向市场的职能，要积极委托有条件的科技服务机构组织实施。同时，要加快各类科技服务机构包括非营利机构与政府实行（人员、经济、编制和名称）四脱钩，营造科技服务机构公平竞争的环境。另一方面，各级政府对重大事项决策、重大项目论证和重要工作部署等要进一步依靠技术转移服务机构，支持其独立客观地提出咨询意见，通过购买服务，不仅拉动内需市场，为技术转移服务机构提供业务需求，还能通过市场提供的专业范围推进决策的科学化、民主化。

充分发挥社会舆论的宣传、监督作用，鼓励公平竞争。支持新闻媒体及展览会等大型技术展示活动优先向社会推介信誉好、能力强的技术转移服务机构，鼓励技术转移服务机构争创品牌，树立良好的公众形象。对技术转移服务机构的违规违法行为，要在新闻媒体曝光披露。技术市场管理机构要定期向社会公布技术转移服务机构的信用等级及重大违规行为的处罚情况。利用各种媒体，采用多种形式，加大宣传力度，加强技术转移的知识普及和教育工作，提高社会对技术转移服务机构重要性的认识，在全社会形成技术转移服务机构创新、规范发展的良好氛围。

8.5.2　设立技术转移服务机构专项基金

鉴于技术转移服务机构的重要作用和新兴业态的特别因由，设立专项基金，稳定资金来源是一项直接有效的支持举措。

参照国家《中小企业技术创新基金》的设立和管理办法，各级科技公共管理部门应率先设立技术转移服务机构发展基金。技术转移服务机构发展基金的资金来源以财政科技支出拨款为基础，它的重要意义不仅是发挥直接的支持作用，更重要的是作为一种引导性资金，能够吸引金融机构、风投组织、企业、科技创业投资机构等全社会力量对技术转移机构的投资，能够在一种新体制下逐步建立起符合市场经济客观规律、支持高端服务业的新型投资机制。

技术转移机构发展专项基金可由科技管理部门与其他的基金实行统一管理，按基金的支持重点确定分类专项。

设立技术转移人才培养基地建设经费专项。每年安排相应的专项资金，用于人才培养基地教学信息平台建设、教学实训补助、核心教材教辅编写、优秀教师与学员激励、国际技术转移人才深造。

设立技术交易诚信体系建设资金专项。诚信体系专项资金主要用于技术交易诚信体系研究、诚信文明宣传、诚信信息档案数据库建设。

设立"技术转移服务业核心能力建设及服务示范工程"资金专项。专项资金主要支持技术转移共性服务平台建设。重点用于建立现代服务业创新体系建设，技术转移服务机构核心能力提升，培育技术转移服务龙头示范企业，带动面向农业、制造业、传统服务业的现代服务产业业态的发展。

8.5.3　重点支持技术转移公共服务设施建设

各级财政科技经费中，要加大对技术转移服务机构发展的财政扶持力度。"十一五"期间，财政收入年增幅均远远超过 GDP 增幅，部分省市年均增幅超过20%。财政应有相应的资金倾斜安排，加大财政科技经费的拨付比重，用于促进科技成果推广、创新项目孵化、科技咨询、技术评估、专利登记、生产性服务和在线技术交易等技术转移服务活动。通过股权投资等方式创新财政投入模式，通过国有资本有序进退，促进国有资本承接重大科技成果转化，促进股权投资与股权激励相结合。扶持引导民营资本进入技术转移服务业。选择有一定发展条件的技术交易公共技术平台、对公共信息数据库和大型科学仪器、重要科研设施共用网络建设等，在服务能力建设、从业人员培训等方面加大支持力度，形成技术转移服务骨干队伍，打造技术转移服务品牌。

8.5.4　开拓多种形式的技术转移服务资金渠道

拓展资金渠道就是解决资金来源、支持形式、绩效回报等问题。公共管理部门的职责是鼓励资金投向、遴选支持对象，对申报资金支持的机构或项目进行筛选，对进入国内的境外资金进行政策与投向把关。

以国家科技成果转化基金、技术转移专项基金、国际专项合作基金和各类私募基金专项支持等形式，对专题项目及绩效潜力明显的服务项目给予扶持和支持。

以无偿补贴、贴息贷款、政府采购、股权投资、项目补贴、服务后补贴等形式，对有效促进技术转移的服务机构给予扶持和支持。

以风险投资、产权投资、合作投资、国际炭交易收购、专业资助、专利捐赠等形式，对社会技术转移服务机构、职业人才、服务项目实施市场组合，鼓励国际合作，鼓励股份渗透，鼓励做大做强。

8.5.5　以税收杠杆壮大机构的服务能力

由于技术转移服务机构起步较晚，虽然总量较大，但其中中小型企业居多，甚至多数为微型企业。国务院已确定进一步加大小微企业的税收优惠力度，延长小微企业的减免税优惠实施年限。有关部门应参照具体规定，充分利用税收的经济杠杆作用，快速壮大服务机构的服务能力，快速扩张经营服务规模。在既定的税收规定基础上，从事技术转移服务业务，经相关部门合同认定、登记并报主管税务局备案后，可免征营业税，对取得的收入提高所得税征收基数。

技术转移服务机构可按规定进行技术合同登记，享受"四技"服务的有关减免税优惠政策。继续允许技术转移服务机构从技术性纯收入中提取一定比例的奖励费用，对部分中小技术转移服务机构试行低税赋的定额征收，促进其健康发展。

经国家批准的科技企业孵化器向孵化器企业出租场地、房屋以及提供孵化服务的业务收入，免征营业税；如纳税确有困难的，报经主管税务机关批准，可减免房产税和城镇土地使用税；对符合非营利组织条件的孵化器的收入，按规定享受企业所得税优惠政策。

如为推动区域内技术的有效扩散，有的地方性政策规定：在一个纳税年度内，企业技术转让所得不超过 500 万元的部分，免征企业所得税；超过 500 万元的部分，减半征收企业所得税。对年度应纳税所得额不超过 30 万元，从业人数不超过 80 人，资产总额不超过 1 000 万元的中小型微利机构，减按 20％的税率征收企业所得税。

8.5.6　以政策引导服务方向

通过制定切实可行的优惠政策，扩大政府对技术转移服务的采购，发挥技术转移服务机构在科技管理工作中的承接作用，逐步将科技规划编制、科技计划项目、工程中心建设的项目受理、信息收集、综合分析、分析评估和决策建议等事项委托专业化技术转移服务机构办理，逐步实现政务、事务和服务相分离。对拥有核心自主知识产权并具有相应基础条件的技术转移服务机构，可申请认定高新技术企业，并享受相关优惠政策。企业支付的技术转移服务费，按规定享受有关优惠政策。

8.5.7　完善人才活力的激励机制

建立和完善以高端人才为核心的科研经费管理机制，支持专业领军人才承担国家重大科技项目。应尽快修订 R&D 经费支出的使用管理办法，在科技研发激励机制方面与发达国家接轨，在课题经费中，名正言顺地列支一线科技人员的劳务费用及奖励支出。破除高校及科研院所竖向科研课题的行政职务垄断，减少以行政单位安排科研课题的比重，采取以技术专家领衔，打破行政单位界限的"招、拍、挂"方式的课题竞争承接。以精神奖励、商品化持股、技术领军地位等手段鼓励骨干科研人员推进科技成果转化。建立人才在企业、高校院所之间的双向流动机制，支持优秀人才进入产业技术联盟等新型产业组织。完善创业扶持、户籍管理、出入境管理等方面的政策支持。统一规划集中建设面向创新创业人才的公共租赁住房政策同样适用于技术转移服务人才。对从事技术转移服务作出突出贡献的机构和个人，扩大激励范围，除金桥奖以外，根据有关规定给予表彰或奖励。对作出突出贡献的机构和个人给予相应奖励，对取得较高信誉等级的技术转移服务机构给予优先支持。

8.6　技术转移公共管理绩效指标体系的构建

技术转移公共管理绩效是相关部门履行其特定职责、实现既定目标和任务的综合结果体现。随着公共管理服务内涵的变化，绩效指标的选择趋向多元化，包括效率、效益、结果、公平等指标。公共服务绩效的指标体系包含效率的客观测量和公众满意度的主观感知两个主要方面，按照提供公共管理的能力、过程、结果 3 大框架构建。公共管理促进技术转移的能力主要由组织结构、职员素质、财力基础、文化理念等要素构成，评价指标反映绩效提升的潜在能力和静态水平；促进技术转移的过程主要由资源投入、流程设计、制度建设、机制完善等要素构成，评价指标动态地、显性地反映资源、环境等条件的客观状况，过程绩效是能力与过程条件两者综合作用的体现；促进技术转移的结果包括直接产出（服务产品数量、服务的有效性和效率、提供服务的便利性和公平性等）和综合效果（服务质量、服务对象业务的改进质量、受众满意度、主管部门的满意度等），结果绩效是能力、过程条件与主观努力三者综合作用的体现。

8.6.1　绩效管理关联指标的基础数据

技术转移公共管理绩效指标遵循国际惯行的 4E 原则，亦即效率性（Efficiency）、经济性（Economy）、效果性（Effectiveness）、公平性（Equality）原则，由科技战略管理指标、资源配置指标、产业与环境指标、能力建设指标、行政效果指标等多个二级指标组成。其中在发展指标中包含部分定性指标，这些定性指标通过权数、概率、百分比等方法予以量化的评价，可以从新闻媒体、行业协会、商业联合团体及某类管理服务受众等进行综合评价得出。表 8-2 给出了一组科技投入指标、技术转移过程指标以及经济综合产出指标数据，这组数据从理论讲，存在极敏感的投入产出绩效关联关系，科技支出、R&D 经费支出、技术市场成交量与国内生产总值这些基础数据，可作为绩效细化指标的参考，也可作为技术转移绩效实证分析的构架。表 8-2 中 GDP 总量是未扣除价格因素的名义 GDP，GDP 增幅是扣除价格因素的实际增长率，如 2010 年与 2011 年未剔除价格因素的增长率均为 18%，与其他指标的增幅之间有着显著的关联性。

表 8-2　我国技术转移绩效关联指标的基础数据（单位：亿元）

指标＼年份	2008	2009	增幅（%）	2010	增幅（%）	2011	增幅（%）	2012	增幅（%）	2013	增幅（%）
GDP	314045	340903	9.2	401513	10.4	473104	9.3	519270	7.8	568845	7.7
科学技术财政支出	2129	2745	28.9	3250	18.4	3828	17.8	4453	16.3	5063	13.7
R&D经费支出		5820		7063	21.4	8687	22.9	10298	18.5	11906	15.6
技术市场成交额	2665	3039	14.2	3906	28.5	4764	21.9	6437	35	7469	16.03

8.6.2　绩效管理指标设置

技术转移公共管理部门绩效管理指标体系中，一级指标包括科技战略管理、科技资源配置、高新产业集聚、技术转移贡献和环境配套共 5 个部分，二级指标由一级指标分解而出，再根据二级指标分解出三级指标。三级指标与总量指标、技术转移过程指标以及服务机构指标有部分交叉，为避免字面重复产生的内容异义，不同技术转移环节及不同职能部门之间，下位指标与上位指标没有一一对应，同样的指标用于不同的过程和部门，设置的目的可能完全不同（见表8-3）。

表8-3　技术转移公共管理服务部门绩效管理指标体系

一级指标	二级指标	三级指标
技术转移战略管理 B1	战略规划体系 B11	技术转移发展规划制定与修订 B111
		规划实施细则制定 B112
		配套制度与政策安排 B113
	注册专利国际（地域）排名 B12	拥有发明专利累计授权数 B121
		当年重要知识产权授权数 B122
		拥有的商标数 B123
	科技创新体制 B13	管理体制创新 B131
		深化改革的制度安排 B132
	技术转移激励/制约机制 B14	促进技术转移的激励机制 B141
		影响技术转移的制约机制 B142
	科技决策程序 B15	决策的科学程度 B151
		学习与调研能力 B152
		专家决策制度 B153
	技术贸易壁垒应对机制 B16	应对机制 B161
		反制机制 B162
科技资源配置 B2	R&D 经费支出强度 B21	中央财政科技支出增长率 B211
		地方财政科技支出增长率 B212
		企业科技支出比重 B213
		R&D 经费支出占服务业总产值的比重 B214
	专业技术人才占从业人员的比重 B22	万人拥有专业学历从业人员数量 B221
		万人拥有复合型高级人才数量 B222
		外协专家的数量 B223
	技术市场成交额 B23	技术开发类交易额 B231

续表

一级指标	二级指标	三级指标
科技资源配置 B2	技术市场成交额 B23	技术转让类交易额 B232
		技术咨询类交易额 B233
		技术服务类交易额 B234
	科技基础设施开放程度 B24	实验室（设备）及大型软件系统的社会开放 B241
		技术转移培训基地的社会开放 B242
	自主知识产权支持力度 B25	知识产权申报的政策支持 B251
		知识产权商业化的财力支持 B252
	技术推广力度 B26	区域（行业）推广机构数量 B261
		专业推广与服务规模 B262
		农业技术推广项目 B263
		重大科技专项推广项目 B264
	技术转移公共服务平台建设 B27	技术转移公共网站数量 B271
		科技中小企业服务配套体系 B272
		技术交易平台流量 B273
高新产业集聚 B3	科技园区总量 B31	经济技术开发园区产值 B311
		高新技术产业园区产值 B312
		园区产学研联盟总量 B313
	区域产业集群数量 B32	高新企业比重 B321
		服务产业比重 B322
		技术人员比重 B323
		基金规模与效益 B324
	区域传统优势产业集群数量 B33	优势产业总产值 B331
		专业孵化器在孵企业数 B332
		专业孵化器累计毕业企业数 B333
		科技型中小企业比重 B334
	高新产业产值 B34	高技术产业主营收入 B341

续表

一级指标	二级指标	三级指标
高新产业集聚 B3	高新产业产值 B34	产业技术贡献率 B342
		出口商品比重 B343
	高新产业新增产值 B35	新增高新技术服务业从业人数 B351
		新增产值利润率 B352
		新增产值税费率 B353
		资产增值率 B354
		资产负债率 B355
技术转移贡献 B4	高新技术生产率 B41	产业全员劳动生产率 B411
		全要素生产率（TFP）B412
	技术转移新增 GDPB42	GDP 增加量 B421
		政府基金性收入增加量 B422
		社会保障收缴增加量 B423
	淘汰产能替代率 B43	结构调整淘汰产能总量 B431
		国际合作项目数 B432
		国家级火炬计划项目数 B433
		"863"、"973" 计划项目数 B434
	技术转移新增利税 B44	年新增利润总量 B441
		年新增税收总量 B442
	技术输出总收益 B45	技术输出贸易总量 B451
		技术输出服务总量 B452
	"三废" 减排总量 B46	工业固体废弃物排放处理率 B461
		工业废水排放总量占工业总产值比重 B462
		工业废气减排速率 B463
		单位增加值综合能耗 B464
		万元产值综合能耗 B465
	产业员工收入增长率 B47	企业工资性支出占总成本比重 B471
		近三年员工收入增长率 B472

一级指标	二级指标	三级指标
环境配套 B5		年人均保费缴量 B473
	公众满意度 B51	服务机构对技术转移公共管理的满意度 B511
		企业对技术转移公共管理的满意度 B512
	管理透明度 B52	政务公开性/透明度 C521
		信息公开、信息获取的程度与质量 C522
		电子政务建设状况 C523
	技术转移优惠政策 B53	企业优惠政策落实 B531
		财政优惠政策 B532
		税费优惠政策 B533
		科技扶持政策 B534
		知识产权保护制度落实 B535
	区域居民消费水平 B54	万人宽带接入量 B541
		区域恩格尔系数 B542
		人均总收入 B543

8.6.3 绩效管理指标解析

技术转移公共管理绩效指标以宏观管理和业务指导性指标为主，遵循"顶层设计、部门沟通、上下衔接、前后对应"的十六字原则。顶层设计指根据国家科技发展战略目标和技术转移发展规划目标，选择设计宏观管理指标，中观与微观指标以此为依据；部门沟通指具有技术转移公共管理职能的政府行政部门、相关事业单位之间指标设置的交流合作与关联沟通；上下衔接指宏观指标与微观指标的协调关联，也指指标分解过程上位指标与下位指标的协调关联；前后对应指公共管理职能对技术转移前后过程的对应统一。

1. 技术转移战略管理指标解析（见表 8－4）

表 8－4　技术转移战略管理 Bl 指标解析

一级指标	二级指标	三级指标	指标解析
技 术 转 移 战 略 管 理 Bl	战略规划体系 B11	技术转移发展规划制定与修订	根本性指标，修订与更新周期，创新内容
		规划实施细则制定	包括规划实施解读或分区规划，战略规划指导下的中长期计划
		配套制度与政策安排	战略规划体系的重要组成部分
	注册专利国际（地域）排名 B12	拥有发明专利累计授权数 C441	反映区域技术创新水平与竞争能力
		当年重要知识产权授权数 C442	反映的知识产出的价值和自主创新能力。发明专利授权数和计算机软件、集成电路布图设计、生物工程技术，遗传基因技术，植物新品种等
		商标拥有数 C443	反映知识转化为商品的能力、商业竞争力
	科技创新体制 B13	管理体制创新	反映管理体制的进步以及系统运行效率
		深化改革的制度安排	反映进一步深化改革、推动科技创新的保障水平
	科技激励/制约机制 B14	促进技术转移的激励机制	包括知识权益激励、利益分配激励、专业荣誉激励等导向机制
		影响技术转移的制约机制	负值指标，包括市场垄断行为、落后政策、地方保护等非市场机制因素
	科技决策程序 B15	决策的科学化程度	反映优化发展环境、展示自身形象、提升综合竞争力的程度
		学习与调研能力	反映管理者的基本素质和决策潜能力。
		专家决策制度	包括专家咨询、评审、批审等制度性保障

一级指标	二级指标	三级指标	指标解析
	技术贸易壁垒应对机制 B16	应对机制	战略层面的应对机制设计
		反制机制	企业（协会）层面的反制策略

2. 科技资源配置指标解析（见表 8-5）

表 8-5 科技资源配置 B2 指标解析

一级指标	二级指标	三级指标	指标解析
科技资源配置 B2	R&D 经费支出强度 B21	中央财政科技支出增长率 B211	是衡量科技贡献率水平的重要指标，反映对科技投入的重视程度
		地方财政科技支出增长率 B212	反映区域科技实力和地方政府对科技投入的重视程度
		企业科技支出比重 B213	
		R&D 费用占服务业总产值的比重 B214	反映对研发和技术创新服务的重视程度以及投入能力
	专业技术人才占从业人员的比重 B22	专业学历从业人员数量/万人 B221	反映产业员工的整体素质
		复合型高级人才数量/万人 B222	反映人才资源的稀缺程度和竞争力
		外协专家的数量 B223	反映包括国外技术与管理专家在内的高级人才资源集聚能力
	技术市场成交额 B23	技术开发类交易额 B231	反映技术转移的资源基础条件
		技术转让类交易额 B232	反映统计期技术交易的活跃程度
		技术咨询类交易额 B233	反映技术转移高端服务业发展水平
		技术转移配套服务类交易额 B234	反映技术转移高新产业的发展趋势
	科技基础设施开放程度 B24	实验室（设备）及大型软件系统的社会开放 B241	反映重大科资源配置与应用效率

续表

一级指标	二级指标	三级指标	指标解析
科技资源配置 B2	科技基础设施开放程度 B24	技术转移培训基地的社会开放 B242	反映技术转移资源的共享水平
	自主知识产权支持力度 B25	知识产权申报的政策支持 B251	反映对战略竞争力的重视程度
		知识产权商业化的财力支持 B252	技术转移撬动力最大的管理举措
	技术推广力度 B26	区域（行业）推广机构数量 B261	反映推动技术转移的基础能力
		专业推广与服务规模 B262	反映新兴产业的发展水平
		农业技术推广项目 B263	基础产业技术转移的重要考核指标，反映技术转移的中国特色和城镇化保障意义`
		重大科技专项推广项目 B264	国家科技发展规划重大落实举措评价指标
	技术转移公共服务平台建设 B27	技术转移公共网站数量 B271	包括各种产权性质的公共应用网站，反映技术转移信息资源开发利用的水平
		科技中小企业服务配套体系 B272	反映对技术转移项目落地的管理水平
		技术交易平台流量 B273	反映技术转移直接服务能力与水平

3. 高新产业集聚指标解析（见表 8—6）

表 8—6　高新产业集聚 B3 指标解析

一级指标	二级指标	三级指标	指标解析
	科技园区总量 B31	经济技术开发园区产值 B311	反映不同时期产业技术的贡献水平

续表

一级指标	二级指标	三级指标	指标解析
高新产业集聚 B3	科技园区总量 B31	高新技术产业园区产值 B312	反映当代高新技术在不同地域的贡献水平
		园区产学研联盟总量 B313	科技体制改革的成果指标之一，反映区域集聚的经济技术综合水平
	区域产业集群数量 B32	高新企业占比 B321	高新技术企业/企业总量（％），体现新经济规模与经济基础
		服务产业比重 B322	技术转移促进结构调整的标志指标，体现新兴产业的发展水平
		技术人员比重 B323	体现新兴产业的可持续发展能力
		基金规模与效益 B324	反映重要资源的集聚水平
	区域传统优势产业集群数量 B33	优势产业总产值 B331	体现特色与竞争能力
		专业孵化器在孵企业数 B332	反映创新创业的吸引力和吸纳效果
		专业孵化器累计毕业企业数 B333	反映科技资源的专业化利用和产业化后续能力
		科技型中小企业比重 B334	科技型中小企业总数/传统优势产业区企业总数×100％
	高新产业产值 B34	高技术产业主营收入 B341	专业化、产业化的重要体现，稳定的主营收入能反映产业（企业）多方面的状态
		产业技术贡献率 B342	是技术转移绩效的最直接评价指标，由于综合影响因素剥离困难较多，技术的实际贡献率应赋予合理的权重
		出口商品比重 B343	反映参与国际市场竞争的能力
	高新产业新增产值 B35	新增高新技术服务业从业人数 B351	评价与科技战略、产业政策的一致性

一级指标	二级指标	三级指标	指标解析
高新产业集聚B3	高新产业新增产值 B35	新增产值利润率 B352	反映高新产业的绩效趋势
		新增产值税费率 B353	与利润率等其他指标协同评价经营状态
		资产增值率 B354	反映可持续发展和对投资者、债权人的保障基础
		资产负债率 B355	直接反映技术转移风险程度的指标之一

4. 技术转移贡献指标解析（见表 8—7）

表 8—7　技术转移贡献 B4 指标解析

一级指标	二级指标	三级指标	指标解析
技术转移贡献B4	高新技术生产率 B41	产业全员劳动生产率 B411	高新技术增加值/从业员工平均人数反映平均每一个从业人员在单位时间内的产出价值
		全要素生产率（TFP）B412	体现除去劳动、资本、土地等要素投入之后以技术转移为主带来的产出价值
	技术转移新增GDP B42	GDP 增加量 B421	GDP 在多年的快速增长后将更大地依赖技术转移的作用
		政府基金性收入增加量 B422	对照指标，高新技术生产率作为 GDP 的重要支撑，而基金性收入占比较大
		社会保障收缴增加量 B423	社保收缴增量与高新产业的员工收入水平直接相关
	淘汰产能替代率 B43	结构调整淘汰产能总量 B431	体现结构调整努力的结果指标
		国际合作项目数 B432	体现替代落后产能的最佳途径

一级指标	二级指标	三级指标	指标解析
技术转移贡献 B4	淘汰产能替代率 B43	国家级火炬计划项目数 B433	反映培育高新技术产业、促进高新技术企业优化升级的能力
		"863"、"973"计划项目数 B434	体现技术转移基础实力和产业潜能
	技术转移新增利税 B44	年新增利润总量 B441	实力的标识指标
		年新增税收总量 B442	产业规模和价值实现的辅助评价指标
	技术输出总收益 B45	技术输出贸易总量 B451	反映参与国际化竞争的实力和财富基础
		技术输出服务总量 B452	转变增长方式、调整产业结构的标识指标
	"三废"减排总量 B46	工业固体废弃物排放处理率 B461	反映生态技术应用废物减量化程度
		工业废水排放总量占工业总产值比重 B462	资源综合运用和绿色制造的要求
		工业废气减排速率 B463	反映综合治理的联动效果
		单位增加值综合能耗 B464	反映企业对资源的利用效率
		万元产值综合能耗 B465	反映能源技术水平和社会环境责任
	产业员工收入增长率 B47	企业工资性支出占总成本比重 B471	技术转移促进增长方式转变的重要指标，体现降低物质消耗、增加服务价值、提高民生质量等综合意义
		近3年员工收入增长率 B472	体现创新企业的可持续发展能力

续表

一级指标	二级指标	三级指标	指标解析
	产业员工收入增长率 B47	年人均保费缴量 B473	体现人力资源价值与社会责任

5. 环境配套指标解析（见表 8—8）

表 8—8　环境配套 B5 指标解析

一级指标	二级指标	三级指标	指标解析
环境配套 B5	公众满意度 B51	服务机构对公共管理的满意度 B511	对改善服务环境和优惠政策的认可程度
		技术转移企业对公共管理的满意度 B512	对基础设施建设环境和产业配套政策的认可程度
	管理透明度 B52	管理职能公开度 B521	便于社会监督的资源配置等职能细化与公开
		信息公开、信息获取的程度与质量 B522	技术转移公共管理的基本要求，反映基础管理数据真实性和采集成本
		电子政务建设程度 B523	反映转变管理职能，提高技术转移效率的能力
	技术转移优惠政策 B53	企业优惠政策落实 B531	反映加快集聚创新资源，提高自主创新能力
		财政优惠政策 B532	技术转移全过程的政策扶持，有无财政优惠政策
		税费优惠政策 B533	双刃指标：贡献与负担，主要与产值、利润等增长率相比较
		科技扶持政策 B534	财税以外的全过程政策支持
		知识产权保护制度落实 B535	反映营造科技创新环境，维护公平有序的市场竞争，对科技创新的保护和激励作用

一级指标	二级指标	三级指标	指标解析
环境配套B5	区域居民消费水平 B54	万人宽带接入量 B541	反映产业聚集的基础建设水平，反映知识、信息的传播与交流水平
		区域恩格尔系数 B542	食物支出变动百分比÷收入变动百分比×100%，表示生活水平高低的指标，反映新技术产品与服务的接受能力
		人均总收入 B543	反映所在区域的潜在人均消费水平

案例：国家技术转移示范机构评价指标体系（试行）

提高自主创新能力，建设创新型国家，是全面落实科学发展观，放眼世界、面向未来的重大战略选择。为贯彻落实党的十七大精神和《国家中长期科学和技术发展规划纲要（2006—2020年）》，积极发展技术市场，大力推进自主创新，建立以企业为主体、市场为导向、产学研相结合的技术创新体系，引导和支持创新要素向企业集聚，促进科技成果向现实生产力转化，科学技术部、教育部、中国科学院共同推动实施"国家技术转移促进行动"，构建我国新型技术转移体系，开展国家技术转移示范工作，加强技术转移机构建设。为规范对国家技术转移示范机构的管理，引导其向专业化、规模化方向发展，并切实发挥示范、带动作用，根据《国家技术转移示范机构管理办法》制订《国家技术转移示范机构评价指标体系（试行）》，作为对国家技术转移机构示范机构进行考核评价的依据。

一、技术转移及技术转移机构

技术转移是指制造某种产品、应用某种工艺或提供某种服务的系统知识，通过各种途径从技术供给方向技术需求方转移的过程。技术转移机构是指为实现和加速这一过程提供各类服务的机构。包括技术经纪、技术集成与经营和技术投融资服务机构等。但单纯提供信息、法律、咨询、金融等服务的除外。

对国家技术转移示范机构分为两类进行评价：一类是具有企业法人资格的技术转移机构（简称A类）；另一类是事业法人、社团法人或依托于大学、研究院所等各类法人的内设机构（简称B类）。

二、指标体系的制定原则

1. 引导性原则。国家技术转移示范机构评价指标体系应有利于技术转移机构完善管理机制、拓展服务功能、提高服务能力、培养技术转移人才，引导和带动技术转移机构向专业化、规模化和规范化方向发展，构建和完善国家技术转移体系。

2. 科学性原则。国家技术转移示范机构评价指标体系应准确反映技术转移示范机构的实际情况，指标全面，权重合理，范围明确，既能系统地、科学地反映技术转移示范机构的运营状况，又能促进其自身发展。

3. 可操作性原则。国家技术转移示范机构评价指标体系，设有5个一级指标和19个二级指标（B类机构为18个），其中11个二级指标为定量评价指标（B类机构为10个），8个二级指标为定性评价指标，计算方法科学，指标清晰，操作简单。

4. 可比性原则。国家技术转移示范机构评价指标体系所涉及的各级指标在对我国技术转移现状和技术转移机构的调查基础上采集而成，普遍适用于各类技术转移机构，指标具有可比性。

三、指标体系

一级指标		二级指标		变换值
名称	权重 (M_i)	名称	权重 (N_i)	(K_i)
1. 服务能力	0.35	1.1 员工总数	15	
		1.2 员工中本科以上人员所占比例	20	
		1.3 员工中中级职称以上人员所占比例	20	
		1.4 经营场地面积	10	
		1.5 信息化手段和专业数据库	15	
		1.6 健全的机构章程、内部管理制度和客户管理制度	20	
2. 经营状况（A类机构）	0.40	2.1 上年度成交技术转移项目数	30	
		2.2 上年度促成技术交易额	15	
		2.3 上年度营业性收入	15	
		2.4 上年度技术性收入占营业性收入的比例	25	
		2.5 上年度利税总额占营业性收入的比例	15	
2. 经营状况（B类机构）	0.40	2.1 上年度成交技术转移项目数	35	
		2.2 上年度促成技术交易额	30	
		2.3 上年度技术性收入	10	
		2.4 上年度工作经费	25	

续表

一级指标		二级指标		变换值
名称	权重 （M_i）	名称	权重 （N_i）	（K_i）
3. 社会效益	0.15	3.1 服务企业数量	30	
		3.2 上年度组织交流活动及技术培训人次	30	
		3.3 区域或行业的示范带动作用	40	
4. 社会信誉	0.05	4.1 诚信度	60	
		4.2 知名度和美誉度	40	
5. 交流互动	0.05	5.1 报表及时与准确性	30	
		5.2 参加行业活动情况	30	
		5.3 信息沟通情况	40	

四、指标体系阐释

国家技术转移示范机构评价指标体系共设服务能力、经营状况、社会效益、社会信誉、交流互动 5 个一级指标，员工总数等 19 个二级指标（B 类机构为 18 个）。基本涵盖了技术转移机构业务的各个方面，其中，对 A 类机构和 B 类机构的经营状况分别进行评价。

1. 服务能力

主要考察机构的规模、人员结构、办公和经营条件、规范化管理等方面的内容。设有 4 个定量评价指标和 2 个定性评价指标。

2. 经营状况

经营状况指技术转移机构的主营业务状况、财务状况等，是衡量技术转移机构经营情况的客观尺度。对 A 类机构和 B 类机构分别进行考核。

A 类机构：

经营状况的考核分为 5 个二级指标：上年度成交技术转移项目数、上年度促成技术交易额、上年度营业性收入、上年度技术性收入占营业性收入比例、上年度利税总额占营业性收入比例。

2.1　上年度成交技术转移项目数

上年度成交技术转移项目数指上年度组织技术交易活动，组织实施政府的技术转移专项，组织国家重大科技计划项目成果的技术转移，以及其他成交技术转移项目数量。提供技术转移服务、促进技术转移是技术转移机构的主营业务，所以技术转移项目是评价技术转移机构的重要指标，所占权重相对较高。

2.2　上年度促成技术交易额

上年度促成技术交易额是指技术转移机构作为技术交易一方当事人或在技术交易过程中发挥了不可或缺的重要作用而达成的技术交易额，该指标是衡量一个机构服务业绩的重要指标，促成技术交易额越大，表明该机构工作越有成效。

2.3　上年度营业性收入

上年度年营业性收入是技术转移机构在一年内完成的，以货币表现的全部经营活动的总成果。它是全面反映技术转移机构的经营规模、发展状况的综合性指标。

2.4　上年度技术性收入占营业性收入的比例

技术性收入指当年技术转移机构开展技术转移及服务的收入，以及中试产品的收入（单纯的商业经营收入除外）。

上年度技术性收入占营业性收入的比例是衡量技术转移机构主营业务经营状况的重要指标，可以通过全年主营业务的营业性收入占总收入的比例得以反映。

2.5　上年度利税总额占营业性收入的比例

利税总额指机构年末利润总额、产品销售税金及附加和应交增值税之和，是评价技术转移机构当年实现的全部利润额和对社会承担义务的量化指标。

技术转移机构的全年利税总额占全年营业性收入的比例过低或呈负数，表明其经营状况出现问题，除非有其他经费渠道。

B类机构：

从上年度成交技术转移项目数、上年度促成技术交易额、上年度技术性收入、上年度工作经费4个方面评价其经营状况。除上年度工作经费外，其他指标内容与A类相同。

2.6　上年度工作经费

上年度工作经费指内设机构上年度获得从事技术转移工作的业务经费，以及获得国家、地方各级计划项目的经费等。

3. 社会效益

主要考察该机构所承担的社会责任，包括服务企业数量、上年度组织交流活动或技术培训人次、区域或行业的示范带动作用等3个二级指标。其中1个为定性指标。

3.1　服务企业数量

服务企业数量是上年度接受过机构提供某项服务的企业数量。若某企业接受过多项或多次服务，仍按一个企业计数。

3.2　上年度组织交流活动及技术培训人次

组织交流活动或技术培训人次指上年度主办或协办的各类技术交流与合作活动的次数及技术培训的人次。

3.3 区域或行业的示范带动作用

区域或行业的示范带动作用指在技术转移实践中总结出明确清晰的工作模式，并被有关部门树立为典型，对区域或行业技术转移工作产生带动和辐射作用。

4. 社会信誉

技术转移机构的诚信问题是影响整个技术转移服务业健康发展的关键问题。因此，在评价指标体系中将社会信誉列为一级评价指标。社会信誉分解为2个二级指标：诚信度、知名度和美誉度。均为定性指标。

4.1 诚信度

诚信度将是否受到投诉、是否有诉讼和诉讼的结果作为诚信度的评价内容。在市场经济条件下，技术转移机构有被投诉或参与诉讼，或被恶意投诉和恶意诉讼的可能性，指标将投诉的调查结果和诉讼的胜诉与否作为评价技术转移机构诚信度的评价内容。

4.2 知名度和美誉度

知名度和美誉度是公众、同行所知晓的程度。技术转移机构在行业内或主管部门的被认知程度，以及相关媒体的报道情况是评价技术转移机构知名度和美誉度的主要内容。

5. 交流互动

交流互动主要考察机构能否按照要求及时准确地上报统计快报、统计年报、财务报表、机构相关活动讯息、机构简报、年度工作总结等资料；以及是否积极参加行业相关活动等情况。包括报表及时与准确性、参加行业活动情况、信息沟通情况等3个定性二级指标。

5.1 报表及时与准确性

报表及时与准确性是指及时准确地上报统计快报、统计年报、财务报表，报表中未发现虚报、瞒报、漏报指标。

5.2 参加行业活动情况

参加行业活动情况指是否按要求参加行业相关活动。

5.3 信息沟通情况

信息沟通情况是指及时向科技部和行业组织报送机构相关活动讯息，及时编写、报送机构简报、年度工作总结等资料，通过各种媒体对机构及工作进行宣传的情况。

五、计分方法

（一）计算公式

$$M = \sum K_i M_i N_i$$

M：被评价机构的总得分；K_i：为变换值，即被评价机构二级指标所获得的等级系数；Mi：为一级指标权重；Ni：为二级指标权重。

（二）变换值（Ki）获取

1. 定量指标变换值的获取

二级指标	取值范围	变换值（K_i）
1.1 员工总数	$X_i \geqslant 100$	1.0
	$100 > X_i \geqslant 60$	0.8
	$60 > X_i \geqslant 30$	0.6
	$30 > X_i \geqslant 10$	0.4
	$X_i < 10$	0.2
1.2 员工中本科以上人员所占比例	$X_i \geqslant 80\%$	1.0
	$80\% > X_i \geqslant 60\%$	0.8
	$60\% > X_i \geqslant 40\%$	0.6
	$40\% > X_i \geqslant 20\%$	0.4
	$X_i < 20\%$	0.2
1.3 员工中中级职称以上人员所占比例	$X_i \geqslant 50\%$	1.0
	$50\% > X_i \geqslant 40\%$	0.8
	$40\% > X_i \geqslant 30\%$	0.6
	$30\% > X_i \geqslant 10\%$	0.4
	$X_i < 10\%$	0.2
1.4 人均经营场地面积（M^2）	$X_i \geqslant 50$	1.0
	$50 > X_i \geqslant 30$	0.8
	$30 > X_i \geqslant 20$	0.6
	$20 > X_i \geqslant 10$	0.4
	$X_i < 10$	0.2
2.1 上年度成交技术转移项目数（项）	$X_i \geqslant 10$	1.0
	$10 > X_i \geqslant 5$	0.8
	$5 > X_i \geqslant 3$	0.6
	$3 > X_i \geqslant 1$	0.4
	$X_i < 1$	0.2

二级指标	取值范围	变换值（K_i）
2.2 上年度促成技术交易额（万元）	$X_i \geqslant 10\ 000$	1.0
	$10\ 000 > X_i \geqslant 5\ 000$	0.8
	$5\ 000 > X_i \geqslant 2\ 000$	0.6
	$2\ 000 > X_i \geqslant 1\ 000$	0.4
	$X_i < 1\ 000$	0.2
2.3 上年度营业性收入（万元）（A 类机构适用）	$X_i \geqslant 1\ 000$	1.0
	$1\ 000 > X_i \geqslant 500$	0.8
	$500 > X_i \geqslant 200$	0.6
	$200 > X_i \geqslant 100$	0.4
	$X_i < 100$	0.2
2.3 上年度技术性收入（万元）（B 类机构适用）	$X_i \geqslant 100$	1.0
	$100 > X_i \geqslant 50$	0.8
	$50 > X_i \geqslant 20$	0.6
	$20 > X_i \geqslant 10$	0.4
	$X_i < 10$	0.2
2.4 上年度技术性收入占营业性收入的比例（A 类机构适用）	$X_i \geqslant 70\%$	1.0
	$70\% > X_i \geqslant 60\%$	0.8
	$60\% > X_i \geqslant 50\%$	0.6
	$50\% > X_i \geqslant 20\%$	0.4
	$X_i < 20\%$	0.2
2.4 上年度工作经费（万元）（B 类机构适用）	$X_i \geqslant 1000$	1.0
	$1000 > X_i \geqslant 500$	0.8
	$500 > X_i \geqslant 200$	0.6
	$200 > X_i \geqslant 100$	0.4
	$X_i < 100$	0.2

续表

二级指标	取值范围	变换值（K_i）
2.5 上年度利税总额占营业性收入的比例（A 类机构适用）	$X_i \geqslant 20\%$	1.0
	$20\% > X_i \geqslant 10\%$	0.8
	$10\% > X_i \geqslant 5\%$	0.6
	$5\% > X_i \geqslant 2\%$	0.4
	$X_i < 2\%$	0.2
3.1 服务企业数量（家）	$X_i \geqslant 500$	1.0
	$500 > X_i \geqslant 200$	0.8
	$200 > X_i \geqslant 100$	0.6
	$100 > X_i \geqslant 50$	0.4
	$X_i < 50$	0.2
3.2 上年度组织交流活动或技术培训人次	$Xi \geqslant 10 \ (1\ 000)$	1.0
	$10 \ (1\ 000) > X_i \geqslant 5 \ (500)$	0.8
	$5 \ (500) > X_i \geqslant 2 \ (200)$	0.6
	$2 \ (200) > X_i \geqslant 1 \ (100)$	0.4
	$X_i < 1 \ (100)$	0.2

2. 定性指标变换值的获取

二级指标	取值说明	变换值（Ki）
1.5 信息化手段和专业数据库	优	1.0
	良	0.8
	中	0.6
	差	0.2
1.6 健全的机构章程、内部管理制度和客户管理制度	机构章程、内部管理制度和客户管理制度均健全，且有较强的操作性	1.0
	机构章程、内部管理制度和客户管理制度均健全	0.8
	机构章程、内部管理制度和客户管理制度缺少其中之一	0.6
	机构章程、内部管理制度和客户管理制度缺少其中之二	0.4
	机构章程、内部管理制度和客户管理制度均无	0.2

续表

二级指标	取值说明	变换值（K_i）
3.3 区域或行业的示范带动作用	工作模式明确清晰，被有关部门树立为典型，对区域或行业具有很强的带动和辐射作用	1.0
	工作模式明确清晰，对区域或行业具有示范带动和辐射作用	0.8
	对区域或行业的示范带动和辐射作用一般	0.6
	对区域或行业没有示范带动和辐射作用	0.0
4.1 诚信度	全年无投诉、无诉讼	1.0
	有投诉但机构无责任，有诉讼但从未败诉	0.8
	有投诉且机构负次要责任，有诉讼且机构被判负次要责任	0.6
	有投诉且机构负主要责任，有诉讼且机构被判负主要责任	0.2
	有投诉且机构负全部责任，有诉讼且机构败诉	0.0
4.2 知名度和美誉度	在本地区、本行业内有很高的认知度，并为社会公众所知晓，是同行公认的权威技术转移机构或中央级媒体对机构有正面报道	1.0
	在本地区、本行业内有较高的认知度或地方媒体对机构有正面报道	0.8
	在本地区、本行业内的认知度一般，地方媒体对机构既无正面报道也无负面报道	0.6
	权威媒体对该机构有负面报道	0.0
5.1 报表及时与准确性	优	1.0
	良	0.8
	中	0.6
	差	0.2
5.2 参加行业活动情况	优	1.0
	良	0.8
	中	0.6
	差	0.2

二级指标	取值说明	变换值（K_i）
5.3 信息沟通情况	优	1.0
	良	0.8
	中	0.6
	差	0.2

六、数据的采集和评价结果及其应用

（一）数据的采集

通过各示范机构上报的统计快报、统计年报、财务报表以及机构相关活动讯息、机构简报、年度工作总结获取相关数据，定性指标还需上报相关支撑材料。

（二）评价结果及其应用

1. 对国家技术转移示范机构的评价每年进行一次，委托专业评价机构或组织专家小组进行。国家技术转移示范机构有责任和义务提供评价所需资料和数据。技术转移示范机构为企业法人的按 A 类进行评价；其余机构可选择按 A 类或 B 类进行评价。

2. 国家科技行政管理部门根据评价结果，随机确定抽查对象，并组织相关专家小组进行复查，核实评价结果。

3. 国家技术转移示范机构评价结果分为优秀、合格和不合格。评价得分 85 分及以上为优秀，给予表彰；评价得分 70 分（含 70 分）至 85 分为合格；有下列情况之一的取消国家技术转移示范机构资格：（1）连续两年评价得分在 60 分（含 60 分）至 70 分；（2）评价得分低于 60 分。

4. 对在评价过程中提供虚假材料或串通评价机构弄虚作假的国家技术转移示范机构，经核实后，取消其国家技术转移示范机构资格。

5. 不按规定时间和要求提供评价资料的机构视为自动放弃国家技术转移示范机构资格，因自动放弃或被取消国家技术转移示范机构资格的，两年内不得重新申报国家技术转移示范机构。

第九章 技术转移服务机构绩效管理

引 言

技术转移服务机构是技术转移5大组织主体之一，是技术转移活动中最具创新活力的智能服务组织，在技术交易、技术经纪等市场经营活动中居主导地位。在信息化、网络化日益发达的今天，技术转移服务机构依托网络信息技术在行业内发挥着越来越重要的作用。

在技术供求双方主体之外，由于交易规模越来越大、交易形式越来越复杂，利益关系者也越来越多。在转让过程，从技术与服务的创意到产业市场的形成，交易活动贯穿于全产业链条之中，政府为引导产品而对研发活动的支持以及出于产业发展战略考虑对高风险技术领域的投入已成为技术转移的重要组成内容。在利益关系方面，技术转移既包括国家与国家之间的技术转移，也包括技术研发部门（高校等科研单位）向技术经营部门和技术应用部门（工商企业等私人部门或政府公共部门）的转移，以及技术应用者之间的转移，技术供求双方已不限于企业生产设备技术载体的引进与输出，或者技术服务协议的签订，技术供求方可以是技术集成者、专利经营中介，也可以是专项服务的外协者。

技术转移服务机构承担着几十项甚至上百项专业服务职能，绩效管理不仅与公共管理部门有很大差异，不同类别服务机构之间因专业职能不同绩效管理也体现出不同的特点，绩效管理内容也呈现出繁杂的多样性。

9.1 技术转移服务的内涵

技术转移服务渐入正轨，且日益规范。技术转移服务已从传统的技术中介、技术经纪扩展到科学技术成果化、技术成果产品化、批量产品商品化、规模商品产业化的技术转移全过程。跨产业、跨区域的技术转移服务具备高端服务业的典型特征，为众多的高新技术专业领域提供服务，需要审慎选择服务对象，以及符合自身优势的服务内容作为切入点。有了良好开端，按照规范的程序履行服务职责就有最大的可能性实现高绩效预期。

9.1.1　服务对象的选择

技术转移服务对象指技术的持有方和技术的需求方两大活动主体，也指转移过程中各种形态的技术本体，服务对象的选择，就是在技术供给方与技术需求方之间寻求与技术本体的契合度。

技术持有方的存量技术千差万别，既有尖端垄断技术、高新竞争技术，也有热销时尚技术、日用成熟技术，甚至还包括落后淘汰技术、危险致害技术。我国存量科技成果超过 500 万件，全世界每年产生专利技术数千万件，我国已陆续超过日本、美国，成为世界第一专利大国。从表面看，每一项技术都足以引起一个特定人群的兴趣，在外行人眼里，每一项技术成果都没有转让不出去的道理，但实际情况是，我国的科技成果转化率经过多年的努力达到 25%，而能够进入产业化环节形成一定商品规模的技术成果只有 5% 左右。究其原因，影响因素错综复杂，但是，没有足够多的技术转移中介服务机构，缺少高水平的专业职能服务，至少是瓶颈问题之一。

选择服务对象的实质还是选择技术，但技术与技术交易两大买卖主体适配更为重要。除非是以某种既定技术新建一个企业，技术的适用性是个永恒的主题。适用技术是指引进技术与引进技术的企业的原有技术水平和管理模式相匹配的技术，先进技术相对于落后技术、高新技术相对于淘汰技术。与其他技术术语相比，适用技术是个相对概念，适用技术是相对于应用企业的目标、实力、资源、环境等实际状况而言。甲地的淘汰技术可能是乙地的适用技术；某专利技术在行业内是适用技术，在行业外是非适用技术；某高新技术在大企业是适用技术，在小企业是非适用技术，就是因为存在诸多的相对性，技术转移中介机构的服务职能是从专业的高度为有各类不同需求的企业匹配适用技术。我国有大量的引进技术"水土不服"的案例，尽管"水土不服"的原因多种多样，但经验教训的基本点是引进技术与落地企业的内部环境、条件不相适应。同样的技术在不同的企业会有相差巨大的产出结果；发达地区淘汰的技术经常会高价转移到落后地区并能获取理想的投资回报，这些现象说明，技术转移过程中，技术引进企业的效益预期往往不在于技术自身，而在于技术转移落地企业的环境与条件。

国际交流合作已成为服务对象选择的最佳形式之一。我国高等院校传统的国际交流合作往往局限于学术交流，并且将很多创意性研究课题毫无保留地"交流"给合作单位。实际上，发达国家高校的合作交流很多都带有商业色彩，技术转让、技术咨询等是国际合作交流的重要内容。转化委托、学生创业、产业创新都将成为合作的重要组成部分。服务对象选择如果在这方面达成合作，就可以使国际上前瞻性的科研成果服务于中国经济发展的需求。国内技术转移市场仍以技术供给方驱动为主，以高校院所及其衍生的技术转移机构为主体的技术转移服务机构成为主流，技术转移中心、专利事务所、技术咨询公司等机构创新较为活跃。技术集成模式通过提升专业化技术经营和服务能力，为技术成果产品化，其中，技术熟化模式将技术转移的工作反向延伸到了科技研发的整个过程，通过产学研互动有力促进了技术成果的转化应用；成为技术供给驱动型示范机构的重要培育方式。技术商品产业化过程衍生的服务需求最多，技术转移的价值空间最大，服务对象选择的余地也最宽阔。

传统的技术经纪职能由于技术手段的巨变，选择服务对象的效率与质量达到前所未有的高度。互联网经济时代，技术如同其他资产一样可以由市场决定其价值并进行交易，以技术交易网络为基础的技术市场交易信息平台获得显著发展。知识产权法规政策体系的不断完善，以及互联网和大数据挖掘等新一代信息技术的发展，将有助于推动形成一个与国际惯例接轨，信息充分、交易活跃、秩序良好的技术交易市场体系。以国家或区域的战略发展需求为导向，向特定区域或对象进行的平台型技术转移模式，具有一定的公益属性，需要政府加强引导和支持，通过多方协作促进资源的整合和协同。把服务信息平台打造成为一个开放式的国际化技术合作战略平台将极大地提升技术转移的服务绩效。

以市场需求为导向的第三方技术转移服务机构，在技术服务、代理、法律、咨询、培训、投融资等领域不断深化和创新，初步形成了完善的技术交易服务链条，推动了技术交易市场的活跃，未来有望成就一批创新能力强、服务水平高、具有一定国际影响力的技术转移高端服务机构。

9.1.2　服务内容的切入

技术转移的过程是技术引进企业消化、吸收、创新适用技术的过程，也是服务机构为需方企业匹配适用技术和提供增值服务的过程。判定一项技术与企业环境条件的适用程度，我们称之为技术的适应性。适应性强的技术，转移难度小且应用效率高，反之，若某项含金量很高的技术，与企业的适应性很差，导致产出效益不理想或运行失利，不但企业损失了技术转让费、浪费了大量的生产资源成本，服务机构也产生了声誉成本、失去了后续服务的机会，久而久之即进入恶性循环。

转移技术的适应性主要体现在 3 个方面：即转移技术与企业技术水平适应性；转移技术与企业管理水平的适应性；转移技术与企业资源的适应性。

1. 转移技术与企业技术水平的适应性

企业的技术水平是原有产品结构、工艺流程、装备先进程度等技术条件的综合反映。转移技术首先是要与原有的产品结构相适应，尤其要与主打产品的生产设备相一致，如果短线产品源于设备能力不足，则可以优先安排应用于短线产品设备。其次是要与原有工艺流程相适应，工艺流程既反映工艺水平，又体现管理水平，不相适应的技术会产生两种结果，一种结果是引进高新技术与原有工艺流程不相适应，高新技术在原有的工艺流程中无法发挥其"高新"作用，最大的可能是逆转原有的流程，停产施工，出现非预期的淘汰局面，这样就会出现局部的"长板"现象，局部长板会造成严重浪费；还有一种结果是引进的技术比较落后，不合原有工艺流程的节拍，不但不能提升效率反而降低了全线的运行速度，追加改造投资又得不偿失。再次是要与原有装备相适应，原有装备先进程度决定着一定的产品质量和产品产量，不相适应的技术，意味着原有的产品质量和产品产量会发生相应的波动。

2. 转移技术与企业管理水平的适应性

自从自动化技术的出现，人即变成了机器的奴隶。就生产线而言，企业最高的管理水平是保证生产线持续达到或超过设计效率。技术水平决定着管理水平的高低，管理水平反过来影响技术水平的发挥，二者之间有一个平衡过程。高新技术会倒逼企业管理水平的提高，但在一定的时段内会抑制转移技术功能和效能的发挥，这二者之间的成本效率是不成比例的。落后技术会扰乱企业整体的管理秩序，会打乱原有价值链的计划、控制安排，直至影响原有战略目标的实现。

3. 转移技术与企业资源、环境条件的适应性

企业的资源与环境条件在一定时期具有相对的稳定性，新技术的引进势必会带动人力、原材料、水电气暖、现金流等资源的变化，进而引起采购、营销、质检各经营环节到供应商、代理商、广告、税务等价值链的通体变动，某些企业仅供应商就有几十类，可谓"牵一发而动全身"。适应性较强的引进技术所引起的价值链变动完全可处于企业的控制之下，即处于条件许可的可控状态。可控状态意味着投资风险大大降低，只要经过努力就能够成就商业计划书的报告结果，这也意味着技术转移全过程良性循环的开始。

因此，无论从技术受让方经济效益的预期角度，还是从中介机构职能效率角度，技术转移机构的服务职能都可简化为：为技术引进与输出活动，推介、提供与企业现有技术水平、管理水平、资源条件相适应的适用技术以及附加的各类服务。

9.2　技术转移服务机构的服务职能

明确服务职能是绩效管理的基本前提，是绩效考核评价的直接依据。

近年来，我国技术转移服务机构发展迅速，其原因除了全球化的科技发展周

期缩短和我国经济结构调整、产业转型因素外，一个非常重要的因素是技术转移高端服务的专业水平发挥了实质性的作用。技术转移有效的专业服务已被社会广泛接受，行政性的拍脑袋决策越来越少。从技术转移的意向咨询、可行性调研、信托融资、报关通关、技术交易、人才培训、产权委托、专利登记、违规追索、附加服务等，到转移技术的产品化、商品化、产业化，再到产业化成熟技术的技术改造、集成创新、自主知识产权返销等，技术转移服务机构都做到了全链条的专业服务。服务链环节越多，职位密度越大；服务越专业，服务职能划分就越细。

9.2.1　服务职能的分类

技术转移服务机构的服务职能就是通过搜集加工技术转让方的技术信息，向技术受让方推介、提供能够满足不同企业需求的适用技术以及附加的各类服务。

技术转移服务机构的细化服务职能可达上百种，有多少种服务分类，就至少有多少种服务职能。从产业层面，可将其服务职能分为两大类：以技术交易所形式为技术转让、受让双方提供交易场所和手段，或以经纪人身份，直接促成技术交易，提高了技术交易效率，降低了技术转移的风险；通过提供各类专业服务，在技术转移全链条中的 4 个环节发挥着无可替代的作用。

高新技术产业化也是科技的研发成型、科技成果的转化、技术的改进完善、成熟技术推广普及的过程。任何的产业化过程都会有众多的产业部门和专业技术为其提供支持与服务，并催生出大批与之相应的新型业务与服务机构，技术转移机构服务业务的主要类别有：

1. 技术转移一般信息服务

对技术信息进行搜集、筛选、分析、分类、整合、发布等方面的信息加工利用的基础性服务业务，以及组织各类技术推介、交流、交易，难题招标服务。

2. 特定科技的商业研发服务

如专业技术研究院所、工程中心、重点实验室、工业技术研究院、大中型企业技术中心参与产业创新技术开发示范研究等面向市场、面向产业化的技术开发业务。

3. 技术交易服务

指狭义技术市场的功能及服务业务，即技术交易场所的功能业务。我国已建成大小固定技术市场 100 余家，比较固定的技术交易会、展览会、洽谈会、招标会等 100 余家。此类服务业务主要是为技术供需双方提供交易平台，一般不直接参与技术自身的买卖交易。

4. 技术经纪服务

主要指为技术的供求双方或技术的合作双方牵线搭桥、从事代理而收取费用和报酬的居间、委托等中介服务。此类服务是职业技术经纪机构或个人通过经纪的专业知识促成技术转移，如技术经纪机构及具有资格证书的经纪人员以及生产力促进中心、高校的技术转移中心、专业的技术转移咨询公司中的经纪业务等。

5. 技术集成服务

主要指具有一定科技开发和市场推广能力的机构，通过受让、或购买具有潜在市场前景的小试技术成果、注册专利等，进行集成和二次开发，其最终成果用于合作生产或向他方转让。如某些工程技术研究中心、企业化的研究院、民办的专业研究所等。广义的技术集成还包括产品、市场、营销手段等管理技术的开发集成。技术集成服务是一种技术含量和附加值都很高的新兴业务，符合专业化、国际化的技术转移服务发展趋势。

6. 技术经营服务

主要指以技术培训，技术与产权评估，技术招标投标，技术答疑解难，技术咨询策划，风险投资与担保，科技人才中介，以收购或受让的技术、专利及专利申请权或其他知识产权进行储备经营等为主业的服务形式。

7. 创业培育服务

对新创办的科技企业提供"孵化"服务。如科技项目/企业孵化器、创业服务中心等机构，通过提供场地设施、创新环境、投融资、法律、税收等企业发展壮大所需的配套服务，帮助创新企业完成科技成果向产品化、产业化的过渡。

8. 平台建设服务

指为技术交易、技术经纪、技术集成、技术经营、创业培育等相关的组织与工作提供软硬件开发维护的技术与管理业务。如专业的计算机与网络服务商、专业的系统运营商、专业的软件开发与支持团队等提供的云计算（SaaS、PaaS及IaaS技术）支撑服务业务和物联网可视化和电子商务展示业务等。

9. 技术转移人才培养服务

包括技术转移人才培养基地建设、专题轮训实习、执业资质考试、岗位资格培训、专业学历教育等系列培训培养服务。

10. 其他与技术转移相关的第三方服务

9.2.2　服务职能的内容

技术转移服务有多少种分类，相应就应该有多少类服务机构，服务机构不一定是专门的，但是，服务业务和服务人员必须是专业的。技术转移服务机构绩效管理的主要内容是对技术转移服务整体业务绩效的管理，人力资源个体的绩效考核及绩效结果反馈属次要内容，如薪酬、调职等内容可于企业管理中的人力资源专项中探讨。

由于技术转移服务类别太多，并且还在不断扩展中，科技管理部门正在制定相关扶持与管理办法，同时还在继续指导建设试点、示范机构，以总结经验、规范推广，其中的重要工作是对技术转移服务机构服务职能的全面认定。

《国家技术转移示范机构管理办法》明确提出技术转移机构的主要功能是促进知识流动和技术转移，其职能范围是：

（1）对技术信息的搜集、筛选、分析、加工；

（2）技术转让与技术代理；

（3）技术集成与二次开发；

（4）提供中试、工程化等设计服务、技术标准、测试分析服务等；

（5）技术咨询、技术评估、技术培训、技术产权交易、技术招标代理、技术投融资等服务；

（6）提供技术交易信息服务平台、网络等；

（7）其他有关促进技术转移的活动。

每一类技术转移服务机构都有一整套服务职能和相应的权责利对等关系。从技术转移过程宏观的职能界定，对应于技术研发成果化、技术成果产品化、技术产品商业化、技术商品规模产业化 4 个环节的技术转移服务职能描述为：技术转移服务机构通过技术创新与技术研发服务，提高科技成果的转化效率，推进技术生产力的发展；组建产学研联盟，加快技术集成与产品化的落地速度；以创新的商业模式和信息技术手段推动技术产品的商业化；作为政府主管部门、金融担保机构、相关企业集团的联结界面，拓展产业化的规模，最终实现转移技术的产业化目标。

9.2.3　加快服务机构的职业化进程

技术转移服务机构是企业自主创新主体的助推器，是实现产学研联盟一体化的纽带。我国已初步形成面向社会开展技术扩散、成果转化、科技评估、创新资源配置、创新决策与管理咨询等专业化服务的技术转移服务系统，其主要形式有生产力促进中心、高新技术创业服务中心、工程技术研究中心、科技创业中心等。与国际化先进水平相比，我国现阶段技术转移服务机构尚处于起步发展阶段，还存在各种问题和困难，首要问题是服务规模和服务质量的同步推进。单看技术转移服务机构的数量，已形成行业规模，但很多机构附属相关部门还没有专职的技术与管理人员，如挂设于科技园、科研处机构，人员兼职现象普遍，登记注册的在编机构和专业在职人员与统计数据相差甚大。技术转移服务绩效首先需要一大批职业化的机构，需要一支职业化的队伍，专心致志地为技术转移提供服务。因此，政府科技管理部门需通过制定相应的政策，发挥扶持、引导、激励和监管，为服务机构提供快速发展空间，并引导他们向专业化、规模化和规范化方向发展。一是政府管理部门要简政放权，转换职能，推行行政决策咨询制度，将科技成果登记、技术合同认定、项目评审、技术企业认定及队伍产业化评价等事务让有能力的服务机构承担；二是要健全服务机构的配套管理制度和评估体系，建立服务机构的准入制度、服务标准、税收制度、财务制度、管理制度和利益分配标准等，培育和发展服务组织；三是要积极探索科技服务的资本运作模式，积极吸引民间资本进入，建立投资主体和投资渠道多元化、运作模式市场化的科技服务投融资模式；四是要进一步延伸技术转移服务的范围和深度，要让技术转移服务机构全过程参与到区域创新主体的创新活动中，如参与到大学及研究机构的研发全过程，参与到企业从需求信息采集、技术研发、产品试制到批量生产的产品创新全生命周期过程中。要通过技术转移的服务形成专业技术、项目、人才和服务资源的集聚，服务于传统产业的经济结构调整和新兴产业的熟化，提升行业发展的竞争力。

9.3　技术转移服务机构绩效管理的特点

跨行业、跨区域的业务职能决定了技术转移绩效管理的特点，相对于技术转移其他主体，尤其是与公共管理部门相比，服务机构的绩效管理特点更为突出。技术转移服务机构大多数为自负盈亏的经营组织，成员知识层次高，占用物质资源少，具有绩效评价指标的相对复杂性、绩效体现的滞后性、社会责任约束的多样性等方面的特点。

9.3.1　绩效评价指标的相对复杂性

由于技术转移服务机构门类繁多、成分复杂，从总体上看，属于跨行业、跨专业的复合性高端服务。但在技术转移行业分工中处于最为被动的地位。科技管理部门拥有国家科技发展战略和技术转移政策等资源优势，有明确的管理职责和权限；技术持有方在技术信息不对称的技术转移过程拥有技术核心的知情权和出让的主动权，技术转移受让方至少在商业属性上拥有买家的选择权与拍板权，既可以对受让技术进行选择与抉择，又可对服务机构进行选择与抉择。而技术转移服务机构既要理解宏观的科技政策导向，又要把握技术转移微观市场的供需行情，必须综合多方面的技术、经济、政治信息，促成公平、公正的技术交易。要对技术转移服务机构绩效进行全面系统的评价是非常困难的，一笔服务收益，除了机构自身的经济效益指标内容比较确切外，能为服务对象具体带来多少利益，由于很多行业业绩受多重因素影响，所以难以单独计算评价。复杂的技术，高端的服务，现行的财务指标没有区分复杂程度和服务水准的会计手段，绩效评价体系过于依赖传统的会计核算资料，即使在服务机构内部，也很难确定简单劳动与复杂劳动的比例关系。不科学的会计核算结果，不同的评价者对相同的评价内容会选择不同评价指标，会严重影响绩效管理结果的权威性。

财务指标与非财务指标的因果关系也难以清晰描述，绩效管理建立在固定业务采取费用固定权重分摊等方法的基础上。对不同类型的服务机构利益主体，经济效益与社会效益体现的重要性不同的各个指标的相对重要程度是不同的，所以进行指标权重设计时应充分考虑绩效评价主体的具体要求，采用固定权重根本无法满足利益主体的实际需要。另外在设计固定权重时，也未考虑企业的行业差别，现在的绩效评价体系被普遍、相同的应用于不同行业的不同企业中，而不同行业，不同组织特征不同，对绩效评价体系也存在不同的需求。

由于不确定的影响因素太多，指标的理论设计应该是越多、越细越好，所以基于留有余地的考虑，绩效整体管理过程，指标应以点带面，集中选择资产营运、服务创收、债务偿还、创新发展等关键的能力评价指标，细化指标选择的空间，如内部经营管理程序、社会经济价值和发展潜力的各种非财务指标，留给面对不同业务的具体管理者在实践中设计与操作。

9.3.2　绩效体现的滞后性

绩效的滞后性是指受多种因素影响，按现行指标考评的绩效与实际绩效因时差而产生的量差。目前，大部分服务机构绩效管理都以会计年度为考核评价周期，并且以年度统计报告、工作总结或年终奖金的结算作为绩效循环的管理周期的结束，由于很多服务业务的类型与起始点不同，更由于很多服务项目要在"跨年度"甚至更长的时期才能体现出实质绩效，所以，不同部门的绩效考评，应该在管理流程中增设部分"预估"指标，引入绩效的"负值"概念。很多被动"中止"、"清算"的项目或服务前期考评可能是优等，最终结果可能是"资不抵债"，整体绩效即"负绩效"。在一个绩效循环年度周期结束时，常规的滞后绩效可以做应收应付等往来账目处理，如后期服务成本、后补贴支付进账等可以接续上一个绩效循环。但是，隐性的滞后绩效，或者是现行指标不能当期反映的绩效，如果不能纳入连续考核评价范围，会严重影响绩效评价的科学性，严重影响绩效改进的真实性。绩效滞后问题主要有以下方面：

1. 经济效益的滞后

首先是业务难度不同和考评截取时段不同造成绩效的实质滞后。跨年度的两个项目，甲项目前期难度大，乙项目后期难度大，考核指标如不考虑修正系数，乙项目前期绩效定会优于甲项目，数量指标与质量指标比也存在滞后效应的不可比。数量指标选取方便、直观直接，如孵化了多少家"瞪羚"企业、引进了多少笔"天使"风投，很容易比较出机构自身绩效的大小，而很多质量指标需一定的时期检验，如咨询报告预测数据的准确性、评估报告内容的客观性，它为报告使用主体带来的绩效要在长时间以后才能体现出来，并且可能出现大相径庭的绩效优劣结果。对服务机构的绩效考核，利润是根本性指标，很多评价体系中以经济效益为重，绩效指标中选取的财务指标占比过大，由于财务指标的不同质和不同标准，在使用时往往会出现不可比问题，其结果会导致"盲目突击"、"寅吃卯粮"等加大后期维护成本的弊端，如果不使用弹性系数、风险系数定量与定性相结合的方法纠偏，现行的绩效评价体系难以弥补过度使用财务指标的局限性。

2. 社会效益的滞后

技术转移服务机构推进技术转移的过程，自身获取经济效益、品牌效应、社会声誉的绩效，同时，为服务对象和产业带来社会效益，相对来说，服务机构的效益是即期的、直接的，服务所带来的社会效益是长期的、间接的。服务机构的绩效包括多方面的内容，必须进行全面综合的评价，至少要计入服务机构内部绩效、技术转让方绩效、技术受让方绩效、产业发展绩效 4 类。滞后社会效益包括服务项目所带来的投资规模、就业水平、产业结构调整贡献等，当然，也要包括各类不可预见风险可能形成的成本评估。滞后期越长的绩效，隐含的不确定因素越多，冲减既得效益的负面力度越大。绩效根据已有的条件进行评价已成惯例，后期绩效由于没有机构和高层管理者滞后期责任追究而无法计入考核。

3. 社会责任的滞后

技术转移服务按照协议收取中介佣金或服务报酬，但很多技术成果或服务项目会在数年后才能得到产出回报，产出的社会效益往往包含着社会责任，而技术转移服务绩效很少能与社会责任挂钩。社会责任是法人在遵纪守法的前提下，对某些社会公共利益承担的付出义务。绩效与社会责任有非常大的关联，从长远看，企业的可持续发展，不但要有较好的经济效益，还要完成社会责任和道义使命，充分承担社会责任的企业，经济效益与社会效益会得到可靠保障。但在短期内，绩效与社会责任成反比，社会责任负担重意味着成本费用大。很多排行榜上的中国首富，积累财富超常的速度说明其经营有很高的绩效水平，为数不少的"首富"锒铛入狱，可见社会责任滞后的严重性绩效。多名经济实体的社会责任实际在《公司法》、《合同法》、《环境保护法》等多部法律中已有明示，但没有一部法律对社会责任内容有明确的界定，对社会责任的约束性也没有清晰的规定。技术转移服务机构的经营业绩主要以经济效益指标来衡量，按社会公益的进步要求，是否承担起应负的社会责任同样显得非常重要。虽然现行的指标体系对服务机构应承担的社会责任有所体现，主要有税收但指标反映的内容不全面、不准确，缺乏反映社会责任实质性的指标，并且在整个指标体系中所占比例也很小。

9.3.3　社会责任约束的多样性

　　社会责任是服务机构在消费社会资源的同时所应承担的责任和义务。技术转移服务机构部分承担着国家事业单位的业务管理职能，国家在就业、税收等方面给予了某些支持，且国家在发展服务业层面亦给予中介机构大量的政策支持，因此，服务机构理应担负起更多的社会责任。在完善的市场经济条件下，社会责任本不需要给予太多的绩效要求，服务机构对服务客户所应承担的责任由那只"看不见的手"掌控，而无须由政府和学者操心，即由市场规律迫使经营者自律。西方经济学把追求利润最大化作为经营行为的目标要务，是因为企业在履行利润追求的职能和责任的同时，完善的机制与制度能够起到保障社会责任履行的作用。社会责任之所以成为日益关注的焦点，是我国企业社会责任与义务的混淆以及部分企业价值观与责任感的缺失。如严格意义上讲，税赋是应税者的义务而非责任，税赋作为经营成本有企业内、外专门的职能部门管理，而不应纳入社会责任约束范围，税收和社会收费应该作为反映业务规模或必要成本的指标而不能按照社会责任或机构贡献绩效进行考核。技术转移作为高端服务业在起步阶段需要社会多方面的支持，社会责任越简明越好。资源占有不公平，税赋分担不均衡，高劳动强度、低福利收益由员工承受，环境污染、通货膨胀由产业消费者买单，这是深层的法律问题而不是简单的社会责任义务问题。随着经济结构调整和增长方式转型，科学、客观地评价企业的社会责任履行绩效显得尤为迫切。作为中小型规模居多的技术转移中介机构在社会责任现行的理念和制度条件下，承担的社会责任更多、更重，人员就业、信息系统建设、行业公共服务等都含有社会责任的内容。社会责任纳入绩效管理具有非常重要的意义，但是，管理必须进入法制化、制度化轨道，社会责任的履行更多应该是机构的自觉行为。例如，企业社会责任与企业所能承受的经济能力无关，社会募捐也与社会责任无关。通过各种规章制度明确对社会和相关利益群体所应承担的义务和责任，目的是保证弱势群体的正当利益和社会经济的可持续发展。与技术转移服务机构利益相关的群体包括债权人、所在社区、内部员工等。社会责任涉及债务信用、不良影响、公共服务、员工收益等方面，可细化为以下具体管理内容：技术转移公益事业投入、知识产权公共服务、职工收入增长度、顾客满意度、不良信用记录、投诉率、职业道德等。

9.4 技术转移服务机构绩效管理指标体系（见表 9－1）

表 9－1 技术转移服务机构绩效管理指标体系

目标层	一级指标	二级指标
技术转移服务机构绩效管理指标体系	服务机构的绩效基础	人才结构
		机构资产规模
		标准化程度
		机构管理模式
		机构的服务平台
		机构的场地设施
		机构法人素质
	服务机构的商业模式	专业服务领域
		服务创新体制
		服务创新机制
		营销渠道创新
		客户核心价值
		内部营运流程
	服务机构的创新能力	知识吸收能力
		竞争力
		技术转移后的项目进展
		机构引进人才状况
		行业地位
		实现销售收入
		品牌知名度
		技术门户网站的访问量
		服务质量
	服务机构的贡献率	主营业务投入
		税收贡献

目标层	一级指标	二级指标
技术转移服务机构绩效管理指标体系	服务机构的贡献率	盈利现金比率
		业务增长速度
		咨询服务次数
		服务客户数量
		孵化项目数量
		毕业企业数量
		培训培养规模
		投融资服务数额
		转移技术与项目数量
		转移项目的落地状况
		转移项目的产业化趋向
	服务机构的社会责任	机构的公益职能
		技术转移公益事业投入
		知识产权服务
		职工收入增长度
		顾客满意度
		不良信用记录
		投诉率
		职业道德

9.4.1　服务机构的绩效基础

尽管技术转移服务机构的种类很多，其职能亦各不相同，但其绩效基础的评价内容基本一致，一个绩效优良的服务机构依赖于一定的基础条件。条件是客观存在，是主观努力的依托。构成企业绩效基础的主要有人才结构、机构资产规模、机构管理模式、机构的服务平台、机构的公益职能、机构法人的素质等指标。

1. 人才结构

人才结构与员工数量无关而与企业职能、任务需求等紧密相关。人才结构讲求合理，组织机构无论是垂直的职能制结构、横向的矩阵式结构还是扁平化的压缩式结构都存在人才结构的合理化问题。技术转移中介机构属于高端服务行业，人才结构有自身的特征要求，首先是相关知识层面的专业要求，如学历教育、继续教育、资格认证、实训实践等要求；其次是技术人员、管理人员、生产服务人员的比例要求。要视企业的专业性质、业务规模、项目的常态工期、安排或调整人才结构。

2. 机构资产规模

机构资产规模主要是以财务指标定量显示的企业整体实力。资产规模与竞争力、抗风险能力、融资能力等有关。为什么用资产规模而不用企业规模作为衡量指标？一是技术转移中介机构业务种类繁多、职能性质差别太大，企业之间整体规模缺乏可比性；二是构成企业规模的整体指标太多，作为服务机构规模普遍偏小，用企业规模整体指标评价分析比较烦琐，且意义不大。技术转移服务中介设备设施基本类同，主要以计算机、网络通信、实验设施等软硬件资产为主，具有知识产权的软件资产是企业资产的重要成分。在计算机芯片及网络技术飞速发展，硬件制造成本不断下降的情况下，软件资产在很大程度上决定了企业技术转移的行动力度。软件资产以及相关设备设施，是中介服务机构仅次于人力资源的重要财富，是技术转移绩效的重要保障。

3. 标准化程度

标准化是信息化的前提。标准是科学技术和管理实践经验的总结。技术转移服务标准化是保证业务流程的规范有序而对技术、管理等制定共同遵循的和重复应用的规则的活动。标准化包括技术（本体）标准的应用、流程与行为的规范、规章制度的制定等。

4. 机构管理模式

技术转移服务机构的管理模式是指机构既有的、或者说是传统延续的模式。管理模式是在一定业务流程上产生的，同时受传统观念、企业文化、员工素质的综合影响。既定的管理模式应该有利于机构内部各种资源的有效集中，有利于组织整体优势的发挥，是企业管理中的制度性要素。与业务流程不相适应的管理模式，会反过来影响机构资源组织能力和经营水平的发挥。

5. 机构的服务平台

服务平台既是一种信息处理系统，又是与服务对象沟通与交流的界面。在物物相联、云计算的大数据时代，以信息管理系统为基础的网络服务平台，已不是可有可无的工具和手段，而是完成任务目标保证服务质量必不可少的经营资源。是否建立信息管理系统，是否导入专业公共服务系统，快捷的信息处理手段和有效的网络信息平台服务已成为技术转移绩效管理的重要指标。

6. 场地设施

场地设施以及仪器设备等工作基本条件是业务运营的前提保障。随着网络信息技术的快速发展，一些传统的绩效基础已发生重大改变，场地面积、设备价值等相应的条件要求也要重新调整，具体项目的重视程度可通过指标权数的改变来体现。

7. 机构法人的素质

技术转移服务机构提供多种多样的专业服务，这要求机构法人或主要管理者必须具备与专业领域相适应的基本素质（见表9-2）。企业是技术应用的主体，服务机构首先要向技术应用企业提供其需求的高新技术、先进技术或适用技术，向研发者提供技术资料、市场信息、知识产权服务，向生产者提供技术集成、技术改造服务，向新技术规模生产企业提供投融资、税务等产业化服务。机构法人必须具备服务意识和创新意识，科学配置企业各类资源尤其是人力资源的能力，适应外部环境变化的战略思维能力，但最为重要的是洞察技术及其市场潜力的水平。

表9-2　机构法人的素质

指标	指标解析
人才结构	人才结构是否合理，是否与战略任务目标相匹配
机构资产规模	有形资产与无形资产比例，无形资产中知识产权的价值，资产收益率回报
标准化程度	服务规范，技术标准，规章制度等
机构管理模式	是否与新兴服务业相适应，是否与企业的业务流程相适应，是否被多数员工所接受
机构的服务平台	是否建立信息管理系统，是否导入专业公共服务系统，快捷的信息处理手段，有效的网络信息平台服务
机构的公益职能	非营利业务内容，免费提供技术经济服务，开放网络服务平台等
机构法人的素质	机构法人的服务意识和创新意识，科学配置企业各类资源尤其是人力资源的能力，适应外部环境变化的战略思维能力，洞察技术及其市场潜力的水平

9.4.2　服务机构的商业模式

商业模式是指面向用户、依托供应链形成的有相对稳定的服务程序和信息流向的市场经营体系。成功的商业模式首先是能够保障企业的可持续发展，其次是能够为企业带来丰盈的利益。丰盈的利益不代表超额利润。市场经营体系中，供应商与其他众多合作伙伴参与其中，每一个参与者都在发挥着各自的作用，潜在利益及相应的收益来源和分配方式是商业模式独特价值的组成部分。人、财、物是传统商业的经营资源，电子商务下的创新商业模式，在人才、物流、现金流基础上，把技术、信息、公共关系，甚至把作为服务对象的目标客户都列入资源的范畴。创新商业模式的实质是设计信息流的流向与路径，是追求资源的最佳配置与组合。

评价商业模式通常采用以下创新指标：专业服务领域，服务创新体制，服务创新机制，营销渠道创新，客户核心价值，内部营运流程等。

1. 专业服务领域

技术转移服务机构的服务链条决定了其"细而专"的企业特性，尽管实践中存在像德国史太白技术转移中心数万科技队伍那样的庞大机构，但那绝不是"大而全"的综合业务集团，而是由众多技术转移分支机构组成的专业服务组织。任何一个中介机构都必须有自己的专业服务领域，有依赖自己专业优势和关键资源的主营服务业务。服务业务可以向产业链的上下两端延伸，延伸的界限是与自己主营业务的联结程度和实际可控程度。不断通过服务创新来发展业务，在智能手机上进行金融交易，并通过社交网络获得用户支持诸如此类的新方式，改变商业运作方式，并从这些交互中获得更多的商业价值。

2. 服务创新体制

构建互动参与系统：精心策划与客户互动的过程，并持续优化互动方式，进一步强化客户向心力。重塑企业业务模式，建立个性化客户体验并不断改进创新性的解决方案，同时构建出响应这些变革的企业文化与组织架构，方能够深化客户关系，创造新的收入增长途径。

3. 服务创新机制

服务目标保障机制，服务资源共享机制，服务反馈纠偏机制、服务任务激励机制、服务人员自治机制，服务结果奖惩机制等。

4. 营销渠道创新

开拓发展以客户为导向的营销新渠道，利用数字化、网络化移动终端和通过社交媒介的跟踪，发现增长机会和新的实现价值的途径。

要培养对客户的洞察，透过创建工具和技术来动态地了解各种需求并提供个性化的产品与服务。

5. 客户核心价值

电子商务时代，客户核心价值正逐渐成为服务绩效评价的重要指标。客户价值即服务对象的感知价值，核心价值就是客户可感知的区别于其他机构的、最基本的组织特征，是组织赖以生存和发展的根本要素。通过创造优质的客户体验，实现快速的业务成长。

服务机构的客户价值诸如"专业程度"、"后续服务"、"融资能力"、"培训合格率"等各不相同，每家机构都会有自己的客户核心价值。根据客户关系管理（CRM）理论，企业尤其是服务企业，绩效的核心是客户价值管理。服务机构首先要把技术受让企业看做是客户、是自身发展的重要资源，重视客户的个性化需求，把客户关系始终贯穿在服务业务的全过程，达到提高客户忠诚度的目标。细化指标包括：客户认知价值、客户满意度和客户信任度等。

6. 内部营运流程

任何一个机构都有一整套营运流程、内部营运流程机构内各部门之间业务循环的运行秩序和流转次序。机构的战略目标以及决策者的执行力要通过运营流程来实现。企业简单的营运流程如采购供应、设计制造、营销服务，部门的具体流程如客户接入、售后前台响应、技术人员跟进、售后服务回访、服务总监复查等。营运流程从高层的战略流程到基层的员工流程是可被共同理解的简明工作指南，用于对全体员工作业进行指导、说明。营运流程要通过具体的专业运营设计并通过修正调整才能规范运营，营运流程设计的合理与否直接影响机构的营运绩效，其影响作用远大于个体的努力，越是高层，流程的杠杆作用越大。

决定营运流程的重要因素有业务性质、业务规模、品种类别、需求变动、资源供给，在此基础上的运营流程绩效的关键性指标有：采购与库存、现金流量、交工交货期、人员配置等，指标的内容依机构而异，评价的关键是对改善经营能实时见效的重要环节（见表9－3）。

表9－3 内部营运指标解析

指标	指标解析
专业服务领域	主营业务投入产出比率（主营业务收入/主营业务总费用）、专业服务人员比例（技术服务人员/员工总数）、专业界面管理投入等
服务创新体制	战略发展定位、现代企业治理结构、股权明晰制度、服务流程规则、风险控制规章等
服务创新机制	服务目标保障机制、服务资源共享机制、服务反馈纠偏机制、服务任务激励机制、服务人员自治机制、服务结果奖惩机制等
营销渠道创新	网络营销利用率、BTB营销比率、BTC营销比率等

指标	指标解析
客户核心价值	核心资源、关键目标客户、客户认知价值、客户信任度、战略合作伙伴关系等
内部营运流程	客户服务响应时间、采购与库存、现金流量、交工交货期、人员配置等

9.4.3　服务机构的创新能力

增强自主创新能力必须确立服务机构在创新中的地位。服务机构创新能力是运用专业知识，在技术转移服务领域不断产生具有经济效益、社会效益、生态效益的新思路、新方法的能力。创新能力是一种内涵隐形能力，其外在显性能力是服务机构的综合竞争力。创新能力是将先进技术、适用技术转化为经济效益与社会效益的引导能力，对技术转移具有关键性的影响作用，是反映中介机构能力绩效管理的重要内容。创新能力是创新的基础和竞争力的主要源泉，是我国科学技术发展的战略基点和调整产业结构、转变增长方式的中心环节，也是技术转移服务机构业务发展的鼎力支撑。服务机构的创新能力绩效可通过以下指标体现：知识吸收能力、竞争力、技术转移后的项目进展程度、机构引进人才状况、行业地位、实现销售收入、品牌知名度、服务质量等。

1. 知识吸收能力

服务机构的创新能力直接源于知识吸收能力进而促进和提升组织的绩效。中小型服务机构的组织知识一小部分来源于自身的服务经验和技术研发，更多的知识积累来源于机构之间的合作与交流，来源于对"他人"知识的学习与吸收。知识吸收能力有助于服务机构的组织创新、服务创新基础，形成服务质量、销售收入、品牌知名度，最终形成竞争力并确定企业在行业中的地位。

影响服务机构知识吸收能力的主要因素有以下几方面：机构先验知识的累积存量，其中最关键的是在岗人才的个人认知；组织内部的学习机制，机制制约着对知识需求的刺激程度、学习激励的强度；技术与服务研究投入力度等。

2. 竞争力

竞争力是同行或同业参与者在供求关系失衡情况下争取买方市场认可的一种综合能力。它是一个综合性的相对概念，也是一个能进行特定内涵测度的定量指标。技术转移中介机构的竞争力可定义为整合机构内、外部资源、适应市场环境变化的能力，这种能力可根据机构的所有制性质和服务类别分为两类，可以从宏观和微观两方面或者从社会效益和机构自身的经济效益两方面进行评价。最常使用的测度指标是按国家或某一地域一定目标时间内的技术贸易差额，以及以指数的形式对一定区域技术服务贸易进行分析比较，把一定区域技术转移服务的输出与输入差额占其输出输入总额的比重作为测定指标。该指标作为一个与贸易总额的相对值，没有价格指数的影响，无论技术输出输入的绝对量是多少，它均在正1与负1之间。指数值越接近0表示竞争力越接近于平均水平；指数值越接近于1则竞争力越大，等于1时表示该产业只有输出而无引进；指数值越接近于−1表示竞争力越脆弱，等于−1表示该产业只引进而无出口。竞争力是一种随着市场条件变化而被动体现的能力，在没有主观努力的前提下，竞争力脆弱将会被市场淘汰。因此，要测定竞争力需要设定一个测定目标时间区段。

3. 技术转移后的项目进展

技术转移的形式有多种，技术贸易、技术转让、技术交易、技术服务等不同类别合同的签订生效都可意味着技术转移的实施，技术转移绩效管理的重点不是技术转移合同签约的数量和成交额的大小，而是技术转移后的项目进展状况和最终的产业规模效益。项目进展按不同性质、不同阶段和不同规模分别考核与评价不同服务机构的技术转移贡献及机构自身的收益。细化指标包括与协议要约相关的工程进度、资金到位额度、投资预算、法律纠纷、后续服务跟进等服务承诺的落实状况。

4. 机构引进人才状况

人才是机构中知识的主要承载者，引进人才是快速提升服务质量的捷径。科技的快速发展和服务需求的多样性，专业技术人才和综合管理人才以及新兴学科交叉所需要的复合型人才的引进数量，既能看出服务机构的前瞻观念，又是服务机构综合软实力的展示。技术转移培训师、科技咨询师、经纪师、软件架构师、ERP设计师以及技术转移领域资深的专利、风投、保险、税务、理财等人才是技术转移绩效管理概念中的第一珍贵资源。

5. 行业地位

技术转移服务可细分为几十个门类，每一个门类都可是为视为一个细分行业，每一个行业都需要一个领军机构。领军的龙头机构能够以示范效应、规模效应发挥主导作用。行业地位应该是市场的自然安排，价值规律作用下的行业地位能够保障业内所有机构的有序竞争，绩效评价要尽量排除业务运行中的行政因素。

6. 实现销售收入

销售收入主要指技术转移中介机构提供服务所收取的人工劳务费用、物化劳动成本、企业利润、政府税收、行业管理费等。劳务费用包括技术交易经纪佣金、专利及其他知识产权代理费、科技咨询费、技术转移培训费及各类其他技术转移服务报酬等。中介机构变卖自有资产包括销售自行研发的技术均不属于中介服务销售收入，其绩效属另外的统计分类。

7. 技术经纪门户网站的访问量

随着大数据开发业务的急剧扩展，门户网站有效信息量越大，用户访问量越大。

8. 品牌知名度

技术转移服务品牌知名度与其他实体经济产品测评一样，也存在越来越重要的营销意义。技术转移中介机构品牌知名度是指机构名称的品牌知名度及服务类别的品牌知名度，是某机构服务品牌潜在的被服务技术买卖双方和相关者、购买者感知的能力。品牌知名度按声誉度的大小可分为第一提及知名度、品牌回想、品牌识别等测评层度，第一提及知名度意味着该品牌家喻户晓或者说业内大多数人皆知。品牌知名度是机构强大的竞争优势，具有很高的资源价值，是重要的软实力之一。

9. 服务质量

服务质量是提升竞争力的最重要保障举措，是服务机构创新能力的综合体现。单从技术转移服务机构经济效益角度讲，如果没有竞争，服务质量就没有实质性的意义。但是，技术转移服务业已形成全球化的国际竞争格局，中国科学技术远远落后于发达国家，技术转移始终处于一种不对等地位，并且技术转移服务业更是起步很晚，服务质量差距更大。

衡量技术转移服务机构服务质量有两条基本着眼点，其一，是否促成了技术转移，其二，转移后的技术是否背离了输出输入双方的最初意愿。技术转移绩效建立在这两个基本点之上，由此可见服务质量的生命线作用。服务质量指标解析见表9—4。

表9—4　服务质量指标解析

指标	指标解析
知识吸收能力	
竞争力	竞争优势，物质资源配置能力，科技人才集聚能力
技术转移后的项目进展	转化技术及创新要素之间的协同合作，提升企业竞争能力
机构引进人才状况	有综合素质要求的国际化人才，合理的人才结构
行业地位	技术基础、产值、利税、现金流等指标的增长速度
新产品销售收入比重	新产品效益（新产品销售收入，新产品销售收入/销售总收入）
盈利现金比率	经营现金净流量/净利润

指标	指标解析
技术门户网站的访问量	
品牌知名度	
服务质量	

9.4.4　服务机构的贡献率

1. 主营业务投入

主营业务投入主要体现机构的专业实力和对行业的投资贡献。包括骨干人才的人力资源投入，ERP 系统（Enterprise Resource Planning）、MIS 系统（Management Information System）、MRP 系统（Material Require Planning）、MRP Ⅱ系统（Manufacture Resource Planning）投入，门户网站投入，项目库、专家库投入等。

2. 税收贡献

税收贡献应包括应税额度、实缴数额、欠税数额等。分列会计年度内营业税、增值税、所得税细目可了解不同规模的机构的纳税能力与缴税贡献。可比条件下税收增长率指标可动态反映机构的贡献力度。

3. 业务增长速度

业务增长速度可设置环比、同比等多个百分比指标，还可设置同行或同业平均增长速度等辅助指标作为对比，还可列置服务业宏观总体增长等参考指标。增长速度指标要排除偶发因素和其他非可比性统计、计算方法。

4. 咨询服务次数

对专业的技术转移咨询机构来讲，这一指标对于其绩效考核既简捷又实用。咨询服务次数指标之所以重要是另有意义，就有偿咨询而言，咨询费是咨询机构的主要收入来源，而接待咨询不仅能截留客户、获取行业信息动向，还能为后续咨询、开拓更大项目来源奠定基础。德国史太白技术转移中心就特别重视这一指标。提供的一般咨询在五个小时之内是免费的，这在实际上吸引了大量的用户，掌握了大量的需求信息，每一次咨询都为机构找来了进入实质性项目的机会。各分支转移中心的专家还会免费到企业去进行诊断，提出建议性报告，供企业选用，争取得到合同。技术转移中心总部对这种免费的主动上门服务，会按专家的实用工时计费，统一给各分支转移中心以补偿。据内部了解，专家咨询费标准是：教授每天1 500马克，工程师每天 900 马克。咨询服务次数指标可分为有偿咨询与无偿咨询、有效咨询与无效咨询、首接咨询与复接咨询等，还可按项目大小、时间长短进行记录统计，根据实际情况另行设置指标。

5. 服务客户数量

客户数量本身就是业绩体现，服务的客户越多，收益的总额就越大。由于服务业没有高额的固定资产投资，知识资本的消费在同等服务数量情况下，边际成本递减，纯收益越来越大。机构专家把不断累积的新知识和新技术，按企业的实际需要拆分组合，形成新的业务增长点。因此，服务客户数量越多，除规模效益外，还会因马太效应而降低客户开发成本。

6. 孵化项目/企业数量

孵化器（高新技术创业服务中心）作为专为扶持新创的科技型企业而设计和运作的中介性机构，以科技园、开发区开设的政策性综合性孵化器居多，各地还设立了一批软件、医药、农业等专业性孵化器。孵化器在进行中介服务的同时还为在孵企业挖掘、配置资源。我国孵化器在数量上已处于世界领先的地位，随着投资主体的多元化，商业性孵化器也在快速发展，管理体制已从事业型为主向企业型、事业单位企业化管理模式转变。孵化器是绩效指标最难考核的机构之一，因其开办形式多样，服务功能全面，所以孵化项目/企业在性质、规模方面有很大差异。评价指标以"孵化项目/企业数量"为基础，以孵化器投入的人财物力为辅助效率指标

7. 毕业企业/项目数量

孵化毕业企业/项目数量可作为效益类评价指标。孵化毕业就能为孵化器带来效益，尽管大多数孵化器不以盈利为目的，但是，账面上的数字、资金来源与投资去向还是有详尽核算的。还可以参照毕业后企业一定时期的实际经营业绩作为依据，衍生出以毕业企业/项目数量指标为前提的参照效益指标。

8. 培养培训业务规模

从人力资源是第一生产力的角度，技术转移人才培养才刚刚起步，离实际需求还有很长的路要走。技术转移人才培养分为师资培养、学历教育、专题培训、岗前培训、资质证书考试学习等多种形式。人才培养绩效管理最直接、最简单的指标是"培训人次"，实际上人才培养难度最大的是师资队伍的建设。理论研究、教材撰写，这些基础能量的积蓄，也很难用绩效指标进行评价。人才培养的细化指标可以按培养培训形式，以人次、学时等标识分别设置，以不同的权重系数予以排序。

9. 投融资服务数额

投融资服务包括为技术研发直至产业化落地全过程的各环节提供的投资、贷款、捐助等多种形式的资金支持。投融资数额是中介机构融资能力的直接体现。

投融资可以是为技术转移直接投资、放贷、捐赠，也可以是为投资（风投）、信贷、拨款、调剂等提供推介和牵线搭桥。技术转移投融资作用的方式有以下几种：一是通过资金或物质支持缩短技术转移周期，如缩短技术创新和技术研发周期、缩短技术集成和产品化周期、缩短技术推广和商品化周期、缩短技术商品产业化周期。很多技术从创意应用到产品化再到推广普及，都需要相当长的时间周期，投资周期缩短意味着投资回报预期提高，意味着投融资效益的提高。二是通过资金或物质支持降低成本，扩大技术转移受让方数量或扩大技术扩散区域。采用一项新技术投资数额的大小，能够影响企业引进和吸纳新技术的积极性。只有在性价比适宜的前提下，新技术才有可能被更多的企业认可和接受。三是支持高新技术、垄断技术的发明、转让。很多新技术的研发以及引进推广需要巨额投入，需要承受很大风险，然而风险与收益是成比例的。技术转移投融资服务在高新技术、垄断技术的孵化、转化、转让、受让的所有环节都有着特殊的意义。

10. 知识产权服务

11. 转移技术与项目数量

该项指标可用于多类中介机构的绩效管理，从服务内容看，包括技术转移的商业策划、可行性咨询、技术经纪、融投资。

12. 转移项目的落地状况

技术转让合同是否顺利执行、项目是否开工建设、是否按期交接、产品是否合格、工艺是否合乎设计要求。

13. 转移项目的产业化趋向

转移项目的产业化趋向指标解析见表9－5。

表9－5　转移项目的产业化趋向指标解析

指标	指标解析
主营业务投入	反映专业能力的提升和行业或产业实力的增强
税收贡献	包括应税额度、实缴数额、欠税数额、减免税额等
业务增长速度	
咨询服务次数	有偿咨询与无偿咨询、有效咨询与无效咨询、首接咨询与复接咨询等专项分析并区别统计
服务客户数量	服务业以客户为核心价值
孵化项目数量	
毕业企业数量	
培养培训规模	

指标	指标解析
投融资服务数额	
知识产权服务	知识产权登记、转让服务带来的产品价值链的提升
转移技术与项目数量	
转移项目的落地状况	
转移项目的产业化趋向	

9.4.5 服务机构的社会责任

技术转移服务机构作为一种半商业化组织，其经营行为与社会环境戚戚相关，特殊历史条件下的各类半商业化组织向完全市场化过渡是必然趋势，为此，要想获得战略性的长远发展，必须按市场化规则置自身的经济利益于社会的大环境之中。《公司法》、《合同法》、《环境保护法》等多部国家法律都明确规定了企业及有关部门应承担的社会责任，企业在关注利润最大化目标的同时，必须承担相应的社会责任，这是一种法律担当，也是一种应尽义务。据有关资料表明，全世界 500 强排名的跨国公司中，大都设立了自己公司的社会责任标准，绝大多数公司在其核心价值观中，也将承担相应的社会责任放在重要的位置。服务机构的社会责任绩效可通过以下指标体现：技术转移公益事业投入、知识产权服务、职工收入增长度、顾客满意度、不良信用记录、投诉率、职业道德。

（1）机构的公益职能。技术转移是国家科技发展战略重要内容之一。能够顺利转移的技术必须满足节能减排、低耗高效等基本要求，必须是市场短缺或具有重大突破的瓶颈技术。技术转移服务机构在各自的微观领域追求经济利益的同时，还在为国民经济战略目标的实现作出贡献。服务机构能够满足社会公众的短缺需求，具有很强的公益属性，社会效益和生态效益显著。

（2）技术转移公益事业投入。

（3）员工培训经费。企业用于岗前就业培训、职业资格培训、安全生产教育培训、业务技能培训以及其他继续教育的费用支出。服务机构应按职工工资总额的 1.5%～2.5%提取职工教育培训经费，列入成本费用，依法在税前扣除。其中用于一线职工教育培训的经费不得低于机构职工教育培训经费总额的 70%。职工教育培训经费的提取、使用管理办法应当列入法定管理程序。

（4）职工收入增长度。

（5）客户满意度。客户满意是对产品或服务消费所产生的感受与自己的期望所进行对比的心理反映。"满意"是对服务机构所提供的产品或服务与客户期望、要求等吻合的程度。

（6）不良信用记录。不良信用记录也称信用污点，属我国社会信用记录的时效范畴，企业征信系统是第三方公众征信平台，其记录的不良信用信息越来越受到业务客户和社会公众的关注。

（7）投诉率。

（8）职业道德。职业道德指标解析见表9－6。

表9－6　职业道德指标解析

指标	指标解析
技术转移公益事业投入	公益事业投入/营运收入
员工培训经费	内部员工培训支出/营运收入
职工收入增长度	
顾客满意度	
不良信用记录	
客户投诉率	客户投诉次数/提供服务的总次数
职业道德	

案例：技术转移服务机构评价指标体系

一、技术转移服务机构的评价方法

综合评价的具体方法很多，各种方法具有不同的适用性。本案例通过研究比较几种常用的评价方法，筛选出适用于技术转移服务机构的评价方法。根据不同的标准，综合评价方法有不同的分类。按照评价与使用信息特征的关系，可分为基于数据的评价、基于模型的评价和基于专家知识的评价；按照所属学科性质的不同，可分为多指标综合评价法、指数及经济分析法、运筹学法、数理统计法、模糊评价法、基于计算机技术评价法、基于规则的评价方法；根据各评价方法所依据的理论基础不同，可以把综合评价方法分为专家评价方法、运筹学与其他数学方法、新型评价方法。在此，我们把各种方法分为基于主观信息和基于客观信息的评价方法两大类来对各种评价方法做一个简单的分析与说明，以鉴别其适用性。

1. 基于主观信息的综合评价方法

（1）德尔菲法（Delphi）

德尔菲法的本质是利用专家在专业方面的经验、智慧等，对客观存在但难以确定的、带有很大模糊性的信息进行相互交换，并由调查人员进行汇总、整理，最后取得一致性的意见，从而使模糊信息明朗化。

德尔菲法的优点是可以结合专家们在专业领域的经验、智慧来对参评对象做一个综合的评价，使一些模糊的信息明确化，其结果可以给行业的发展做正确的导向。但是这种方法的缺点是主观色彩强（由于主观判断、选择、偏好不同，认识上的模糊性、思维上的不定性、判断水平的不一致性等主观因素都会影响评价最终结果的准确性），耗时长，费用高。所以在应用实践中，很少直接由专家对各个机构的水平进行最终结果的直接评价，而是由这种方法对评价体系中各指标的权重赋值，然后再结合其他方法完成整个评价过程。

（2）层次分析法（AHP）

层次分析法是一种定性与定量分析相结合的多准则决策方法。这种方法是将决策问题的有关元素分解成目标、准则、方案等层次，在此基础上进行定性和定量的分析。它把人的思维过程层次化、数量化，并用数学为分析、预报或控制提供定量的依据。这种方法的特点是在对复杂决策问题的本质、影响因素以及内在关系等进行深入分析之后，构建一个层次结构模型，然后利用较少的定量信息，把决策的思维过程数学化，从而为求解多目标、多准则或无结构特性的复杂决策问题提供一种简便的决策方法。该方法以其定性与定量相结合处理各种决策因素的特点，以及灵活简洁的优点，在我国社会经济各个领域（如能源系统分析、城市规划、经济管理、科研评价）得到了广泛的重视和应用。

层次分析法的优点是在操作过程中使用了线性代数的方法，数学原理严密，决策过程具有很强的条理性和科学性，这样不仅简化了系统分析和计算，还有助于决策者保持思维过程的一致性；由于它模拟人的思维过程，适合于具有定性的，或定性定量兼有的社会经济系统决策分析的特点。它的缺点是在建立层次结构和构造判断矩阵时，各评价指标的相对重要程度是由专家根据自己的经验给出，选取的专家不同，得出的指标权重也不同。因此，要注重专家的选取，包括专家的领域知识、素质和数量。

（3）模糊综合评判法

模糊综合评判法是借助一些模糊数学的概念，应用模糊关系合成的原理，将一些边界不清、不易定量的因素定量化，从多个因素对参评事物的隶属等级状况进行综合性评价的一种方法。其特点是评判逐对进行，对参评对象有唯一的评价值，不受参评对象所处对象集合的影响。它虽然利用了模糊数学理论，但并不复杂，容易理解和使用，而且在一些传统观点看来无法进行数量分析的问题上显示了它的优越性，能很好地解决判断的模糊性和不确定性问题。在许多方面采用模糊综合评判的实用模型能取得很好的经济效益和社会效益，因此在社会经济管理领域得到广泛应用。

模糊综合评判法的优点是评判结果包含的信息量丰富，克服了传统数学方法结果单一性的缺陷，很好地解决了判断的模糊性和不确定性问题，可对涉及模糊因素的对象系统进行综合评价。它的缺点是不能解决评价指标间相关性造成的评价信息重复问题，隶属函数的确定还没有系统的方法，而且合成的算法也有待完善。另外，作为一种基于主观信息的综合评价方法，它也具有主观评判的所有不足。

2. 基于客观信息的综合评价方法

（1）数据包络分析（DEA）

数据包络分析是以"相对效率"概念为基础，根据多指标投入和多指标产出对相同类型的单位/部门进行相对有效性或效益评价的一种新的系统分析方法。DEA 是以相对效率概念为基础，以凸分析和线性规划为工具的一种评价方法，它应用数学规划模型计算比较决策单元之间的相对效率，对评价对象作出评价。这种方法结构简单，使用方便，适用于具有多输入多输出的复杂系统，例如评判技术创新、资源配置、金融投资等领域。对评价非单纯盈利的公共服务部门，如学校、医院等的评价中更为有效。

数据包络分析法的优点是无须任何权重假设，每一输入输出的权重不是根据评价者的主观认定，而是由决策单元的实际数据求得最优权重。因此，它排除了很多主观因素，具有很强的客观性；可以评价多输入多输出的大系统，并可用"窗口"技术找出单元薄弱环节加以改进。它的缺点是只表明评价单元的相对发展指标，无法表示出实际发展水平。

（2）人工神经网络评价法（ANN）

人工神经网络评价法是根据所输入的信息建立神经元，通过学习规则或自组织等过程建立相应的非线性数学模型，并不断进行修正，使输出结果与实际值之间差距不断缩小，直到得到满意的结果。ANN 是模仿生物神经网络功能的一种经验模型，输入和输出之间的变换关系一般是非线性的。这种方法通过神经网络的自学习、自适应能力和强容错性，建立更加接近人类思维模式的定性和定量相结合的综合评价模型，适用于处理非线性、非局域性的大型复杂系统，例如城市投资环境评价、高技术项目投资评价等经济管理领域。

人工神经网络评价法的优点是训练好的神经网络把专家的评价思想以连接权的方式赋予网络上，这样该网络不仅可以模拟专家进行定量评价，而且避免了评价过程中的人为失误（模型的权值是通过实例学习得到的，这就避免了人为计取权重和相关系数的主观影响和不确定性）；针对综合评价建模过程中变量选取方法的局限性，采用神经网络原理可对变量进行贡献分析，进而剔除影响不显著和不重要的因素，以建立简化模型，可以避免主观因素对变量选取的干扰。它的缺点是需要大量的训练样本，精度不高，应用范围有限；评价算法复杂性太高，只能借助计算机进行处理，而到目前为止，这方面的商品化软件还不够成熟。

（3）灰色综合评价法（GRAP）

灰色综合评价法是一种多因素统计分析方法。从信息的非完备性出发研究和处理复杂系统的理论，它不是从系统内部特殊的规律出发去讨论，而是通过对系统某一层次的观测资料加以数学处理，达到更高层次上了解系统内部变化趋势、相互关系等机制。它的实质是利用各方案与最优方案之间的关联大小对评价对象进行比较、排序。

灰色综合评价法的优点是将定性分析与定量分析相结合，可以更好的解决评价指标难以准确量化和统计的问题，可以排除人为因素带来的影响，使评价结果更加客观准确；计算过程简单且易掌握；数据不必进行归一化处理，可用原始数据进行直接计算，可靠性强；评价指标体系可以根据具体情况增减；对数据量没有太高的要求，只要有代表性的少量样本即可。它的缺点是要求样本数据有时间序列特性；只对评判对象的优劣作出鉴别，不能反映绝对水平；具有相对评价的所有缺点；对分辨率的选择没有一个合理的标准。

通过对常用评价方法的分析可以看出，每种方法均有优缺点，既有共同的适用性，也有其独特性。针对技术转移机构这一特殊的评价对象，下列方法可供选择：层次分析法、模糊综合评判和数据包络分析。

层次分析法和模糊综合评判法是目前发展比较成熟，应用范围比较广泛的两种评价方法。因为发展比较完善，所以使用起来更具有科学性和可行性。层次分析法首先由专家来对各指标进行重要性程度打分，根据一定的计算原则，求出各指标的权重，然后再根据参评机构各指标的分值，加权求出各参评机构的综合得分。从层次分析法的计算结果中，一方面可以测算出参评机构各分项指标的水平，另一方面也可以测算出参评机构的综合水平。

模糊综合评判法是在层次分析法的基础上，加入评价集的思想，可以确定参评机构各项指标所属等级，从而把定量问题再转化为定性化的结果，该结果显示的是参评事物对各等级模糊子集的隶属度，它一般是一个模糊向量，而不是一个点值，因而它能提供的信息比其他方法更丰富。

数据包络分析，可以评价多输入多输出的大系统，并可用"窗口"技术找出单元薄弱环节加以改进。这种方法可以避免主观评价方法的一些缺点，同时还可以找出参评机构比较弱势的区域，从而有针对性地加以改进，提高机构的水平。

放弃人工神经网络分析法是因为这种新型的评价方法不够成熟，而且软件支持还没达到相应水平。灰色综合评价法可利用各指标与最优指标之间的关联大小对评价对象进行比较、排序，符合机构评价所需要的评价结果，但是这种方法和数据包络分析都具有结果的相对性，所以与别的方法结合使用更好。

根据本案例研究的实际情况，开始几轮的测试中，试验使用了所推荐的各种方法。对于模糊综合评判，由于在后期需要大量的专家参与，操作比较麻烦，其最终结果是一个机构整体的优劣水平，本案例研究期待的最终结果应该是既能说明参评介机构的综合水平，也可以说明参评机构的某一个或几个指标方面的相对水平，模糊综合评判的适用性不是很好，故舍弃。对于数据包络分析，虽然有其优点，但是很难找出各输入所对应的输出及其之间的关联，所以也舍弃这种方法。

选用层次分析法（AHP）是因为该方法发展比较成熟，过程容易理解，使用较为方便，而且评价结果符合本项目的期望效果。既可以从结果中得出参评机构的综合水平，还能够得出参评机构在各个指标方面的相对差异程度，比较得知，层次分析法（AHP）适合于技术转移服务机构的评价。

二、技术转移服务机构评价指标设计

1. 评价模型

技术转移服务机构评价模型由三级评价指标组成。一级指标有 4 个，可用于评价技术转移服务机构的综合实力，也可利用其中某一个（或多个组合）指标反映技术中介品牌机构具有的优势，展现品牌机构形象。二级指标侧重描述一级指标构成要素。三级指标是评价技术中介品牌机构的基本信息或原始数据。

技术转移服务机构评价指标设计基于激励机制，其目的是引导技术转移服务机构的市场行为，树立技术转移服务机构的品牌意识。评价指标有主要指标和辅助指标构成。主要指标包括引导指标和激励指标，而辅助指标涵盖统计指标、描述指标、说明指标和报告指标等。由于本课题不涉及约束机制和惩戒机制，评价指标中没有包括约束类指标和处罚类指标。

技术转移服务机构评价模型如表 1 所示：

表 1　技术转移服务机构评价模型

一级指标	二级指标	三级指标
机构影响力 F1	市场占有率 F11	技术合同项目数占有率 F111
		技术合同成交额占有率 F112
	市场覆盖率 F12	技术流向的区域格局 F121
		涉足的技术领域数 F122
	行业知名度 F13	成立时间 F131
		全年营业总收入 F132

续表

一级指标	二级指标	三级指标
机构影响力 F1	组织技术交流交易活动 F14	活动频率 F141
		活动规模 F142
服务能力 F2	实现技术合同总项目数及成交额 F21	技术秘密合同比例 F211
		专利合同比例 F212
		普通技术合同比例 F213
	技术收入 F22	"四技"收入比例 F221
		其他服务收入比例 F222
	信息能力 F23	信息资源 F231
		信息服务平台 F232
	职业教育能力 F24	学历教育 F241
		短期职业培训 F242
	人员素质 F25	职称构成 F251
		学历构成 F252
		拥有专业资格证书人数 F253
	机构规模 F26	从业人员数 F261
		登记注册资金 F262
		固定资产 F263
		流动资产 F264
社会效益 F3	促进行业技术进步 F31	为重点工程中介服务的合同项目数及成交额 F311
		为技术出口中介服务的合同项目数及成交额 F312
	促进区域经济发展 F32	为区域发展中介服务的合同项目数 F321
		为区域发展中介服务的合同成交额 F322
		出口创汇 F323
外部评价 F4	奖励与报道 F41	技术市场管理办公室的奖励 F411
		省级媒体正面报道次数 F412
	客户满意度 F42	长期联系客户群比例 F421
		合同履约率 F422
		典型成功案例 F423

2. 评价指标说明

机构影响力（F1）：一级指标，属于评价指标。

技术转移服务机构影响力是评价参评机构是否符合品牌机构的重要指标之一。如果是品牌机构，应该具有一定的知名度，对整个技术服务行业的发展有重要的影响力。技术转移服务机构影响力与市场占有率（F11）、市场覆盖率（F12）、行业知名度（F13）及组织技术交流交易活动（F14）密切相关。

市场占有率（F11）：二级指标，属于说明指标。指技术转移服务机构在指定期间完成技术交易的成交量和成交额占技术服务行业中同类机构全部成交量和成交额的所占比重。由2个三级统计指标描述：技术合同项目数占有率（F111）及技术合同成交额占有率（F112）。

市场覆盖率（F12）：二级指标，属于说明指标。指技术中介机构技术交易涉足的地域范围。由2个三级报告指标描述：技术流向的区域格局（F121），及涉足的技术领域数（F122）。

行业知名度（F13）：二级指标，属于引导指标。指技术中介机构在技术市场上被同行和客户认知的程度和范围。由2个三级统计指标描述：成立时间（F131）及全年营业总收入（F132）。

组织技术交流交易活动（F14）：二级指标，属于引导指标。指技术转移服务机构指定时期内组织的技术交流交易活动。由2个三级报告指标描述：活动次数（F141）及活动规模（F142）。

服务能力（F2）：一级指标，属于评价指标。

服务能力是技术转移服务机构核心竞争力的重要组成部分之一，也是技术转移服务机构可持续发展的核心要素。作为技术高端服务型企业，服务能力对其中长期的发展至关重要。以服务能力作为评价指标引导技术转移服务机构，创建品牌具有重要的现实意义。服务能力由6个二级指标描述：签订技术合同总数量（F21）、技术收入（F22）；信息能力（F23）、职业教育能力（F24）、人员素质（F25）及机构规模（F26）。

实现技术合同总项目数及成交额（F21）：二级指标，属于统计指标。指指定时期参评机构签订的技术合同总数量。由3个三级统计指标描述：技术秘密合同所占比例（F211）、专利合同所占比例（F212）及普通技术合同所占比例（F213）。

技术收入（F22）：二级指标，属于统计指标。是指定时期参评机构通过技术转移服务所获得的全部收入，即服务机构的主营业务收入。由2个三级统计指标描述："四技"服务收入比例（F221），及其他服务收入的比例（F222）。其中："四技"服务包括技术开发、技术转让、技术咨询和技术服务（含技术培训、技术中介）。

信息能力（F23）：二级指标，属于引导指标。指参评机构获取信息、挖掘信息、处理信息和传播信息的能力。在信息时代，信息能力是技术转移服务机构核心竞争力的重要组成部分，对技术转移服务机构成功运营与可持续发展具有十分重要的影响。信息能力由2个三级报告指标描述：信息资源（F231）说明信息资源更新的及时性、准确性、完备性；信息服务平台（F232）描述其信息服务平台具有的功能、信息交互模式及所覆盖的技术服务领域。

职业教育能力（F24）：二级指标，属于引导指标。指参评机构能够提供职业教育与培训的师资条件和教学设施。它不仅能够为内部员工提供学习的机会，亦能为技术转移服务同行提供业务学习、交流、探讨与深造的平台。由2个三级报告指标描述：学历教育能力（F241）及短期职业培训能力（F242）。

人员素质（F25）：二级指标，属于引导指标。指参评机构领导和普通员工所具备的综合素质，是决定参评机构竞争力及可持续发展的重要条件。由3个三级统计指标描述：人员的职称构成（F251）、学历构成（F252）及拥有专业资格证书人数（F253）。

机构规模（F26）：二级指标，属于说明指标。指技术转移服务机构的软件、硬件条件。由4个三级报告指标描述：从业人数（F261）、登记注册资金（F262）、固定资产（F263）及流动资产（F264）。

社会效益（F3）：一级指标，属于评价指标。

技术转移服务机构的社会效益反映了参评机构对社会的贡献。技术转移服务机构除了关注自身的业务发展和经营利润之外，还应该考虑对技术所在行业和整个社会的影响，能够促进技术所在行业和技术市场共同进步、和谐发展。由2个二级指标描述：促进行业技术进步（F31）和促进区域经济发展（F32）。

促进行业技术进步（F31）：二级指标，属于引导指标。描述技术转移服务机构为其涉足行业提供的中介服务，它能够反映技术转移服务机构的特色业务，专长业务和优势业务。由2个三级统计指标描述：重点工程服务的合同项目数及成交额（F311）、为技术出口中介服务的合同项目数及成交额（F312）。

促进区域经济发展（F32）：二级指标，属于引导指标。描述技术中介机构为促进区域经济发展提供的技术服务。技术转移服务机构承担着区域技术输出与技术吸纳的重任。区域的技术输出不仅促进区域技术市场的繁荣，而且有力地推动了技术引进与吸纳区域的经济发展。由 2 个三级统计指标描述：为区域发展中介服务的合同项目数（F321）及为区域发展中介服务的成交额（F322）。

外部评价（F4）：一级指标，属于评价指标。

外部评价能够充分调动技术转移服务机构的积极性，引导技术转移服务机构树立品牌意识，创建品牌机构。该指标应从多方位、多角度真实反映外界对参评技术转移服务机构的褒奖。由 2 个二级指标描述：奖励与报道（F41）及客户满意度（F42）。

奖励与报道（F41）：二级指标，属于激励指标。指参评机构在指定时期获得管理部门的奖励和媒体的正面报道。由 2 个三级统计指标描述：技术市场管理办公室的奖励（F411）及省级或省级以上媒体正面报道次数（F412）。

客户满意度（F42）：二级指标，属于激励指标。指技术转移服务机构客户对其服务的满意程度，它决定了参评机构可持续发展潜力和趋势。由 3 个三级统计指标描述：长期联系客户群比例（F421）、合同履约率（F422）及典型成功案例（F423）。

3. 评价指标数据源分类

评价指标数据源特指技术转移服务机构评价体系中的三级指标数据来源。数据源分类的目的是便于获取相关数据和信息。由于指标的数据源不同，数据处理的方式也不同。评价技术转移服务机构的数据源可分为客观指标数据与主观指标信息。客观数据指来自参评机构的相关报表数据；主观信息指来自参评机构申报材料的信息，专家对这些信息进行评判，并给出相应的得分，由此生成主观数据。

在技术转移服务机构评价指标体系中，客观指标包括：合同数占有率、技术合同成交额占有率、技术流向的区域格局、涉足的技术领域数、机构成立时间、交易额、活动频率、技术秘密合同比例、专利合同比例、普通技术合同比例、"四技"收入比例、其他服务收入比例、职称构成、学历构成、拥有专业资格证书人数、从业人员数、登记注册资金、固定资产、流动资产、为重点工程项目提供服务的项目数、为技术出口服务的项目数、为区域发展服务的合同项目数、为区域发展服务的合同成交额、出口创汇、省级媒体正面报道次数、长期联系客户群比例、合同履约率。主观指标包括：信息资源、信息服务平台、活动规模、学历教育、短期职业培训、技术市场管理办公室的奖励、典型成功案例。

三、技术转移服务机构评价体系设计

1. 技术转移服务机构评价

本例选用层次分析法（AHP）评价技术转移服务机构，确定每个指标的具体权重；然后根据某一置信水平，计算出各个指标的置信区间，确定最佳参评的专家人数；最后通过各级指标箱形图和三级指标权重总综合排序条形图分析各评价指标的权重。

具体的实施步骤如下：

（1）明确问题：技术中介品牌机构的评价目标是找出在单项指标或综合指标达到领先水平的技术中介机构，期望评价出的技术中介品牌机构能够引领技术中介行业健康发展；

（2）建立层次结构：根据评价目标将指标分为等级层次结构（即指标层次）；

（3）运用专家打分法，对指标进行两两比较，建立判断矩阵，求解权向量：通过两两比较的方式确定每个层次中元素的相对重要性，并用定量的方法表示，进而建立判断矩阵；

（4）层次单排序和一致性检验：根据第3步骤的结果，计算出每个专家给出的权重，并对层次单排序的一致性作出判断，若不一致，需要返回第三步，重新进行重要性程度打分；

（5）层次总排序及一致性检验：根据第四步的计算结果计算出层次总排序，并对层次总排序进行一致性检验，若不一致，需要返回第三步，重新进行重要性程度打分；

（6）根据某一置信水平，计算出各个指标的置信区间；

（7）根据置信区间，确定最佳参评的专家人数，为合理评价提供依据；

（8）绘制各级指标的箱形图分析被邀请的专家判断评价指标权重的差异程度；

（9）描绘三级指标权重分布图说明指标权重对技术中介品牌机构评价的影响程度。

2. 技术转移服务机构指标权重确定

根据上节给出的技术转移服务机构评价的指标体系，确定了系统的总目标，下面就指标体系进行相应的权重计算。

（1）判断矩阵的构造

为了构造技术转移服务机构指标评价判断矩阵，首先介绍层次分析法（AHP）中判断矩阵的赋值说明。在AHP法中，各元素之间的相对重要程度，是用1，2，3，4，5，6，7，8，9及其倒数来描述的。表2为具体的赋值说明：

表 2　AHP 判断矩阵赋值说明

重要性等级	赋值
i，j 两元素同等重要	1
i 元素比 j 元素稍重要	3
i 元素比 j 元素明显重要	5
i 元素比 j 元素强烈重要	7
i 元素比 j 元素极端重要	9
i 元素比 j 元素稍不重要	1/3
i 元素比 j 元素明显不重要	1/5
i 元素比 j 元素强烈不重要	1/7
i 元素比 j 元素极端不重要	1/9

（2，4，6，8，1/2，1/4，1/6，1/8表示第 i 个因素相对于第 j 个因素的重要程度介于上述两个相邻等级之间。）

结合赋值说明和前面所提出的技术转移服务机构评价模型，构建各级指标的判断矩阵。表 3 是一级指标的判断矩阵（全体判断矩阵表见附录）：

表 3　一级指标判断矩阵

一级指标	F1	F2	F3	F4
机构影响力 F1	1			
服务能力 F2		1		
社会效益 F3			1	
外部评价 F4				1

（在对判断矩阵赋值过程中，只需要对矩阵中的上三角或者下三角赋值，因为 AHP 判断矩阵赋值具有对称性，关于斜线对称的位置上的数字互为倒数，即 $a_{ij}=1/a_{ji}$。所给打分表中只对上三角的位置进行打分，下三角的数据根据这些数据自动生成。）

（2）技术转移服务机构指标权重计算及一致性检验

计算单一准则下的相对权重：

对于每一个一级指标下几个指标的相对权重，求解特征根：

$$\overline{CW} = \lambda_{\max}\overline{W} \qquad\qquad (9.1)$$

采用方根法求解特征根，具体步骤如下：

计算判断矩阵每一行元素的乘积：

$$M_r = \prod_{j=1}^{n} C_{ij}(j=1,2,\cdots,n) \qquad (9.2)$$

计算 M_r 的 n 次方根：

$$\bar{W}_i = \sqrt[n]{M_i}\,(i=1,2,\cdots,n) \qquad (9.3)$$

对向量 $\bar{W} = (\bar{W}_1, \bar{W}_2, \cdots\bar{W}_n)^T$ 进行归一化处理，即：

$$W_i = \frac{\bar{W}_i}{\sum_{i=1}^{n}\bar{W}_i}(i=1,2\cdots,n) \qquad (9.4)$$

则 $W=(W_1, W_2, \cdots, W_n)$ 即为判断矩阵的特征向量，也就是对应指标的权重。

计算判断矩阵的特征根 $\lambda_{\max}$：

$$\lambda_{\max} = \sum_{i=1}^{n} \frac{(U\bar{W})_i}{nW_i}(i=1,2,\cdots,n) \qquad (9.5)$$

其中公式中 $U\bar{W}$ 是指前述判断矩阵与向量 $\bar{W}$ 的积。

一致性检验：

计算一致性指标 CI：

$$CI = \frac{\lambda_{\max}-n}{n-1} \qquad (9.6)$$

其中 n 是指对应矩阵的阶数

矩阵的阶数 n，查表 4 找出随机一致性指标 RI 的值。

表4   一致性指标 RI 对照表

N	1	2	3	4	5	6	7	8	9	10	11
RI	0	0	0.58	0.90	1.12	1.24	1.32	1.41	1.45	1.49	1.51

计算检验系数 CR

$$CR = \frac{CI}{RI} \qquad (9.7)$$

当 $CR<0.10$ 时，可认为判断矩阵具有满意的一致性。

对于1、2阶判断矩阵，RI 只是形式上的，因为1、2阶判断矩阵总是具有完全一致性的。

本例邀请了 8 位专家对技术转移服务机构的各指标进行相对重要性程度打分。结合上述步骤，对 8 位专家的赋值矩阵进行处理。表 5 和表 6 给出的是对其中一位专家的判断矩阵进行处理得到层次单排序以及一致性检验的结果：

表 5　一级指标层次单排序 Wi

一级指标	F1	F2	F3	F4	层次单排序 Wi
机构影响力 F1	1	3	7	3	0.544696614
服务能力 F2		1	3	1	0.193339031
社会效益 F3			1	1/3	0.068625323
外部评价 F4				1	0.193339031

$CR=CI/RI=0.002926<0.10$，所以该判断矩阵满足一致性要求。

表 6　机构影响力（F1）层次单排序 Wi

机构影响力 F1	F11	F12	F13	F14	层次单排序 Wi
市场占有率 F11	1	5	5	5	0.625
市场覆盖率 F12		1	1	1	0.125
行业知名度 F13			1	1	0.125
组织技术交流交易活动 F14				1	0.125

$CR=CI/RI=0<0.10$，所以该判断矩阵满足一致性要求。

其后略。

（3）计算各层次元素的总排序

计算步骤如下：假设某一级指标 U_i 下有 n 个二级指标 $U_{ij}(j=1,2,\cdots,n)$，二级指标相对于一级指标 U_i 的权重为 $W=(W_1, W_2, \cdots, W_n)$，一级指标 U_i 相对于总目标 A 的权重为 K_j，则 n 个二级指标 $U_{ij}(j=1,2,\cdots,n)$ 相对于总目标 U 的权重的计算公式为：

$$T_j=K_j\times W_j(i=1,2,3,\cdots,n) \tag{9.8}$$

（4）层次总排序一致性检验

$$CI=\sum_{i=1}^{n}T_iCI_i \tag{9.9}$$

$$RI=\sum_{i=1}^{n}T_iRI_i \tag{9.10}$$

计算 $CR=\dfrac{CI}{RI}$，当 $CR<0.10$，表明该层次总排序的结果具有满意的一致性。

　　下面给出的是在上面单排序的基础上，继续进行处理得到层次综合排序以及一致性检验的结果，各级指标层次单排序相乘后便得到单个专家三级指标权重综合排序，最终结果如表 7 所示：

表 7　单个专家三级指标权重综合排序

三级指标	权重综合排序
技术合同项目数占有率 F111	0.085108846
技术合同成交额占有率 F112	0.255326538
技术流向的区域 F121	0.051065308
涉足的技术领域数 F122	0.017021769
成立时间 F131	0.011347846
全年营业总收入 F132	0.056739231
活动频率 F141	0.034043538
活动规模 F142	0.034043538
技术秘密合同比例 F211	0.014110238
专利合同比例 F212	0.042330715
普通技术合同比例 F213	0.014110238
"四技"收入比例 F221	0.028056287
其他服务收入比例 F222	0.009352096
信息资源 F231	0.010314647
信息服务平台 F232	0.003438216
学历教育 F241	0.001459576
短期职业培训 F242	0.007297879
职称构成 F251	0.011789784
学历构成 F252	0.011789784
拥有专业资格证书人数 F253	0.002357957
从业人员数 F261	0.009232904
登记注册资金 F262	0.009232904
固定资产 F263	0.009232904
流动资产 F264	0.009232904

续表

三级指标	权重综合排序
为重点工程中介服务的合同项目数及成交额 F311	0.025734496
为技术出口中介服务的合同项目数及成交额 F312	0.025734496
为区域发展中介服务的合同项目数 F321	0.003939965
为区域发展中介服务的合同成交额 F322	0.011122947
出口创汇 F323	0.002093419
技术市场管理办公室的奖励 F411	0.016111586
省级媒体正面报道次数 F412	0.016111586
长期联系客户群比例 F421	0.016873573
合同履约率 F422	0.102628478
典型成功案例 F423	0.041613809

$CR=CI/RI=0.016272431<0.10$，因此该判断矩阵满足一致性要求。

完成以上计算过程后，需要对所有专家的各级指标权重层次单排序进行算术平均运算，从而得到所有专家各级指标权重平均排序，各级指标权重平均排序相乘后便得到所有专家三级指标权重总综合排序，最终结果如表8、表9和表10所示：

表8　所有专家一级指标权重平均排序

一级指标	一级指标权重平均排序
机构影响力 F1	0.296165422
服务能力 F2	0.43717219
社会效益 F3	0.162372701
外部评价 F4	0.104289687

表9　所有专家二级指标权重平均排序

二级指标	二级指标权重平均排序
机构影响力 F1	0.296165422
市场占有率 F11	0.347527796
市场覆盖率 F12	0.223516955
行业知名度 F13	0.314628761

续表

二级指标	二级指标权重平均排序
组织技术交流交易活动 F14	0.114326488
服务能力 F2	**0.43717219**
实现技术合同总项目数及成交额 F21	0.24860272
技术收入 F22	0.208096263
信息能力 F23	0.134097664
职业教育能力 F24	0.082275567
人员素质 F25	0.208813025
机构规模 F26	0.118114762
社会效益 F3	**0.162372701**
促进行业技术进步 F31	0.6875
促进区域经济发展 F32	0.3125
外部评价 F4	**0.104289687**
奖励与报道 F41	0.458333333
客户满意度 F42	0.541666667

表 10　所有专家三级指标权重平均排序及权重总综合排序

三级指标	三级指标权重平均排序	权重总综合排序
技术合同项目数占有率 F111	0.46875	0.04824643
技术合同成交额占有率 F112	0.53125	0.054679287
技术流向的区域 F121	0.5625	0.037236371
涉足的技术领域数 F122	0.4375	0.028961622
成立时间 F131	0.234375	0.021839569
全年营业总收入 F132	0.765625	0.071342591
活动频率 F141	0.5	0.016929776
活动规模 F142	0.5	0.016929776
技术秘密合同比例 F211	0.550832285	0.059865662
专利合同比例 F212	0.297013111	0.032280037

续表

三级指标	三级指标权重平均排序	权重总综合排序
普通技术合同比例 F213	0.152154603	0.016536496
"四技"收入比例 F221	0.776041667	0.070599536
其他服务收入比例 F222	0.223958333	0.020374363
信息资源 F231	0.609375	0.035723859
信息服务平台 F232	0.390625	0.02289991
学历教育 F241	0.46875	0.016860277
短期职业培训 F242	0.53125	0.019108313
职称构成 F251	0.233480961	0.021313834
学历构成 F252	0.231543236	0.021136945
拥有专业资格证书人数 F253	0.534975803	0.048836468
从业人员数 F261	0.249909542	0.012904451
登记注册资金 F262	0.148006075	0.007642514
固定资产 F263	0.183511081	0.009475868
流动资产 F264	0.418573302	0.021613656
为重点工程中介服务的合同项目数 及成交额 F311	0.53125	0.059304092
为技术出口中介服务的合同项目数 及成交额 F312	0.46875	0.05232714
为区域发展中介服务的合同项目数 F321	0.277801407	0.014096052
为区域发展中介服务的合同成交额 F322	0.460525615	0.023367746
出口创汇 F323	0.261672978	0.013277671
技术市场管理办公室的奖励 F411	0.739583333	0.035351669
省级媒体正面报道次数 F412	0.260416667	0.012447771
长期联系客户群比例 F421	0.130810022	0.00738949
合同履约率 F422	0.605474773	0.034203419
典型成功案例 F423	0.263715205	0.014897337

3. 技术转移服务机构评价指标权重检验

置信区间是指在一定置信水平时，以测量结果为中心，包括总体均值在内的可信范围。确定置信区间，是为了说明评价指标权重的取值区间，区间越小，说明该指标权重的集中度越高。

如果确定置信水平 0.90，记作 a＝0.10，计算置信区间的公式如下：

置信区间：

(Average（X）－S/sqrt（N）＊ta/2（N－1），Average（X）＋S/sqrt（N）＊ta/2（N－1）)　　　　(5.11)

其中 Average（X）为上面所求各项指标权重的均值，S 为样本标准差，N 为样本容量，ta/2（N－1）是样本容量为 N，置信度为 a 的 t 分布所对应的值，取 t 分布计算置信区间。（我们所采用小样本，均值已知，标准差未知，样本方差可以计算出来，符合用 t 分布估计置信区间）。专家的样本量为 8，即 N＝8。sqrt（N）＝2.8284，ta/2（N－1）＝t0.05（8－1）＝1.8946（见表 11）。

表 11　置信区间计算表

指标	指标排序平均	样本方差 S	S/sqrt(N)*ta/2	置信区间（置信水平 0.90）	
				上限	下限
机构影响力 F1	0.2961654	0.1888303	0.1264865	0.1696789	0.4226520
服务能力 F2	0.437172	0.1471927	0.0985959	0.3385763	0.5357681
社会效益 F3	0.1623727	0.0715119	0.0479017	0.1144710	0.2102744
外部评价 F4	0.1042897	0.0433507	0.0290381	0.0752516	0.1333278
市场占有率 F11	0.3475278	0.1911938	0.1280697	0.2194581	0.4755975
市场覆盖率 F12	0.2235170	0.1322752	0.0886035	0.1349134	0.3121205
行业知名度 F13	0.3146288	0.2094386	0.1402908	0.1743379	0.4549196
组织技术交流交易活动 F14	0.1143265	0.071048	0.0475909	0.0667355	0.1619174
实现技术合同总项目数及成交额 F21	0.248603	0.1439832	0.0964460	0.1521567	0.3450487
技术收入 F22	0.2080963	0.0911172	0.0610341	0.1470621	0.2691304
信息能力 F23	0.1340977	0.0843766	0.0565190	0.077579	0.1906167
职业教育能力 F24	0.0822756	0.0472278	0.0316352	0.0506404	0.1139108
人员素质 F25	0.2088130	0.1378131	0.0923130	0.1165000	0.3011260
机构规模 F26	0.1181148	0.0564540	0.0378153	0.0802995	0.1559301

续表

指标	指标排序平均	样本方差 S	S/sqrt(N)* ta/2	置信区间（置信水平 0.90）	
				上限	下限
促进行业技术进步 F31	0.6875	0.1157275	0.0775192	0.6099808	0.7650192
促进区域经济发展 F32	0.3125	0.1157275	0.0775192	0.2349808	0.3900192
奖励与报道 F41	0.4583333	0.2597312	0.173979	0.2843544	0.6323123
客户满意度 F42	0.5416667	0.2597312	0.173979	0.3676877	0.7156456
技术合同项目数占有率 F111	0.46875	0.0883883	0.059206	0.4095438	0.5279563
技术合同成交额占有率 F112	0.53125	0.0883883	0.059206	0.4720438	0.5904563
技术流向的区域 F121	0.5625	0.2216013	0.1484379	0.4140621	0.7109379
涉足的技术领域数 F122	0.4375	0.2216013	0.1484379	0.2890621	0.5859379
成立时间 F131	0.234375	0.2088535	0.1398989	0.0944761	0.3742739
全年营业总收入 F132	0.765625	0.2088535	0.1398989	0.6257261	0.9055239
活动频率 F141	0.5	0.1889822	0.1265883	0.3734117	0.6265883
活动规模 F142	0.5	0.1889822	0.1265883	0.3734117	0.6265883
技术秘密合同比例 F211	0.5508323	0.2113341	0.1415605	0.4092718	0.6923928
专利合同比例 F212	0.2970131	0.1543486	0.1033892	0.1936239	0.4004023
普通技术合同比例 F213	0.1521546	0.0901627	0.0603948	0.0917598	0.2125494

续表

指标	指标排序平均	样本方差 S	S/sqrt(N)*ta/2	置信区间（置信水平 0.90）	
				上限	下限
"四技"收入比例 F221	0.7760417	0.1198078	0.0802524	0.6957893	0.8562940
其他服务收入比例 F222	0.2239583	0.1198078	0.0802524	0.1437060	0.3042107
信息资源 F231	0.609375	0.1558029	0.1043634	0.5050116	0.7137384
信息服务平台 F232	0.390625	0.1558029	0.1043634	0.2862616	0.4949884
学历教育 F241	0.46875	0.2743589	0.1837772	0.2849728	0.652527
短期职业培训 F242	0.53125	0.2743589	0.1837772	0.3474728	0.715027
职称构成 F251	0.2334810	0.1492037	0.0999430	0.1335380	0.3334239
学历构成 F252	0.2315432	0.1310669	0.0877941	0.1437491	0.3193374
拥有专业资格证书人数 F253	0.5349758	0.2334184	0.1563535	0.3786223	0.6913291
从业人员数 F261	0.2499095	0.1854803	0.1242425	0.125667	0.3741521
登记注册资金 F262	0.1480061	0.0673872	0.0451388	0.1028673	0.1931449
固定资产 F263	0.1835111	0.1050781	0.0703857	0.1131254	0.2538968
流动资产 F264	0.4185733	0.1904407	0.1275652	0.2910081	0.54613851
为重点工程中介服务的合同项目数及成交额 F311	0.53125	0.1602175	0.1073204	0.4239296	0.6385704
为技术出口中介服务的合同项目数及成交额 F312	0.46875	0.1602175	0.1073204	0.3614296	0.5760704
为区域发展中介服务的合同项目数 F321	0.2778014	0.1121524	0.0751244	0.20267610	0.3529258

指标	指标排序平均	样本方差 S	S/sqrt(N)*ta/2	置信区间（置信水平 0.90）	
				上限	下限
为区域发展中介服务的合同成交额 F322	0.4605256	0.1763522	0.1181282	0.3423975	0.5786538
出口创汇 F323	0.2616730	0.2187132	0.1465034	0.1151696	0.4081764
技术市场管理办公室的奖励 F411	0.7395833	0.1038686	0.0695756	0.6700078	0.8091589
省级媒体正面报道次数 F412	0.2604167	0.1038686	0.0695756	0.1908411	0.3299922
长期联系客户群比例 F421	0.1308100	0.0437454	0.0293025	0.1015075	0.1601125
合同履约率 F422	0.6054748	0.1179002	0.0789745	0.5265002	0.6844493
典型成功案例 F423	0.2637152	0.1084671	0.0726559	0.1910593	0.3363711

在显著性水平 a＝0.10，误差概率 b＝0.05，样本值与均值之差的绝对值不超过样本标准差时，样本容量可以根据"均值 t 检验的样本容量"来确定。（这些数据来源于《概率论与数理统计》中的附表：均值 t 检验的样本容量。表 12 为其中的截表。）

表 12　均值 t 检验的样本容量表

a＝0.10	N＝13
b＝0.05	

根据上面的置信水平和假定的概率 b，得到合适的样本容量为 13。即建议邀请的对评价指标重要性程度打分合适的专家人数为 13。

4. 技术转移服务机构评价指标权重分析

箱形图可以展示一组数据的离散状况，这一特征适用于分析被邀请的专家对于指标权重判断的差异程度（如图 1、图 2、图 3 所示）。如果某一个指标权重箱形图离散度很大，说明专家对这个指标权重值有较大的分歧。同理，如果某一个指标权重箱形图离散度很小，说明专家对该指标权重看法较为一致。此外还有一种情况，即出现离群点，说明有个别专家的看法与多数专家产生较大的偏离。为了便于分析指标权重的离散程度，在箱形图中用"。"表示温和离群点，"＊"表示极端离群点。

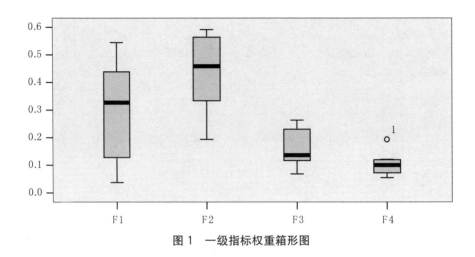

图 1　一级指标权重箱形图

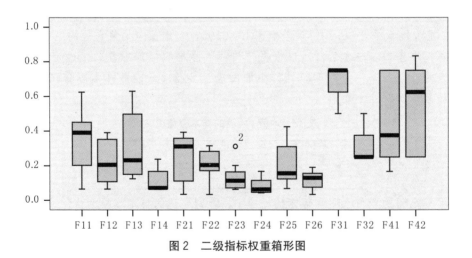

图 2　二级指标权重箱形图

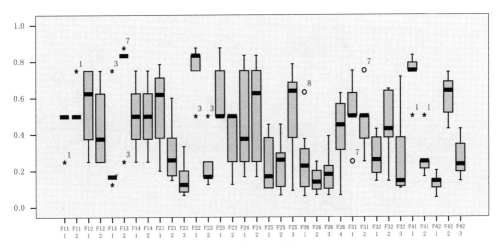

图3　三级指标权重箱形图

（离群点旁边的数字表示打分出现离群情况的是第几位专家）

为了分析指标权重对技术转移机构评价的影响程度，可绘制三级指标权重排序条形图（如图4所示）。从图上可以直观看出每个三级指标权重的相对重要关系。权重较大的指标对技术转移机构评价结果具有较大的影响。（如"四技"收入比例和全年营业总收入。）技术转移服务机构应充分重视权重较大的指标，认真研究其相应的发展战略与策略，挖掘其发展潜力，着力打造重点业务，优势业务和特长业务。政府管理部门也可利用评价指标及其权重实施技术转移服务行业引导策略，努力构建和谐、健康、良性发展的技术转移服务行业。

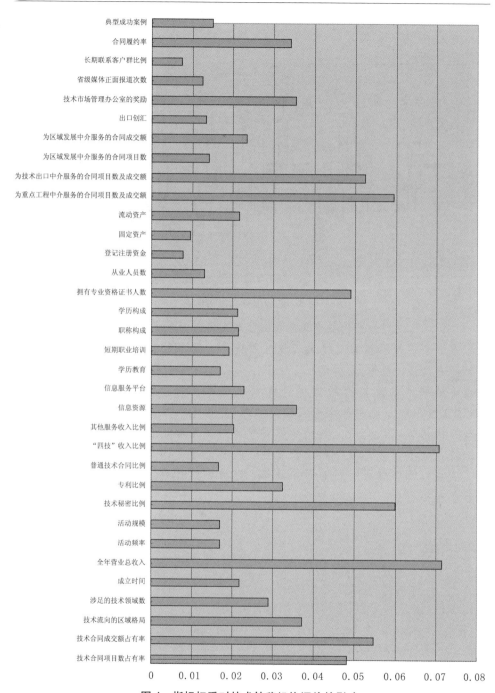

图 4 指标权重对技术转移机构评价的影响

四、技术转移服务机构评价

运用情景分析法，针对两个技术转移服务机构 KW 和 DX 进行模拟分析。通过评价两者的机构影响力、服务能力、社会效益及外部评价，以确定它们是否可以成为某一方面或多方面的示范机构，同时验证评价指标体系的实用性和可行性。

（一）技术转移服务机构评价指标数据的获取

如前对技术转移服务机构指标体系进行了详细的阐述，并分析计算每个评价指标的权重。如果能够获取参评机构每个三级指标相应的得分，根据这些数据即可求出 4 个一级指标的平均得分。通过相互比较参评机构在某个或某几个一级指标方面的得分，用以评价技术转移服务机构的能力。另外，这些三级指标的得分与相应指标权重相乘再求和，就可以算出参评机构的综合评价得分，以此评价参评技术转移服务机构的综合实力。

确定每个参评技术转移服务机构相应指标的得分，需经过 3 个步骤：

1. 收集原始数据。原始数据主要来自部分《技术转移服务机构概况调查表》和《参评机构客观原始数据附表》、《参评机构主观原始数据附表》。原始数据为中间数据及可比数据提供了原始信息，可以看做可直接收集的数据集合。

2. 获取中间数据。中间数据是根据各项指标的要求，对原始数据进行必要的数据处理后得到的数据，分别为客观中间数据和主观中间数据，两者均是可比数据的来源。技术转移服务机构评价指标包含客观指标和主观指标。

客观指标对应的客观原始数据必须经过既定的数据处理规则处理后，方可成为客观中间数据。主观指标对应的主观数据信息，需要从专家对参评机构的评判打分数据中获得。专家打分的依据来源于参评机构报告的各项主观指标描述，因此也称之为主观中间数据。

3. 可比数据处理方法。可比数据分为两类：客观可比数据和主观可比数据。客观可比数据是通过该参评机构的各个三级指标与全部参评机构中对应的三级指标最大值相比较而得到；具有相对比较后的可比性；主观可比数据是直接用主观中间数据除以 10 而得到，具有专家判断比较的可比性。两者取值范围均在 0 和 1 之间，越接近 1 时说明该参评机构的这项指标相对于其他参评机构越有优势。所有可比数据乘以对应的指标权重后用于评价参评机构，是评价技术转移服务机构的重要参数。

（二）技术转移机构的评价得分

上一节描述了将各个参评机构采集来的原始数据处理为可比数据的数据处理过程。将可比数据与表 10 中对应的权重总综合排序相乘再相加，即可得出两个参评机构的总综合评价得分。具体的计算结果如下：

表13　KW综合评价得分表

二级指标	三级指标	参评机构可比数据（0—1）	权重总综合排序	参评机构三级指标加权得分	参评机构总综合评价得分
市场占有率F11	技术合同项目数占有率	0.909090909	0.04824643	0.04386039	
	技术合同成交额占有率	0.875	0.054679287	0.047844376	
市场覆盖率F12	技术流向的区域格局	0.936937037	0.037236371	0.034888135	
	涉足的技术领域数	0.625	0.028961622	0.018101014	0.881024128
行业知名度F13	成立时间	0.571428571	0.021839569	0.012479754	
	全年营业总收入	0.75	0.071342591	0.053506943	
组织技术交流交易活动F14	活动频率	0.857142857	0.016929776	0.014511237	
	活动规模	0.82	0.016929776	0.013882417	

其后略。

表14　DX综合评价得分

二级指标	三级指标	参评机构可比数据（0—1）	权重总综合排序	参评机构三级指标加权得分	参评机构总综合评价得分
市场占有率F11	技术合同项目数占有率	1	0.04824643	0.04824643	
	技术合同成交额占有率	1	0.054679287	0.054679287	

续表

二级指标	三级指标	参评机构可比数据（0—1）	权重总综合排序	参评机构三级指标加权得分	参评机构总综合评价得分
市场覆盖率 F12	技术流向的区域格局	0.795524476	0.037236371	0.029622445	
	涉足的技术领域数	1	0.028961622	0.028961622	
行业知名度 F13	成立时间	1	0.021839569	0.021839569	**0.821018299**
	全年营业总收入	1	0.071342591	0.071342591	
组织技术交流交易活动 F14	活动频率	1	0.016929776	0.016929776	
	活动规模	0.78	0.016929776	0.013205226	
	典型成功案例	0.8	0.014897337	0.01191787	

其后略。

从表 13 和表 14 中可以看出，KW 综合评价得分为 0.881024128，DX 综合评价得分为 0.821018299。如果以综合得分为评价依据，KW 相对 DX 来说更具有示范机构优势。

（三）技术转移服务机构样本比较

为了分析技术转移机构现状，进一步比较 KW 和 DX 的相对差异，可根据两者的三级指标数据计算出 4 个一级指标的可比数据（如表 15 KW 一级指标可比数据表和表 16 DX 一级指标可比数据表），将所得数据绘制成雷达图（如图 5 KW 一级指标可比数据雷达图、图 6 DX 一级指标可比数据雷达图），依此描述两个参评机构在机构影响力、服务能力、社会效益和外部评价方面的实力。

表 15　KW 一级指标可比数据表

一级指标	可比数据平均值
机构影响力 F1	0.793074922
服务能力 F2	0.885586529
社会效益 F3	0.88822563
外部评价 F4	0.865333333

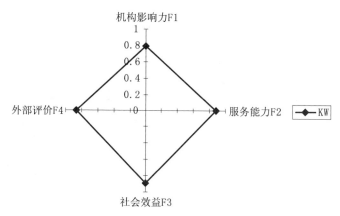

图 5　KW 一级指标可比数据雷达图

表 16　DX 一级指标可比数据表

一级指标	可比数据平均值
机构影响力 F1	0.946940559
服务能力 F2	0.722002364
社会效益 F3	0.796850846
外部评价 F4	0.866875

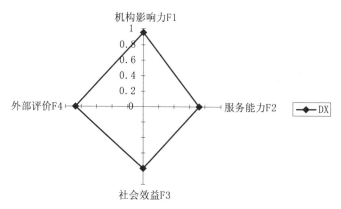

图 6　DX 一级指标可比数据雷达图

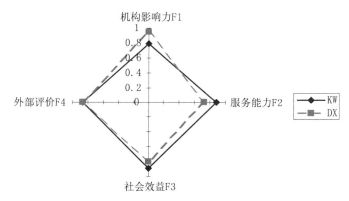

图 7　KW 和 DX 一级指标可比数据对比雷达图

综上所述，KW 与 DX 虽然在综合评价得分上差距不大，但是 4 个一级指标可比数据的差异较大，各有所长。

从分值上看，KW 具有很强的服务能力，可称之为服务能力方面的专业机构，但机构影响力相对较弱，单从机构本身看，KW 应该进一步发展自身优势——服务能力，使其示范效应更加明显，同时应加强在机构影响力方面的建设，例如，努力开发新技术服务领域、提高技术合同项目数占有率和技术合同成交额占有率等，从而提高机构的综合水平。而 DX 在机构影响力方面特别突出，可称之为具有影响力的示范机构，但在服务能力和社会效益上相对较弱，影响机构的综合得分，所以从自身的发展上看，DX 应保持自身在机构影响力方面的建设，继续增强这方面的示范效应，同时加大力度发展机构服务能力和增强自身的社会效益，例如，加大对技术秘密和专利的服务力度、增加"四技"收入的比例、加强信息能力等，从而提高自身的综合能力水平。

从图 7 两者的对比雷达图中很容易看出，KW 与 DX 在机构影响力和服务能力上差距较大，KW 的服务能力和社会效益明显强于 DX，而 DX 的机构影响力明显强于 KW。产生这样差异的原因可能是多方面的。例如，DX 成立时间较长、涉足的技术领域较多和全年营业总收入占优势等，而 KW 属于新兴的技术转移服务机构，它迎合社会发展趋势，更注重服务理念和社会效益。

两机构在综合能力水平上都有优势，因此建议这两个机构在注重自身优势区域发展的同时，结合实际情况，选择性加强弱势区域的建设，进一步提高综合能力水平，从而从单一品牌逐步走向知名机构的发展道路。

（四）技术转移服务机构评价样本分布结果

技术转移服务机构评价样本结果可用于分析技术转移服务参评机构个体定位研究，亦可用于技术转移服务行业发展现状研究。采用 16 位域图描述分析机构样本评价结果。如图 8 所示，横坐标表示一级指标数，纵坐标表示一级指标得分区域，依次可有 16 种情形，分别分布在 16 个不同的区域，用①、②…⑯表示。例如：当参评机构的 4 个一级指标（F1，F2，F3 和 F4）中任意 1 个一级指标，且仅有 1 个最为突出，其一级指标数应为 1。若该指标得分在 0～25%，该技术服务参评机构属于区域①；若该指标得分在 26%～50%，该技术服务参评机构属于区域 5；若该指标得分在 51%～75%，该技术服务参评机构属于区域⑨；若该指标得分在 76%～100%，该技术服务参评机构属于区域⑬。

　　若参评机构的 4 个一级指标（F1，F2，F3 和 F4）中有 3 个一级指标最为突出（任意 3 个一级指标的组合形式），其指标数应为 3。若 3 个一级指标得分均在 0～25%，该参评机构属于区域③。若 3 个一级指标得分均在 26%～50%，该参评机构属于区域⑦。假如 3 个一级指标得分均在 51%～75%，该参评机构属于区域⑪。若 3 个一级指标得分均 76%～100%，该参评机构属于区域⑮。

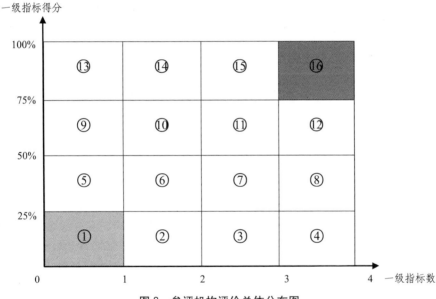

图 8　参评机构评价总体分布图

1. 技术转移服务机构定位分析

　　著名技术转移服务机构：根据 16 位域图的区域定义可知，位于区域⑯的技术服务参评机构具有 4 个一级指标（F1，F2，F3 和 F4）全面领先于技术服务同行，是技术转移服务机构的行业标兵。因此，此类技术服务参评机构属于技术转移服务行业的品牌机构，有关管理部门应予以表彰和奖励。

　　优势技术转移服务机构：位于区域⑬、⑭、⑮的技术服务参评机构至少有 1 个一级指标，或 2 至 3 个一级指标领先于技术转移服务同行，属于技术转移服务行业的主力军。此类参评机构应定位于技术转移服务行业的技术转移服务优秀示范机构，有关管理部门应适时予以奖励，并引导此类机构向著名品牌服务机构方位发展。

种子技术转移服务机构：在区域⑨、⑩、⑪、⑫的参评机构有 1 个一级指标，或多个一级指标处于技术转移服务行业上游，此类参评机构可定位于技术转移服务行业的种子品牌技术转移服务机构，管理部门可重点培养，使其向技术转移服务业的著名技术转移服务机构迅速发展。

发展中技术转移服务机构：位于区域⑤、⑥、⑦、⑧的参评机构有 1 个或多个一级指标位于技术转移服务同行的下游，一方面，该类技术转移服务机构应努力挖掘潜力，着力打造优势业务、特色业务和专长业务。另一方面，管理部门可根据市场发展状况给予引导，使其向技术转移服务行业的种子品牌技术转移服务机构方位发展。

弱势技术转移服务机构：在区域①、②、③、④的技术转移服务参评机构有 1 个或多个一级指标处于技术转移服务行业末端，此类参评机构可定位于技术转移服务行业的弱势机构，其业务发展面临多重困难，属于管理部门重点关注的技术转移服务机构。必要时应组织力量开展研究与分析，促进此类服务机构的自身建设，引导其逐步走向健康的发展之路。

2. 技术转移服务行业分析

根据 16 位域图的区域定义，如果将所有参评机构的评价得分描绘在 16 位域图中，可以得到技术转移服务机构总体分布图，包括著名技术转移服务机构分布、优势技术转移服务机构分布、种子技术转移服务机构分布、发展中技术转移服务机构分布、和弱势技术转移服务机构分布，通过这个总体分布图可以直观地反映出技术转移服务行业的发展现状，并可以分析得出整个行业的努力方向。

技术转移服务机构评价指标体系打分表（判断矩阵）见表 17～表 25，技术转移服务机构评价指标体系排序综合表见表 26。

表 17　一级指标判断矩阵

一级指标	F1	F2	F3	F4
机构影响力 F1	1			
服务能力 F2		1		
社会效益 F3			1	
外部评价 F4				1

表 18 机构影响力（F1）判断矩阵

机构影响力 F1	F11	F12	F13	F14
市场占有率 F11	1			
市场覆盖率 F12		1		
行业知名度 F13			1	
组织技术交流交易活动 F14				1

表 19 服务能力（F2）判断矩阵

服务能力 F2	F21	F22	F23	F24	F25	F26
实现技术合同总项目数及成交额 F21	1					
技术收入 F22		1				
信息能力 F23			1			
职业教育能力 F24				1		
人员素质 F25					1	
机构规模 F26						1

表 20 社会效益（F3）判断矩阵

社会效益 F3	F31	F32
促进行业技术进步 F31	1	
促进区域经济发展 F32		1

表 21 外部评价（F4）判断矩阵

外部评价 F4	F41	F42
奖励与报道 F41	1	
客户满意度 F42		1

表22 市场占有率 (F11) 判断矩阵

市场占有率 F11	F111	F112
技术合同项目数占有率 F111	1	
技术合同成交额占有率 F112		1

表23 市场覆盖率 (F12) 判断矩阵

市场覆盖率 F12	F121	F122
技术流向的区域格局 F121	1	
涉足的技术领域数 F122		1

表24 行业知名度 (F13) 判断矩阵

行业知名度 F13	F131	F132
成立时间 F131	1	
全年营业总收入 F132		1

表25 组织技术交流交易活动 (F14) 判断矩阵

组织技术交流交易活动 F14	F141	F142
活动频率 F141	1	
活动规模 F142		1

表26 技术转移服务机构评价指标体系排序综合表

一级指标	单排序	二级指标	单排序	三级指标	单排序	总综合排序
机构影响力 F1		市场占有率 F11		技术合同项目数占有率 F111		
				技术合同成交额占有率 F112		
		市场覆盖率 F12		技术流向的区域格局 F121		
				涉足的技术领域数 F122		
		行业知名度 F13		成立时间 F131		
				全年营业总收入 F132		

续表

一级指标	单排序	二级指标	单排序	三级指标	单排序	总综合排序
		组织技术交流交易活动 F14		活动频率 F141		
				活动规模 F142		
服务能力 F2		实现技术合同总项目数及成交额 F21		技术秘密合同比例 F211		
				专利合同比例 F212		
				普通技术合同比例 F213		
		技术收入 F22		"四技"收入比例 F221		
				其他服务收入比例 F222		
		信息能力 F23		信息资源 F231		
				信息服务平台 F232		
		职业教育能力 F24		学历教育 F241		
				短期职业培训 F242		
		人员素质 F25		职称构成 F251		
				学历构成 F252		
				拥有专业资格证书人数 F253		
		机构规模 F26		从业人员数 F261		
				登记注册资金 F262		
				固定资产 F263		
社会效益 F3		促进行业技术进步 F31		为重点工程中介服务的项目数及成交额 F311		
				为技术出口中介服务的项目数及成交额 F312		
		促进区域经济发展 F32		为区域发展中介服务的合同项目数 F321		
				为区域发展中介服务的合同成交额 F322		
				出口创汇 F323		
外部评价 F4		奖励与报道 F41		技术市场管理办公室的奖励 F411		
				省级媒体正面报道次数 F412		

一级指标	单排序	二级指标	单排序	三级指标	单排序	总综合排序
				长期联系客户群比例 F421		
		客户满意度 F42		合同履约率 F422		
				典型成功案例 F423		

如图 9 所示，指标权重箱形图详细的绘制步骤如下：

（1）将指标权重数据按由小到大的顺序排列；

（2）求中位数 Me；

（3）求下四分位数 Q_1 及上四分位数 Q_3；

（4）将 Q_1、Me 及 Q_3 绘成一箱形；

（5）求指标权重数据分布的内限下界 A_1、内限上界 A_3、外限下界 B_1、外限上界 B_3，其中：

内限下界 $A_1 = Q_1 - 1.5 \times IQR$，其中 $IQR = Q_3 - Q_1$

内限上界 $A_3 = Q_3 + 1.5 \times IQR$

外限下界 $B_1 = Q_1 - 3 \times IQR$

外限上界 $B_3 = Q_3 + 3 \times IQR$

（6）确定指标权重数据中的正常数据、温和离群点和极端离群点，其中：

正常数据 $\in [A_1, A_3]$

温和离群点 $\in [B_1, A_1) \cup (A_3, B_3]$

极端离群点 $\in (-\infty, B_1) \cup (B_3, +\infty)$

（7）将指标权重数据中的正常数据按由小到大的顺序排列，分别是 X_1、X_2、$X_3 \cdots X_n$，连接线段 $X_1 Q_1$ 和 $Q_3 X_n$。

（8）用"。"表示温和离群点，"＊"表示极端离群点，完成指标权重箱形图。

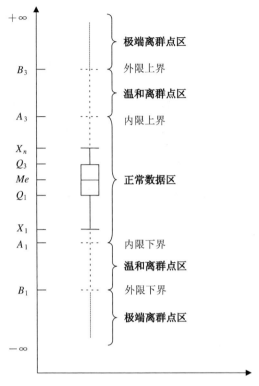

图 9　指标权重箱形图绘制示意图

第十章　技术转移绩效保障系统

引　言

技术在空间上发展不平衡引发的市场激烈竞争，是更先进、更适用技术需求的内在因素。随着服务业尤其是高端服务业的快速增长、中国区域经济重新布局以及产业结构的大规模调整，技术转移研究的深度与广度也在不断地拓展中。转让过程、交易活动、利益关系这3项市场构成的基本要件，在不同的市场范围和不同的关注视觉，有着较大的内涵差异。在国际市场，科学技术成为构成国家竞争力的核心要素，受国际地缘政治的综合影响，技术转移已经不是纯市场行为。技术贸易壁垒、企业与研发机构的费用补贴政策、税收优惠、产业扶持，非市场构件成为影响国际技术转移的一个重要变量，对技术转移的界定已不能仅限制于市场范围内。

10.1　技术转移绩效管理的法制建设

市场经济即法治经济，任何管理与服务都必须在法制的规范下进行，技术转移绩效管理亦不能例外。在一些技术转移发展比较成熟的领域和行业，首先要用法律或条例来保障我国技术转移国际化双向流动的权力与利益，规范监管引进技术和引进项目的产业、环境保护、知识产权、宗教文化等方面背景，从整体上保障技术转移的绩效。促进和规范技术转移绩效管理规则的制定，在经济发达地区、高等院校和科研院所比较集中的地区，应积极主动地继续出台和完善一些地方性法规或条例，明确高等院校、科研院所、生产企业及其他组织技术转移的义务与责任，加快高校和科研院所的技术成果转化速度，保障技术转移五大主体的合法权益，形成提升技术转移绩效的利益机制。

10.1.1　加快技术转移法律法规的制定、修订

随着市场经济体制的完善和高新技术产业的迅速发展，科技成果转化工作面临着新形势新条件下的一些新问题，科技进步与经济调控方向脱节的问题一直没有从根本上得到解决，阻碍科技成果转化和产业化的一些制度性问题也亟待解

决，政府推动科技创新的机制和模式还需要进一步完善，科技成果转化和产业化的市场环境还需进一步优化。这些问题无法在单一部门的层面上予以解决，需要通过立法形式协同推进。原有的《促进科技成果转化法》中原则性、倡导性条款比较多，已不能适应全过程的技术转移需求。因此，建议政府科技管理部门加快启动修订《促进科技成果转化法》及其实施细则的工作，对在新形势条件下科技成果转化的风险分担共享机制、收益分配办法、政策和资金扶持办法以及产学研合作各方的权利义务等方面的事项，以法律法规的形式作出清晰规定。提高技术转移绩效需要法规与政策的配套举措，要通过制定《技术转移促进条例》、《技术转移机构组织法》、《企业技术创新促进条例》等系列条例和法规，将促进技术创新、加强产学研合作、强化知识产权权属、技术转移的运作、提升区域竞争力等方面统一协调，相互衔接、相互促进、相互激励，形成促进技术转移的完善法律体系。为促进产学研合作、科技成果转化和产业化提供明确的支持和保障，为激发创新活力发挥关键性作用，要突出知识产权保护，保证企业可以从创新中得到激励性回报。创新的资助是推动创新发展强有力的政策工具，要保证创新资助的连续性。增加鼓励自由竞争的政策力度，营造良好的制度环境，从制度上保障科技成果转化及产业化的健康发展。

10.1.2　建立技术转移常态职能部门

按国外的成熟经验，具有一定规模的高等院校、研究机构普遍都建立了技术转移办公室或技术转移中心。在我国，除了科技主管部门批准的技术转移示范机构，研究型大学、事业型科研院所、规模以上企业都需要建立技术转移职能部门，至少需要有部门兼具技术转移职能。负责科研成果的转移和横向科研项目的管理，承担对外宣传联络、开发项目管理、组织咨询培训、知识产权管理、技术档案管理、技术合同管理以及产业化项目管理等职能。我国高校、科研院所大多设有保卫处、后勤集团、行政处、两办等高级别、大框架的行政机构，而除了技术转移示范机构外，包括部分研究型大学、大型科研院所都没有设置常态化、专业化的技术转移职能部门，这与政府的创新战略和科技发展战略是格格不入的，建立常态化的技术转移职能部门应纳入政策法规形式的法制化渠道。

英国各地区、大学大都设置相应的技术转移常设机构，以支持创业、创新项目和技术发明等为主要职能。科学界和经济界的紧密结合是德国研发环境的一大特点。德国400多所大学和高等专科学院形成了密集的发散状网络，为研发环境构筑起坚实基础。美国奥巴马政府就参照弗劳恩霍夫研究机构的模式提出建立全美制造业创新网络。

10.1.3　明确技术转移的绩效责任

将技术创新与转移工作列入机构和人员的绩效考核范围，考核结果应在职务聘任、晋级、奖励（如在现有的国家 3 大奖的基础上增设技术创新与技术转移奖）等方面有所体现。对大学和科研院所技术转移的考核，可从以下几个方面进行：研发经费数；研发成果数；专利申请数；专利授权数；专利（专有）技术许可协议数；专利（专有）技术许可收入；技术贸易收入；新产品进入市场数；支持新办公司数等。高校、科研院所的技术研发人员必须把技术转移、科技成果转化作为一项重要的工作职责；大学、研究机构及其研究人员在获取自主研发、自主权经营并取得产权和收益的同时，应承担相应绩效责任及产权归属的法律责任。

10.1.4　严格技术转移保密制度

以往，我国的对外技术合作和技术贸易中，技术信息几乎是不设防的，发达国家利用我国廉价的科技资源获得了大量科技成果，使我国在专利争战中处于被动地位，民族产业不得不为出口业务和加工产品支付昂贵的专利使用费，不仅加大了生产和消费成本，还大大削弱了市场竞争力。发达国家充分利用技术壁垒，限制我国高新技术的发展。我国的经济安全运行，需要在技术转移过程中像发达国家一样，充分利用非关税壁垒中的技术壁垒，加强对技术秘密的审查，严格保证具有潜在价值的技术的安全性。近几年，媒体不断披露一些发达国家利用互联网、计算机操作系统、移动终端的下载软件等各种渠道和手段监控网络用户和品牌手机用户，窃取政治、经济、技术等各类信息情报。科学技术是国家和企业的核心竞争力，首先必须从国家的层面做好技术转移的安全保密部署，除了信息安全的制度建设和强化安全意识外，还要在技术转移公共信息平台建设和技术交易系统的应用技术等多方面采取保障措施，如公共信息服务平台建设中自主知识产权操作系统的选用，服务器外挂的安全程序审查，技术信息与文档资料的规范加密等。

10.2　技术转移人才培养的绩效管理

《国家技术转移促进行动实施方案》将培育专业化、高水平的技术转移人才队伍列为国家技术转移促进行动的重点内容。建立技术转移人才培养基地，发展技术转移人才教育培训是促进技术转移服务机构发展的重中之重。

缺乏综合性人才已经成为制约技术转移服务机构发展的瓶颈。相当一部分机构服务水平、服务质量偏低，专业化程度不高，无法应对日益活跃的国际技术转移需求。人力资源结构不合理、知识结构不全面，专业素质、服务能力急待提高，这一结构性人才供需矛盾是影响技术转移服务业发展的基本矛盾。技术的转移不是简单的转让、买卖过程，而是涉及技术自身的配套、集成，与生产要素等相关社会资源的整合与集成过程。

10.2.1　人才培养在技术转移中的绩效作用

我国技术转移服务业起步较晚，无论是专业技术人才还是管理人才，在数量和质量上都远远不能适应产业发展的需要。技术转移服务机构急需大批活跃在科技创新第一线的技术经理人、技术经纪人、科技咨询师、融资规划师和专利分析师等，专业从事技术信息的搜集、分类、筛选，提供分析、处理，为技术转移、重大成果产业化提供源源不断的资源，为技术持有者和技术需求者提供技术交易服务、技术经纪服务、技术集成服务、技术经营服务、创业培育服务、平台建设服务；急需大批活跃在军工战线的技术经理人从事军品转民用的技术转移服务以及军队装备采购供应体制改革后的民品军供技术转移服务；急需大批随现代服务业的兴起而从事与技术转移有关的生产与市场服务人员；急需大批服务于技术创新企业内部的技术经营、知识产权、融资规划以及产品市场化的人员；急需大批因信息技术、网络技术快速发展而掌握专门技术，利用信息化、国际化合作平台和第三方支付平台，提供技术交易专业服务的从业人员；迫切需要政府相关部门的管理人员从科技计划、项目管理、成果转化、政策、法规、税收、资源配置等方面提供管理指导服务。

制定有针对性的培养计划，形成人才培养、培训、轮训的长效机制。应该有的放矢，采取得力措施，实施人才战略，整合优势资源，加速培养技术转移服务人才，提高现有技术转移服务业人员的素质，保障新生人才需求的供给，为技术转移机构发展提供不竭的人力资源支持。

10.2.2　人才培养绩效管理的考核重点

（1）创新技术转移人才培养模式

从技术转移的成效上看，日本及欧美发达国家的人才培养方式促进了技术转移的高速发展，采取由政府制订职业技术转移人才培养计划，将技术转移的基础知识融入高等教育体系中等很多做法值得我们借鉴。将技术转移的基础知识融入高等教育体系就是要求每个在校大学生、研究生都必须修完知识产权和技术转移原理，着力于培养大批的职业技术经纪人后备人才，然后由各个技术转移服务机构从中选拔。学历教育阶段侧重于知识的积累和知识面的拓展，后期培养侧重于借助各种社会资源积累技术交易的经验，提升服务能力。学历教育与非学历教育衔接，以非学历教育为主，将学历教育与资格认证和继续教育相结合；教育培训机构与技术转移专业服务机构建立密切的联系，理论与实践衔接，走产学结合的道路。技术转移专业人才培养中两种教育类型如何衔接的探索应视社会整体教育环境而行，技术转移人才培养要依托有条件的高等学校、科研院所及大型科技企业，要融合衔接学历教育、继续教育、职业教育等多种形式，包括技术转移高层次人才培养、技术转移与信息服务复合型人才培养，以及科技咨询师、融资规划师等新增职业资质培训，技术经纪人、技术市场执业人员业务培训等。技术转移专业人才培养的重点，应放在非学历教育阶段。以非学历教育为主，将学历教育、资格认证和继续教育衔接在一起，如图10-1所示。

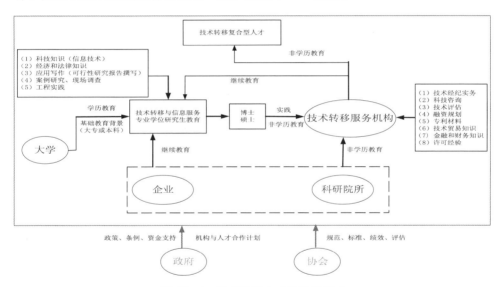

图 10-1　技术转移人才的培养模式

（2）技术转移人才培养基地建设

借鉴国外的培养模式，结合技术转移服务机构发展与人才发展的需求，建设技术转移人才培养基地，对技术转移人才进行经济管理、财务核算、法律法规、信息服务、知识产权、融资规划、技术经营、计算机信息系统、信息服务、软件工程、知识管理、网络通信等方面的专业知识培养和实际操作能力培训。建立可持续输送大量高素质技术转移人才的培养基地。培养一支德才兼备、结构合理、素质优良的高层次技术转移人才，并在全国起到引领示范作用，如图10-2所示。

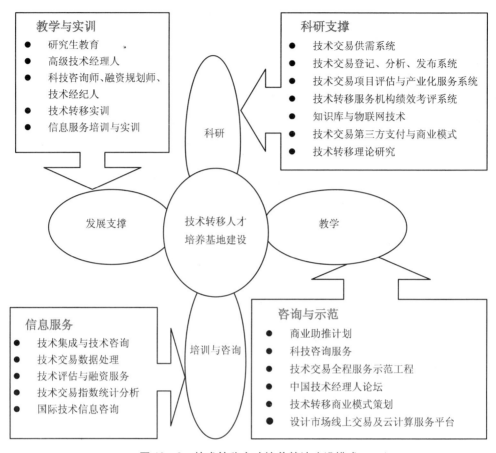

图 10－2　技术转移人才培养基地建设模式

（3）技术转移人才培养体系构建

技术转移人才的培养紧密结合技术转移服务业发展的需求，制定专业化、信息化、国际化人才培养方案，按照职业化、专业化、层次化培养要求，开展学历教育、继续教育、职业教育。举办适合技术转移服务业发展的各种特色培训班，培养技术转移服务业精英人才。同时，重点引进与开发急需的高层次人才、复合型人才及高级技能型实用人才，从而带动全行业的发展。也可增设专门的技术转移服务业学科、专业研究院（所），或在有条件的高等院校和专业技术学校，调整、扩充或增设技术转移服务专业院、系，精编精选优秀专业教材和教师，培养提供技术转移服务的专业人才和具有国际视野，精通国际技术贸易、通晓技术经营的高端技术转移人才。

重点建设具有示范意义的人才培养基地。突出培训特点，形成培训规模，制定培训规范、开发培训项目，完善培训体系，建立实训平台和人力资源库，开展技术转移人力资源的评价、推荐服务。

技术转移人才培养基地的主要建设内容：一是全面规划技术转移服务机构的人才结构，制定人才培养计划；二是创新人才培养模式，构建分层递进的培训体系；三是编著核心教材，打造精品课程；四是政产学研合作，共同建设高水平的师资队伍；五是研究完善人才培养、评价、推荐机制，树立技术转移高端服务品牌；六是建立人才培养教学评估制度，确保技术转移人才培养质量。参见图10－3。

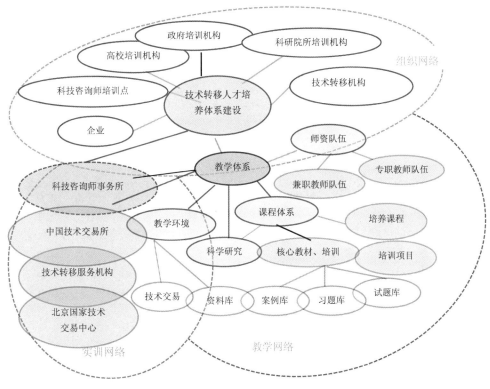

图 10－3　技术转移人才培养体系

（4）人才培养的质量要求

学历教育、继续教育、职业教育交融的分层递进教学模式，是针对高端人才、复合人才、专业人才、职业人才和后备人才培养层次结构的特色教育，按照培养对象的特点，不同时段有不同层次的教学重点。目前最为急需的是培养更多具备国际视野、熟悉东西方商业文化、懂技术、了解国际国内知识产权法律法规的专业国际技术转移经纪人。

技术转移人才培养要求参见表10－1。

表 10-1 技术转移人才培养绩效考核指标

教育类型/项目	培训层次	高端人才	复合人才	专业人才		后备人才
继续教育	培养群体	行业顶级专家	行业高级管理人员，工程中心、重点实验室、研发机构负责人	技术转移从业人员	应届硕士毕业生、在职技术人员	在校大学生、研究生
	培养方案	开展创新方法、政策法规培训、科研项目扶持、科研经费扶持、个人品牌推广等工作	开展高端培训、技术转移服务规范培训、项目扶持、案例教育、实践考察等工作	开展专业技能培训、技术转移服务规范培训、继续教育、项目推介、项目合作等工作	开展实训工程、技术转移服务规范培训、职业培训、从业考试、人才推介等工作	开展学分教育、基础理论、理念教育、职业素养教育等工作
职业教育	培养群体	政府科技管理人员、高级科技咨询师、高级融资规划师、重大项目负责人	科技管理人员、技术转移服务机构从业人员、工程中心技术负责人、重点实验室技术负责人、企业技术负责人	技术市场执业人员、技术合同登记人员、技术经纪人	技术转移服务机构、工程中心、重点实验室、企业技术中心工作人员、应届硕士研究生	在校大学生、研究生

续表

教育类型/项目	培训层次	高端人才	复合人才	专业人才		后备人才
	培养方案	开展创新方法、高级科技咨询师、高级融资规划师培训、政策法规培训、科研项目扶持、科研经费扶持、个人品牌推广等工作	开展高端培训、先进技术应用与推广培训、科技咨询、融资规划、专利分析系统应用培训等职业资格与技能培训，技术转移信息服务培训、项目扶持、案例教育、实践考察等工作	开展执法业务培训、技术合同登记培训、技术转移服务规范培训、技术转移信息服务等工作	开展助理科技咨询师培训、助理融资规划师培训、技术评估培训、专利分析培训、技术转移服务能力培训、技术转移服务规范与技术转移信息服务培训等工作	实施大学生技术转移服务职业实训工程、开展"订单式实训"
学历教育	培养群体（高端、复合人才）	技术转移与信息服务工程硕士		技术转移后备人才		
	培养方案	培养具有国际化视野、熟悉国际技术贸易、熟悉技术转移国际惯例和通行规则、了解国际技术转移相关国际法规体系、掌握信息与网络技术知识，能充分依托信息技术服务环境和工程平台，从事技术转移服务活动的技术转移与信息服务工程硕士。 　　研究生能力培养围绕电子商务、现代物流、研发设计、数字家庭、数字内容以及电子健康等战略性产业及现代服务业支撑技术的研究，制定研究生培养方案，从服务交易、服务管理、服务集成、服务规范与监管等关键技术，着力培养研究生掌握信息技术应用于技术转移服务；通过技术经营、技术转移联盟、知识产权保护、政策法规、技术转移信息服务平台建设、知识管理、电子商务等课程设计，提升学生的技术转移理论水平、专业知识和实际操作能力。				

续表

教育类型/项目 培训层次		高端人才	复合人才	专业人才	后备人才
学历教育	培养方案	在"工"科从业者的职业能力空间上融入管理、财会、营销、经济等方面的基本通识能力；在"商"科专业从业者的职业能力空间上融入科技、信息、工具、平台等方面的基本技术素质。从而让从业者超越和突破知识本位观，实现由知识本位向能力本位的转变，实现实务能力的综合发展，更好地服务和适应技术转移工作			
技术转移人才培养基地建设		围绕技术转移人才培养的教学与实训、科研支撑、信息服务、示范工程4种功能展开。 构建全新的技术转移服务人才培养模式。 建设技术转移人才培养基地，形成以基地为核心的技术转移人才培养网络			

10.2.3　制定技术转移人才培养规范

要提高技术转移人才的能力，重点在于人才培养的质量，保证人才培养质量的重要手段之一是制定技术转移人才培养规范。其重点在于：一是重视师资队伍建设，要打造一支以首席课程专家负责的、授课水平高、培训效果好的高水平的师资队伍。二是精心设计培训内容，要建立起科学合理、绩效突出，以理论学习、技能训练和案例教学为重点的培训教材和课程体系，开设精品课程群，使之具有实用性、前沿性，符合技术转移服务机构服务对人才的理论知识、专业技能方面的要求。三是创新培养方法，要根据不同梯次的人才培养目标，制定培训项目的教学大纲、教案、实训报告、工程实践指导书、论文研究规范等，开展提升人才业务能力的培训。四是建设资源库和开发人才培养网络信息系统，包括组织编撰核心教材、精品培训教材、职业资格培训大纲及辅导教材、短期培训教材，建立资料库、数据库、案例集、论文库、习题库、试题库等。五是以最新信息技术为支撑，以新型商业模式服务于技术交易全过程的示范工程作为人才实践平台，培养技术转移人才的服务能力。六是建立人才评价制度，形成人才培养的良性循环。七是推进理论研究与实践探索的一体化进展。

1. 打造高水平的师资队伍

高水平的师资队伍是人才培养的保障。技术转移人才培养师资队伍的建设可以采取专职和兼职相结合的方式，形成师资队伍的开放流动机制。北京工业大学经过 3 年探索，取得了显著效果。2011 年 7 月，我国首批"技术转移与信息服务方向"工程硕士研究生毕业。现有的研究生的师资队伍，是由具有一定理论功底和丰富实践经验的校内外党政领导干部、专家学者和技术转移服务机构、企业高管做兼职教师，与学校的专职教师共同组成。其中，教授及教授级高工 8 人、副教授及高级工程师 15 人，博士生导师 2 人，硕士生导师 10 人，高级科技咨询师 5 人，律师 2 人，高级经济师 3 人。

2. 建设精品课程群

组织精品教材和精品课程，研发技术转移全程服务系统，培养现代技术转移服务人才。

3. 创新人才培养方法

技术转移人才培养方法的创新体现在以下几个方面：教学模式创新、培训手段创新和培训内容创新。

（1）教学模式创新。合理分配教学课时比例，课堂讲授占 1/2，实践教学占 1/4，研讨交流占 1/4，并逐步实现 3 个 1/3 的新型培养模式；专业高级研修班采取集中授课、现场教学、研修报告三段式教学，并缩短培训时间，以问题为导向，每次集中解决 1～2 个战略层面上的技术转移问题；国际化技术转移服务人才培养突出个性化教学，加大应用能力训练，使其通晓国际惯例，能胜任国际化技术转移服务的需要；研究生教学中开展课堂研讨式、体验式、案例式、情景模拟式、沙盘演练、工程实践、论文研究等，使人才培养内容和方法具有很强的针对性和实用性。

（2）培训手段创新。培训项目从教学内容的确定、师资的落实、教材的选择、教学质量的监控，以及问卷调查、课堂讲授、实务操作、现场互动、分组研讨、头脑风暴和多媒体教学等安排，使教育培训过程取得预期的教学效果。例如，有计划、逐步建立国内国际的技术转移实习实训、考察调研、合作交流平台。为学员提供研究、实训、合作交流的业务实践环境，提高学员的实际动手能力。

国内实训：与国内技术转移活跃地区和技术交易所建立国内工程实践、实训合作，在技术交易、技术合同登记、技术评估、投融资、项目商业化运作及专利技术许可实施等方面培养学员的实操能力。

境外实训：建立境外实习、实训合作，开展学习实践和合作交流，结合中国的商业环境与实际需求，研究技术转移过程中的网络、联盟、市场定位、研发、技术发展的作用及管理模式。在日本/中国台湾工研院/韩国/英国技术集团/法国/美国/新加坡等地开展国际技术转移人才培养、实训合作。

（3）培训内容创新。培训包括实习操作、案例分析，调研报告、项目可行性研究报告、商业计划书、项目评估报告撰写，技术转移与信息服务系统设计与实现、技术交易商业流程设计的研究与实践等。

4. 建设资源库和人才培养信息服务平台

（1）资源库建设。包括建立资料库、数据库、案例集、论文库、习题库、试题库、专业知识库、教学信息库、师资信息库、培训订单信息库等，如图 10－4 所示。

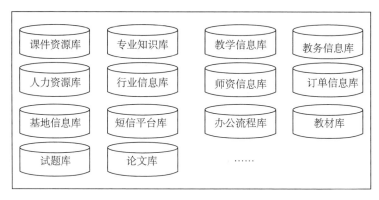

图 10－4　基地资源库建设

（2）人才培养信息服务平台建设。开发技术转移人才培养网站，实现网络教学、人力资源查询、专家问答、论文查询下载、短消息发送、网上教学；提供包括课件、视频、电子教材、论文等免费或收费下载服务，提供教学交互式论坛，在线实时问题解答；提供技术转移人力资源信息查询，建立技术转移人力资源信息库，并向重大项目、重点项目推荐猎头查询服务。与银行、电信、网络等服务商合作，提供网上支付、银行支付、移动支付等服务收费模式，结合支付系统完成网上支付或移动支付，形成全新的培训项目的商业模式。通过传播媒体、专业网站等进行宣传，扩大基地影响，形成良性循环，如图 10－5 所示。

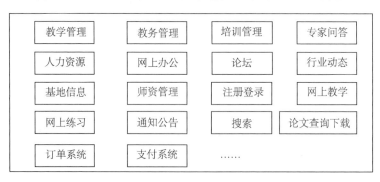

图 10－5　基地人才培养信息服务平台

5. 新型商业模式与技术交易全程服务模式研究

基地重点培养一批"技术转移与信息服务方向"的研究生从事技术转移高端信息和电子商务服务。深入研究技术的产品化、商业化、产业化中的各阶段的业务需求，分析业务流程，利用网络和信息技术手段，构建业务处理及相关的电子认证、在线支付、物流配送、技术评估、统计分析、融资规划等服务支撑系统，围绕技术交易核心环节及过程，建立新型的技术交易第三方支付服务模式，示范技术交易资源投入及其他配置性服务的全过程，实现技术交易在规模数量上的扩展和质量性质上的突破，带动技术转移服务机构的发展和新兴服务业态的形成。

10.2.4　建立技术转移人才评价制度

（1）建立技术转移人才评价制度。建立统一的技术转移服务专业技术评价制度，完善科学化、制度化、规范化的技术转移服务人才分类、专业等级、申报条件和评定程序；将专业人才情况列入科技系统扶持政策的考核条件中，逐步推动技术转移服务人才评价工作的社会化、市场化。

（2）推进理论研究和实践探索的一体化进展，促进技术转移服务业的成熟与壮大。技术转移作为一种业态，正被越来越多的专家、学者所重视，其研究正从微观层面的成果转化、技术转让转向宏观战略上的技术转移全过程研究，研究参与技术转移的全要素，研究促进全社会的互动参与模式。作为全新的高端服务业态，经验总结等实践探索尤为重要，要鼓励技术转移高端人才进行深入探讨，研究探索提高技术转移、科技成果转化率的途径和方法。要开展技术转移相关政策法规、组织管理模式、运营机制、评价方法、产学研合作模式的研究，推动技术转移理论与实践的展开，推动技术交易的商业模式示范工程的展开，推动技术转移人才服务于战略性新兴产业的技术转移。要结合我国技术转移行业面临的热点问题和难点问题，鼓励高端人才研究技术发展趋向、网络和合作的商业研发模式，为政府制定促进技术转移服务机构发展的政策研究提供参考，为政府推动技术转移行业领先发展提供信息服务。

10.3　技术转移服务绩效管理信息平台建设

科技部的相关指导意见提出：要加强技术（产权）交易所等技术交易机构和技术交易服务平台的建设，完善发展和推广应用科技成果评价方法，建立全国技术交易指数、技术交易评估报价系统、技术合同网上登记系统，活跃技术交易。探索建立技术市场信誉体系，规范市场秩序。通过技术市场向社会发布国家科技计划项目等财政支持形成的科技成果。通过技术交易机构挂牌、拍卖、招标等公开交易方式，加强科技成果的产业化。探索建立国家重大科技成果产业化的绿色通道。

10.3.1　技术转移评价基础数据库建设

技术转移机构基础数据资源调查、整合、入库并集中管理是开展技术转移机构绩效评价和卓越绩效管理的基础，数据质量直接影响具体业务开展的水平。要在开展大量调查研究的基础上，对技术转移机构基础数据资源进行全面梳理、整合，建立技术转移基础数据库，实现技术转移机构基础信息的集中管理，为各功能子系统的开发应用奠定坚实的基础。

基础数据库的建设内容主要有：按考核年度建立考核评价指标库、技术转移示范机构信息库、技术转移示范机构填报信息库、技术转移示范机构考核评审结果库、技术转移示范机构考核评审整改信息跟踪库。其中指标库包括技术转移机构绩效评价指标，包含指标名称、指标定义、标志、标度四个要素不同类别的技术转移机构评价指标及权重等数据；信息库主要是技术转移示范机构的基本档案信息，包括注册信息、联系信息、历史档案信息等；填报信息主要是动态填报信息留下的过程痕迹，主要是过程性数据；考评结果库主要是所有入库技术转移机构历史考核结果的记录；整改信息跟踪库主要是对于绩效考评不达标的机构、对所有不合格项整改情况的记录。

在数据维护的过程中，将针对不同来源的数据进行分类管理。部分数据将通过一次性普查的方式获取，部分数据将通过交换的方式从其他委办局获得，其余大部分数据将在系统运行过程中不断积累。技术转移机构评价系统详尽的标准决定了机构评价数据库要具备较细的粒度。细粒度基础数据库将评价标准加以细分和量化，从而提炼出更加科学合理的对象模型，对量化技术转移机构评价标准、减少非定量不稳定因素影响方面具有重要意义。

10.3.2　技术转移示范机构网上申报系统研发

为实现对技术转移机构的统一管理，要将研发"技术转移示范机构网上申报系统"，实现技术转移机构在线自主注册、信息维护等功能。

网上申报系统主要由以下功能模块构成：机构用户登录、机构用户资料修改、技术转让信息录入、技术转让信息修改、技术转让信息查询等。各功能说明如下：

"用户登录"模块提供给机构用户登录的功能。所有合法的用户名和密码存储在基础数据库中，输入合法的用户名和密码，登录系统；当输入错误的用户名和密码时，系统提示错误。"用户资料修改"模块提供给机构用户申请者查看并修改个人资料的功能。修改资料时，用户名、密码、机构用户（法人）真实姓名、用户 E-mail 地址、机构电话号码为必填内容。若资料填写不完善，应提示无法完成修改。"技术转让信息录入"模块提供给机构申请者提交项目申请的功能，该功能模块应包括项目描述和项目文件，机构申请者在文本框中对其申请进行描述，详细机构申请文档以附件形式上传。"技术转让信息修改"模块提供给机构用户申请者修改技术转让信息的功能。机构用户可以对已提交的转让技术信息进行修改和删除。"技术转让信息查询"模块提供给机构用户查询转让技术信息状态的功能。机构用户可以查看自己所提交的所有申请信息，并且能够查看各个申请的处理状态。

10.4　以价值驱动的技术转移绩效管理新模式

价值以产业价值链为载体。技术转移服务已融入现代服务业的产业链中，居现代服务业的高端地位。科学技术、信息资源、信息网络运行平台是向技术转移服务机构提供专业化服务的主要支撑，并成为现代服务业发展的主导因素。商业模式、服务流程、管理方式是现代服务业竞争的核心，基于网络的第三方服务模式成为现代服务业的主流模式。技术转移服务的专业化、信息化、国际化是大势所趋。中国技术转移服务机构的发展应按照模式创新、功能齐全、流程科学、管理领先、业务规范、服务高端的要求整合布局，超常规快速发展，提供从信息服务的基础开始直至主体经济的产业化的全过程的完备服务。

而我国促进技术转移机构发展的政策，在前几年则是撒胡椒面式的扶持方式，不患寡而患不均，无论是资金的支持，还是政策的引导均是照顾到方方面面，力量分散，很难培育出世界级的技术转移机构。如我国国家技术转移示范机构，经过 3 年的遴选，已多达 200 家，但如此众多的示范机构中却没有一家能够进入国际知名机构的行列，与德国的史太白基金会（STW）、弗劳恩霍夫应用研究促进协会（FHG）、英国的技术集团（BTG）、美国的国家技术转移中心（NTTC）和联邦实验室技术转移联合体（FLC）等更无法相提并论。

技术转移的核心第一是技术，第二是服务。技术转移服务随着产业形态的转型进入一个结构调整、功能更新和组织优化的发展阶段，未来绩效管理将呈现以下的发展趋势及其服务走向。

10.4.1　技术转移服务多样化商业模式

技术转移服务的商业模式是指面向技术转移全过程形成的有相对稳定的服务程序和信息流向的市场管理与经营体系。服务多样化的商业模式扩大了服务领域也扩大了赢利的时空，能够为服务机构带来更多的利益。技术转移服务可与诊断学的全科医生一比，需要复合型的知识与实践。多样化的高端服务形式形成价值倍增的商业模式。技术转移服务体系中，技术供给方与其他众多合作者参与其中，5大参与主体都在发挥着各自的作用，潜在利益及相应的收益来源和分配方式是商业模式独特价值的组成部分。在传统商业的人、财、物经营资源之外，网络信息、即时服务等无形资源都能参与价值创造。服务经济强调人性化、个性化、数字化。服务业务需求的快速增长和服务细分使得技术转移服务形式会因地、因事、因时而异，多种服务主次分明，扬长补短，拾遗补缺，领先发展。多样化形成贸易加服务的技术转移新型商业模式。

10.4.2 技术转移服务产业化营运模式

随着技术转移业务的扩大，技术转移服务自身也逐步在形成新兴的行业。根据自身功能定位和产业竞争力优势，按照经济发展的基本规律，大批服务机构的优先、健康和快速发展，已经确立了技术转移服务业在区域经济中的战略产业地位。与技术交易、技术转移相关的各种配套服务不断增加，并趋于完善。多行业交叉服务的快速发展与完善，将形成全新的技术转移服务产业。在规划加市场的商业模式下，国外技术转移机构促进政策着重扶持政府部门的公益性机构，帮助有政府主导倾向的技术转移机构做大做强，而对商业性技术转移服务机构则采取自由的市场经济政策，基本上不进行任何行政干预或经济扶持。管理则主要体现在应用法律和法规来创造公正公平的竞争环境。因此，在激烈的竞争中，各类技术转移机构均能通过不同的方式发展壮大，表现出其共同的特点：机构都兼具技术创新和技术转移的多重功能；信息渠道畅通，具有核心服务能力强、相对较完善、规范的运作模式，有很高的社会认知率；拥有一支具备技术、法律和商业运作方面专业知识的专家队伍，擅长对技术产品进行市场分析和市场运作，把技术变为商品并使其尽快进入市场，实现产业化，追求资源的最佳配置与组合。

10.4.3 技术转移服务网络化交互模式

鉴于技术转移信息服务的重要性和服务产业的特殊性，在现行计算机局域网、互联网的基础上，以技术交易为主的服务会在"三网（多网）合一"网络环境下抢占先机。通过日新月异的互联网创新技术，增值服务业务，扩展服务功能，运用高新技术，强化服务手段。网上交易、网下服务，或网下交易、网上服务密切配合，网上交易服务将成为未来技术转移的必然趋势。随着社交媒体、移动终端的多功能化和大数据的出现，电子商务下的创新商业模式，在人才、物流、现金流基础上，技术、信息、公共关系以及作为服务对象的目标客户都成为资源的范畴。网络化服务的结果使服务主体与合作伙伴之间、与服务对象之间形成方便的交互式协作关系，交互模式按创新商业模式设计的信息流流向与路径产生丰厚的附加价值。

10.4.4 技术转移服务全球化竞争模式

服务环境网络化和产业转型带动的技术大面积转移，区域技术转移服务业务不再局限于机构所在的行政地域范围，而是随技术转移的路径进行跨行业、跨国界的延伸拓展，形成国际化的业务竞争。业内人力资源总量的增长而优秀人才短缺，又势必引起全球化激烈的人才竞争。技术转移服务全球化形成新的竞争模式。服务全球化竞争模式下，需要重新审视竞争意义和竞争方式，绩效管理需要顺应新的变化。

10.4.5 技术转移服务协会化组织模式

以会员制等形式建立在自愿、平等原则基础上的各类技术转移行业服务协会将得到普遍发展。开展同业合作、跨行协作、跨国交流和规范行业行为、制定服务标准，将成为这种网络化组织形式的重要职能。技术转移服务行业协会将在守信经营、维护行业信誉等操守自律方面替代科技行政管理部门发挥更大作用。协会化产业链组织、协会化产学研联盟组织、创新载体联盟组织进行组织变革，形成新的组织模式。

协会化组织扁平化、网络化、虚拟企业和学习型组织结构都是应用的新型组织。能够降低组织层次，提高效率。高水平的投资和分散程度高的组织相结合才能带来高的经济回报。运用网络信息技术促进传统组织的协作团队、授权团队、开源团队等组织模式变革，带来制度性改革的软性绩效。

10.4.6 技术转移服务规范化标准模式

规范化是新兴服务业的基本要求。通过制定技术转移服务规范，开展贯彻服务规范的宣传指导工作，规范化将成为技术转移服务的产业常态，尤其是在信息化的统一平台下，服务流程、控制与管理活动、业务操作的规范化能够减少失误、提高质量、降低培训费用。规范化服务依据的是系列的行业、产品、服务等标准，如平台技术标准、信息交互标准、流程重构标准、服务内容标准等。全面的标准应用将极大提升绩效水准，服务的标准模式也是绩效管理的参照模式。

服务模式可以多种多样，但服务内容必须规范。国内技术转移市场仍以技术供给方驱动为主，因此以高校院所及其衍生的技术转移机构为主体的技术转移服务创新较为活跃。其中，技术熟化模式将技术转移的工作反向延伸到了科技研发的整个过程，通过产学研互动有力促进了技术成果的转化应用；技术集成经营模式通过提升专业化技术经营和服务能力，极大的挖掘了技术转移的价值空间，成为技术供给驱动型示范机构的重要培育方式。

以国家或区域的战略发展需求为导向，向特定区域或对象进行的平台型技术转移模式具有一定的公益属性，需要政府加强引导和支持，通过多方协作促进资源的整合和协同。

知识经济时代，技术如同其他资产一样可以由市场决定其价值并进行交易，以技术交易所为代表的技术市场交易平台获得显著发展。随着知识产权法规政策体系的不断完善，以及互联网和大数据挖掘等新一代信息技术的发展，将有助于推动形成一个与国际惯例接轨，信息充分、交易活跃、秩序良好的技术交易市场体系。

以市场需求为导向的第三方技术转移经纪服务机构，在技术服务、代理、法律、咨询、培训、投融资等领域不断深化和创新，初步形成了完善的技术服务链条，推动了技术交易市场的活跃，未来有望成就一批创新能力强、服务水平高、具有一定国际影响力的技术转移高端服务机构。

案例：科技园孵化器评价指标

科技园孵化器评价指标

一级指标	二级指标	三级指标	满分值	评价标准
申报机构现有基础	孵化基础	孵化场地合理性	5	• 平均每家企业占有面积在100平方米以下，可得0～2.5分 • 平均每家企业占有面积在100～1 000平方米，可得2.6～4.9分 • 平均每家企业占有面积在1 000平方米以上，可得5分
		服务团队设置合理及竞争力	5	• 平均每名管理人员服务6家以下在孵企业，0～2.9分 • 平均每名管理人员服务6家以上在孵企业，3～5分 • 根据管理团队个人履历情况，如在上市公司、投资公司等工作的，酌情加分

一级指标	二级指标	三级指标	满分值	评价标准
		收入结构情况	10	结合财务报表 • 房租收入比例占总收入比例在 100%～80%，得 0～4.9 分 • 房租收入占总收入 80%～50%，得 5～10 分 • 房租收入低于 50% 的，得 10 分
	服务能力	种子资金运作情况	5	依据种子资金的设立及运作情况进行打分 • 未设立种子基金，0 分 • 当年投资 1 家公司可得 2 分，最高不超过 5 分 • 同等情况下，根据投资获得收益情况，可酌情加分
		公共服务平台投入产出	5	依据公共服务平台建设和使用情况打分： • 未设立条件平台，0 分 • 运行情况和投入情况一般，得 0～2.9 分 • 平台运行情况较好的，得 3～5 分
		基础服务开展情况	4	依据申报机构法律、知识产权等基础服务是否展开、开展方式及服务企业数量进行打分
		专业服务开展情况	6	依据申报机构开展投融资、商业模式改造、创业导师等专业服务的类型和服务企业数量进行打分
	孵化成效	科技企业培育情况	10	依据申报机构毕业企业数，以及获得投融资企业数、2012 年新认定高新企业数、上市公司数、收入过千万企业数等进行综合评分： • 获得投融资企业数占 3 分，每家获得投融资企业可得 1 分，最高不超过 3 分 • 上市公司数占 2 分，每家上市公司可得 0.2 分，最高不超过 2 分 • 上年度新认定总数高新技术企业数占 2 分，每家新认定高新技术企业企业可得 0.5 分，最高不超过 3 分

续表

一级指标	二级指标	三级指标	满分值	评价标准
		企业流动性	5	根据当年毕业企业占在孵企业总数比例，及当年新增在孵企业数量占在孵企业总数的比例判断： • 当年毕业企业占在孵企业总数比例总分 3 分，每 1% 比例得 0.2 分，比例超过 15% 可得满分 3 分 • 新增在孵企业占在孵企业总数比例总分 2 分，每 1% 比例可得 0.1 分，超过 20% 可得满分 2 分
		人才培养与聚集情况	5	依据申报材料留创企业数量、高端人才引进和产出情况进行评分： • 上年度留创企业数量占在孵企业数量的比例总分 2 分，每 10% 比例得 0.4 分，比例超过 50%，可得满分 2 分 • 前任计划、海聚、高聚等高端人才每人次可得 0.3 分，最高不超过 3 分
		经济社会发展共享力	10	依据申报材料中知识产权产出数量，成果转化数、纳税及就业岗位提供等信息进行综合评分： • 知识产权产出数量占 3 分，平均每家入住企业拥有 1 项知识产权可得 1 分，最高不超过满分 3 分 • 成果转化数量占 3 分，每 10 项成果转化数量可得 0.5 分，最高不超过满分 3 分 • 上年度入驻企业缴税占 2 分，每 100 万元税收得 0.2 分，最高不超过满分 2 分 • 提供就业岗位占 2 分，每 100 个就业岗位占 0.5 分，最高不超过 2 分
	发展概况	运营模式及特点	5	依据申报材料中运行模式及特点判断其典型及可推广性进行打分： • 运行模式效果好，可推广性高，3~5 分 • 模式不突出或可推广性一般，可得 0~2.9 分
		影响力事件对机构发展的推动力	5	依据申报材料中对申报机构发展具有影响力事件，对机构发展和服务模式的形成起到推动作用进行打分

续表

一级指标	二级指标	三级指标	满分值	评价标准
拟开展的孵化服务工作	项目设置与申报机构现阶段发展需求匹配的合理性	10	• 项目与申报机构现阶段发展需求匹配度高，能较好地促进申报机构服务能力提升的，可得5.1～10分 • 匹配度一般，促进作用一般的，可得0～5分 • 对于发展基础好、水平高的服务机构开展层次低、较为基础的项目分数酌减 • 纯基建类项目0分；其他指标得分无效
	项目实施内容与方式匹配的科学性、可操作性，及预期效果的可实现性	10	项目实施内容与实施方式匹配度高，实施方式可操作性强，预期目标实现度高，可得5.1～10分；匹配度一般，实施方式可操作性一般，可得0～5分；对于"大而全"的项目、实施效果不明确的项目酌情减分

附：科技园孵化器专家评审职责

1. 评审专家应按照规定的评审程序，独立、客观、公正、科学地对项目进行评价。

2. 评审专家应认真审查申请材料、评议并填写专家评审表。

3. 评审专家如与申报企业或项目存在利益关系或其他可能影响公正的关系的，应当向主办单位申明并回避。

4. 评审专家不得利用专家的特殊身份和影响力与申请企业及相关人员串通，为该企业申请项目获得立项提供便利。

5. 评审专家在项目评审过程中不得与企业及企业相关人员发生直接关系，如需补充材料或进一步说明情况，必须通过工作人员进行。

6. 评审专家不得压制不同学术观点和其他专家的意见，不得为得出主观期望的结论，投机取巧、断章取义、片面作出与客观事实不符的评价。

7. 评审专家不得泄露评审项目和企业清单、专家名单和项目的评审结果，不得复制保留或向他人扩散评审资料，评审工作结束后，向主办单位提交专家评审意见并交回全部评审资料。

8. 评审专家不得擅自披露、使用申请企业的技术经济信息和商业秘密。

9. 评审专家不得跨组进行有碍项目公正评审的有关讨论。未经主办单位批准，专家不得调换评审组。

10. 评审专家不得索取或者接受被评审项目单位以及相关人员的礼品、礼金、有价证券、支付凭证以及可能影响公正性的宴请或者其他好处。

11. 评审工作期间，评审专家原则上不得离开评审会所在地，如遇特殊情况试行请假制度，但请假时间超过 4 小时，即取消本次评审资格。

参考文献

［1］冯秀珍，张杰，张晓凌．技术评估方法与实践［M］．北京：知识产权出版社，2011．

［2］王洪涛，马刚，魏秋生．绩效评价指标体系的设计与应用［J］．炼油与化工，2010（3）．

［3］卢秋红．企业绩效评价指标的解释能力分析［J］．现代经济信息，2011（20）．

［4］杜胜利．企业经营业绩评价［M］．北京：经济科学出版社，1999．

［5］干胜道．基于预期的绩效管理［M］．大连：东北财经大学出版社，2007．

［6］朱明秀．三维价值驱动型财务模式研究［M］．北京：经济科学出版社，2007．

［7］NEELY. A.，等．战略绩效管理：超越平衡计分卡［M］．北京：电子工业出版社，2004．

［8］彼得·德鲁克．公司绩效测评［M］．北京：中国人民大学出版社，1999．

［9］曹阳．企业经营管理绩效评价方法综述及探索［J］．市场周刊·理论研究，2008（3）

［10］陆庆平．企业绩效评价论［M］．北京：中国财政经济出版社，2006．

［11］肖德云，蒋元涛，付智慧．基于GA—BP的企业利益相关者绩效评价［J］．科技进步与对策，2006（9）．

［12］叶苗苗．中外企业业绩评价体系演进比较与启示［J］．企业管理，2008（2）．

［13］白蔚秋．改进业绩评价系统正确评价企业的经营业绩［J］．中央财经大学学报，2001（2）．

［14］温素彬．基于科学发展观的企业绩效评价体系架构与实践［J］．财务与会计：理财版，2008（5）．

［15］曾宪文．企业业绩评价演进的模式分析与比较［J］．现代管理科学．2005（11）．

［16］袁智慧，陈险峰．中外企业绩效评价历程及发展［J］．中国农业会计，2005（4）．

［17］王鲁捷，等．企业经营者绩效评价研究［J］．江海学刊，2004（4）．

［18］KAPLAN R. S.，DAVID P. NORTON. Putting the Balanced scorecard to work［J］. Harvard Business Review，1993（9）．

［19］FREEMAN，R. E. Strategic management：A stakeholder approach［M］. Boston，MA：Pitman press，1984．

［20］ROBERT S. KAPLAN，DAVID P. NORTON. Translating Strategy Into Action—The Balanced Scorecard，Harvard Business，School Press Boston，Massachusetts，2000．

［21］ROBERT S. KAPLAN，DAVID P. NORTON. Using the Balanced Scorecard as a Strategy Management System［J］. Harvard Business Review，1996（1，2）．

［22］O. BYRNE，STEPHEN F. EVA and Market Value［J］. Journal of Applied Corporate Finance，1996（1）．

［23］B. NAUGHTON. Growing out of the plan：Chinese economic reform［M］. Cambridge university press，1995．

［24］ LIU YALI. On the stakeholders—orientated integrated performance assessment for natural monopoly enterprises ［J］. Management review，2003（12）.

［25］ KIM W. CHAN，MAUBORGNE，RENEE. Value Innovation：The Strategic Logic of High Growth ［J］. Harvard Business Review，1997（1）.

［26］ 赵亦军. 企业绩效评价的历史演变及发展趋势 ［J］. 企业家天地，2006（9）

［27］ 郗蒙浩，王慧彦，黄伟. 谈绩效评价方法及其在国内外的发展 ［J］. 经济师，2007（4）.

［28］ 徐永虎，洪咸友，郭亮. 西方绩效评价研究综述 ［J］. 科技管理研究，2007（4）.

［29］ 王方晓. 对企业绩效评价体系的探讨 ［J］. 现代经济信息，2011（19）.

［30］ 韩梦哲. 2013 年度中国企业社会责任排行榜 ［J］. 中国财富，2013（8）.

［31］ 罗涛. 专利代理人在技术转移中的作用 ［J］. 高科技与产业化，2013（6）.

［32］ 经理人编辑部. 颠覆转型：重塑竞争的 5 大产业 ［J］. 经理人，2013（9）.

［33］ 沈寓实. 云战略引领中国产业创新和社会重构 ［J］. 中国科技产业，2013（7）.

［34］ 曾鸣，宋斐. 云商业的大创想 ［J］. 商业评论，2012（9）.

［35］ 吴永林. 技术进步对产业结构变化的作用——基于北京高技术产业的实证分析 ［J］. 技术经济与管理研究，2012（9）.

［36］ 高亢. 对中国服务贸易电子商务化的探索 ［J］. 经济论坛，2012（9）.

［37］ 陈曦. 追赶下一次产业革命 ［J］. 中国新时代，2012（9）.

［38］ 本刊编辑. 马斯克来了 ［J］. 商周刊，2013（12）.

［39］ 方振邦，罗海元. 战略性绩效管理 ［M］. 3 版. 北京：中国人民大学出版社，2010.

［40］ 王海燕，姚小远. 绩效管理 ［M］. 北京：清华大学出版社，2012.

［41］ HERMAN AGUINIS，等. 绩效管理 ［M］. 北京：中国人民大学出版社，2008.

［42］ 刘美凤，方圆媛. 绩效改进 ［M］. 北京：北京大学出版社，2011.

［43］ 闫国庆，孙琪，周志丹，等. 中国高新区公共治理绩效评价 ［M］. 杭州：浙江大学出版社，2011.

［44］ 方振邦，葛蕾蕾. 政府绩效管理 ［M］. 北京：中国人民大学出版社，2012.

后　记

技术转移绩效管理是一门新兴的管理学分支学科，实践进展很快，理论研究却相对滞后。散见于报刊的研究文章多是以某种方法就某一专题所做的实证分析，成体系的专著及教材难得一见，《技术转移绩效管理》勇为填补空白的创新之举。

近年来，我国技术转移服务业发展迅速，规模总量逐步扩大，一批新型第三方服务机构、新兴服务模式和业态不断涌现。全国已建立国家、省、市（地）、县四级1 000多个技术市场管理机构和800多个技术合同认定登记机构，全国共有技术或技术产权交易所40个，技术交易机构2万家，国家技术转移示范机构369家，从业人员达50万人。2014年上半年，我国高新技术产业增加值增速为12.4%，高于工业平均增速3.6个百分点，技术转移绩效标志性指标之一的技术交易成交额从1984年的7亿元增长到2013年的7 469亿元，预计"十二五"末全国技术合同成交额将达到1万亿元。如此巨量的技术转移业务急需相应的人才资源支撑。北京工业大学、北京大学、苏州大学、四川大学等高等院校在技术转移学历教育和相关课程的开设方面正在进行积极的探索。为促进技术转移服务人才成长、加快培育技术转移专业服务带头人，国家科技主管部门正逐步加大技术转移人才教育培训基地的建设支持力度，北京市已有5家经授权挂牌的技术转移人才培训基地。技术转移急需一大批既懂技术又懂管理的复合型人才形成新兴服务产业的骨干队伍，总数已达6 794.87万的科技工作者当中，45岁以下的科技工作者约5 300万，占比高达78%，这些中青年科技人才是技术成果的重要研发者，也是技术转移的潜在参与者，不同层次的技术转移教育培训将涵盖所有的科技人员和相关的服务管理人员。技术转移职业资质教育、岗位继续教育的完整教育培训体系在不断地完善中，各类服务专业的教育培训教材、教学辅助资料的编写成为刻不容缓的紧迫任务，《技术转移绩效管理》作为学历教育与技术转移高级经纪（经理）人教育培训的专业教材应急而出，希望能在奠定技术转移教育培训体系的基础工程中贡献微薄力量。

《技术转移绩效管理》在撰著过程中，得到科技部、北京市科委相关处室的鼎力支持，信息调研过程得到上海市、江苏省、广东省、浙江省科技厅等相关部门的热情帮助，文献查阅过程得到很多学者的教益与启发，在此表达真挚谢意，也为不能一一列名感谢而表示歉意。

　　本书的第 3 章第 3 节由厦门大学经管学院朱舜楠老师撰稿，第 3 章第 4 节、第 10 章第 4 节源自北京工业大学技术转移方向研究生尹子龙同学的毕业论文，第 6 章第 2、3 节的主要内容源自北京工业大学技术转移方向研究生仇雅静同学的毕业论文，第 6 章第 5 节风险量化部分以及部分数学模型的运算由北京工业大学经管学院研究生杨旖旎同学完成。北京中云博瑞科技发展有限公司技术转移中心侯方达主任等专业人员曾参与本书的通稿、定稿研讨并提出许多宝贵意见，在此一并致谢。

　　作者再抛引宝玉之砖砾，衷心期待业内同仁与广大读者批评指正，不胜感激。

张晓凌

2014 年 10 月 10 日

于慈云寺 50 号梓廪斋